IWANAMI TEXTBOOKS

新EU法 基礎篇

Shoji Katsuhiro 庄司克宏

岩波書店

はしがき

　日本では，欧州連合(EU)が分裂の(ように見える)危機に直面すると，皮肉にも急にEUへの注目度が高まる．EU各国の政権弱体化や景気後退などが喧伝され，いつユーロが崩壊するのかという議論が交わされる．それらがすべて間違っていると言うつもりはないが，ヨーロッパには他の地域の国際関係にない安定化要因として，EUというインフラが50年以上をかけて強固に構築されていることを見落としがちである．

　過去の流血の歴史を反省し，不戦共同体を創り出したヨーロッパは，法の支配に基づいて，交渉と説得による合意があってはじめて前進できる．合意に時間がかかるのは承知のうえである．30人近い数の首脳や大臣が日常的に顔を合わせ，食事をともにし，ときには口げんかをしながら，最後には妥協するという術を心得ている．このEUというインフラを支えているのがEU法なのである．憲法に相当する基本条約，それに基づく立法，それらを運用するための判例法により，EUの営みが日々行われている．EU法は，ヨーロッパ統合の成功の秘訣と言っても過言ではない．

　EU法をたとえば東アジアにそのまま移植することは「拒絶反応」のためにできないかもしれないが，交渉と説得による合意と妥協で最後には折り合う，合意後は法として尊重するという「iPS細胞」を適用することにより，東アジアの国際関係を「文明化」することは可能なのではないか．EU法を学ぶことにはそのような深い意味が込められているように思われる．

　EU法は，それだけでなく，EUの競争法，環境法，知的財産権などで国境を越えたビジネスのためにも非常に有用である．また，日本が進めているFTA戦略にとっても，ゼロサムゲームをプラスサムゲームに転換する意味で大いに参考になる．日EU経済連携協定，TPP(環太平洋戦略的経済連携協定)，RCEP(東アジア地域包括的経済連携)や日中韓自由貿易協定のために不可欠なノウハウをEU法から知ることができるのである．

　2003年9月に『EU法 基礎篇』と『EU法 政策篇』を刊行して以来，約10

年になる．ほぼ毎年増刷しているので，その度に追加や修正を行って更新に努めてきた．しかし，この 10 年間の判例法の発展には相当なものがある．それに加えて，2009 年 12 月にリスボン条約が発効したことにより，EU 基本条約が大改正され，部分的手直しでは済まなくなった．欧州共同体（EC）という存在と用語が，欧州連合（EU）に吸収合併され，これまでで 2 回目の条文番号の変更も行われた．また，EU 基本権憲章という名称の人権目録に基本条約並みの法的拘束力が与えられた点が，とくに EU 法的観点から今後大きな影響が出るものと思われ，注目される．そのため，今回，これまでの反省点を踏まえながら『基礎篇』に大幅に加筆して新版を上梓することとなった．続いて EU 域内市場など実体法を扱う姉妹書『新 EU 法 政策篇』もまもなく刊行される予定である．しかし，筆者の能力の限界のゆえに説明不足や不正確な記述がありうることは認めざるを得ない．読者の指摘を頂きながら，今後も改善に努める所存である．

　筆者は，ジャン・モネ・チェア（Jean Monnet Chair *ad personam*）という称号を 2002 年 EU から授与されている．この称号は厳格な外部審査を経て，EU 研究の権威であるというお墨付きを与えるものである．日本には 5 人しかいない．法律部門では筆者のみである．このことは EU 法の研究教育に大きなプレッシャーとなる．能力不足を自覚しつつも，自分自身に課した義務は，まず，EU 法を学ぶためのわかりやすい体系的な基本書（教科書）を執筆することであった．この義務を果たすのにお力添えくださったのが，岩波書店編集部の佐藤司氏である．常にクールで親切な佐藤氏に今回も心より感謝申し上げる次第である．

　　2013 年 5 月

　　　　　　　　　　　　　　　　　　　　　　　　　　　庄司克宏

目　次

はしがき

序章　EU法入門 ………………………………………………………1

第1節　EUとは何か …………………………………………………1
第2節　EU法とは何か ………………………………………………2
　1. EU条約とEU機能条約　2
　2. 超国家的な法体系としてのEU法　3
第3節　EU法研究のアプローチ ……………………………………6
第4節　EU法文献 ……………………………………………………8
　1. 本書の参考文献　8
　2. 条文テキストおよびコンメンタール　9
　3. 判決集および判例評釈　10
　4. 専門誌　10
　5. ウェブサイト　11
第5節　EUの制度的発展 …………………………………………11
　1. 「主権の共有」と制度的発展　11
　2. EUの拡大　12
　3. 実体規定面における発展　12
　4. 機構面における発展　15

リーディング・リスト　22

第Ⅰ部　EUの統治機構

第1章　EUの権限 …………………………………………………26

第1節　EUの価値と目的 …………………………………………26
　1. EUの価値　26
　2. EUの目的　26
第2節　EUの権限 …………………………………………………28
　1. 忍び寄る権限拡張　28

2. 個別授権原則　29
　　3. EU 権限の類型化　31
　　4. 裁量的政策調整方式　35
　　5. 補完性原則と比例性原則　35
　　6. 柔軟性条項　39
　リーディング・リスト　42

第2章　EUの諸機関　45
第1節　諸機関の類型　45
第2節　欧州理事会　47
　　1. 構成員および内部組織　48
　　2. 常任議長　48
　　3. 任務・権限　49
　　4. 審議および表決手続　49
第3節　理事会　50
　　1. 構　成　員　50
　　2. 内部組織　50
　　3. 任務・権限　54
　　4. 審議の公開　55
　　5. 表決手続　55
第4節　コミッション　58
　　1. 構　成　員　58
　　2. 委　員　長　59
　　3. 任命手続　60
　　4. 総　辞　職　60
　　5. 内部組織　61
　　6. 任務・権限　61
　　7. 表決手続　66
第5節　EU外務・安全保障上級代表と欧州対外関係庁　66
　　1. EU外務・安全保障上級代表　66
　　2. 欧州対外関係庁と EU 代表部　69
第6節　欧州議会　70

		1. 構　成　員　70
		2. 内部組織　71
		3. 任務・権限　73
		4. 表決手続　75
	リーディング・リスト　76

第3章　EUの立法と行政 …………………………………………81

第1節　立　法 ……………………………………………………81
	1. 立　法　権　81
	2. 立法手続の類型　81
	3. 共通外交・安全保障政策(CFSP)における立法の除外　82
	4. 法案提出権　83
	5. 通常立法手続　88
	6. 特別立法手続　91

第2節　高度化協力 ………………………………………………94
	1. 高度化協力の特徴　94
	2. 発動要件　95
	3. 発動手続　96
	4. 発動後の取り決め　97
	5. 事後参加手続　98
	6. 高度化協力の事例　99

第3節　立法の委任 ………………………………………………100

第4節　行　政 ……………………………………………………102
	1. 間接行政，直接行政，エージェンシー化　102
	2. 間接行政の原則　103
	3. EUによる直接行政　105
	4. 加盟国によるコントロール──コミトロジー　106
	5. エージェンシー化と補助機関　109

第5節　財　政 ……………………………………………………112
	1. 多年度財政枠組規則　112
	2. 固有財源　113
	3. 年次予算　113

4. 予算の執行および統制　116

第6節　民主主義原則と「民主主義の赤字」…………………………116
　1. 民主主義原則　116
　2. 「民主主義の赤字」と解決策　117

リーディング・リスト　120

第4章　EUの司法 …………………………………………130

第1節　裁判所組織 …………………………………………130
　1. 組　織　130
　2. 構成および任命　131

第2節　管　轄　権 …………………………………………134
　1. EU司法裁判所の管轄権　134
　2. 二審制の側面　136
　3. 主な訴訟手続の類型　137
　4. 司法裁判所の管轄権　138
　5. 総合裁判所の管轄権　139
　6. EU職員裁判所の管轄権　140
　7. 単一特許裁判所の設立と管轄権　140

第3節　先決付託手続 …………………………………………141
　1. 先決付託手続の性格　141
　2. 誰が先決付託できるか　143
　3. 裁量による先決付託と義務的な先決付託　144
　4. 何を先決付託することができるか　147
　5. 優先処理手続および緊急手続　147
　6. 先決判決の効果　148

第4節　義務不履行訴訟 …………………………………………149
　1. 名称の由来　149
　2. 義務不履行訴訟　150
　3. 判決不履行手続と制裁金　156

第5節　取消訴訟 …………………………………………158
　1. 取消訴訟の論点　158
　2. 誰のいかなる行為が取消訴訟の対象となるか　159

       3. 誰が原告適格を有するか　161
       4. 私人の原告適格　162
       5. 取消事由　167
       6. 取消の効果　169
       7. 提訴期限　169
       8. 提訴期限と他の訴訟との関係　169
    第6節　違法性の抗弁 …………………………………………………170
    第7節　不作為訴訟 ……………………………………………………171
       1. 条文規定および取消訴訟との関係　171
       2. 原告適格および審査可能な不作為　172
       3. 不作為訴訟における手続　173
       4. 判決の効果　174
    第8節　損害賠償請求訴訟 ……………………………………………174
       1. 条文規定　174
       2. 訴訟当事者および提訴期限　174
       3. 損害賠償請求訴訟の性格　175
       4. 損害賠償責任の発生要件　176
       5. 判決の効果　177
    第9節　暫定的措置 ……………………………………………………177
    第10節　条約適合性審査 ………………………………………………178
    第11節　司法的保護制度の完結性 ……………………………………179
       1. 完結性の意味　179
       2. 完結性の瑕疵　180
       3. Plaumann 基準の緩和の試み　181
       4. Plaumann 基準の維持　182
       5. 条約改正　182
    リーディング・リスト　183

第Ⅱ部　EU法秩序と基本的人権

第5章　EU法の法源 ……………………………………………………198
  第1節　法源と「規範の階層」………………………………………198

1. 法　源　198
　　2.「規範の階層」　199
　第2節　規範的価値 …………………………………………………199
　第3節　基本条約およびEU基本権憲章 ……………………………200
　第4節　法の一般原則 ………………………………………………201
　　1. 法の一般原則の機能　201
　　2. 法の一般原則の源　202
　　3. 差別禁止　204
　　4. 比例性原則　204
　　5. 法的安定性および正当な期待の保護　205
　第5節　国際法 ………………………………………………………206
　　1. 国際法とEU　206
　　2. EUが締結した国際協定　206
　　3. 加盟国が締結した国際協定　207
　　4. 国連憲章　209
　第6節　派生法 ………………………………………………………209
　　1.「法的行為」の類型と階層　209
　　2. 規　則　210
　　3. 指　令　211
　　4. 決　定　212
　　5. 勧告および意見　213
　　6. その他の名称の行為　213
　第7節　判例法 ………………………………………………………214
　リーディング・リスト　214

第6章　EU法秩序と優越性 …………………………………………219
　第1節　EU法秩序の確立 ……………………………………………219
　　1. 新たな法秩序の創造　219
　　2. Van Gend 事件　219
　　3. Costa v ENEL 事件　221
　　4. 優越性，直接適用可能性および直接効果　223
　第2節　加盟国の誠実協力原則とEU法の実効性 …………………225

1. 加盟国の誠実協力原則　226
　　2. EU法の実効性　227

　第3節　EU法の優越性 …………………………………………228
　　1. 優越性に関する明文規定の欠如　228
　　2. 優越性の範囲——EU法の絶対的優越性　229
　　3. 優越性を適用する国内機関　230
　　4. 加盟国の受容　231

　第4節　EU法の絶対的優越性の修正 ……………………………232
　　1. 優越性の意味　232
　　2. 国民的一体性条項　233
　　3. 立憲的多元主義　236
　　4. 立憲的多元主義と国民的一体性条項　237
　　5. 立憲的多元主義と「権限権限」　238

　リーディング・リスト　239

第7章　EU法の優越と国内法上の効果 …………………………246

　第1節　EU法の直接適用可能性と直接効果 ……………………246
　　1. 定　義　246
　　2. 基本条約および基本権憲章　249
　　3. 法の一般原則　250
　　4. 規　則　252
　　5. 指　令　253
　　6. 決　定　261
　　7. 国際協定　262

　第2節　適合解釈義務と抵触排除義務 …………………………266
　　1. 適合解釈義務　266
　　2. 抵触排除義務　271

　第3節　国家賠償責任 ……………………………………………276
　　1. 国家賠償責任の法的性格　276
　　2. EU法上の国家賠償責任の確立　277
　　3. 国家賠償責任の要件　279
　　4. 司法機関の判決と国家賠償責任　283

5. EU 法違反と私人間における損害賠償責任　285

　第 4 節　小　結………………………………………………………286

　　リーディング・リスト　288

第 8 章　加盟国の手続的自律性……………………………………299

　第 1 節　EU 法の直接効果と加盟国の手続的自律性…………299
     1. 加盟国の手続的自律性と Rewe 2 要件　299
     2. 国内手続法の調和の欠如　301
     3. 関連する具体的状況　302

　第 2 節　加盟国の手続的自律性の内容および範囲……………303
     1. 根拠および定義　303
     2. Rewe 2 要件　304
     3. 適合解釈義務と国内手続法制度の「機能化」　306

　第 3 節　加盟国の手続的自律性と損害賠償責任………………311

　　リーディング・リスト　313

第 9 章　基本的人権の保護…………………………………………317

　第 1 節　超国家的統合と基本権保護——歴史的経緯…………317
     1. EU 法の優越性と基本権保護　317
     2. EU 司法裁判所の審査権の範囲　318
     3. 「同等の保護」理論　320

　第 2 節　EU 条約第 6 条による成文法的解決…………………327
     1. 条文規定　327
     2. 法の一般原則としての基本権と EU 基本権憲章　327
     3. EU 基本権憲章とその適用　330

　第 3 節　EU の欧州人権条約加入…………………………………338
     1. 司法裁判所意見 2/94　338
     2. EU 条約第 6 条 2 項および議定書　339
     3. 加入協定(草案)　340

　　リーディング・リスト　346

第 10 章　条約改正および加盟……………………………………356

第1節　条約改正 ……………………………………………………356
1. 条約改正手続　356
2. 条約改正の限界　360
3. 条約の終了　362

第2節　加　盟 ………………………………………………………362
1. 加盟条件　362
2. 加盟手続　363

第3節　権利停止 ……………………………………………………364
1. 紛争解決手続　364
2. 権利停止手続　365

第4節　除名および脱退 ……………………………………………366
1. 除　名　366
2. 脱　退　366

リーディング・リスト　368

主要判例索引 …………………………………………………………373

序章　EU法入門

第1節　EUとは何か

　欧州連合(the European Union：EU)は、「ヨーロッパ諸民の間に一層緊密化する連合を創設するプロセス」(EU条約第1条2段、以下TEU1-2のように表記)として捉えることができる。欧州統合の父の一人とされるジャン・モネ(Jean Monnet)はかつて次のように述べている。

　「我々は国家を連合させるのではない、我々は人々を結びつけるのである。」(Nous ne coalisons pas des Etats, nous unissons des hommes.)*1

　では、EUはヨーロッパの各国民を結合させるために、具体的にどのようなことを行っているのだろうか。EUはそもそも市場統合、すなわち、物・人・サービス・資本の自由移動を中核とする域内市場(共同市場、単一市場)の形成を目的として発足した。それは、加盟国間における貿易障壁をすべて除去することにより経済的国境を撤廃し、個人および企業の経済活動を自由化し、発展させることである。これがEUのインフラを形成し、今日に至るまでEUのパワーの源となっている。その前提には、国家は主権委譲を行うが市場統合という限定的な領域にとどめるという「超国家性の妥協」(supranational compromise)*2が存在した。そのような暗黙の合意の下で、EUは市場統合による経済的利益の均霑を通じて市民からの支持を確保したのである。

　EUは当初、市場統合を基本目的としたが、EUの機構や手法には汎用性があるため、その後、発足当時の予定にはなかった政策も徐々に取り込まれるようになった。加盟国間における経済活動の自由化(規制撤廃)の結果として、EUレベルにおける社会政策、環境政策、消費者保護政策などの再規制も必要とされるようになり、それらもEUの仕事に加えられた。さらに、市場統合の波及効果として「1つの市場に1つの通貨」すなわち通貨統合が追求され、経済通貨同盟(the Economic and Monetary Union: EMU)の下で単一通貨ユーロが導入されるに至っている。その結果、「超国家性の妥協」は修正され、その

代わりに補完性原則(第1章第2節5(1))による機能的な調整がなされるようになった*3.

また, EUは域内市場の対外的側面として共通通商政策を有するが, 開発協力や人道支援も行うようになっている. その一方で, 経済制裁などのように国際関係において政治・外交と経済が密接に絡むにつれ, また, EU域内での経済活動の発展は周辺諸国における政治的安定を必要とすることから, EUは共通外交・安全保障政策(the Common Foreign and Security Policy: CFSP)を形成するに至っている. さらに, 共通安全保障・防衛政策(the Common Security and Defence Policy: CSDP)の下で北大西洋条約機構(the North Atlantic Treaty Organization: NATO)と協力し, あるいは, 単独で危機管理作戦を遂行するまでになっている.

さらに, EU域内における経済活動の自由化は, 加盟国間における人の国境管理の撤廃をもたらし, 第三国国民であってもいったん域外国境でのパスポート・コントロールを受けるならば, その後はEU域内(イギリス, アイルランド, 一定期間における新規加盟国を除き, 一部の域外ヨーロッパ諸国を含む)を自由に往来できるようになっている. これは, 域外国境管理, 査証(ビザ), 難民庇護, 労働移民などに関する加盟国の政策の共通化を必要とするとともに, 組織犯罪やテロリストへの対策を含め, 各国の警察や検察の間における警察・刑事司法協力を不可欠なものとしている. また, そのような共通の域外国境関連政策や警察・刑事司法協力は, 近隣諸国をはじめとする域外国との協力がなければ実効的ではないため, 経済関係とともにそのような面における協力も行われている.

第2節　EU法とは何か

1. EU条約とEU機能条約

EU条約第1条3段(第1文)には「連合は, 本条約及び欧州連合機能条約(以下「両条約」と称する)に基づく」と規定されている. このように, EUの現行基本条約は, 2009年12月1日に発効したリスボン条約(the Treaty of Lisbon)により改正を受けたEU条約(the Treaty on European Union: TEU)

およびEU機能条約(the Treaty of the Functioning of the European Union: TFEU)である．本書では，これら2つの条約を総称する際，EU基本条約という表現を使用することとする．

「この二つの条約は同一の法的価値を有する」(TEU1-3)．それは両条約間に優劣関係がないことを意味する．なお，EU基本権憲章(the Charter of Fundamental Rights of the European Union: CFR)も，EU条約およびEU機能条約と「同一の法的価値」(the same legal value; la même valeur juridique)を付与されている(TEU6(1))．

EU条約は前文および本文55カ条から成り，主として総則的条文が置かれている〔図表序-1〕．また，EU機能条約は前文および本文358カ条から成り，主に各則的条文が規定されている〔図表序-2〕．それは，「連合の機能を組織化し，また，権限を行使する分野，範囲及び方式を決定する」(EU機能条約第1条1項，以下TFEU1(1)のように表記)．さらに両条約の附属議定書が計37，宣言(リスボン条約を採択した政府間会議の最終議定書に附属)が計65存在する．なお，アムステルダム条約に続き，リスボン条約により条文番号の2回目の整理・統廃合がなされた点に注意を要する(旧・条文対照表についてはEU官報の[2012]OJ C 326/363および庄司克宏著『EU法 基礎篇』岩波書店，2003年，191-197頁，また，新・条文対照表については[1997]OJ C340/85および庄司克宏編『EU法 実務篇』岩波書店，2008年，371-379頁を参照されたい)．

2. 超国家的な法体系としてのEU法

EU法(基本条約およびそれに基づく派生法など)は，国家主権の制限を伴う超国家的法秩序を構成する．EU法の性格について，EU司法裁判所(the Court of Justice of the European Union)は，欧州経済領域(EEA)協定草案意見(1991年)において，以下のように述べている．

「EEC条約は，国際協定の形式で締結されたが，それにもかかわらず，法の支配に基づく共同体の憲法的憲章を構成している．司法裁判所が一貫して判示しているように，共同体諸条約により新たな法秩序が創設されたのであり，国家はその法秩序のために一層広範な分野において自己の主権的権利を制限し，また，加盟国のみならず，その国民もその法秩序に服しているのである．このようにして確立された

図表序-1　EU 条約の構成

EU 条約
前　文
第Ⅰ編　共通規定
第Ⅱ編　民主主義原則に関する規定
第Ⅲ編　諸機関に関する規定
第Ⅳ編　高度化協力に関する規定
第Ⅴ編　連合の対外的行動に関する一般規定並びに共通外交及び安全保障政策に関する特別規定
第1章　連合の対外的行動に関する一般規定
第2章　共通外交及び安全保障政策に関する特別規定
第1節　共通規定
第2節　共通安全保障及び防衛政策に関する規定
第Ⅵ編　最終規定

(筆者作成)

図表序-2　EU 機能条約の構成

EU 機能条約	
前　文	
第一部　原則	
第Ⅰ編　連合権限の類型及び分野	第Ⅱ編　一般適用規定
第二部　差別禁止及連合市民権	
第三部　連合の政策及び対内的行動	
第四部　海外の国及び領域との連合	
第五部　連合による対外的行動	
第六部　機関及び財政規定	
第Ⅰ編　機関規定 第Ⅱ編　財政規定	第Ⅲ編　高度化協力
第七部　一般規定及び最終規定	

(筆者作成)

　共同体法秩序の本質的特徴は，とくに加盟国の法に対する・優・越・性，および，各国民および加盟国自体に適用される一連の規定全体が有する・直・接・効・果である．*4」(傍点筆者．EEC 条約は EU 基本条約に，共同体は EU に，読み替える．)

　このように，基本条約は EU の「憲法的憲章」として位置づけられている．イメージとして単純化するならば，図表序-3 のアミ掛け楕円部分においては図表序-4 のような関係が成り立つ．専門用語で言い換えると，EU 法は国内法

図表序-3　EU法と国内法

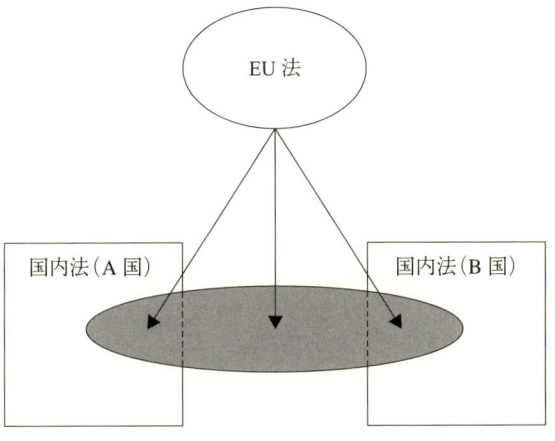

EU法

国内法（A国）　　　国内法（B国）

（筆者作成）

図表序-4　EU法と国内法の優劣関係

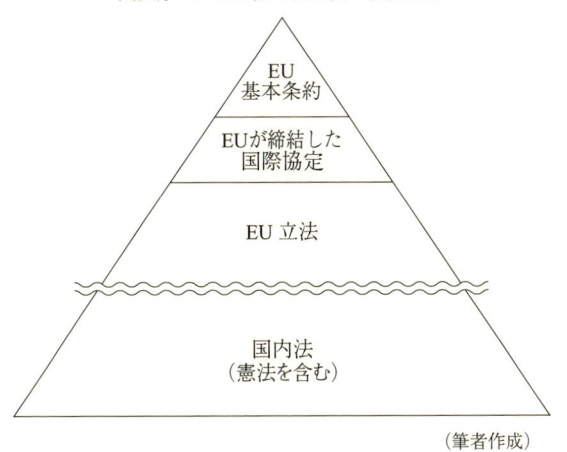

EU基本条約

EUが締結した国際協定

EU立法

国内法（憲法を含む）

（筆者作成）

図表序-5　リスボン条約前における EU 法（EU 条約および EC 条約に基づく）

EU 法(広義) = EU 法(狭義) + EC 法		
EU 法(狭義)		EC 法
政府間協力		超国家的法秩序
共通外交・安保政策 CFSP	警察・刑事司法協力 PJCC	域内市場 単一通貨

(筆者作成)

図表序-6　リスボン条約後における EU 法(EU 条約および EU 機能条約に基づく)

EU 法		
政府間協力的性格	超国家的法秩序	
共通外交・安全保障政策 CFSP	自由・安全・司法領域 （警察・刑事司法協力 PJCC を含む）	域内市場 単一通貨

(庄司克宏著『欧州連合　統治の論理とゆくえ』岩波新書, 2007 年, 巻末表 1, 一部修正)

秩序において直接効果を有し，憲法を含む国内法に優越する(第6, 7章).

　ただし，それは必ずしも EU 法の絶対的優越性を意味するものではない(TEU4(2))(第6章第3, 4節). また，EU 法がすべての面で超国家的な性格を有しているわけではない．たとえば，共通外交・安全保障政策(CFSP)は他の政策分野とは異なる扱いがなされている．すなわち，「共通外交及び安全保障政策は，固有の法規範及び手続に服する」ため，決定は全会一致によることが原則であり，「立法行為の採択は除外され」，また，EU 司法裁判所の管轄は原則として CFSP 規定に及ばない(TEU24(1), TFEU275). 加盟国は CFSP 措置に従う義務を負うが(TEU24(3))，この分野では「主権的権利の制限」の程度が弱い[*5]. このように，CFSP には政府間協力的な性格が反映されている．また，警察・刑事司法協力(Police and Judicial Cooperation in Criminal Matters: PJCC)は，当初は CFSP と同じく政府間協力の分野であったが，リスボン条約により超国家的法秩序に組み入れられた(ただし，政府間協力的性格の残滓が一部見られる). 以上の点につき，図表序-5 および序-6 を参照されたい．

第3節　EU 法研究のアプローチ

　わが国における EU 法研究は，主として EU 法を国際法の特殊または先端的

な発展形態として捉えるアプローチから始まった．その代表的な業績として，大谷良雄著『概説 EC 法』有斐閣(1982 年)，P. マテイセン著(山手治之監訳)『EC 法入門』有斐閣(1982 年)などがある．その後，EU 法が独自の研究領域として認知されるにつれ，概説書または研究書として，年代順に挙げるならば，たとえば，平良著『ヨーロッパ共同体法入門』長崎出版(1982 年)，小室程夫著『EC 通商法ハンドブック』東洋経済新報社(1988 年)，松下満雄編『EC 経済法』有斐閣(1993 年)，山根裕子著『EU／EC 法』有信堂(1995 年)，須網隆夫著『ヨーロッパ経済法』新世社(1997 年)，ディビッド・エドワード，ロバート・レイン著(庄司克宏訳)『EU 法の手引き』国際書院(1998 年)，石川明・櫻井雅夫編『EU の法的課題』慶應義塾大学出版会(1999 年)，岡村堯著『ヨーロッパ法』三省堂(2001 年)などが刊行された．

　わが国における EU 法研究をそのアプローチから分類するならば，3 つ存在するように思われる．第 1 は，国際機構法的アプローチである．これは，その諸機関および政策決定手続などの内部組織，国際法人格や条約締結権などの対外的権限等を分析対象とする(組織法的側面)．また，貿易，環境，人権，安全保障などの活動分野にも着目し，各分野において国際機構がいかなる役割をどのようにして果たしているかを明らかにしようとする(実体法的側面)．このアプローチを EU および EU 法に適用する場合，一般的な国際機構および国際法との比較という視点が，常に少なくとも暗黙のうちに存在する．

　第 2 は，広義の経済法的アプローチである．経済法を広義に捉え，競争法(独占禁止法)，通商法，環境法，労働法，会社法，租税法，知的財産権法，消費者法などの視点から，国境を越えるグローバルな経済活動の自由化または規制を法的に分析する一環として，EU の域内市場法(加盟国法制の調和を含む)について研究する手法である．その場合に，世界貿易機関(WTO)の枠組みや日・EU または日・米・EU 関係に照らして分析が行われることもある．

　第 3 は，比較法的アプローチである．これは外国法(EU 加盟国，とくに仏独英の法制度)の研究者が当該国内法の視点から EU 法との関係について研究する手法である．当然のことながら，この場合には当該国内法の知識が不可欠となる．

　EU 法は，現在では独立の法分野として認知されているため，独自の研究対

象として扱われるようになっているが，本書では分析手法として上記の3つのアプローチを適宜併用することとする．すなわち，EUの機構・法制度については国際機構法的アプローチに立ちつつ，EU法原則等との関係では比較法分野の先行研究も参照することとし，また，姉妹書の『新EU法 政策篇』では実体法が対象となることから，基本的に経済法的アプローチをとるものとする．

第4節　EU法文献

1. 本書の参考文献

わが国におけるEU法文献は，各章末にリーディング・リストとしてそれぞれ適宜掲げている（各注も参照されたい）．もちろん，それらは網羅的ではなく，本書に掲げられていない関連文献も数多く存在するが，紙面の都合で割愛せざるを得なかった．

本書を執筆するうえで参考とした主な文献（単行本）は，下記のとおりである（他に研究論文を参照したが，注に示している）．

(1)　Robert Schütze, *European Constitutional Law*, Cambridge University Press, 2012

(2)　Koen Lenaerts and Piet Van Nuffel (Editor: Robert Bray and Nathan Cambien), *European Union Law* (3rd ed.), Sweet & Maxwell, 2011

(3)　Alan Dashwood, Michael Dougan, Barry Rodger, Eleanor Spaventa and Derrick Wyatt, *Wyatt & Dashwood's European Union Law* (6th ed.), Sweet & Maxwell, 2011

(4)　Paul Craig and Gráinne de Búrca, *EU Law* (5th ed.), Oxford University Press, 2011

(5)　Christian Calliess und Matthias Ruffert (Hrsg.), *EUV/AEUV: Das Verfassungsrecht der Europäischen Union mit Europäicher Grundrechtecharta Kommentar* (4. Auflage), Verlag C. H. Beck, 2011[*6]

(6)　Alina Kaczorowska, *European Union Law* (2nd ed.), Routledge, 2011

(7)　Damian Chalmers, Gareth Davies and Giorgio Monti, *European Union Law* (2nd ed.), Cambridge University Press, 2010

(8) Miguel Poiares Maduro and Loïc Azoulai, *The Past and Future of EU Law: The Classics of EU Law Revisited on the 50th Anniversary of the Rome Treaty*, Hart Publishing, 2010

(9) Allan Rosas and Lorna Armati, *EU Constitutional Law: An Introduction*, Hart Publishing, 2010

(10) Rudolf Geigner, Daniel-Erasmus Khan und Markus Kotzur, *EUV/AEUV(Vertrag über die Europäische Union und Vertrag uber die Arbeitsweise der Europäichen Union)Kommentar*, Verlag C. H. Beck, 2010

(11) Marianne Dony, *Droit de l'Union européenne*(Quatrième édition revue at augmentée), L'Université de Bruxelles, 2010

(12) Diana-Urania Galetta, *Procedural Autonomy of EU Member States: Paradise Lost?*, Springer, 2010

(13) François-Xavier Priollaud et David Siritzky, *Le traité de Lisbonne: Commentaire, article par article, des nouveaux traités européens(TUE et TFUE)*, La Documentation française, 2008

(14) Koen Lenaerts, Dirk Arts and Ignace Maselis(Editor: Robert Bray), *Procedural Law of the European Union*(2nd ed.), Sweet & Maxwell, 2006

2. 条文テキストおよびコンメンタール

(1) 条文テキスト

本書の執筆においてはEU条約およびEU機能条約の条文テキストを参照するさい，EU官報に掲載されている両条約の各整理統合版を主に英語[*7]とフランス語[*8]で参照し，補充的にドイツ語[*9]を用いている．これらはEU公式ウェブサイトでも入手可能である．

邦訳のEU条約およびEU機能条約を参照したい場合は，有斐閣『国際条約集』，三省堂『解説条約集』，東信堂『ベーシック条約集』などがある．

(2) コンメンタール

EU条約およびEU機能条約のコンメンタールとしては，たとえば上記参考文献(5)(10)(13)などがある．また，邦文のコンメンタールは，『貿易と関税』誌において2011年4月から2013年11月まで隔月で筆者により「EU条約・

EU 機能条約コンメンタール」というタイトルで連載した．

3. 判決集および判例評釈
(1) 判決集

公式判決集として，European Court Reports(ECR)がある．本書ではこれを利用した．なお，1988 年まで司法裁判所は第一審かつ終審として存在し，その判決はたとえば Case 6/64 Costa v. ENEL ［1964］ECR 1195 のように表記された．しかし，1989 年の第一審裁判所(現在の総合裁判所)設置以降，EU 司法裁判所のうち司法裁判所の判決は第 I 部(例として Case C-165/08 *Commission v. Poland* ［2009］ECR I-6843)に，総合裁判所の判決は第 II 部(例として T-340/03 *France Télécom v. Commission* ［2007］ECR II-107)に収録されている．これらは(2004 年に設置され，労使紛争を扱う EU 職員裁判所の判決を含めて)EU 司法裁判所公式ウェブサイトにおいて，すべて各加盟国公用語で検索可能である．2014 年に「欧州判例法識別子」が導入されている(21 頁参照)．民間の出版社によるものとして Common Market Law Reports(CMLR)等がある．これには，加盟国裁判所の関連判決も掲載されている．

(2) 判例評釈

欧文の判例評釈は，後掲の専門誌で見ることができる．邦文の判例評釈としては，以下のものがある．(イ)山根裕子編著『ケースブック EC 法』東京大学出版会(1996 年)，(ロ)今野裕之監修「EC 企業法判例研究」『国際商事法務』連載中，(ハ)東京 EU 法研究会「EU 法の最前線」『貿易と関税』連載終了，(ニ)中村民雄・須網隆夫編『EU 法基本判例集』(第 2 版)日本評論社(2010 年)などである．本書で引用する場合，(ロ)(ハ)については，〇〇評釈『雑誌名』巻号年，頁を示し，(イ)(ニ)については，△△評釈『書名』頁を示すこととする．

4. 専門誌
(1) 欧文の EU 法専門誌は，主に次のとおりである[*10]．

　Common Market Law Review, European Law Review, European Law Journal

　Revue de l'Union européenne, Revue trimestrielle de droit européen, Ca-

hiers de droit européen, Journal de droit européen
　Europarecht, Europäische Zeitschrift für Wirtschaftsrecht
(2)　邦文のEU専門誌は，『日本EU学会年報』である(電子版をhttp://www.eusa-japan.org/contents_JPN/frame_journal_jpn.htmで閲覧可能).

5. ウェブサイト
　EU法の学習および研究にとって有用なウェブサイトは，下記のとおりである．
(イ) http://europa.eu/index_en.htm　EU公式ウェブサイト(英語版)
　http://curia.europa.eu/jcms/jcms/j_6/　EU司法裁判所公式ウェブサイト
(ロ) http://www.deljpn.ec.europa.eu/　駐日欧州連合代表部の日本語版ウェブサイト
(ハ) http://wwwsoc.nii.ac.jp/eusa-japan/　日本EU学会
(ニ) http://www.mofa.go.jp/mofaj/area/eu/　日本外務省
(ホ) http://www.jetro.go.jp/world/europe/eu/　日本貿易振興機構(ジェトロ)
(ヘ) http://www.jean-monnet-coe.keio.ac.jp　ジャン・モネEU研究センター(慶應義塾大学)

第5節　EUの制度的発展

1.「主権の共有」と制度的発展
　今日の欧州連合(EU)は，第二次世界大戦後におけるヨーロッパ統合の積み重ねの産物である．その歴史を把握するためには，欧州共同体(ECs)にさかのぼって理解する必要がある．ヨーロッパ統合の制度的発展は「主権の共有」の歴史と言うことができる．「主権の共有」について次のように述べられている．
　「主権は，第二次世界大戦後の時代にヨーロッパ合衆国を熱望した人々が期待したように国家類似の連邦に移譲されたわけではない．しかし，主権はますます共通に保有されるようになっている．各国政府間で共同管理され，何百もの多国間委員会を通じて何千人もの各国官僚により交渉され，お互いの国内問題に相互干渉するという原則に基づき作用する規制および裁判所判決を受け容れることにより妥協が

なされている．各国政府の中核的な責任事項の多くにおいて，ヨーロッパ諸国は隣国の黙認と諒承がなければ，ほとんど何もできない．それは本来的にまとまりのない非効率なシステムであり，政府は自ら選挙民に対して便益すなわち安全，繁栄，経済的・社会的なやりとりの規制を提供できるという幻想を維持することに基づいている．実際にはそれらの便益は他国との共通行動によってはじめて獲得できるものである．*11」

このように，EU 加盟国は単独では獲得できない便益を得るため，相互依存と相互干渉を受け容れ，共通行動を行うという形で「主権の共有」を行っている．そのような「主権の共有」のための制度は時代とともに変容している．以下では，EU の拡大過程を概観した後，実体規定面(EU は具体的にどのような仕事を行うか)および機構面(EU は仕事を行うためにどのような組織を備えているか)における発展を概観する．

2. EU の拡大

まず，EU の制度的発展の重要な背景として，EU の拡大すなわち加盟国数の増加という現象が存在する．加盟国数の増加は EU 諸機関における投票権，予算やポストの配分などに大きな変化をもたらすからである．原加盟国およびその後加盟した国々，また，今後加盟する可能性がある国々は図表序-7 のとおりである．加盟条件および手続については，第 10 章第 2 節を参照されたい．

3. 実体規定面における発展

ECs から EU に至る発展を実体規定から見た場合，第 1 に部門統合から一般的経済統合への発展，第 2 に域内市場の完成，第 3 に域内市場を単一通貨の面で補完する経済通貨同盟および(域内市場の対外的側面である)共通通商政策を補完する共通外交・安全保障政策(CFSP)の導入，第 4 に域内市場を「人の自由移動」の面で補完する「自由・安全・司法領域」の設定が特徴となっている．

(1) シューマン宣言と ECSC

1950 年 5 月 9 日，ジャン・モネの発案に基づくシューマン宣言(the Schuman Declaration)がロベール・シューマン(Robert Schuman)フランス外

図表序-7　EUの拡大

原加盟国	フランス，ドイツ，イタリア，オランダ，ベルギー，ルクセンブルク
1973年加盟	イギリス，アイルランド，デンマーク
1981年加盟	ギリシャ
1986年加盟	スペイン，ポルトガル
1995年加盟	オーストリア，フィンランド，スウェーデン
2004年加盟	ポーランド，ハンガリー，チェコ，スロヴァキア，スロヴェニア，エストニア，リトアニア，ラトヴィア，キプロス，マルタ
2007年加盟	ルーマニア，ブルガリア
2013年加盟	クロアチア
加盟交渉国	トルコ，モンテネグロ，セルビア（アイスランドは2015年加盟申請撤回）
加盟候補国	マケドニア，アルバニア
潜在的加盟候補国	ボスニア・ヘルツェゴヴィナ，（コソヴォ）

(筆者作成)

務大臣により発出され，仏独の永年にわたる対立を解消し，ヨーロッパに不戦共同体を構築するために石炭・鉄鋼の生産および流通分野での超国家的統合が提案された．これに基づき，石炭・鉄鋼の部門統合を目的とする欧州石炭鉄鋼共同体(the European Coal and Steel Community: ECSC)条約が，仏独伊およびベネルクスの計6カ国により1951年4月18日署名され，52年7月23日発効した(50年を期限として締結され，2002年7月23日失効)．

ECSC条約前文では，平和の重要性を強調して以下のように述べられている．

「世界平和は，それを脅かす危険に相応する創造的な努力によってのみ擁護しうることを考慮し，

組織化され，かつ，活力を有するヨーロッパが文明に対してなしうる貢献は，平和的関係の維持に不可欠であることを確信し，

何よりもまず真の連帯を生み出す現実の成果によってのみ，また，経済発展のための共通の基礎を確立することによりはじめて，ヨーロッパの建設は可能であることを認識し，

基本的生産の拡大により，生活水準の向上及び平和的営みの促進を助長すること

を切望し，

　旧来の敵対関係に代えて死活的利益の融合を行い，また，経済的な共同体を設立することにより，流血の紛争により永年引き裂かれてきた諸国民の間に一層広範かつ深化する共同体の基礎を創設し，さらに，今後共有される運命に方向づけを与える諸機関の基礎を築くことを決意し，……」

　このように，平和という政治的目標を達成するため，経済分野において法的手段によりヨーロッパ統合が始まったのである．その範囲は今日では政治分野にも広がっている．なお，ECSC 成立のすぐ後，東西冷戦の激化に伴い，軍事面での超国家的統合を目指す欧州防衛共同体(the European Defence Community：EDC)条約が前掲6カ国により署名されたが，発効には至らなかった．

(2) EEC と Euratom

　次いで，一般的経済統合を目指す欧州経済共同体(the European Economic Community: EEC)条約および原子力産業の迅速な確立と成長に必要な諸条件を創出することを目的とする欧州原子力共同体(the European Atomic Energy Community: EAEC or Euratom)条約が前掲6カ国により 1957 年 3 月 25 日署名され，58 年 1 月 1 日発効した．とくに EEC は，関税同盟を含み，物・人・サービス・資本の自由移動および競争政策から成る「共同市場」を 1969 年末を期限として完成するという目標を設定するものであった．しかし，共同市場は関税同盟の達成では成功したものの，他の面では芳しい成果をあげられなかった．そのため，新たに非関税障壁の撤廃を中心として「物，人，サービス及び資本の自由移動が……確保される，内部に国境のない地域」(TFEU26(2))として定義される域内市場を 1992 年末を期限として完成することを目指して (EEC 条約第 7a 条，EC 条約第 14 条)，単一欧州議定書(the Single European Act：SEA)が 1986 年 2 月 17 日(ルクセンブルク)および 2 月 28 日(ハーグ)署名され，87 年 7 月 1 日発効した．

(3) EU と EC

　さらに，欧州連合(EU)条約すなわちマーストリヒト条約(the Maastricht Treaty)が 1992 年 2 月 7 日署名され，93 年 11 月 1 日発効した．同条約の最大の実体的成果は，欧州中央銀行の設立および遅くとも 99 年 1 月 1 日からの単一通貨ユーロの導入を含む経済通貨同盟(EMU)に関する規定が置かれたこと

であった.また,同条約により,ECs(ECSC, EC, Euratom)を第1の柱(EECはEU市民権の導入等に伴って経済統合のみにとどまらなくなったため,欧州共同体(単数形のEC)に改称された),共通外交・安全保障政策(CFSP)を第2の柱,司法・内務協力(Cooperation in the fields of Justice and Home Affairs: JHA)を第3の柱とする三本柱構造が導入された.

また,マーストリヒト条約を改正するアムステルダム条約(the Treaty of Amsterdam)が1997年10月2日署名され,99年5月1日発効した.同条約により,域内における「人の自由移動」に第三国国民が含まれることが明らかとされ,「自由・安全・司法領域」という概念が設定された.それに伴って,第3の柱の司法・内務協力(JHA)のうち,第三国国民を含む「人の自由移動」に関する政策が第1の柱のECへ移行し,その結果,第3の柱は警察・刑事司法協力(PJCC)となった.また,EUの枠外にあって「人の自由移動」および警察協力を実施していたシェンゲン協定(the Schengen Agreement and Convention)および関連文書がEU／EC条約に編入された.

続いて,拡大に備えるための機構改革を目的とするニース条約(the Treaty of Nice)が2001年2月26日署名され,2003年2月1日発効した.しかし,所期の目的を十分に達成できなかったため,各国政府だけでなく,各国議会,欧州議会およびコミッションの代表を含む欧州諮問会議(the European Convention)が作成した草案に基づき,欧州憲法条約(the Treaty establishing a Constitution for Europe)が採択され,2004年10月29日署名された.ところが,フランスおよびオランダの国民投票による批准否決の結果,発効するに至らなかった.それをうけて,憲法条約の内容を引き継ぐ形で2007年12月13日リスボン条約が署名され,2009年12月1日発効した.これにより,単一のEUの下で三本柱構造が廃止され,マーストリヒト条約から始まったEUが制度的に完成したといえる.これまでの条約および改正の基本テーマ(いずれの場合も,そのための機構改革を含んでいる)は,図表序-8のとおりである.

4. 機構面における発展

ECsからEUへ至る主要機関の位置づけは,時を経て以下のように変化する.そこには,部門統合から一般的(経済)統合へ,また,経済統合から政治統

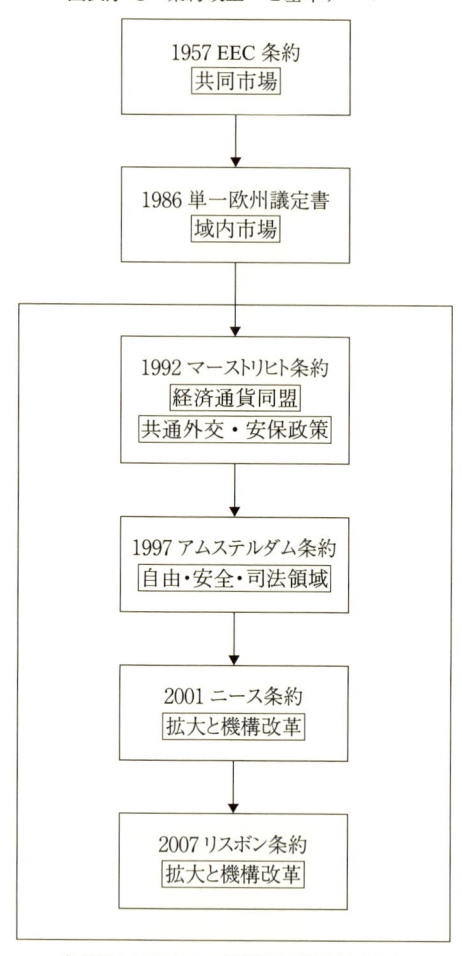

図表序-8 条約改正＊と基本テーマ＊＊

```
┌─────────────────────┐
│   1957 EEC 条約      │
│    共同市場          │
└──────────┬──────────┘
           ↓
┌─────────────────────┐
│  1986 単一欧州議定書  │
│     域内市場         │
└──────────┬──────────┘
           ↓
┌─────────────────────────────────┐
│ ┌─────────────────────────────┐ │
│ │   1992 マーストリヒト条約     │ │
│ │     経済通貨同盟             │ │
│ │   共通外交・安保政策          │ │
│ └──────────┬──────────────────┘ │
│            ↓                    │
│ ┌─────────────────────────────┐ │
│ │   1997 アムステルダム条約     │ │
│ │    自由・安全・司法領域       │ │
│ └──────────┬──────────────────┘ │
│            ↓                    │
│ ┌─────────────────────────────┐ │
│ │      2001 ニース条約          │ │
│ │     拡大と機構改革            │ │
│ └──────────┬──────────────────┘ │
│            ↓                    │
│ ┌─────────────────────────────┐ │
│ │     2007 リスボン条約         │ │
│ │     拡大と機構改革            │ │
│ └─────────────────────────────┘ │
└─────────────────────────────────┘
```

＊ 各条約に示されている数字は署名年である．
＊＊ いずれの場合も基本テーマおよび(または)拡大のための機構改革を含んでいる．

（筆者作成）

合へという大きな潮流があり，下記(1)の①から④への機構的変化は前者に，また，下記(2)の⑤から⑥への発展は後者に対応している．

(1) 部門統合から一般的(経済)統合への発展における機構的変化

① 1952～57年(ECSC)：最高機関／共通総会／特別閣僚理事会／司法裁判所

最初に設立されたECSCは主要機関として，最高機関，共通総会，特別閣僚理事会および司法裁判所を有していた(ECSC条約第7条)．

② 1958～67年(ECSC, EEC, Euratom)：単一の総会／ECSC特別閣僚理事会・EEC理事会・Euratom理事会／ECSC最高機関・EECコミッション・Euratomコミッション／単一の司法裁判所

次いで，EECおよびEuratomが設立され，それぞれ設立条約に主要機関として，総会，理事会，コミッションおよび司法裁判所が規定された．「欧州3共同体に共通の一定の機関に関する協定」(第1, 2条)によりEECおよびEuratomの総会は単一化され，また，その単一の総会がECSCの共通総会に取って代わることとされた(1962年3月30日以降，総会は欧州議会と自称するようになった)．つまり，3共同体に共通の総会が各設立条約によりそれぞれ付与された権限を行使することとされた．同様に，前掲協定(第3,4条)によりEECおよびEuratomの司法裁判所が単一化され，また，その単一の司法裁判所がECSCの司法裁判所に取って代わり，3共同体設立条約によりそれぞれ付与された権限を行使することとされた．

③ 1967～87年(ECs)：単一の総会(欧州議会)／単一の理事会／単一のコミッション／単一の司法裁判所〔図表序-9〕

「欧州3共同体の単一の理事会及び単一のコミッションを設置する条約」(1965年4月8日署名，67年7月1日発効)(第1条)により，「欧州共同体理事会」(the Council of the European Communities)として単一の理事会が設置され，ECSC特別閣僚理事会，EEC理事会およびEuratom理事会に取って代わるとともに，3共同体設立条約によりそれぞれ付与された権限を行使することとされた．また，前掲条約(第9条)により，「欧州共同体コミッション」(the Commission of the European Communities)として単一のコミッションが設置され，ECSC最高機関，EECコミッションおよびEuratomコミッションに取って代

図表序-9　1967～87年のECs

- 共通諸機関
  - 欧州石炭鉄鋼共同体（ECSC）
  - 欧州経済共同体（EEC）
  - 欧州原子力共同体（Euratom）

（筆者作成）

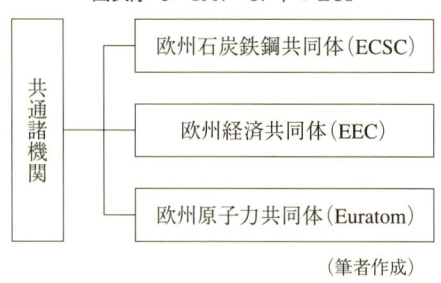

図表序-10　1987～93年のECs

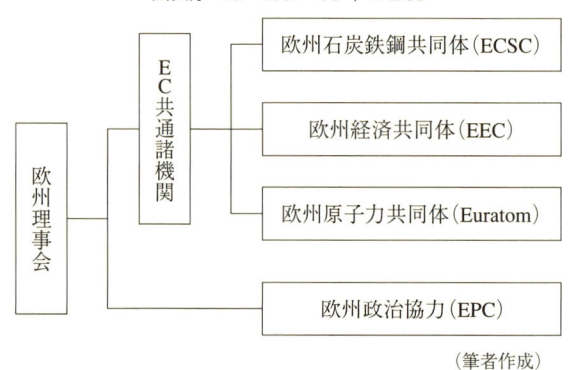

- 欧州理事会
  - EC共通諸機関
    - 欧州石炭鉄鋼共同体（ECSC）
    - 欧州経済共同体（EEC）
    - 欧州原子力共同体（Euratom）
  - 欧州政治協力（EPC）

（筆者作成）

わるとともに，3共同体設立条約によりそれぞれ付与された権限を行使することとされた．

このように，ECsの実体は法的には各々が個別の法人格を有する3つの国際機構であるが，共通の諸機関により運営される点に特徴があった．

④　1987～93年（ECs, EPC）：欧州理事会／単一のECs諸機関／欧州政治協力〔図表序-10〕

単一欧州議定書（SEA）（1986年2月17，28日署名，87年7月1日発効）により，加盟国首脳およびコミッション委員長で構成される欧州理事会が設置され，その下に3共同体とは別個に，加盟国間で外交政策の調整を行うための欧州政治協力（the European Political Cooperation：EPC）の枠組みが既存の慣行に基づいて成文化された．また，欧州議会と自称していた総会は，SEAにより正式

図表序-11　1993〜2009年のEU

```
┌─────┐   ┌─────┐   ┌──────────────────────┐
│欧　 │   │Ｅ　 │──│　共通外交・安全保障政策 │
│州　 │   │Ｃ　 │   │　　　　（CFSP）　　　 │
│理　 │───│共　 │   └──────────────────────┘
│事　 │   │通　 │   ┌──────────┬──────────┐
│会　 │   │諸　 │──│         │    EC    │
│　　 │   │機　 │   │欧州共同体(ECs)│  Euratom │
│　　 │   │関　 │   │         │  (ECSC)  │
└─────┘   └─────┘   └──────────┴──────────┘
                     ┌──────────────────────┐
                    ─│　警察・刑事司法協力　  │
                     │　　　　（PJCC）　　　 │
                     └──────────────────────┘
```

（筆者作成）

に欧州議会に改称された．
　(2)　経済統合から政治統合への発展における機構的変化
　⑤　1993〜2009年（EU, ECs）：欧州理事会／理事会／欧州議会／コミッション／司法裁判所〔図表序-11〕

　EU条約すなわちマーストリヒト条約(1992年2月7日署名，93年11月1日発効)は，超国家的な性格を有するEC条約とは異質でありながら，ECと共通の制度的枠組みを有するEUを創設した．同条約第A条3段には，「連合は欧州共同体に基礎を置き，本条約により確立される政策及び協力形態により補完される」と規定されていた．超国家的統合を基本とする「欧州共同体」は複数形で表記されており，ECのほか欧州石炭鉄鋼共同体(ECSC, 2002年7月23日まで)および欧州原子力共同体(Euratom)が含まれたが，一般的経済統合を目的とするECが中心的存在であった．「［EU］条約により確立される政策及び協力形態」とは，EC諸機関を共有しつつも政府間協力を基本とする共通外交・安全保障政策(CFSP)および警察・刑事司法協力(PJCC, 1997年10月2日署名，99年5月1日発効のアムステルダム条約により改正される前は司法内務協力JHA)を指す．このような組織構造は「三本柱構造」と呼ばれた．欧州理事会の政治的指針の下，理事会，欧州議会およびコミッションは，3つの柱ごとに異なる権限を行使した〔図表序-5〕．すなわち，これらの諸機関は別個の国際法人格を有する3つの国際機構(2002年7月23日にECSCが廃止される以

図表序-12　現在のEU

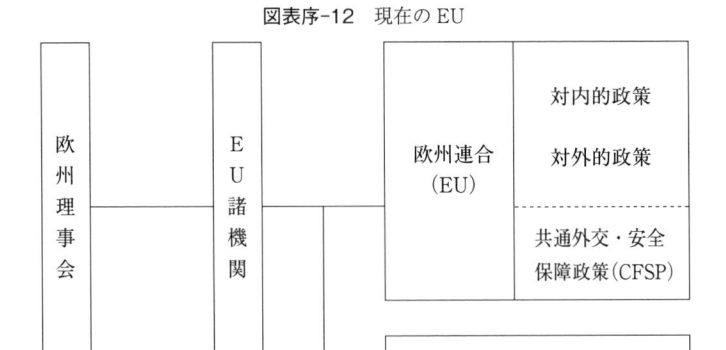

欧州理事会	EU諸機関	欧州連合(EU)	対内的政策
			対外的政策
			共通外交・安全保障政策(CFSP)
		欧州原子力共同体(Euratom)	

(庄司克宏「EU条約・EU機能条約コンメンタール第2回 EU条約第1条——EUの設立と法的性格」『貿易と関税』第59巻6号，2011年(35-42)40頁)

前は，4つの国際機構)を運営した．

⑥　2009年～現在(EU)：欧州理事会／理事会／欧州議会／コミッション／EU司法裁判所〔図表序-12〕

単一欧州議定書(SEA)以降，第1に理事会における特定多数決事項の拡張による政策決定の迅速化，第2に立法過程における欧州議会の権限強化(法案修正提案権および拒否権の付与)による民主化が進められてきた．ニース条約では，それらに加えて，その後の拡大に備えた抜本的な機構改革を目指し，コミッション構成員の定員削減，理事会特定多数決における各国別票数の再配分なども行われた．しかし，期待された成果を生み出すまでには至らなかったため，欧州憲法条約の批准失敗を経て，リスボン条約により大幅な機構改革が行われた．とくに三本柱構造が廃止され，「連合は欧州共同体に取って代わり，かつ，それを承継する」(TEU1-3)ことにより，また，EUとして単一の法人格(TEU47)を付与されることにより(Euratomは別個の法人格を維持)，以前は法的性格を異にしたEUとECが並存する法体系が結合されて，単一の法秩序が創出されている*12．このような単一の法秩序を成すEUにおいて，(ECから引き継がれた)超国家性が支配的である．ただし，これは政府間主義が廃止されて，すべての事項が「共同体化」されることにより超国家的な性格を帯びる

というわけではない．とくに共通外交・安全保障政策(CFSP)との関係でEUは事実上の二本柱構造となっている*13〔図表序-6〕．

〔補足〕「欧州判例法識別子」(ECLI)

　2014年より「欧州判例法識別子」(European Case Law Identifier：ECLI)がEU司法裁判所の判例引用法として使用されている．

　たとえば，Case C-403/03 *Schempp* [2005] ECR I-6421は，ECLIでは次のように表記される．

　Judgment in *Schempp*, C-403/03, EU: C: 2005: 446

　EUは，EU司法裁判所(総称)を示し，Cは，上級審である「司法裁判所」を示す(下級審の「総合裁判所」ならばTと，また，専門裁判所の「EU職員裁判所」ならばFと，表記される)．2005は，判決が下された西暦年を示し，56は，その事件の通し番号を示す．

リーディング・リスト（本文で紹介したものを除く）

ピエール・ペスカトール著（小田滋監修，大谷良雄・最上敏樹訳）『EC 法——ヨーロッパ統合の法構造』有斐閣，1979 年
黒神聰著『一九五三・三・一〇欧州政治共同体構想』成文堂，1981 年
田中素香著『欧州統合』有斐閣，1982 年
金丸輝男著『ヨーロッパ議会』成文堂，1982 年
最上敏樹「欧州共同体の組織構造（一）（二）」『国際法外交雑誌』第 81 巻 1, 3 号，1982 年
細谷千博・南義清共編著『欧州共同体（EC）の研究』新有堂，1983 年
鴨武彦著『国際統合理論の研究』早稲田大学出版部，1985 年
福田耕治著『EC 行政構造と政策過程』成文堂，1992 年
岡村堯「EC 法管見 第一話—第十話」『書斎の窓』有斐閣，第 421〜430 号，1993 年
デレック・ヒーター著（田中俊郎監訳）『統一ヨーロッパへの道』岩波書店，1994 年
田中俊郎著『EU の政治』岩波書店，1998 年
庄司克宏「アムステルダム条約の概要と評価」『日本 EU 学会年報』第 18 号，1998 年
庄司克宏「ニース条約（EU）の概要と評価」『横浜国際経済法学』第 10 巻 1 号，2001 年
クリスチーヌ・オクラン著（伴野文夫訳）『語り継ぐヨーロッパ統合の夢』日本放送出版協会，2002 年
久保広正著『欧州統合論』勁草書房，2003 年
庄司克宏『EU 法 基礎篇』岩波書店，2003 年，『EU 法 政策篇』岩波書店，2003 年
庄司克宏「European Convention and Future Scenarios」『横浜国際経済法学』第 11 巻 2 号，2003 年
庄司克宏「欧州憲法条約草案の概要と評価」『海外事情』第 51 巻 10 号，2003 年
庄司克宏「国際機構の法人格と欧州連合（EU）をめぐる論争」，横田洋三・山村恒雄編『現代国際法と国連・人権・裁判』国際書院，2003 年
庄司克宏「2004 年欧州憲法条約の概要と評価」『慶應法学』創刊号，2004 年
庄司克宏「欧州憲法条約と EU」『世界』第 736 号，2005 年
庄司克宏編『国際機構』岩波書店，2006 年
羽場久美子・小森田秋夫・田中素香編『ヨーロッパの東方拡大』岩波書店，2006 年
庄司克宏編『EU 法 実務篇』岩波書店，2008 年
遠藤乾編『ヨーロッパ統合史』名古屋大学出版会，2008 年
田中友義著『EU 経済論——統合・深化・拡大』中央経済社，2009 年
岡村堯著『新ヨーロッパ法 リスボン条約体制下の法構造』三省堂，2010 年
庄司克宏著『欧州連合 統治の論理とゆくえ』岩波新書，2007 年（2015 年第 9 刷）
濱本正太郎・興津征雄編『ヨーロッパという秩序』勁草書房，2013 年
庄司克宏著『はじめての EU 法』有斐閣，2015 年
庄司克宏「EU の制度的危機と改革——アラカルト欧州と 2 速式欧州」『世界経済評論』第 60 巻 4 号，2016 年

注

*1 Jean Monnet, "Une Europe fédérée, le 30 avril 1952" in Hervé Broquet, Catherine Lanneau et Simon Petermann, *Les 100 discours qui ont marquée le XXe siècle*, André Versaille éditeur, 2008, pp. 373-378 à 378.
*2 *Leon Lindberg and Stuart Scheingold, Europe's Would-be Polity*, Englewood Cliffs, N.J., 1970, p. 21.
*3 庄司克宏「国際経済統合における正統性と民主主義に関する法制度的考察」『法学研究』(慶應義塾大学)第78巻6号, 2005年(1-33)7頁.
*4 Opinion 1/91 *Draft EEA Agreement* [1991] ECR I-6079, para. 21.
*5 Geert De Baere, *Constitutional Principles of EU External Relations*, Oxford University Press, 2008, p. 204, 205, 213.
*6 Jürgen Schwarze(Hrsg.), *EU-Kommentar*(3. Auflage), Nomos, 2012およびRudolf Streinz(Hrsg.), *EUV/AEUV. Vertrag über die Europäische Union ünd Vertrag uber die Arbeitsweise der Europäischen Union Kommentar*(2. Auflage), Verlag C.H. Beck, 2012も補充的に参照.
*7 Consolidated versions of the Treaty on European Union and the Treaty on the Functioning of the European Union [2012] OJ C 326/1.
*8 Versions consolidées du traité sur l'Union européenne et du traité sur le fonctionnement de l'Union européenne, JO, n° C 326, 26 octobre 2012, p. 1.
*9 Konsolidierte Fassungen des Vertrags über die Europäische Union und des Vertrags uber die Arbeitsweise der Europäischen Union, ABl. 2012 Nr. C 326 S. 1.
*10 他に英文で次のものもある. European Constitutional Law Review; European Public Law; European Review of Private Law; European Business Law Review; European Company Law; European Energy and Environmental Law Review; Legal Issues of Economic Integration; Journal of European Competition Law and Practice; European Competition Law Review; European Competition Journal; Journal of Common Market Studies.
*11 William Wallace, "The Sharing of Sovereignty: the European Paradox", Political Studies(1999)XLVII, pp. 503-521 at 506.
*12 Klemens H. Fischer, *Der Vertrag von Lissabon*(2. Auflage), Nomos, 2010, S. 132.
*13 庄司克宏「リスボン条約(EU)の概要と評価」『慶應法学』第10号, 2008年(195-272)201頁.

第Ⅰ部
EUの統治機構

第1章　EUの権限

第1節　EUの価値と目的

1. EUの価値

　EU条約の前文には，加盟国がEUの設立に際し，「人間の不可侵かつ不可譲の権利，自由，民主主義，平等及び法の支配という普遍的価値が発展する源となったヨーロッパの文化的，宗教的及び人文主義的遺産から示唆を受け」(第2段)，また，「自由，民主主義並びに人権及び基本的自由の尊重並びに法の支配の諸原則への支持を確認し」たこと(第4段)が述べられている．それは，EUが単なる利益共同体にとどまらず，価値の共同体でもあることを示している．そのため，EU条約第2条においても，「連合は，人間の尊厳の尊重，自由，民主主義，平等，法の支配，及び少数者に属する者の権利を含む人権の尊重という諸価値に基づいている」こと，また，「これらの価値は，多元主義，差別禁止，寛容，正義，連帯及び女性と男性との間の平等により特徴付けられる社会にあって加盟国に共通のものである」ことが規定されている．

　上述の価値の中で，平等という価値は，加盟国の平等(TEU4(2))，EU市民の平等(TEU9)，男女間の平等(TFEU8)，国籍に基づく差別の禁止(TEU18-1)として表明されている(第5章第4節3)．さらに，基本的人権の尊重については，第1にEUはEU基本権憲章に規定されている権利，自由および原則を承認すること，第2にEUとして欧州人権条約に加入すること，第3に欧州人権条約により保障され，また，加盟国に共通の憲法的伝統に由来する基本権がEU法の一般原則を成すことが明文化されている(TEU6)*[1](第9章)．

2. EUの目的

　ところで，EUは，経済的および非経済的な目標を有している．その範囲は，域内市場(単一市場)を基盤としつつ，条約改正のたびに拡大してきた．EU条約第3条には，EUの目的として，平和，自由・安全・司法領域，域内市場，

経済通貨同盟などが，次のように列挙されている．

「1. 連合は，平和，自らの諸価値及び諸民の厚生を促進することを目的とする．

2. 連合は，市民に対し，人の自由移動が域外国境管理，庇護，移民並びに犯罪の防止及び撲滅に関する適切な措置と結び付いて確保される，内部に国境のない自由，安全及び司法領域を提供する．

3. 連合は，域内市場を設立する．連合は，均衡のとれた経済成長及び物価の安定に基づくヨーロッパの持続可能な成長，完全雇用及び社会的進歩を目標とする，高度の競争力を伴う社会的市場経済並びに環境の質の高水準の保護及び改善のために活動する．連合は，科学的及び技術的進歩を推進する．

連合は，社会的排除及び差別と闘い，また，社会的正義及び保護，女性と男性との間の平等，世代間の連帯並びに児童の権利の保護を推進する．

連合は，経済的，社会的及び領域的結束並びに加盟国間の連帯を推進する．

連合は，その豊かな文化的及び言語的多様性を尊重し，また，ヨーロッパの文化的遺産の保護及び発展に留意する．

4. 連合は，ユーロを通貨とする経済通貨同盟を設立する．

5. 世界の他の部分との関係において，連合は自己の諸価値及び諸利益を擁護しかつ推進し，また，市民の保護に寄与する．連合は，平和，安全，地球の持続可能な発展，諸国民の間の連帯及び相互尊重，自由かつ公正な貿易，貧困の根絶並びに人権，特に児童の権利の保護，並びに国際法の厳格な遵守及び発展，特に国際連合憲章の諸原則の尊重に寄与する．」

このように EU 条約第 3 条は EU の目的規定であるが，EU の権限を根拠づける規定ではない[*2]．同条 6 項には「連合は，両条約において付与される権限に応じて，適切な手段により自己の目的を追求する」とされている．同条は，目的規定として「加盟国に法的義務を課し又は個人に権利を付与する効果を持ち得ない[*3]」が，EU 法の解釈のための「重要な要素」を成す[*4]．

EU 条約第 3 条に列挙されている諸目的は，EU 機能条約第 II 部「一般的適用性を有する諸規定」(TFEU8～17)に基づき，EU の政策および活動の策定と実施において，男女平等，社会政策，差別禁止，環境保護，消費者保護などに配慮する「水平的目標」(horizontal objectives)により補完されなければならない[*5]．とくに EU 機能条約第 8～13 条は，「横断条項」(die Querschnittsklauseln)と呼ばれる*6.

　第1に，男女間の平等がEUのすべての活動において目標とされる．第2に，雇用促進，社会的保護，社会的排除対策，教育，職業訓練，健康保護がEUの政策および活動の策定・実施において考慮される．第3に，性別，人種的もしくは民族的出身，宗教もしくは信仰，障害，年齢または性的志向に基づく差別の撤廃に取り組むことがEUの政策および活動の策定・実施において目標とされる．第4に，とくに持続可能な発展を促進するために，環境保護の諸要件がEUの政策および活動の策定・実施に組み入れられなければならない．第5に，消費者保護の諸要件がEUの政策および活動の策定・実施において考慮される．第6に，動物の福祉がEUの一定の政策の立案・実施において配慮される(TEU8～13).

　EUはその「諸目的のすべてを考慮に入れて」諸政策および諸活動の間で一貫性を確保する義務があるため(TFEU7)，それらの「水平的目標」は，基本条約の他の特定の規定においてEUのために設定されている諸目的と対等に扱われなければならない*7.

第2節　EUの権限

1. 忍び寄る権限拡張

　EUは，「忍び寄る権限拡張」(competence creep)という批判を受けることがある．それは，EUの立法部が，EU権限の目的と性格が曖昧に定義された規定を利用して，基本条約が本来予定している限界を超えてEUの活動範囲を拡張することを指す．そのような権限の肥大化のために使用されてきたとされる条文が，とくに2つ存在する．第1にEU機能条約第114条である．同条1項によれば，「欧州議会及び理事会は，通常立法手続[注：第3章第1節5]に従って決定を行い，かつ，経済社会委員会に諮問した後，域内市場の確立及び機能を目的として，加盟国の立法，命令及び行政規則の規定を接近させるための措置を定める」．それは，域内市場の確立と機能を目的とする各国法の調和に関する規定であるにもかかわらず，たとえば，もっぱら喫煙の抑制のためタバコ広告を制限することのように，(各国法の調和が禁止される側面である)公衆衛

図表1-1　EU権限の行使に関する原則

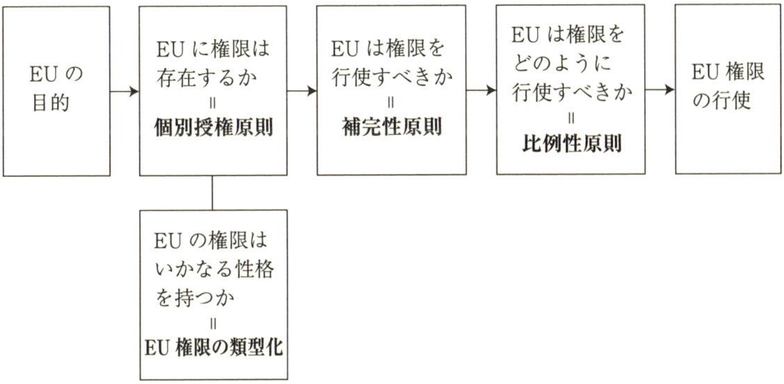

```
┌─────┐   ┌─────────┐   ┌─────────┐   ┌─────────┐   ┌─────┐
│ EUの │ → │EUに権限は│ → │EUは権限を│ → │EUは権限を│ → │EU権限│
│ 目的 │   │存在するか│   │行使すべき│   │どのように│   │の行使│
│     │   │    ＝    │   │   きか   │   │行使すべき│   │     │
│     │   │個別授権  │   │    ＝    │   │   きか   │   │     │
│     │   │  原則    │   │補完性原則│   │    ＝    │   │     │
│     │   │         │   │         │   │比例性原則│   │     │
└─────┘   └─────────┘   └─────────┘   └─────────┘   └─────┘
               ↓
          ┌─────────┐
          │EUの権限は│
          │いかなる性格│
          │ を持つか  │
          │    ＝    │
          │EU権限の  │
          │  類型化   │
          └─────────┘
```

（筆者作成）

生を実際の目的として使用される可能性がある．第2にEU機能条約第352条（本節6）である．それは，EUの目的を達成するためにEUレベルでの行動が必要であるが，そのために必要な権限が予定されていない場合にEUの行動を可能とするための規定である．その旧規定であるEC条約第308条は，明文の根拠規定が個別に存在しないにもかかわらず，環境保護や開発協力などにおけるEUの行動を可能とするために使用された（これらは，その後の条約改正により明文化された）[8]．

このような批判に応じて，EUは個別授権原則，権限の類型化，補完性原則および比例性原則により取り組んでいる〔図表1-1〕．EU機能条約第114条の規定内容には変更はないものの，個別授権原則と権限の類型化で「忍び寄る権限拡張」を防ごうとしている．たとえば，後述するように，公衆衛生は「補充的行動」の分野に属し，各国法の調和は原則として禁止されている．また，EU機能条約第352条については，後述するように規定自体が改正され，手続面および実体面ともに厳格化されている．

2. 個別授権原則

EUの権限(competences; des compétences; Zuständigkeiten)の限界は「限定的個別授権の原則」(the principle of conferral of powers; le principe d'attribution des compétences; der Grundsatz der begrenzten Einzelermächtigung)

により規律される(TEU5(1))．個別授権原則とは，EUが基本条約に定められた諸目的を達成するために加盟国により付与された権限の限界内でのみ行動することを意味する(TEU5(2), 1-1)．それは，EUにそもそも行動する権限が存在するかどうかを問うものである．EUが行動するためには基本条約に法的根拠が定められている必要がある*9．

司法裁判所は，タバコ広告規制事件(2000年)において，域内市場の確立と機能を目的とする各国法の調和について定めるEU機能条約第114条1項に基づくEU立法(タバコ産品の広告・後援に関する加盟国法の調和に関する指令98/43)を無効とした．同事件判決において，次のように述べられている．

「[EU機能条約第114条1項]に規定される措置は，域内市場の確立及び機能のための条件を改善するよう意図されている．その条文が[EU]立法部に域内市場を規制する一般的権限を付与するものと解釈するならば，……[EU]の権限は個別に付与されているものに限定される旨の，[EU条約第5条]に含まれる原則にも反するものとなろう．*10」

このようにEU機能条約第114条1項に基づく調和措置は，EUに対して域内市場における経済活動を規制する一般的権限を付与するものではなく，物の自由移動やサービス提供の自由に対する障壁を撤廃すること，また，競争の歪曲を除去することにより域内市場の確立と機能のための条件を改善することに限定される*11．しかし同時に司法裁判所は，域内市場の機能に対する障壁を除去するために必要な限度においてのみEUに権限付与を行うことに，EU機能条約第114条1項を限定しているのではない．アヴォカジェネラルMaduroは，その理由を次のように指摘している．

「この理由は，この規定の二重の性格に見出すことができる．それは域内市場の確立及び機能を目的として有する措置の採択のために意図されている規定であるが，それらの[EU]措置は様々な市場規制目標を追求する国家の措置に取って代わることとなる．[EU]の介入が域内市場の目的上必要とされるということは，国家措置の他の規制目標の追求に影響を及ぼすべきではない．[EU機能条約第114条]についてなされるいかなる解釈も，このバランスを維持しなければならない．[EU]の介入に対する正当化は市場統合という目標に由来するが，その[EU]の介入は市場を規制する際の様々な政策オプションの中から選択を行う政治的自由を維持するべ

きである.*12」

　他方,基本条約によりEUに付与されていない権限は加盟国にとどまる(TEU5(2), 4(1),権限の画定に関する宣言第18号).そのため,加盟国とEUとの間の権限画定に関わる疑いがある場合,加盟国に有利に判断される.すなわち,そのような場合には加盟国に管轄権の推定が存在する*13.加盟国の権限に属するためEUが尊重しなければならないものとして,「地域及び地方の自治を含む政治的及び憲法的な基本構造に固有の加盟国の国民的一体性」,また,「国家の本質的機能,特に国家の領土保全を守り,公の秩序を維持し及び国家安全保障を確保するという機能」が明文化されている(TEU4(2)).

3. EU権限の類型化

　EU機能条約第2～6条は,EUと加盟国との間の「垂直的」な権限配分を明確化する目的でEU権限を類型化することにより,個別授権原則に従ってEUに付与されている権限がそれぞれいかなる性格を有するのかを示している.EUは「排他的権限」「共有権限」「補充的権限」という3つの類型の権限を有するとともに,個別の分野として経済・雇用政策および共通外交・安全保障政策(CFSP)に関する権限を付与されている〔図表1-2〕.

　第1に「排他的権限」の場合,EUのみが立法を行い,また,「法的拘束力を有する行為」を採択することができる.加盟国がそうすることができるのは,EUから授権された場合またはEUの行為の実施のために限られる(TFEU2(1)).この類型に含まれるものとして,(a)関税同盟,(b)域内市場の機能に必要な競争法規範の制定,(c)ユーロを通貨とする加盟国のための金融(通貨)政策,(d)共通漁業政策に基づく海洋生物資源の保護,(e)共通通商政策が限定列挙されている(TFEU3(1)).EUはまた,「〔国際協定〕の締結が連合の立法行為に規定されているか若しくは連合が対内的権限を行使するのを可能とするために必要である場合,又は,〔国際協定〕の締結が共通の法規範に影響を及ぼすか若しくはその範囲を変更し得る限りにおいて」,そうするための排他的権限を有する(TFEU3(2)).

　第2に「共有権限」の場合,EUも加盟国もともに,立法を行い,また,「法的拘束力を有する行為」を採択することができる(TFEU2(2)).この類型に

図表 1-2　EU 権限の類型化

	特　徴	分　野
排他的権限	①EUのみが立法を行い，また，法的拘束力を有する行為を採択することができる． ②加盟国がそうできるのは，EUからの授権がある場合とEUの行為の実施のために限られる．	(a) 関税同盟 (b) 域内市場の機能に必要な競争法規範の制定 (c) ユーロ圏の金融(通貨)政策 (d) 海洋生物資源保護 (e) 共通通商政策 (f) 一定の国際協定の締結
共有権限	①EUも加盟国もともに，立法を行い，また，法的拘束力を有する行為を採択することができる． ②排他的権限と補充的行動に該当しない分野である． ③主要分野が例示されている． ④「先占」(preemption)の原則が適用され，加盟国はEUが権限を行使した限度で自らの権限を行使できなくなる(右(l)(m)を除く)． ⑤EUが権限行使を止めることを決定した範囲で加盟国の権限が復活する．	(a) 域内市場 (b) 一定の社会政策 (c) 経済的・社会的・領域的結束 (d) 農漁業 (e) 環境 (f) 消費者保護 (g) 運輸 (h) 欧州横断ネットワーク (i) エネルギー (j) 自由・安全・司法領域 (k) 一定の公衆衛生面の安全問題 (l) 研究・技術開発，宇宙 (m) 開発協力，人道援助
	①加盟国が経済・雇用政策の調整を行うための取り決めを提供する． ②理事会は経済政策のための広範な指針等を採択する． ③ユーロ参加国には特別規定が適用される． ④雇用政策の指針を定める等により，加盟国の雇用政策の調整を確保する． ⑤加盟国の社会政策の調整を確保するための発議を行う．	(a) 経済政策 (b) 雇用政策 (c) 一定の社会政策
	共通防衛政策の漸進的な形成を含め，共通外交・安全保障政策を策定し実施する権限を有する．	(a) 共通外交・安保政策 (b) 共通安保・防衛政策
補充的行動	①EUは加盟国の行動を支援し，調整し，または補充するための行動を行う権限を有する． ②該当分野は限定列挙されている(ように見える)． ③EUは加盟国に取って代わることはできない． ④EUは法的拘束力を有する行為を採択することはできるが，加盟国の法令の調和を伴うことはできない．	(a) 人間の健康の保護・改善 (b) 産業 (c) 文化 (d) 観光 (e) 教育・職業訓練・青少年・スポーツ (f) 市民保護 (g) 行政協力

(筆者作成)

含まれるのは，排他的権限および補充的行動(後述)に該当しない分野である(TFEU4(1))．主要分野が例示されている．すなわち，(a)域内市場，(b)EU機能条約に定義される側面に関わる社会政策，(c)経済的，社会的および領域的結束(格差是正)，(d)農漁業(海洋生物資源の保護を除く)，(e)環境，(f)消費者保護，(g)運輸，(h)欧州横断ネットワーク，(i)エネルギー，(j)自由・安全・司法領域，(k)EU機能条約に定義される側面に関わる公衆衛生面の安全についての共通関心事項である(TFEU4(2))．

これらの共有権限分野では「先占」(preemption)の原則が適用され，加盟国はEUが権限を行使した限度で自らの権限を行使できなくなる(TFEU2(2))．ただし，研究・技術開発および宇宙分野，また，開発協力および人道援助分野も共有権限分野に含まれるが，「先占」は生じないとされている(TFEU4(3)(4))．なお，EUが権限行使を止めることを決定した範囲で加盟国の権限が復活する(TFEU2(2))．これに該当するのは，EU諸機関が既存のEU立法を廃止した場合などである(権限の画定に関する宣言第18号)．

第3は「支援・調整・補充的行動」の権限(補充的行動)である．これは，EUが加盟国の行動を支援し，調整し，または補充するための行動を行う権限である(TFEU2(5))．(a)人間の健康の保護および改善，(b)産業，(c)文化，(d)観光，(e)教育，職業訓練，青少年およびスポーツ，(f)市民保護，(g)行政協力が限定列挙されている(ように見える)(TFEU6)．補充的行動の分野では，EUは加盟国に取って代わることはできない．また，EUは法的拘束力を有する行為を採択することはできるが，加盟国の法令の調和を伴うことはできない(TFEU2(5))．

第4に，EU権限分野として経済政策および雇用政策が個別に示されている．加盟国はEU機能条約により決定される取り決め内で経済・雇用政策の調整を行うが，EUはそのような取り決めを提供する権限を有する(TFEU2(3))．加盟国はEU内で経済政策の調整を行い，EU諸機関の1つとして閣僚級の政府代表で構成される理事会は，経済政策のための広範な指針などの措置を採択する(なお，ユーロを通貨とする加盟国には特別規定が適用される)．また，EUは，とくに雇用政策のための指針を定めることにより，加盟国の雇用政策の調整を確保するための措置をとる．さらに，EUは加盟国の社会政策の調整を確保す

るための発議を行うことができる(TFEU5).

　第5に,共通外交・安全保障政策(CFSP)も個別に示されている.EUはEU条約規定に従って,共通防衛政策の漸進的な形成を含め,共通外交・安全保障政策を策定し実施する権限を有する(TFEU2(4)).

　以上のように,EUの権限は類型化されているが,EU機能条約第2条6項によれば,「連合の権限を行使する範囲及び方式は各分野に関する両条約規定により決定される」ため,当該規定を詳細に検討する必要がある.たとえば,先述したように,共有権限分野では「先占」の原則が適用されるが(研究・技術開発,宇宙,開発協力および人道援助分野を除く),EUの権限行使によりいつも先占が生じるわけではない*14.なぜならば,EUが自己の権限を行使した場合でも加盟国が必ずしも自己の権限を失うことになるとは限らない場合があるからである.加盟国が自己の権限を失うかどうかは,EUが実際に当該分野でどの程度自己の権限を行使したかによる.EUが一律の「規則」や排他的調和(完全な調和)を達成する「指令」を採択するときには「先占」が生じる.しかし,下限設定調和(minimum harmonisation)や原産地国(出身国)の法令の「相互承認」を「指令」で定める場合には,加盟国の行動の余地が残ることになる*15.

　また,経済・雇用政策およびCFSPの両分野は,排他的権限に属さないことが明らかであり,また,共有権限および補充的権限とも別個に扱われているので,そのいずれにも属さないとみなすことができる(ただし,一部の雇用政策(TFEU149)は補充的権限分野に属する*16).他方,EU機能条約第4条1項は,排他的権限および補充的権限に関連しない場合は共有権限であることを示しているので,経済・雇用政策およびCFSPの両分野も共有権限事項であると解釈することも可能である.しかし,それぞれの分野の詳細な規定を見て当該権限の「範囲及び方式」を判断するならば(TFEU2(6)),少なくとも「先占」が発生する余地はないと考えられる.その点で,経済・雇用政策およびCFSPの両分野は,共有権限のうち先占が除外されている研究・技術開発,宇宙,開発協力および人道援助の各分野に類似している.

第1章　EUの権限　　35

4. 裁量的政策調整方式

EU は従来，排他的権限および共有権限の分野において，「規則」および「指令」等の採択による単一的な法整備ならびに EU 司法裁判所および国内裁判所による遵守確保という「ハード」な手法で統合を進めてきた．その一方で，EU レベルの立法によらない「ソフト」な手法として「裁量的政策調整方式」(the open method of coordination) が存在する．この名称にある「オープン」とは，国家による任意の選択的な関与および結果に関する制裁の排除を含意している[*17]．それは，とくに補充的行動の分野や加盟国の権限の分野において，共通の目標に基づき，加盟国の（とくに社会）政策の立案，検討，比較および調整を行う相互フィードバック過程であると定義される[*18]．換言すれば，これは，協力の奨励，最善の慣行の交換ならびに加盟国にとっての共通の目標および指針について合意し，それらの目標の達成の進捗状況を定期的に監視することにより，加盟国は自国の努力を他国と比較し，他国の経験から学習することを意味する．裁量的政策調整方式は単独ではなく，EU のプログラムや立法に基づくアプローチを伴うこともある[*19]．

裁量的政策調整方式に対する批判としては，権限配分を考慮することなく目標を設定するため明確さに欠ける点や，欧州議会の関与する余地がほとんどないという点が指摘された[*20]．これらの批判に対応して，EU 機能条約では，雇用，社会政策，公衆衛生，研究・技術開発・宇宙，産業の各規定に裁量的政策調整方式が，欧州議会と理事会が定める政策措置の中に位置づけられている (TFEU149, 153(2)(a), 156-2, 160, 168(2), 173(2))．

5. 補完性原則と比例性原則

EU の権限の行使は，補完性および比例性の両原則により規律される (TEU5(1))．EU は個別授権原則に基づき権限を有する場合であっても，補完性原則および比例性原則に適合する場合にのみ権限を行使することができる．EU 諸機関（コミッション，理事会，欧州議会）は，「補完性及び比例性原則の適用に関する議定書第2号」（補完性議定書）に定められているとおりに両原則を適用することとされている (TEU5(3)(4))．「立法行為」（第3章第1節2，第5章第6節1）草案は，両原則に関して正当化されなければならない．そのため，「立法行

為」草案には，両原則の遵守を評価することができるようにするための詳細な記述(財政的影響の評価を含む)を伴うことが求められる．コミッションは，EU機能条約第5条の適用に関する年次報告書を欧州理事会，欧州議会，理事会および国内議会に提出することになっている(補完性議定書第9条)．なお，後述するように(第3章第1節4(3))，この議定書は，もっぱら補完性原則の適用に関する国内議会の監視について定めている．

(1) 補完性原則

個別授権原則に従ってEUに権限が存在する場合，EUが実際にその権限を行使すべきかどうかを決定する際の基準となるのが補完性原則である．EUレベルにおける集団的行動の必要性が個別に示されない限り，個々の加盟国による行動が選好される[*21]．このように，補完性原則は，EUによる権限の行使に対する限界を設定する基準となる．また，補完性原則は，条文規定(TEU5(3))に由来する法の一般原則(第5章第4節)として，EUの行為の解釈にさいしても適用される[*22]．たとえば，司法裁判所は，廃棄物に関する「指令」75/442およびその改正「指令」91/156の解釈の基準として補完性原則を適用している[*23]．さらに，補完性原則は，条約改正などの場合にEUの権限拡張を必要不可欠な範囲にとどめるためにEUに対する権限の付与を監視するための政治的原則としても機能している[*24]．

EU条約第5条3項には，補完性原則について次のように規定されている．

「補完性原則に従い，連合は，排他的権限に属しない分野において，提案されている行動の目的が加盟国により中央レベル又は地域及び地方レベルのいずれかにおいて十分に達成されることができないが，提案されている行動の規模又は効果のゆえに連合レベルでよりよく達成されることができる場合にのみ，かつ，その限りにおいて行動する．」

同条項によれば，第1に，EUと加盟国の権限がともに存在する場合が想定されているため，EUの排他的権限の分野では補完性原則は適用されない．ただし，その場合でも比例性原則は適用される(TEU5(4))．第2に，EUが行動する場合の基準として次の2点が示されている．加盟国により(レベルにかかわらず)十分に達成できないという分権化基準，および，規模または効果の点でEUレベルの方がよりよく達成できるという効率性基準である[*25]．

換言すれば，補完性原則の判断基準は，(イ)追求される目的が EU の行動を必要とするかという点，および，(ロ)EU の行動の必要性が存在するという主張に対して合理的な正当化があるかという点である．(ロ)は，EU の行動から発生しうる利益だけでなく，当該事項を加盟国が取り組むべきものとしたさいに伴う可能性のある問題またはコストの決定も関係する．これらを要求するさい，EU 司法裁判所は EU 立法の判断に代えて自らの判断を行うのではなく，EU 立法に対して補完性原則を真剣に受け止めるよう求めるにとどまる[*26]．

Vodafone 事件(2010 年)[*27] において，EU が制定した「ローミング規則」[*28]が補完性原則に適合するかどうかが争われた．EU 域内のローミングサービス料金は高止まりする傾向があったため，携帯電話の越境使用の料金引下げを狙って 3 年間の時限立法として制定された「ローミング規則」に EU レベルで卸売および小売ローミングに上限料金が設定されたこと(とくに後者)が，補完性原則に反するか否かが問題となった．本件を担当したアヴォカジェネラル Maduro の意見によれば，卸売料金だけでなく小売料金についても調和を行うための決定的な根拠は，規制対象となる経済活動の越境的性格にある．たとえ小売料金のレベルにおける集合的な行動を必要とする十分に顕著な問題が存在しないとしても，EU はローミングの小売料金の問題に取り組むうえで加盟国より有利な立場にあると正当に考えることができる．ローミングという経済活動の越境的性格のゆえに，EU は加盟国よりもその問題に取り組む意思を有し，かつ，域内市場のために意図されている行動のすべてのコストと利益のバランスをとるうえで有利な立場にあると言える[*29]．

なお，本件で司法裁判所は，ローミングサービスの卸売料金と小売料金にはかなりの相互依存関係があるため，小売料金の規制も含めたアプローチに基づく効果により，「ローミング規則」が追求する目的は EU レベルで最もよく達成することができるとして，補完性原則に違反はないと判決した[*30]．

EU レベルにおける方が EU の目的をよりよく達成することができると結論する理由は，質的指標および可能な場合は常に量的指標により実証されなければならない(補完性議定書第 5 条)．補完性原則の適用により EU の行動に至らない場合，加盟国は誠実協力原則(TEU4(3))(第 6 章第 2 節 1)に従い，基本条約上の義務の履行を確保するために適切なすべての措置をとること，および，EU

の目的の実現を危うくするおそれのある措置を差し控えることが求められる*31. 補完性議定書は，国内議会が EU の立法提案が補完性原則に反していないかを事前に監視する手続を定めるとともに(第3章第1節4(3))，事後的手段として，国内議会(および EU の諮問機関である地域委員会)が司法裁判所に立法措置の補完性原則違反を申し立てることができることを規定している．

(2) 比例性原則

個別授権原則に従って EU に権限が存在し，補完性原則に基づき EU が実際にその権限を行使すべきであると判断された後，その権限をどのように行使すべきかに関する基準を示すのが比例性原則である．

比例性原則は，EU 司法裁判所により法の一般原則(第5章第4節)として確立され*32，とくに EU 行政法の分野における司法審査で用いられている*33. それは，使用される手段と意図される目的(または達成される結果)との間でバランスをとるよう要求し，そのようにして EU(および加盟国)による公権力の行使を制約する*34. EU 機関が広範な裁量権を有する場合，司法裁判所は当該措置が追求される目的に対して明白に不適切な場合にのみ比例性原則違反とみなす*35.

比例性の審査には，通常3つの段階があるとされる．第1に，当該行動が意図された目的を達成するために適切であったかどうかという点である．第2に，当該行動が意図された目的を達成するために必要であったかどうかという点である．第3に，当該行動が意図された目的に比して過剰な負担を課したかどうかという点である(狭義の比例性)．EU 司法裁判所は，第3点については明示的には行わないことがある*36.

司法裁判所は，National Farmers' Union 事件(1998年)において，EU 諸機関との関係で比例性原則について次のようにまとめている．

「比例性原則は，[EU]法の一般原則の一つであり，[EU]諸機関により採択された措置が当該立法により正当に追求される目標を達成するために適切かつ必要な限度を超えないことを要求する．いくつかの適切な措置の間で選択肢が存在するときは最も負担の少ないものを用いなければならず，また，発生する不利益は追求される目的に対して均衡を失するものであってはならない……．*37」

前掲 Vodafone 事件判決では，小売料金の上限設定は，高水準のローミ

料金に対して消費者を保護するという目的にとって適切であること，また，卸売料金の低下のみでは小売料金に反映されないおそれがあることやEU立法部の広範な裁量権を考慮して必要であること，さらに3年間のみの時限立法であることに基づき，比例性原則に反しないとされた*38．

EU条約第5条4項は，とくにEUの立法を念頭に置いて，「比例性原則に従い，連合の行動の内容及び形式は，両条約の目的を達成するために必要な限度を超えてはならない」と規定している．これは，EUによる行動に対する制約として作用するものであり，法の一般原則としての比例性原則の一形態として位置づけられる．EUの「立法行為」草案は，財政面または行政面において，EU，各国政府，地方自治体，企業や市民にかかる負担を最小限にする必要性を考慮に入れ，達成すべき目的に相応するものでなければならない（補完性議定書第5条）*39．

EU条約第5条4項が定める比例性原則は，EUの行動の内容だけでなく形式も制約している．それはまた，基本条約の目的を達成するために必要な限度を超えてはならないとしている．しかし，基本条約上の法的根拠に基づく行動が基本条約の目的の範囲を超えることはほとんど考えられない．そのため，正確には，基本条約に基づく所与の行動がその行動の目的を達成するために必要な限度を超えないよう要求するものと解釈される*40．補完性原則の場合と同様，EU司法裁判所は第5条4項が定める比例性原則において限定的な審査を行うにとどまる*41．

6. 柔軟性条項

EU機能条約第352条は，EUの目的を達成するためにEUレベルでの行動が必要であるが，そのために必要な権限が予定されていない場合にEUの行動を可能とするための規定であり，「柔軟性条項」と呼ばれることがある．その機能について司法裁判所は，欧州人権条約（ECHR）加入意見（1996年）において次のように述べている．

「［EU機能条約第352条］は，［基本］条約のどの特定の規定も［EU］諸機関に明示又は黙示の行動権限を付与していない場合に，それにもかかわらず［EU］が［基本］条約に定められた諸目的の一つを達成するためにその機能を遂行することを可能と

するために，かかる権限が必要であると思われるならば，その欠落を補うよう意図されている．*42」

しかし，この規定の旧条文(EC条約第308条)は，条約改正によらずにEUが権限を拡張するために利用されてきたという批判を受けてきたため，現行規定では発動の要件が厳格化されている．EU機能条約第352条1項には，次のように規定されている．

「連合による行動が，両条約に定められた政策の枠内で，両条約に列挙された諸目的の一つを達成するために必要であることが判明し，かつ，両条約が必要な行動権限を規定していない場合，理事会はコミッションからの提案に基づきかつ欧州議会の同意を得た後，全会一致の議決により，適切な措置を採択する．当該措置が特別立法手続に従い理事会により採択される場合，理事会は同様にしてコミッションからの提案に基づきかつ欧州議会の同意を得た後，全会一致で議決する．」

このように，EU機能条約第352条に基づくEUの立法およびその他の措置では，理事会の全会一致と欧州議会の同意が要求される．また，コミッションは，各国議会による補完性原則の監視手続(TEU5(3)，補完性議定書)を使用して，第352条に基づく提案に加盟国議会の注意を喚起しなければならない(TFEU352(2))．

さらに，柔軟性条項には，手続面のみならず，実体面においても制約がある．司法裁判所は，前掲ECHR加入意見において次のように指摘している．

「当該規定は，限定的個別授権の原則に基づく機構制度の不可欠の一部であるため，[基本]条約規定全体により並びに特に[EU]の任務及び活動を定める規定により創設された一般的枠組みを超えて，[EU]権限の範囲を拡張するための根拠として使用することはできない．*43」

以上の点を反映して，EU機能条約第352条によれば，第1に当該措置は，基本条約が加盟国法の調和を排除している場合(たとえば補充的行動の分野)において，かかる調和を伴うことはできない(TFEU352(3))．第2に当該措置は共通外交・安全保障政策(CFSP)に関わる目的を達成するための根拠とすることはできない．また，CFSP以外の政策(TFEU3~6)の実施がCFSPに関わる権限の行使に影響を及ぼすことはできない(TFEU352(4)，TEU40-2)．なお，司法裁判所によれば，「いずれにせよ，条約改正の目的のために規定する手続に従

わないで，実質的にその効果を有する規定を採択する根拠として，[EU機能条約第352条]を使用することはできない」[*44]．なお，現行規定の「両条約に列挙された諸目的の一つを達成するために必要であること」という部分は，旧規定(EC条約第308条)の「共同体の諸目的の一つ」に比べて適用範囲が拡張される結果となっている．

リーディング・リスト

福田耕治「欧州連邦主義と補完性原理(1)〜(3)」『駒澤大学法学部研究紀要』第55号，『政治学論集』第45号，『法学論集』第55号，1997年

須藤陽子「ヨーロッパ行政法における「比例原則」の意義と展開——マーストリヒト条約以前を中心に」『東京都立大学法学会雑誌』第39巻1号，1998年

庄司克宏「リスボン条約とEUの課題」『日本EU学会年報』第31号，2011年

庄司克宏「EU条約・EU機能条約コンメンタール第3回　EU条約第2条——EUの価値と規範化」『貿易と関税』第59巻8号，2011年

庄司克宏「EU条約・EU機能条約コンメンタール第4，5回　EU条約第3条——EUの目的(上)(下)」『貿易と関税』第59巻10，12号，2011年

庄司克宏「EU条約・EU機能条約コンメンタール第8，9回　EU条約第5条と補完性議定書——補完性原則と国内議会の監視(上)(下)」『貿易と関税』第60巻6，9号，2012年

中西優美子『EU権限の法構造』信山社，2013年(本書の書評につき，庄司克宏「同書」『国際法外交雑誌』第114巻1号，2015年参照)

庄司克宏「欧州銀行同盟における権限配分とMeroni原則」『日本EU学会年報』第34号，2014年

庄司克宏「欧州銀行同盟に関する法制度的考察」『法学研究』(慶應義塾大学)第87巻6号，2014年

第 1 章　EU の権限　　43

注

*1　Koen Lenaerts and Piet Van Nuffel(Editor : Robert Bray and Nathan Cambien), *European Union Law*(3rd ed.), Sweet & Maxwell, 2011, p. 107.
*2　Christian Calliess und Matthias Ruffert(Hrsg.), *EUV/AEUV: Das Verfassungsrecht der Europäischen Union mit Europäicher Grundrechtecharta Kommentar*(4. Auflage), Verlag C. H. Beck, 2011, S. 46.
*3　Case C-339/89 *Alsthom Atlantique* [1991] ECR I-107, para. 9.
*4　Case C-149/96 *Portugal v Council* [1999] ECR I-8395, para. 86.
*5　Koen Lenaerts and Piet Van Nuffel, op. cit. *supra* note 1, p. 110.
*6　Christian Calliess und Matthias Ruffert(Hrsg.), op. cit. *supra* note 2, S. 523ff.
*7　Koen Lenaerts and Piet Van Nuffel, op. cit. *supra* note 1, p. 111.
*8　Alan Dashwood, Michael Dougan, Barry Rodger, Eleanor Spaventa and Derrick Wyatt, *Wyatt & Dashwood's European Union Law*(6th ed.), Sweet & Maxwell, 2011, pp. 105-111.
*9　*Ibid.*, p. 99. 中西優美子「EC 立法と法的根拠」『専修法学論集』第 82 号，2001 年(1-29 頁)．
*10　Case C-376/98 *Germany v. Parliament and Council* [2000] ECR I-8419, para. 83(大藤紀子評釈『EU 法基本判例集』122 頁)．
*11　Case C-491/01 *BAT* [2002] ECR I-11453, para. 179.
*12　Opinion of AG Maduro delivered on 1 October 2009 in Case C-58/08 *Vodafone* [2010] ECR I-4999, para. 1.
*13　Christian Calliess und Matthias Ruffert(Hrsg.), op. cit. *supra* note 2, S. 56.
*14　Paul Craig, *The Lisbon Treaty: Law, Politics, and Treaty Reform*, Oxford University Press, 2010, p. 171, 172.
*15　*Ibid.*, p. 172. 庄司克宏「EU 域内市場法の仕組み」，庄司克宏編『EU 法 実務篇』岩波書店，2008 年所収(1-21 頁)．
*16　Paul Craig, op. cit. *supra* note 14, p. 174.
*17　Dermot Hodson and Imerda Maher, "The Open Method as a New Mode of Governance: The Case of Soft Economic Policy Co-ordination", *Journal of Common Market Studies*, Vol. 39, No. 4, 2001, pp. 719-746 at 724.
*18　Final Report of Working Group V "Complementary Competencies"(CONV 375/1/02, REV 1, WG V 14), the European Convention, 4 November 2002, p. 7.
*19　European governance - A white paper(COM(2001)428 final) [2001] OJ C 287/1.
*20　Vassilis Hatzopoulos, "Why the Open Method of Coordination Is Bad For You: A Letter to the EU", *European Law Journal*, Vol. 13, No. 3, 2007, pp. 309-342 at 320, 327.

*21 Wyatt & Dashwood's European Union Law, op. cit. *supra* note 8, p. 115. 澤田昭夫「補完性原理 The Principle of Subsidiarity 分権主義的原理か集権主義的原理か」『日本 EC 学会年報』第 12 号, 1992 年 (31-61 頁), 遠藤乾「The Principle of Subsidiarity——From Johannes Althusius to Jacques Delors」『北大法学論集』第 44 巻 6 号, 1994 年 (207-228 頁).
*22 Wyatt & Dashwood's European Union Law, op. cit. *supra* note 8, p. 324.
*23 Case C-114/01 *AvestaPolarit Chrome Oy* [2003] ECR I-8725, paras. 55-57.
*24 Koen Lenaerts and Piet Van Nuffel, op. cit. *supra* note 1, pp. 131-133. 須網隆夫「EU の発展と法的性格の変容——「EC への権限委譲」と「補完性の原則」」『聖学院大学総合研究所紀要』第 26 号, 2003 年 (159-224 頁).
*25 Koen Lenaerts and Piet Van Nuffel, op. cit. *supra* note 1, p. 134.
*26 Opinion of AG Maduro, cited *supra* note 12, para. 30.
*27 Case C-58/08 *Vodafone* [2010] ECR I-4999 (中西優美子評釈『貿易と関税』第 59 巻 4 号 (2011 年) 67 頁). 本件については, 庄司克宏「EU 条約・EU 機能条約コンメンタール第 8 回　EU 条約第 5 条と補完性議定書 (上)」『貿易と関税』第 60 巻 6 号, 2012 年 (47-49 頁) 参照.
*28 Regulation 717/2007 [2007] OJ L 171/32.
*29 Opinion of AG Maduro, cited *supra* note 12, para. 33.
*30 *Vodafone*, cited *supra* note 27, paras. 77-80.
*31 Koen Lenaerts and Piet Van Nuffel, op. cit. *supra* note 1, p. 140.
*32 Case 265/87 *Schräder* [1989] ECR 2237, para. 21.
*33 Wyatt & Dashwood's European Union Law, op. cit. *supra* note 8, p. 122.
*34 Koen Lenaerts and Piet Van Nuffel, op. cit. *supra* note 1, p. 141.
*35 *Schräder*, cited *supra* note 32, para. 22.
*36 Paul Craig and Gráinne de Búrca, *EU Law* (5th ed.), Oxford University Press, 2011, p. 526.
*37 Case C-157/96 *National Farmers' Union* [1998] ECR I-2211, para. 60.
*38 *Vodafone*, cited *supra* note 27, paras. 54-71.
*39 Christoph Vedder und Wolff Heintschel von Heinegg (Hrsg.), *Europäisches Unionsrecht (EUV|AEUV|Grundrechte-Charta Handkommentar)*, Nomos Verlagsgesellschaft, 2012, S. 81.
*40 Koen Lenaerts and Piet Van Nuffel, op. cit. *supra* note 1, p. 145.
*41 Wyatt & Dashwood's European Union Law, op. cit. *supra* note 8, p. 123, 124.
*42 Opinion 2/94 *Accession to ECHR* [1996] ECR I-1759, para. 29.
*43 *Ibid.*, para. 30.
*44 *Ibid.*

第2章　EUの諸機関

第1節　諸機関の類型

EUは，その価値と目的の下に，政策および行動の一貫性，実効性および継続性を確保する制度的枠組みとして，次の諸機関(the institutions)を基本条約に基づき設置している(TEU13(1))．

　　欧州議会
　　欧州理事会
　　理事会
　　コミッション
　　EU司法裁判所
　　欧州中央銀行(ECB)
　　会計検査院

以上の各機関は，基本条約により付与されている権限の限界内で，かつ，同条約に定める手続，条件および目的に従って行動するとともに，相互間で誠実に協力することとされている(TEU13(2))．

以上の諸機関に加えて，経済社会委員会および地域委員会が諮問機関として，欧州議会，理事会およびコミッションを補佐する(TEU13(4))．また，インフラ，エネルギー供給や環境基準を改善するプロジェクトに低利融資を行う欧州投資銀行が設置されている(TFEU308, 309)．さらに，EU行政の監視を行う欧州オンブズマン(TFEU228)，EU諸機関等による個人データ処理に対してプライバシーの権利を尊重するよう監督する欧州データ保護監督機関(旧EC条約第286条，TFEU16)，加盟国間の警察協力を支援するユーロポール(TFEU88)，加盟国間の刑事司法協力を支援するユーロジャスト(TFEU85)，EU外交・安全保障政策上級代表を補佐する欧州対外行動庁(TEU27(3))，EUの防衛能力・装備を改善するための欧州防衛庁(TEU42(3))などが設置されている．また，欧州検察官事務所を設置することも可能である(TFEU86)．以上は，基本条約に

より直接設置されるか、あるいは、基本条約に設置根拠が規定されている機関である。なお、金融支援のための危機管理枠組みである欧州安定メカニズムは、基本条約に設置根拠を有するが、EU枠外の政府間機構として設置されている(TFEU136(3))。

一方、これらの他にも、欧州環境庁、欧州化学物質庁、欧州食品安全機関、EU基本権庁、域内市場調和事務所(商標・意匠)などのように、特定の任務を果たすためにEU立法により設置され、法人格を有する補助機関が多数存在する。

最後に注意を要する点として、何らかの形でEUと関係を有する、別の国際機構または機関が存在する。とくに欧州審議会(the Council of Europe: COE)は、加盟国数47(EU加盟国すべてが加入)でストラスブールに本部を置き、人権保障や文化面で活動する地域的国際機構である。また、欧州人権裁判所は欧州審議会を母体としてストラスブールに設立されており、ルクセンブルクにあるEU司法裁判所と区別する必要がある。さらに、欧州特許庁、欧州宇宙機関、欧州復興開発銀行などもEUの機関ではない。

EUの主要機関は、政治部門では欧州理事会(首脳級)のほか、理事会(閣僚級)、コミッションおよび欧州議会である。また、司法部門ではEU司法裁判所であり、それは司法裁判所、総合裁判所および専門裁判所で構成される(第4章第1節)。会計監査部門では会計検査院が設置されている。

一般的な国際機構の機関の特徴として「三部構成」が指摘される。それは、(イ)全加盟国を構成員とする審議機関(総会)、(ロ)加盟国の中から選出された代表から成る執行機関(理事会)および(ハ)国際機構の事務的な準備、運営を行う機関(事務局)を指す。しかし、EUはこのような三部構成をとっていない。EUは基本的に、(イ)加盟国政府代表(閣僚級)から成る審議機関である理事会(および首脳級の欧州理事会)、(ロ)直接選挙された議員から成り、立法に参加する欧州議会、(ハ)独立の委員から成り、立法提案権および執行権限を有するコミッションという構成をとり、各機関がそれぞれ事務局を有している(他に司法裁判所、欧州中央銀行などがある)。

一方、EUは統一国家または連邦国家ではなく、また、必ずしも三権分立制に基づいていない。むしろ、EUでは独特の権限配分がなされており、Euro-

図表2-1 EU 3機関の関係

```
                    理 事 会
                 (閣僚級の政府代表)
                ↗            ↖
        政策決定・調整      共同決定
                            (立法・予算)
  立法提案(独占)・行政      民主的コントロール
    コミッション    ←→    欧州議会
     (独立性)              (直接選挙)
```

(筆者作成)

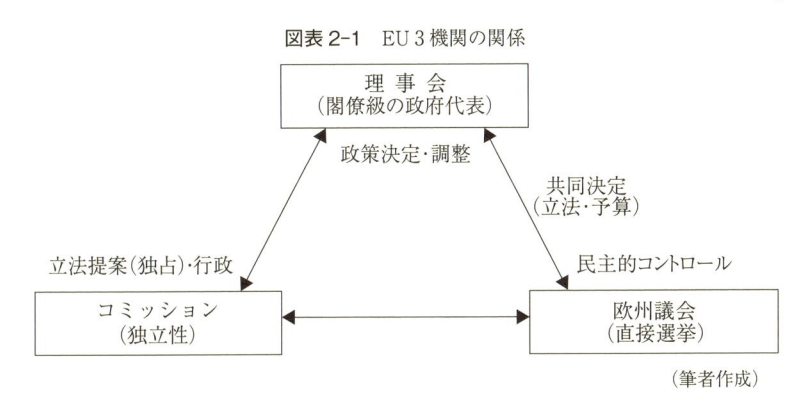

pean Parliament v Council 事件(1991年)における司法裁判所判決によれば，「[EU]の制度的構造および[EU]に委ねられた任務の達成における固有の役割を各機関に割り振る，異なる[EU]諸機関の間における権限配分のためのシステム」に依拠して「機関間均衡」(the institutional balance)(第5章第4節2)が維持されている[*1]．

たとえば，EUでは日本の国会のような立法機関は単独では存在しない．(イ)法案提出権を有する独立のコミッション，(ロ)事項に応じて勧告的意見，法案修正提案または法案拒否の権限を持つ欧州議会，(ハ)事項に応じて欧州議会との共同決定権または単独で最終的決定権を有する理事会が，立法・政策決定過程を共同で形成するのである．このように，EUレベルでは，欧州理事会の政治的指針の下，コミッション，理事会および欧州議会という3つの政治機関が中心となって立法・政策決定が行われる〔図表2-1〕．

第2節 欧州理事会

欧州理事会(the European Council)は，加盟国首脳会議として1960年代より慣行として次第に確立され，1974年パリ首脳会議において「欧州理事会」と名付けられたが，1987年に発効した単一欧州議定書(SEA)により初めて(EEC条約とは別個に)条約上の根拠を付与された．その後EU条約に規定が置かれ，リスボン条約による改正後は常任議長を有する常設のEU機関となっ

ている．

1. 構成員および内部組織

　欧州理事会の構成員は，加盟国首脳(国家元首または政府の長)，常任議長およびコミッション委員長である．EU外務・安全保障上級代表がその作業に加わる(TEU15(2))．また，議題に応じて各国閣僚やコミッション委員が補佐する(TEU15(3))．欧州議会議長は聴聞を受けるため欧州理事会に招請されることができる(TFEU235(2))．

　欧州理事会の開催地はブリュッセル(ベルギー)である(欧州理事会手続規則*2 第1条2項)．年4回(3月，6月，10月，12月)会合するが，臨時会合が開催される場合もある(TEU15(2))．欧州理事会は独自の事務局を持たず，理事会事務総局の補佐を受ける(TFEU235(4)，欧州理事会手続規則第13条1項)．

2. 常任議長

　欧州理事会の議長は従来，加盟国首脳が6カ月ごとに交替する輪番制がとられていたが，リスボン条約による改正で任期2年半かつ再任可とされ，欧州理事会が特定多数決により選出する(TEU15(5))．常任議長は，国家の職務を引き受けてはならないため，現職の加盟国首脳が兼職することはできない(TEU15(6))．なお，欧州理事会常任議長，コミッション委員長およびEU外務・安全保障上級代表の選任に当たっては，EUおよび加盟国の地理的・人口的多様性が尊重されるべきであるとされている(欧州連合条約第15条5項及び6項，第17条6項及び7項並びに第18条に関する宣言第6号)．

　欧州理事会常任議長は次のような任務を有する．(イ)欧州理事会の議事進行および作業の促進，(ロ)コミッション委員長と協力し，かつ，総務理事会(後述)の作業を基礎に，欧州理事会の作業の準備および継続性の確保を行うこと，(ハ)欧州理事会内における結束とコンセンサスを容易にすべく努めること，(ニ)各会合の終了後，欧州議会に報告を行うこと，(ホ)EU外務・安全保障上級代表の権限を害することなく，共通外交・安全保障政策(CFSP)事項における首脳レベルの対外的代表を務めること，である(TEU15(6))．また，欧州理事会の招集(TEU15(3))および基本条約改正のための諮問会議の招集(TEU48

(3))も常任議長の役割である.

3. 任務・権限

欧州理事会はEUの最高意思決定機関として，EUの発展に必要な原動力を与え，一般的な政治的方針および優先順位を定めるが，立法的機能は行使しない(TEU15(1))．また，欧州理事会は，(イ)重要な組織・人事上の決定を行う．すなわち，理事会(総務理事会と外務理事会を除く)の編成(configulations; des formations)および各理事会の議長(外務理事会を除く)に関する決定(TFEU236)，コミッション委員長候補者の決定(TEU17(7))，コミッション構成員の輪番制(の廃止)に関する決定(TEU17(5), TFEU244)，EU外務・安全保障上級代表の任命(TEU18(1))，欧州議会の構成に関する決定(TEU14(2))などである．欧州理事会はまた，(ロ)共通外交・安全保障政策(CFSP)に関する戦略的利益および目標の確定ならびに一般的指針・戦略的方針の決定を行う(TEU22(1), 13(1))．さらに，(ハ)「自由・安全・司法領域」分野における立法上および実施上の計画のための戦略的指針を定める(TFEU68)．

4. 審議および表決手続

欧州理事会の結論は，「議長総括」という文書で公表される．他方，欧州理事会は基本条約に従って決定を採択する場合，当該決定の採択に適用される投票手続(たとえば全会一致)により，投票結果，議事録における陳述および当該決定の採択に関連する項目を公開することができる．投票結果が公開される場合，欧州理事会構成員の要請により，投票に関する説明も公開される．欧州理事会文書の公開については，理事会手続規則の関連規定が準用される(欧州理事会手続規則第10条)．

EU条約およびEU機能条約に別段の定めがある場合を除き，欧州理事会はコンセンサスにより決定を行う(TEU15(4))．欧州理事会が票決を行う場合，事項に応じて，単純多数決，特定多数決(理事会の特定多数決(TEU16(4), TFEU238(2))が適用される)および全会一致の3とおりがある(常任議長およびコミッション委員長は投票に参加しない)．常任議長の選出など人事案件は特定多数決，組織構成に関する決定や共通外交・安全保障政策(CFSP)は全会一

致，手続事項は単純多数決が基本である．また，欧州理事会の構成員（加盟国首脳）は他の構成員のために代理投票を行うことができる．なお，全会一致による決定の場合，棄権は決定の採択を妨げない（TFEU235(1)(3)）．

第3節 理 事 会

　理事会（the Council）は，閣僚理事会（the Council of Ministers）または欧州連合（EU）理事会（the Council of the European Union）と呼ばれることもある．理事会は加盟国の国益調整の場である一方，EU の機関として立法および政策決定を行う中心的機関である．所在地はブリュッセルであるが，4，6，10月はルクセンブルクで会合する．

　理事会は，単一の機関であるが，外務理事会，経済・財政理事会や農業理事会などのように分野ごとに異なる編成の理事会が存在する．そのため，加盟国の外務大臣や欧州問題担当大臣で構成される総務理事会が全体の調整および欧州理事会会合の準備を行う．3カ国が18カ月間担当する議長団制の下で6カ月交代の輪番制に基づく理事会議長国が，理事会全体の運営において主要な役割を担う．理事会の下には大使級で構成される常駐代表委員会が置かれ，さらにその下に150以上の作業部会や委員会が設置されている．

1．構成員

　理事会は，「各加盟国の閣僚級の代表」により構成される（TEU16(2)）．各加盟国は理事会において誰により自国が代表されるかを決定する．同一編成の理事会において，一加盟国から複数の大臣が正式構成員として参加することができる．ドイツやベルギーのように連邦制をとる加盟国では州政府の権限に属する事項（たとえば教育，文化）について州の代表が加盟国の代表となることが可能である．

2．内部組織

(1) 理事会の編成

　理事会は分野ごとに会合し，単一の編成ではないことに注意を要する．総務

理事会および外務理事会を除き，欧州理事会の特定多数決により理事会の編成が決定される(TEU16(6)，TFEU236)．現行の取り決めでは，次のとおり10種類存在する[*3]．

> 総務
> 外務
> 経済・財政[予算を含む]
> 司法・内務
> 雇用・社会政策・衛生・消費者問題[市民保護を含む]
> 競争力(域内市場・産業・研究・宇宙)[観光を含む]
> 運輸・テレコミュニケーション・エネルギー
> 農業・漁業
> 環境
> 教育・青少年・文化・スポーツ[オーディオ・ヴィジュアルを含む]

総務理事会は「様々な編成の理事会作業における一貫性を確保する」とともに，「欧州理事会議長及びコミッションと連携して，欧州理事会の会合を準備し及びそのフォローアップを確保する」(TEU16(6))．全体的な政策調整，機構問題や行政の問題，EUの複数の政策に影響を及ぼす水平横断的な事項などが所管事項となる．また，外務理事会は「欧州理事会により定められる戦略的指針に基づき連合の対外的行動を具体化する」とともに，「連合の行動の一貫性を確保する」(TEU16(6))．共通外交・安全保障政策(CFSP)，対外通商，開発協力および人道援助など，EUの対外的行動全般が所管事項である．

なお，非公式な存在であるにもかかわらず，ユーロ圏加盟国の代表のみで構成されるユーロ・グループ(ユーロ圏財務相会合)の重要性が増大している(TFEU137，ユーロ・グループに関する議定書第14号)．

(2) 議長国と議長団制

理事会には，輪番制に基づく議長国(the Presidency)が置かれている．議長国は，理事会事務総局の支援を得て，理事会作業の組織化と円滑な運営を図る．ただし，外務理事会については，EU外務・安全保障上級代表が議長を務める．また，ユーロ・グループの議長は，構成員の単純多数決により2年半の任期で

図表2-2　議長国輪番予定表(理事会の全会一致により変更可能)

時　期	加盟国	時　期	加盟国
2007年1～6月	ドイツ	2014年7～12月	イタリア
2007年7～12月	ポルトガル	2015年1～6月	ラトヴィア
2008年1～6月	スロヴェニア	2015年7～12月	ルクセンブルク
2008年7～12月	フランス	2016年1～6月	オランダ
2009年1～6月	チェコ	2016年7～12月	スロヴァキア
2009年7～12月	スウェーデン	2017年1～6月	マルタ
2010年1～6月	スペイン	2017年7～12月	イギリス
2010年7～12月	ベルギー	2018年1～6月	エストニア
2011年1～6月	ハンガリー	2018年7～12月	ブルガリア
2011年7～12月	ポーランド	2019年1～6月	オーストリア
2012年1～6月	デンマーク	2019年7～12月	ルーマニア
2012年7～12月	キプロス	2020年1～6月	フィンランド
2013年1～6月	アイルランド		
2013年7～12月	リトアニア		
2014年1～6月	ギリシャ		

(Annex, Council Decision determining the order in which the office of President of the Council shall be held[2007]OJ L 1/12 に基づき筆者作成)

選出される.

　理事会議長国の輪番制は，欧州理事会の特定多数決による決定に基づく条件に従って平等に取り決められることになっている(TEU16(9)，TFEU236，理事会議長職の行使に関する欧州理事会決定に係るEU条約第16条9項に関する宣言第9号).「欧州理事会決定」2009/881*4(第1，2条)によれば，18カ月間3カ国で構成される議長団制が，EU内の多様性および地理的バランスを考慮した平等な輪番制に基づき形成される〔図表2-2〕*5．議長団の3カ国のうち1カ国が6カ月ごとに交替で(外務理事会を除く)すべての編成の理事会の議長を務め，他の2カ国は共通プログラムに基づいて議長を補佐する(議長団が独自に他の取り決めを行うことも可能である).

　なお，理事会の下部機関の議長については，常駐代表委員会の議長は総務理事会議長を務める加盟国の代表，また，政治・安全保障委員会の議長はEU外務・安全保障上級代表の代表が務めるとともに，各編成の理事会の準備部会の議長は(外務理事会を除き)当該理事会の議長を担当する加盟国の代表が務める(欧州理事会決定2009/881第2条，理事会手続規則*6第19条4項).

(3) 常駐代表委員会

　常駐代表委員会(COREPER)は，加盟国の常駐代表(大使)で構成され，理事会の作業の準備および理事会から委託された職務の遂行に責任を有し，また，理事会手続規則に規定される場合には手続的決定を採択することができる(TEU16(7), TFEU240(1))．ただし，実質的決定を行う権限はない[*7]．

　常駐代表委員会の案件はA項目およびB項目に分かれる．A項目の案件はすでに常駐代表委員会で合意に達した事項であり，理事会で審議なしに採択される．これに対し，B項目の案件は常駐代表委員会で合意に達しなかった事項であり，理事会での審議を要する．

　常駐代表委員会には，COREPER IおよびCOREPER IIが存在する．COREPER IIは大使レベルで構成され，経済財政問題，対外関係などの重要問題が扱われる．一方，COREPER Iは公使レベルで構成され，環境，社会問題，域内市場，運輸などの問題が扱われる．

　常駐代表委員会の下に，共通通商政策に関する207条委員会や金融サービス委員会などのように，加盟国官僚およびコミッション代表から成る作業部会が多数存在する．それらの作業部会はコミッションの立法提案を最初に検討し，その報告が常駐代表委員会に上げられ，次いで理事会の審議に付される．

(4) 理事会を補佐する他の委員会

　基本条約に規定される理事会の下部機関として，経済・金融委員会，雇用委員会，社会保護委員会，政治・安全保障委員会，治安実務協力常設委員会が，常駐代表委員会を害することなく，それぞれ理事会作業の準備を行う．

　経済・金融委員会(the Economic and Financial Committee)は，各加盟国，コミッションおよび欧州中央銀行により任命される各2人で構成され，経済通貨同盟に関わる事項について理事会の作業の準備に寄与するとともにその他の諮問的および準備的任務を行う(TFEU134)．また，雇用委員会(the Employment Committee)は，各加盟国およびコミッションにより任命される各2人で構成され，EU内の雇用状況および雇用政策を監視することに加えて，意見を作成し，理事会議事の準備に寄与する(TFEU150)．さらに，社会保護委員会(the Social Protection Committee)は，各加盟国およびコミッションにより任命される各2人で構成され，EU内の社会状況および社会保護政策の発展を監

視することや意見交換を促進することに加えて，報告書の準備，意見の作成などを行う(TFEU160).

　自由・安全・司法領域の政策分野では，治安実務協力常設委員会(le comité permanent de coopération opérationnelle en matière de sécurité intérieure: COSI)が各加盟国内務省高官およびコミッションの代表で構成され，EU内の治安における実効的な実務協力と調整の促進および確保，テロ攻撃や災害への対応(TFEU222)に関する理事会の補佐などを行うが，実務の指揮や立法提案の準備には関与しない(TFEU71)[*8].

　共通外交・安全保障政策(CFSP)分野では，政治・安全保障委員会(the Political and Security Committee)が各加盟国の大使で構成され，国際情勢の監視，理事会への意見具申による政策策定への寄与，合意された政策の実施の監視を行う．また，理事会およびEU外務・安全保障上級代表の責任の下に危機管理作戦の政治的コントロールおよび戦略的指揮を行う．これに伴い，各国の参謀総長で構成される軍事委員会(the Military Committee)が理事会内に設置されるとともに，加盟国から出向する軍人で構成される軍事幕僚部(the Military Staff)が欧州対外行動庁内に設置されている．また，危機管理・文民的側面委員会(the Committee for Civilian Aspects of Crisis Management)等も設置されている．

(5) 事務総局

　理事会は，事務総局の補佐を受ける(TFEU240(2))．事務総局にはその職務遂行に責任を有する事務総長が配置されている．事務総局には，官房や法務部のほか，所管事項に応じてA総局からI総局まで置かれている．たとえば，外務はC総局，司法・内務はD総局，経済はI総局の担当である．

3. 任務・権限

　理事会の任務・権限は，第1に欧州議会と共同で立法上および予算上の機能を行使すること，共通外交・安全保障政策(CFSP)およびその他の政策決定の機能を行うこと，また，経済政策やCFSPにおける加盟国の調整の機能を行うことである(TEU16(1))．第2に対外関係における理事会の任務・権限は，EUを代表してコミッションまたはEU外務・安全保障上級代表により交渉さ

れた国際協定を締結すること(TFEU218(2)(6)),コミッションとともに対外関係の様々な分野の間および対外関係とその他の政策との間における一貫性を確保すること(TEU21(3))である.第3に政策実施権限として,理事会はEU外務・安全保障上級代表とともにCFSPの実施に責任を負う(TFEU291(2)).また,理事会は,経済政策の多角的監視手続や過剰赤字手続において経済的監視を行う(TFEU121(3), 126).第4に理事会のその他の任務・権限として,他のEU機関の人事に関する決定を行うことなどがある(TEU17(7), TFEU286(2), 252, 243, 301-302, 305)*9.

4. 審議の公開

理事会会合は「立法行為」と非立法的活動に関する各審議の2部に分かれ,「立法行為」(第3章第1節2, 第5章第6節1)の草案に関する理事会の審議および投票は公開で行われる(TEU16(8), TFEU15(2)).投票結果,投票説明,理事会に提出された関連文書,議事録における声明なども公開される(理事会手続規則第7条2, 4項).

また,基本条約の関連規定に基づき「規則」「指令」または「決定」により加盟国において法的拘束力を有する法規範の採択に関する非立法的提案が理事会に提出される場合,一定の例外を除き,重要な新しい提案についての理事会の最初の審議が(およびその後の審議は個別の判断により)一般に公開される.これらの場合も,投票結果,投票説明,理事会に提出された関連文書,議事録における声明なども公開される(理事会手続規則第8条1, 2項, 第9条1項).その他に一定の政策討議が公開される(同第8条3, 4項).

5. 表決手続

(1) 原則としての特定多数決

理事会の表決手続は,特定多数決(qualified majority voting: QMV)が原則である.すなわち,EU条約第16条3項によれば,「理事会は,両条約に別段の規定がある場合を除き,特定多数決により議決を行う」.特定多数決とは,加盟国の過半数(国票)に加え,国の規模や大国小国間のバランスなどを加味して配分される国別持票や人口票の形で投じられる賛成票の合計数がそれぞれ総

票数の一定割合(成立下限票数)を超える場合に決定が成立する意思決定方法をいう．また，反対票を投じる国の合計票数が特定多数決の成立下限票数に達するのを阻止する場合に，これをブロッキング・マイノリティという．なお，実際には，たとえ特定多数決事項であっても，審議を重ねてコンセンサスを形成することが理事会の慣行となっている．

　安全保障，治安，社会保障，税制など加盟国にとって機微な事項では，全会一致制がとられている．全会一致による議決が行われる場合，棄権は議決の成立を妨げない(TFEU238(4))．加盟国は反対票を投じない限り，棄権しても他の加盟国がすべて賛成にまわるならば決定が成立し，棄権した国もそれに拘束される．手続的事項などで単純多数決による議決が行われる場合[*10]は，(出席者ではなく)構成員の過半数による(TFEU238(1))．

(2) ルクセンブルクの妥協

　歴史的には，従来，1966年の「ルクセンブルクの妥協」[*11]という政治的合意により，特定多数決で決める事項であっても投票に訴えないで，事実上全会一致によることとする慣行が成立していた．しかし，その後に政策決定の遅滞や麻痺を招いたため，とくに1987年の単一欧州議定書(SEA)による改正(序章第5節3(2))以降，特定多数決事項が大幅に増大したことにより，また，1987年7月20日の手続規則(第5条)の改正[*12]により理事会構成員の過半数で投票手続の開始を要求することができるようになったため(理事会手続規則第11条1項)，「ルクセンブルクの妥協」は援用されなくなった[*13]．

(3) イオニアの妥協

　加盟国数が増加するにつれて，ブロッキング・マイノリティの線をどこに引くかで対立が生じたが，「イオニアの妥協」[*14]により，(ブロッキング・マイノリティが成立していなくとも)成立下限票数を超える票数で意思決定を行うよう審議を重ねる努力を行う旨の政治的合意がなされた．この合意は，ニース条約による特定多数決の変更後[*15]，2004年5月1日の新規加盟以降，適用されていない[*16]．

(4) 三重多数決制から二重多数決制へ

　リスボン条約による改正後，特定多数決は，(イ)2014年10月31日まではニース条約による改正に基づく三重多数決制(国別持票，加盟国数(国票)，人

口数(任意)による)が維持される．(ロ)2014年11月1日から，原則として，国票と人口票から成る二重多数決制へと移行する．ただし，2017年3月31日までは，理事会構成員は従来の三重多数決制による議決を要請することができる．完全に二重多数決制へ移行するのは2017年4月1日からとなる．

第1に三重多数決制(TEU16(5)，経過規定に関する議定書第36号第3条3項)は，2013年7月1日のクロアチア加盟後において次のとおりとなる[17](三重多数決制では実際には国別持票のみでほとんど決まることが理論的に明らかになっている[18])．

> 国別持票[19] 352票中260票以上＋加盟国の過半数[20](国票)＋EU人口の62％以上[21](任意)

なお，高度化協力(第3章第2節)が発動された後のように，すべての理事会構成員が投票に参加するわけではない場合，国別持票，理事会構成員数，人口ともすべて同一比率が適用される(経過規定に関する議定書第36号第3条4項)．

第2に二重多数決制(TEU16(4)，経過規定に関する議定書第3条2項)は次のとおりである．なお，二重多数決制では，従来の特定多数決とは異なり，新規加盟のたびに国別持票や成立下限票数を調整する必要がなくなる．

> 加盟国数の55％[22](15カ国)以上(国票)＋EU人口の65％以上

国票では大国小国は平等であるが，人口票では大国が圧倒的に有利となる．ドイツをはじめとする大国3カ国でEU全人口の35％を超えるため，国票のブロッキング・マイノリティは実際には4カ国以上に設定されている．

なお，高度化協力が発動された後のように，すべての理事会構成員が投票に参加するわけではない場合，参加国のみに同一比率が適用され[23]，ブロッキング・マイノリティは「参加国人口合計の35％超に当たる国数＋1カ国」で構成される(TFEU238(3)a)．

(5) イオニア・メカニズム

特定多数決に二重多数決制が採用されることに伴い，先述の「イオニアの妥協」に由来する「イオニア・メカニズム」が「理事会決定」[24](イオニア・メカニズム決定)により2段階で導入される．第1に，2014年11月1日から

2017年3月31日までの間,(イ)ブロッキング・マイノリティを構成するのに必要な人口票(EU人口の35%超)の少なくとも4分の3(約26.3%),または,(ロ)ブロッキング・マイノリティを構成するのに計算上必要な加盟国数(現在13ヵ国以上)の少なくとも4分の3(10ヵ国)に当たる理事会構成員が存在し,二重多数決による議決に反対の意思を表明する場合,理事会は当該問題を審議しなければならない(イオニア・メカニズム決定第1条).

第2に,2017年4月1日以降は,上記の数字4分の3(75%)が55%に下がる.すなわち,(ハ)ブロッキング・マイノリティを構成するのに必要な人口票(EU人口の35%超)の少なくとも55%(約19.3%),または,(ニ)ブロッキング・マイノリティを構成するのに計算上必要な加盟国数(現在13ヵ国以上)の少なくとも55%(8ヵ国)に当たる,理事会構成員が存在し,二重多数決による議決に反対の意思を表明する場合,理事会は当該問題を審議しなければならない(イオニア・メカニズム決定第4条).

イオニア・メカニズムが発動される場合,理事会は合理的時間内に満足のいく解決策に達するよう,審議の間,権限内のすべての手段を尽くす.そのため,理事会議長はコミッションの支援を得ながら,より広範な基礎をもつ合意を促進する(イオニア・メカニズム決定第2, 3, 5, 6条).合意が達成できない場合,二重多数決が行われる.このようにして,二重多数決制による政策決定の促進効果の一方で,コンセンサスを確保する仕組みが備えられている.

第4節　コミッション

1. 構成員

コミッション(the Commission)は,欧州委員会(the European Commission)とも呼称されるが,一般的能力を基準として選定され,かつ,独立性に疑義のない構成員から成る.加盟国国民であることが要件である.任期は5年である(TEU17(3)).各加盟国から1人任命される(TEU17(4)).2014年11月1日以降,定員が削減され,輪番制に基づき加盟国数の3分の2に固定されることになっていたが(TEU17(5), TFEU244),リスボン条約の批准を国民投票で否決したアイルランドが再度国民投票を行うさいに輪番制の導入中止が合意され,1国1

人体制が維持されることとなった*25. クロアチアの加盟後，コミッションは28人で構成される.

コミッション構成員は，独立性を確保する法的義務がある．すなわち，EUの一般的利益のため完全に独立して職務を遂行しなければならない．具体的には，第1に，各国政府および団体からの政治的独立性である．すなわち，職務の遂行にあたり，いかなる政府またはその他の機関の指示も求め，または受けてはならない．職務と両立しないいかなる行動も差し控えなければならない．各加盟国はこの原則を尊重し，コミッション構成員に対し，その職務の遂行にあたって影響力を行使しない旨約束する(TEU17(3)，TFEU245)．Commission v Cresson 事件(2006年)における司法裁判所判決によれば，コミッション構成員はEUの一般的利益が国益に対してだけでなく，私益に対しても常に優先するよう確保する義務を負う*26. コミッション構成員が職務遂行に必要とされる条件を充たさないか，または重大な非行を犯した場合，理事会またはコミッションの申立に基づき，司法裁判所は同人を罷免することができる(TFEU247)．なお，コミッションの独立性義務にもかかわらず，加盟国は自国出身の委員を「自国代表」とみなす傾向があると言われている*27.

第2に，コミッションの独立性義務を反映するものとして，兼職兼業が禁止されている．任期中は報酬の有無にかかわらず，他のいかなる職業にも従事することはできない．退任後における一定の任用および利益についても注意義務が及ぶ．違反がある場合には，理事会またはコミッションの申立に基づき，司法裁判所は罷免または年金等の権利の喪失を決定することができる(TFEU245-2)．

2. 委員長

コミッションは合議体(a collegiate body)である一方，コミッション委員長に強い権限が付与されている．委員長は，第1にコミッションの内部組織に関する決定を行うとともに作業指針を定め，各委員に職務分担を割り振る．第2に委員の中から副委員長(現在8人)を任命する．第3に委員長は他の委員の罷免権を有する(TEU17(6)，TFEU248)．ただし，EU外務・安全保障上級代表を兼任する副委員長(TEU18(4))は，コミッション委員長との合意により，欧州

理事会が特定多数決により任命する。また、上級代表の罷免については、コミッション委員長の要請がある場合、欧州理事会が特定多数決により決定する(TEU18(1))。

3. 任命手続

　コミッション構成員の任命手続は、第1にコミッション委員長候補者の選出、第2に他の委員候補の指名、第3に全体としての任命という3段階に分かれる(TFEU17(7))。具体的には以下のとおりである。なお、コミッション委員長の選任に当たっては、欧州理事会常任議長およびEU外務・安全保障上級代表の選任とともに、EUおよび加盟国の地理的および人口的多様性を尊重する必要性に適切な考慮を払うものとされている(欧州連合条約第15条5項及び6項、第17条6項及び7項並びに第18条に関する宣言第6号)。

　(イ)欧州理事会は、欧州議会の選挙結果を踏まえ、かつ、適切な協議を行った後、特定多数決により委員長候補者を欧州議会に提案する。

　(ロ)欧州議会は、構成員の過半数により、当該候補者を選出する。(否決された場合は、欧州理事会が同じ手続により1カ月以内に新たな候補者を提案する。)

　(ハ)理事会は、加盟国の提示に基づき、委員長指名者との共通の合意により、委員として任命する意向である者のリストを特定多数決(TEU16(3))により採択する。

　(ニ)委員長、(副委員長たる)EU外務・安全保障上級代表および他の委員は、一体として、欧州議会の投票数の過半数(TFEU231)による同意投票に服する。

　(ホ)欧州議会の同意に基づき、欧州理事会は特定多数決によりコミッションの任命を行う*28。

4. 総辞職

　コミッションは、一体として欧州議会に責任を負う。欧州議会はコミッションの総辞職動議に関する投票を行うことができる。欧州議会が投票数の3分の2の多数かつ構成員の過半数により動議を可決した場合、コミッションは総辞職する。EU外務・安全保障上級代表はコミッション内の職務を辞する(TEU17

(8), TFEU234). これまでに12回ほど総辞職動議が提出されたが, 成立したことは一度もない[*29]. ただし, 1999年3月16日, サンテール(Jacques Santer)を委員長とするコミッションが数人の委員の不正行為のために自発的に総辞職することを余儀なくされたことがある[*30].

しかし, 欧州議会とコミッションとの関係に関する枠組合意(第5条)によれば, 次のように合意されている.

「議会がコミッション委員長に対し, コミッションの個々の構成員への信任を撤回するよう求める場合, 彼／彼女はEU条約第17条6項[*31]に従い, 当該構成員に辞職するよう要請するか否かを真剣に考慮する. 委員長は, 当該構成員の辞職を要求するか又はそうするのを拒んだことについて次回のパートセッションにおいて議会の前で説明しなければならない.[*32]」

このようにして, コミッションは欧州議会からの民主的コントロールの下に置かれている[*33].

5. 内部組織

すでに述べたとおり, コミッション委員長は, コミッションの内部組織に関する決定を行い, また, 各委員に職務分担を割り振る. さらに, 個々の委員を辞職させることができる(TEU17(6), TFEU248).

コミッションを補佐するため, 各委員の下に総局その他の部局が置かれている〔図表2-3〕. コミッションおよび総局その他の部局の運営のために, 手続規則が定められている(TFEU249(1)).

6. 任務・権限

コミッションは, EUの一般的利益を推進し, その目的のため適切な発議を行う(TEU17(1)). 具体的には, 次のような任務を有する(TEU17(1)).

(イ)基本条約およびそれらに従って諸機関が採択した措置の適用を確保すること

(ロ)EU司法裁判所のコントロールの下にEU法の適用を監督すること

(ハ)予算を執行し, プログラムを管理すること

(ニ)調整的, 執行的および管理的任務を行うこと(基本条約に規定された条

図表 2-3　コミッション内部組織

担当部門	総局その他の名称
管理・運営	事務総局, 法務部, 予算総局, コミュニケーション総局, 欧州政治戦略センター, 人事・安全管理総局, 情報科学総局, 内部監査局, 欧州不正対策局 (OLAF), 欧州コミッション・データ保護官, 統計総局 (Eurostat), 通訳総局, 翻訳総局等
政策担当	経済・金融総局, 域内市場・産業・起業政策総局, 競争総局, 雇用・社会・包摂総局, 農業・農村開発総局, 移動・運輸総局, エネルギー総局, 環境総局, 気候行動総局, 研究・技術革新総局, 共同研究センター(総局), 通信・コンテンツ・技術総局, 海事・漁業総局, 財政安定・金融サービス・資本市場同盟総局, 地域・都市政策総局, 税制・関税同盟総局, 教育・文化総局, 衛生・食品安全総局, 移民・内務総局, 司法・消費者総局
対外関係	外交政策手段部門総局(欧州対外行動庁に移転されない任務・財源の管理), 貿易総局, 近隣諸国・拡大交渉総局, 人道援助・市民保護総局

(http://ec.europa.eu/about/ds_en.htm を参考に筆者作成)

件に基づく)

(ホ) EU の対外的代表を確保すること(共通外交・安全保障政策(CFSP)およびその他の基本条約規定を例外とする)

(ヘ) 機関間合意を形成するため, 年次および多年次の計画策定を発議すること

しかし, これだけではコミッションの任務・権限の実体をつかむことはできない. そのため, コミッションの主要な任務・権限として, 第1に立法・政策決定への参加, 第2に立法・政策の実施, 第3に予算の編成と実施, 第4に EU 法適用の監督, および, 第5に対外的代表に分けて述べることとする.

(1) 立法・政策決定への参加

コミッションは, 実質的に EU の権限のすべての分野において法案提出権を独占する(第3章第1節4(1)). すなわち, EU の立法は, 基本条約が規定する例外を除き, コミッションの提案に基づいてのみ採択することができる(TEU17(2)). EU 予算案についても, コミッションのみが提出する権限を有する(TFEU314(2)). すなわち, 他の機関および加盟国はコミッションに代わって立法や予算に関する提案を提出することはできないし, コミッションが提案を行うまで理事会や欧州議会は決定を行うことができない. コミッションは理事

会が採択に至らない限り，いつでも自己の提案を修正することができる(TFEU293(2))．また，理事会がコミッションの法案に修正を加えるためには全会一致を必要とする*34(TFEU293(1))．ただし，Commission v Council 事件(2004年)において司法裁判所が判示したように，「コミッションの勧告に基づき」とある場合，理事会はコミッションの「勧告」以外に基づくことはできないが，コミッションが勧告した内容と異なる決定を特定多数決により行うことができる*35．

コミッションによる法案提出権(とくに立法の提案権)の独占は，例外事項の存在，EUに政治的指針を与える欧州理事会の存在，通常立法手続(第3章第1節5)における欧州議会による法案修正などにより，徐々に侵食される傾向にある．例外事項は次のとおりである．第1に共通外交・安全保障政策(CFSP)ではコミッションには発議権がなく，加盟国およびEU外務・安全保障上級代表(コミッションの支持を伴う場合もある)が発議権を有する(TEU30(1))．第2に警察・刑事司法協力では，コミッション提案の他に，加盟国の4分の1による発議も可能である(TFEU76)．第3に加盟国の3分の1(TEU7(1))，欧州議会(TEU7(1)，TFEU223(1))，欧州中央銀行(ECB)(TFEU129(3)(4)，219(1)(2))，司法裁判所(EU司法裁判所の上級審)(TFEU252-1，257-1，281-2)，欧州投資銀行(TFEU308-3)の発議(提案，勧告，要請)に基づく場合も個別に存在する．第4に理事会が他の機関からの発議なしにEUの行為を採択することができる場合(TEU7(3)，TFEU160，243，286(7)，301-3，354-3)も例外的に存在する*36．

なお，理事会，加盟国および欧州議会は，コミッションに対して提案の提出を要請することができる(ただし，これはコミッションを法的に拘束するものではない)．すなわち，第1に理事会はコミッションに対し，調査研究の実施および提案の提出を要請することができる(TFEU241)．第2に経済通貨同盟(EMU)の一定分野において，理事会または加盟国はコミッションに対し，提案または勧告を行うよう要請することができる．コミッションはこの要請を検討し，その結論を遅滞なく理事会に提出する義務がある(TFEU135)．第3に欧州議会は構成員の過半数による多数決に基づき，コミッションに対して提案の提出を要請することができる(TFEU225)．第4に欧州市民発議権(第3章第1節4(2))が認められている(TEU11(4)，市民発議権規則211/2011*37)．

他方，コミッションは限定的な分野において単独で政策決定権を有する．すなわち，公の事業者等にEU競争法を適用するために，加盟国に対する「指令」または「決定」を採択する権限を有する(TFEU106(3))．たとえば，「加盟国及び公の事業者の間における財政関係の透明性並びに一定の事業者内における財政的透明性に関する指令」[*38]「電子コミュニケーション・ネットワーク及びサービス市場における競争に関する指令」[*39] などが制定されている．

コミッションはまた，様々な政策分野で勧告を採択し，また，意見を表明することができる(TFEU156, 292)．

(2) 立法・政策の実施

委任行為手続(TFEU290)に基づき，コミッションは欧州議会と理事会のコントロールの下に委任立法を行うことができる．すなわち，「立法行為」の「一定の非本質的要素を補足し又は修正するために，一般的適用性を有する非立法的行為を採択する」ことができる(TFEU290(1))．この点については，第3章第3節で詳しく述べる．

また，コミッションは「連合の法的拘束力を有する行為を実施するための一律の条件が必要とされる場合」，そのために必要な措置を採択する権限を付与される(TFEU291(2))．そのため，「コミッションによる実施権限の行使の加盟国によるコントロール方式に関する一般的法規範及び原則」を定める「規則」[*40] が制定されている(TFEU291(3))．このようなコントロールは「コミトロジー」(Comitology)と呼ばれる．この点については，第3章第4節4で詳しく述べる．

(3) 予算の編成と執行

コミッションはEU予算の編成および執行を行う(第3章第5節)．法案の場合と同じく，予算案についても，コミッションのみが提出する権限を有する(TFEU314(2))．しかし，法案の場合とは異なり，理事会がコミッションの予算案に修正を加えるために全会一致を必要とするというルールは適用されない(TFEU293(1))．

また，コミッションは，自己の責任に基づき，加盟国と協力して，予算の執行を行う(TFEU317-1)．

(4) EU 法適用の監督

コミッションは，基本条約およびそれらに従って諸機関が採択した措置の適用を確保するとともに，EU 司法裁判所のコントロールの下に EU 法の適用を監督する(TFEU17(1))．その任務を遂行するために必要とされる情報を収集し，確認を行うことができる(TFEU337)．

司法分野では，コミッションは，加盟国の義務不履行を理由とする EU 司法裁判所への提訴権(第4章第4節)を有する(TFEU258～260)．また，取消訴訟や不作為訴訟(第4章第5，7節)においても，コミッションは提訴権(原告適格)を有する(TFEU263, 265)．また，競争法および国家援助の分野では，コミッションは，司法裁判所の審査に服して準司法的な役割を担う(TFEU101～105, 108, 競争法手続規則 1/2003, 合併規則 139/2004)．競争法に違反した事業者には，制裁金を科すことができる．

経済通貨同盟の分野では，たとえば加盟国の過剰赤字を回避するため財政規律の監視を行う(TFEU126)．

しかし，共通外交・安全保障政策(CFSP)において，コミッションは加盟国が CFSP 上の義務を遵守するのを監督する任務を与えられていない[*41](TFEU24(1))．

(5) 対外的代表

コミッションは，対外的に EU を代表する(TEU17(1))．しかし，例外も存在する．とくに共通外交・安全保障政策(CFSP)においては，EU 外務・安全保障上級代表が EU を代表する(TEU27(2))．欧州対外行動庁(EEAS)がそれを補佐する(TEU27(2))．なお，CFSP における首脳級の対外的代表は，欧州理事会常任議長が務める(TEU15(6))．

EU が第三国や国際機構と国際協定を締結する場合，理事会がその署名および締結を行う一方，コミッションは国際協定の交渉を行う任務・権限を担う(TEU17(1), 218(2)(3), 207(3))．ただし，CFSP 分野の条約の場合は，EU 外務・安全保障上級代表が交渉を担当する(TEU37)．また，交渉内容が EU と加盟国の権限分野にまたがる混合協定(mixed agreements)のような場合，コミッションおよび理事会(または加盟国)の代表を含む交渉団が担当する[*42]．さらに，通貨または外国為替取り決めに関する国際協定の場合は，交渉担当を含

めて理事会が方式を決定するため,コミッションが交渉を担当するとは限らない*43(TFEU219(3)).

7. 表決手続

コミッションは合議体(a collegiate body)として活動する(TEU17(6)b). AKSO v Commission 事件(1986年)において司法裁判所が指摘するように,コミッションの合議体責任原則(the principle of collegiate responsibility)は,コミッションの構成員が決定の採択に平等に参加することに基づいている.その結果,決定は集団的審議により行われ,また,全構成員が採択されたすべての決定に対して政治的な共同責任を負う.それは,コミッション会合の定足数が構成員の過半数であり,意思決定はその構成員の単純多数決に基づくという規定(TFEU250,コミッション手続規則第7,8条)に反映されている*44.委員長は賛否同数のさいの決定票を有しない*45.すなわち,コミッションは構成員間で広範なコンセンサスを追求しなければならない.コミッションの決定は,実際には単純多数決ではなく,コンセンサスで行われている.しかし,コミッションの定員が28人(クロアチア加盟後)と多数であるため,コンセンサスを得ることが難しくなっている*46.

他方で,合議体責任原則の遵守のための形式的要件は,コミッションが採択する行為の性格および法的効果により異なる.たとえば,コミッションが加盟国に対し,義務不履行訴訟(第4章第4節)の行政的段階で「理由付意見」を発出する決定および義務不履行訴訟を提起する決定は,コミッションの合議によらなければならないが,合議体責任原則はそれらの決定に関する正式文書の文言までには及ばない*47.

第5節 EU外務・安全保障上級代表と欧州対外関係庁

1. EU外務・安全保障上級代表

EU外務・安保上級代表(the High Representative of the Union for Foreign Affairs and Security Policy)は,欧州理事会がコミッション委員長との合意の下に特定多数決により任命する.欧州理事会は同じ手続によりEU上級代表を

罷免することができる(TEU18(1)).

EU上級代表の主な任務および権限は，第1に(共通安全保障・防衛政策(CSDP)を含む)共通外交・安全保障政策(CFSP)の指揮，第2に外務理事会の議長，および第3にコミッション副委員長としてのEU対外関係の調整である(TEU18(2)～(4)).具体的には以下のとおりである.

(イ)CFSPの指揮を行う(TEU18(2)).理事会とともにCFSPにおけるEUの行動の一体性，整合性および実効性を確保する(TEU26(2)).また，加盟国とともにCFSPを実行する(TEU26(3)).欧州理事会および理事会が採択する決定の実施を確保する(TEU27(1)).さらに，欧州議会との協議および情報提供等を行う(TEU36).

(ロ)外務理事会の議長を務める(TEU18(3),27(1)).加盟国に加えてEU上級代表も，外務理事会に対してCFSPに関する提案を行うことができる.コミッションの支持を伴うEU上級代表からの提案も可能である(TEU18(2),27(1),28(4),30(1),42(4)).なお，EU上級代表がCFSPについて，また，コミッションがその他の分野の対外行動について提案する共同提案も可能である(TEU22(2)).経済制裁などの「制限的措置」やテロ攻撃等への共同対処に関する「連帯条項」の実施取り決めの場合は，コミッションとEU上級代表の共同提案によることが明示されている(TFEU215(1),222(3)).

(ハ)CFSPに関する事項についてEUを代表する(TEU27(2)).CFSP関連協定の交渉を担当し(TFEU218(3))，また，EUのために第三国と政治対話を行う.さらに，国際機構および国際会議においてEUの立場を表明するとともに，それらにおける加盟国の行動の調整を行う(TEU27(2)).コミッションとともに国連(UN)，欧州審議会(COE)，欧州安全保障協力機構(OSCE)，経済協力開発機構(OECD)等との協力を行う(TFEU220).EUが国連安全保障理事会の議題に関する立場を定めたとき，常任理事国たる加盟国(フランスおよびイギリス)はEU上級代表が国連安全保障理事会においてEUの立場を提示することができるよう要請しなければならない(TEU34(2)).

(ニ)平和維持や紛争解決などの任務における文民的および軍事的側面の調整を確保する(TEU43).

(ホ)コミッション副委員長として，コミッションが所管する対外関係を処理

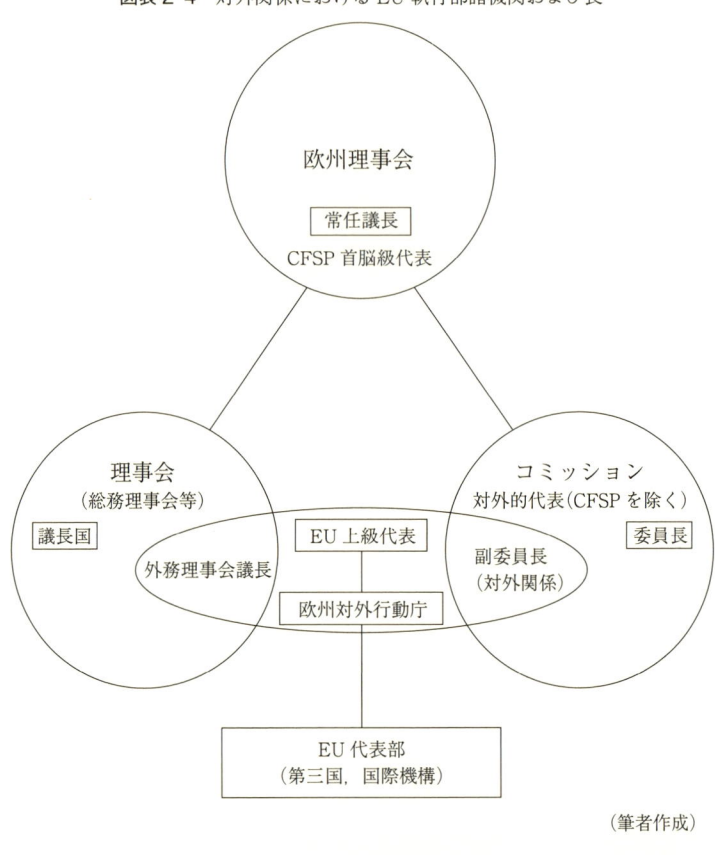

図表2-4 対外関係におけるEU執行部諸機関および長

```
                    ┌─────────────┐
                    │  欧州理事会  │
                    │             │
                    │  [常任議長] │
                    │ CFSP首脳級代表│
                    └─────────────┘
         ┌──────────┐         ┌──────────────┐
         │  理事会  │         │ コミッション │
         │(総務理事会等)│      │対外的代表(CFSPを除く)│
         │ [議長国] │ [EU上級代表] │ [委員長] │
         │ 外務理事会議長 │  副委員長  │
         │          │ 欧州対外行動庁 │(対外関係)│
         └──────────┘         └──────────────┘
                    ┌─────────────┐
                    │   EU代表部   │
                    │(第三国，国際機構)│
                    └─────────────┘
```

(筆者作成)

すること，およびその他のEUの対外的行動を調整することにより，対外関係全般の整合性を確保することに責任を負う．EU上級代表は，コミッション内での責任を行使する場合にのみ，CFSPの指揮および外務理事会議長職に適合する限度で，コミッションの手続に拘束される(TEU18(4))．

以上のように，EU上級代表の権限は広範にわたるが，他の機関やポストとの調整が課題となる．CFSPにおいてEUを代表するのはEU上級代表であるが(TEU27(2))，首脳級の代表を務めるのは欧州理事会常任議長である(TEU15(6))．また，コミッションは，CFSP以外でEUを対外的に代表する(TEU17(1))．さらに，外務理事会以外では輪番制の理事会議長国が議長を務めるため，

EUの他の政策分野の対外的側面に関与する．このように，EUを対外的に代表するのは1人の責任ではないため，常に内部調整を伴う*48．欧州理事会常任議長，理事会議長，EU上級代表およびコミッション委員長の関係については，図表2-4を参照されたい．

2. 欧州対外関係庁とEU代表部

欧州対外関係庁(the European External Action Service: EEAS)は，2010年7月26日付「理事会決定」(EEAS決定)*49により，ブリュッセルを所在地として設置された．EEASはEU外務・安全保障上級代表の下に置かれ(EEAS決定第1条3項)，上級代表が職務権限を果たすのを補佐する(TEU27(3)，EEAS決定第2条1項)．これに加えて，EEASは，欧州理事会常任議長，コミッション委員長およびコミッションが対外関係分野で各々の機能を遂行するさいに補佐する任務も与えられている(EEAS決定第2条2項)．

EEASは，理事会事務総局およびコミッションとは分離された「欧州連合の機能的に自律性を有する組織体」(a functionally autonomous body of the European Union)として位置付けられている(EEAS決定第1条2項)．これは，EEASが理事会やコミッションの指示を受けるのではなく，EU上級代表の直接の指示の下に任務を実行することを意味する*50．

EEASの人員は，理事会事務総局およびコミッションの関連部局からの職員ならびに加盟国外務省からの出向者で構成される(TEU27(3)，EEAS決定第6条2項)．それらの人員は，EUの利益のみを念頭に置いて職務遂行し，EU上級代表以外の者や組織から独立して行動する義務を負う(EEAS決定第6条4項)．

EU上級代表およびEEASが統括する「EU代表部」(Union delegations; les delegations de l'Union)が設置され，第三国や国際機構においてEUを代表する．また，EU上級代表の権限の下でかつ加盟国の外交使節と緊密に協力して世界各地で活動する(TEU32-3, 35, TFEU221)．なお，コミッションも，EU基本条約により付与された権限を行使する分野でEU代表部に指示を出すことができる(EEAS決定第5条3項)．140の諸国・国際機構にEU代表部や事務所が置かれている．たとえば日本には，駐日欧州連合代表部が東京に設置され，大使が任命されている．

第 6 節　欧州議会

　欧州議会(the European Parliament)は，通常の意味における議会とは様相を異にする．議院内閣制をとる国家の場合，議会において多数を占める政党が政府を形成するが，EUにおいてそのようなことはない．欧州議会は当初，独立性を付与されるコミッションに対してはこれを政治的にコントロールする機関として，また，加盟国政府代表から成る理事会に対しては勧告を行う機関として，主に想定されていた．しかし今日では，欧州議会は理事会との共同決定権を含む広範な立法参加権および予算権限を獲得するに至っている．ただし，欧州議会は単独で立法部を構成しているわけではなく，EUにおける立法過程の一部を構成するにとどまる．

1. 構成員

　EU条約第10条2項によれば，「市民は欧州議会において連合レベルで直接代表される」．欧州議会は，直接選挙により選出されたEU市民の代表で構成され，議員の任期は5年である(TEU14(2)(3))．欧州議会は，すべての加盟国で統一的な手続またはすべての加盟国に共通の原則に従って，直接普通選挙を実施するための選挙法案を起草したうえで，理事会が特別立法手続(第3章第1節6)に従い，欧州議会の同意(構成員の単純多数決による)を得た後に，全会一致により必要な規定を定めることになっている．それは各加盟国による承認(各国憲法上の要件に従う)を要する(TFEU223)．

　2002年に改正された欧州議会選挙規程[*51](1976年9月20日付理事会決定[*52]附属)では，欧州議会選挙が各加盟国で比例代表制に基づくこと(第1条)，議席配分のための最低投票率を総投票数の5%を上限として設定できること(第3条)，候補者の選挙活動費の上限を設定できること(第4条)，欧州議会議員は個人の判断で投票を行い，他者からの指示や拘束的委任を受けてはならないこと(第6条)，兼職兼業(リスト付き)の禁止(第7条)，1人1票の原則(第9条)などが規定されるにとどまり，(欧州議会選挙規程に服して)選挙手続は各国法により規律されることになっている(第8条)．

欧州議会の(イ)議員職務の遂行を規律する規程および一般的条件，ならびに，(ロ)現議員および元議員についての課税に関する法規範または条件は，欧州議会が自己の発議によりコミッションの意見および理事会の同意を得た後に定める．理事会は(イ)については特定多数決，また，(ロ)については全会一致により決定する(TFEU223(2))．その結果，欧州議会議員規程が制定されている[*53]．

司法裁判所によれば，「[EU]法の現状では，欧州議会選挙における選挙権者及び被選挙権者の定義は，[EU]法に従い，各加盟国の権限内にある[*54]」．他方，加盟国国民はEU市民権に基づき，他の加盟国に居住していても同一の条件に基づいて欧州議会の選挙権および被選挙権を付与され(TFEU22(2))，そのための詳細を定めた「指令」が制定されている[*55]．

欧州議会の総議席数は(議長を含めて)751が上限とされ，96(ドイツ)から6(マルタ，ルクセンブルク，キプロス，エストニア)の間で国別議席数が人口に比例して配分される．この原則に従い，欧州理事会は，欧州議会の発議および同意に基づき，全会一致により，欧州議会の構成に関する「決定」を採択する(TEU14(2))．過去の議席配分は，基本条約規定(TEU14(2))にかかわらず，リスボン条約発効前に行われた欧州議会選挙(任期2009～14年)の議席配分に修正を加える「経過規定に関する議定書を改正する議定書」[*56]およびクロアチア加盟議定書第19条[*57]に基づいていた．2009～14年任期における総議席数は766であったが，その後は751と定められている．現在の欧州議会の議席配分については欧州理事会の決定により定められている．

2. 内部組織

第1に，欧州議会は議員の間から，2年6カ月の任期で議長1人，副議長14人および財務・庶務担当者(Quaestors)5人を選出する(TEU14(4))．それらは，欧州議会の内部運営を担当する役員会(the Bureau)を構成する．役員会は欧州議会の事務総局を統括する事務総長を任命する．議長は議事進行の司会を務め，また，外部との関係で欧州議会を代表する．

第2に，政党グループ議長会議(the Conference of Presidents)は，欧州議会議長および各政党グループ議長で構成され(無所属議員の代表も1人参加するが投票権を持たない)，委員会の責任および構成，他のEU諸機関や国内議会

との関係などを含む欧州議会の運営一般を担当する．

　第3に，委員長会議(he Conference of Committee Chairs)は，議会内のすべての常任委員会および特別委員会の委員長で構成され，委員会相互の協力の改善のため，政党グループ議長会議に勧告を行う．

　第4に，非加盟国の議会との関係を担当する41の代表団(delegations)の団長で構成される代表団長会議(the Conference of Delegation Chairs)が，各代表団の円滑な運営のため，政党グループ議長会議に勧告を行う．

　欧州議会の本会議は原則としてストラスブールで(8月を除き)毎月開催される(通常会期)．また，例外的にブリュッセルで年に6回，各2日間で開催される(特別会期)．また，議会内委員会(常任委員会，特別委員会)はブリュッセルで開催される．事務総局およびその各部局はルクセンブルクにある．

　常任委員会は20あり，次のとおりである．

　　人権委員会，安全保障・防衛委員会，開発委員会，国際通商委員会，予算委員会，予算管理委員会，経済・金融委員会，雇用・社会問題委員会，環境・公衆衛生・食品安全委員会，産業・研究・エネルギー委員会，域内市場・消費者保護委員会，運輸・観光委員会，地域開発委員会，農業・農村開発委員会，漁業委員会，文化・教育委員会，法務委員会，市民的自由・司法・内務委員会，憲法問題委員会，女性の権利・ジェンダー平等委員会，請願委員会

　欧州議会議員は国籍ではなく，政党グループ別に所属して活動する．「ヨーロッパ・レベルの政党は，ヨーロッパの政治的意識を形成すること及び連合市民の意思を表明することに寄与する」(TEU10(4))．政党グループを形成するためには，加盟国数の少なくとも4分の1から25人以上の議員が必要とされる．基本的にキリスト教民主党系と社会民主党系による二大政党制が形成されている．複数の政党グループに所属することはできない．無所属の議員(52人)も存在する．政党グループおよび所属議員数は，以下のとおりである．

　　欧州人民党(キリスト教民主党)グループ(EPP)　　　　221
　　欧州議会社会民主進歩同盟グループ(S&D)　　　　　191
　　欧州保守改革グループ(ECR)　　　　　　　　　　　 70
　　欧州自由民主同盟グループ(ALDE)　　　　　　　　　67

欧州統一左翼・北欧緑の党左翼連盟グループ(GUE／NGL)　52
緑の党・欧州自由同盟グループ(Greens／EFA)　50
自由直接民主主義欧州グループ(EFDD)　48

3. 任務・権限

EU条約第14条1項には，欧州議会の任務・権限について次のように規定されている．

「欧州議会は，理事会と共同で，立法的及び予算的機能を遂行する．議会は，両条約に定める条件に従い，政治的コントロール及び協議の機能を遂行する．議会は，コミッション委員長を選出する．」

欧州議会の実際の任務・権限は，大別して，立法過程への参加，予算権限，対外関係および他の機関に対する民主的コントロールに分かれる．

第1に立法過程への参加については，通常立法手続(TFEU289(1)，294)と特別立法手続(TFEU289(2))の場合がある(第3章第1節5，6)．欧州議会は，個別の規定に基づき，(イ)通常立法手続において理事会との共同決定権を有する．また，(ロ)特別立法手続において理事会決定への同意(同意手続における拒否権)または理事会との協議(諮問手続における意見の表明)により立法過程に参加する．欧州議会の決定に理事会が参加する手続も存在する(TFEU223(2))．

第2に予算関連の権限では，まず固有財源制度(第3章第5節2)の決定は，理事会の全会一致による決定および全加盟国での憲法的要件に従った承認を要するが，欧州議会の権限は理事会との協議にとどまる(TFEU311-3)．これに対し，固有財源制度の実施措置については，理事会の決定は特定多数決によるが，欧州議会は同意権を有する(TFEU311-3)．次に，少なくとも5年以上(現行7年)にわたり，毎年の予算を規律する多年度財政枠組(第3章第5節1)では，理事会の決定は全会一致によるが，欧州議会は構成員の過半数による同意権を有する(TFEU312(1)(2))．さらに，毎年の予算の決定(第3章第5節3)は欧州議会と理事会との共同決定によるが，最終決定権は欧州議会にある[58](TFEU314(6)d，(9))．共通外交・安全保障政策(CFSP)分野の行政経費および運用経費(軍事的または防衛的含意を有する作戦から生じる場合等を除く)もEU予算から支出される(TEU41(1)(2))．最後に，欧州議会は，コミッションの予算執行に関す

る責任を解除する権限を有する(TFEU319)．

　第3に対外関係における権限については，国際協定の締結に関して欧州議会の同意を要する場合，欧州議会の意見で足りる場合，および，欧州議会が何ら権限を有しない場合がある．ただし，いずれの場合でも，欧州議会は国際協定の交渉および締結のすべての段階で即時かつ十分な情報提供を受けることになっている(TFEU218(10))．

　まず，欧州議会の同意を要するのは，(イ)「連合協定」(TFEU217)，(ロ)EUの欧州人権条約加入協定(TEU6(2))，(ハ)「協力の手続を組織化することにより特定の制度的枠組を設定する協定」，(ニ)EUにとって顕著な予算上の負担を伴う協定，(ホ)通常立法手続(TFEU289(1)，294)または欧州議会の同意を要する特別立法手続(TFEU289(2))が適用される分野を含む協定，である(TFEU218(6)a)．共通通商政策は通常立法手続に基づくため(TFEU207(2))，(ホ)の類型に含まれる結果，通商協定の締結には欧州議会の同意を要する*59．欧州議会の同意は，投票総数の過半数による(TFEU231-1)．

　次に，これらの場合以外は，欧州議会への諮問で足りる．欧州議会は理事会が設定する期限内に意見を表明する．欧州議会の意見は，投票総数の過半数による(TFEU231-1)．意見は法的拘束力を有しない．期限内に意見がない場合，理事会はそれなしで議決することができる(TFEU218(6)b)．これに該当するのは，第三国通貨との関係における単一通貨ユーロのための為替相場制度に関する公式協定の締結(TFEU219(1))などである．

　さらに，共通外交・安全保障政策(CFSP)にのみ関わる協定については，欧州議会の同意または意見を必要としない(TFEU218(6))．ただし，EU外務・安全保障上級代表は，共通外交・安全保障政策(CFSP)および共通安全保障・防衛政策(CSDP)の主要側面および基本的選択について欧州議会と定期的に協議をし，また，それらの政策がどのように進展しているかについて報告を行う．上級代表は，欧州議会の見解に正当な考慮を払う．欧州議会はまた，理事会に対して質疑および勧告を行うことができ，また，CSDPを含むCFSPの実施における進展について年2回討議を行う(TEU36)．

　第4に，他の機関に対する民主的コントロールの手段として，(先述した以外に)以下のような権限が欧州議会に付与されている．なお，欧州議会の民主

的コントロールは，独立性を有するコミッションに主として向けられている(TEU17(8))．一方，理事会は加盟国政府の代表で構成されるため，各政府について国内議会が民主的コントロールを行う建前をとっている(TEU10(2))．

(イ)コミッションに対する議員質疑(TFEU230-1, 2)．理事会(および欧州理事会)はその手続規則に定める条件に従い，欧州議会から質疑を受ける(TFEU230(3))．

(ロ)コミッションが提出する一般年次報告の公開討議(TFEU233, 249(2))[60]．

(ハ)臨時調査委員会の設置により，EU法実施における違反または過誤行政の申立に関する調査を行うこと(TFEU226)．

(ニ)請願の受理(TFEU227)．

(ホ)オンブズマンの任命(TFEU228)．

(ヘ)コミッション総辞職動議の提出および採択(TFEU234)．

(ト)コミッション構成員の任命における同意権等(TEU17(7))．

(チ)コミッションや理事会に対して提起する取消訴訟(第4章第5節)における原告適格[61](TFEU263-2)，同じく不作為訴訟(第4章第7節)における原告適格[62](TFEU265-1)．

(リ)EUが締結する国際協定について基本条約に適合しているかどうかに関する意見(拘束力を有する)を司法裁判所に求めること(TFEU218(11))(第4章第10節)．

4．表決手続

欧州議会は原則として，投票総数の過半数により議決を行う(TFEU231-1)．定足数は，構成員の3分の1である(TFEU231-2，手続規則第155条2項)．このほかに，委任立法(第3章第3節)の条件(TFEU290(2))など構成員の過半数による議決の場合や，コミッション総辞職動議(TFEU234-2)など投票総数の3分の2の多数を必要とする議決の場合などがある．

リーディング・リスト

小室程夫「EECにおける理事会と委員会の権限関係」『日本EC学会年報』第1号, 1981年
田中俊郎「「一九八〇年五月三〇日の妥協」——ECのパッケージ・ディールの一事例」『法学研究』(慶應義塾大学)第55巻6号, 1982年
金丸輝男「多数決と「一括処理」方式」『国際政治』第77号, 1984年
中原喜一郎「欧州議会の直接普通選挙と欧州連合(1)(2)」『東海大学政治経済学部紀要』第28号, 1996年, 第30号, 1998年
金丸輝男「欧州同盟(European Union)と国家主権」『同志社法学』第49巻3号, 1998年
福田耕治「欧州委員会の総辞職と欧州議会」『早稲田政治経済学雑誌』第341号, 2000年
庄司克宏「解体新書欧州連合のすべて」『外交フォーラム』第142号, 2000年
鷲江義勝「EUの理事会における加重票数及び特定多数決と人口に関する一考察」『同志社法学』第282号, 2002年
児玉昌己著『欧州議会と欧州統合』成文堂, 2004年
庄司克宏「リスボン条約(EU)の概要と評価」『慶應法学』第10号, 2008年
庄司克宏「リスボン条約とEUの課題」『世界』第776号, 2008年
鷲江義勝編著『リスボン条約による欧州統合の新展開』ミネルヴァ書房, 2009年
辰巳浅嗣編著『EU 欧州統合の現在』(第3版)創元社, 2012年
庄司克宏著『はじめてのEU法』有斐閣, 2015年
庄司克宏「自著を語る『はじめてのEU法』」『書斎の窓』第645号, 2016年

注

*1 Case C-70/88 *European Parliament v Council* [1991] ECR I-2041, paras. 21, 22.
*2 European Council Decision adopting its Rules of Procedure [2009] OJ L 315/51.
*3 European Council Decision 2010/594 amending the list of Council configurations [2010] OJ L 263/12; Decision of the Council (General Affairs) 2009/878 establishing the list of Council configurations in addition to those referred to in the second and third subparagraphs of Article 16(6) of the Treaty on European Union [2009] OJ L 315/46.
*4 European Council Decision 2009/881 on the exercise of the Presidency of the Council [2009] OJ L 315/50.
*5 Council Decision 2007/5 determining the order in which the office of President of the Council shall be held [2007] OJ L 1/11.
*6 Council Decision 2009/937 adopting the Council's Rules of Procedure [2009] OJ L 325/35.
*7 Case C-25/94 *Commission v Council* [1996] ECR I-1469, paras. 27, 28.
*8 Council Decision 2010/131 on setting up the Standing Committee on operational cooperation on internal security [2010] OJ L 52/50.
*9 Koen Lenaerts and Piet Van Nuffel (Editor: Robert Bray and Nathan Cambien), *European Union Law* (3rd ed.), Sweet & Maxwell, 2011, pp. 484-486.
*10 TFEU150, 160, 240(2)(3), 241, 242, 245-2, 247, 337.
*11 EEC条約（当時）は共同市場の達成のため，12年間（1958-69年）の過渡期間を設け，その間に特定多数決事項が徐々に拡大する仕組みになっていた．しかし，ドゴール大統領の時代のフランスは，特定多数決制への移行により自国の意向に反する決定がなされる事態を恐れ，「空席政策」によりEECをボイコットした．その収拾のためにフランスと他の5カ国との間で合意されたのが「ルクセンブルクの妥協」であった．これにより，特定多数決の行使が政治的に妨げられ，事実上の全会一致制が維持されることとなった．
*12 Amendment of the Council's Rules of procedure on the basis of Article 5 of the Treaty of 8 April 1965 establishing a Single Council and a Single Commission of the European Communities [1987] OJ L 291/27.
*13 Koen Lenaerts and Piet Van Nuffel, op. cit. *supra* note 9, p. 495.
*14 Council Decision concernig the taking of Decision by qualified majority by the Council [1994] OJ C 105/1.
*15 ニース条約による改正では，第1に国別持票が人口をより反映したものとなるよう再配分され（大国の票数の割合が増加），第2に国別持票だけでなく賛成国数そのものを要件として加え，第3に賛成国の人口合計がEU全体の人口の一定割合（62%）を超えることを任意に

要求できる旨の人口条項が追加された．このようにして，ニース条約は「三重多数決制」を導入した．

*16　Koen Lenaerts and Piet Van Nuffel, op. cit. *supra* note 9, p. 495, 496.

*17　Act concerning the conditions of accession of the Republic of Croatia [2012] OJ L 112/6, Article 20.

*18　国別持票による約270万とおりの可決例のうち，加盟国数で敗れる場合は16とおり，また，人口数で敗れる場合は7とおりにすぎない(Richard Baldwin and Mika Widgren, "Winners and Losers under Various Dual-Majority Voting Rules for the EU's Council of Ministers", *CEPS Policy Brief*, No. 50, 2004, p. 19).

*19　国別持票は，次のとおりである．29票ドイツ，フランス，イタリア，イギリス／27票スペイン，ポーランド／14票ルーマニア／13票オランダ／12票ベルギー，チェコ，ギリシャ，ハンガリー，ポルトガル／10票ブルガリア，オーストリア，スウェーデン／7票デンマーク，アイルランド，クロアチア，リトアニア，スロヴァキア，フィンランド／4票エストニア，キプロス，ラトヴィア，ルクセンブルク，スロヴェニア／3票マルタ(総票数352).

*20　コミッションの提案によらない場合は，加盟国数の3分の2以上となる(経過規定に関する議定書第36号第3条3項，クロアチア加盟議定書第20条).

*21　理事会(および欧州理事会)の構成員は，ある行為が特定多数決により採択される場合，当該特定多数決を構成する加盟国の人口がEU全人口の少なくとも62％を占めることを検証するよう要請することができる．その条件が充足されていなかったことが判明する場合，当該行為は採択されない(経過規定に関する議定書(第36号)第3条3項，クロアチア加盟議定書第20条).

*22　理事会の決定がコミッションまたはEU外務・安全保障上級代表の提案に基づかない場合は，72％となる．

*23　理事会の決定がコミッションまたはEU外務・安全保障上級代表の提案に基づかない場合は，72％となる(TFEU238(3)b).

*24　Council Decision 2009/857 relating to the implementation of Article 9C(4) of the Treaty on European Union and Article 205(2) of the Treaty on the Functioning of the European Union between 1 November 2014 and 31 March 2017 on the one hand, and as from 1 April 2017 on the other [2009] OJ L 314/73. イオニア・メカニズム決定に関する議定書第9号によれば，イオニア・メカニズムの変更や廃止のためには，事前に欧州理事会の審議に基づくコンセンサスが必要とされることになっている．

*25　2008年12月11-12日欧州理事会議長総括(第2段). 欧州理事会は，リスボン条約が効力を発生すれば，必要とされる法的手続に従い，コミッションが引き続き各加盟国の国民1人を含むものとする旨の決定がなされることに合意した．それは2012年10月2日付「欧州理事会決定」により行われた(European Council Decision concerning the numbers of the European Commission, EUCO 176/12, Brussels, 2 October 2012). リスボン条約では当初，2014年10月31日まで1国1人体制が維持され，同年11月1日以降定員が削減され，加盟国数の3分の2となるとしていた．しかし，定員自体は欧州理事会の全会一致により変更可

第2章　EUの諸機関　　79

能である (TEU17(4)(5), TFEU244).
*26　Case C-432/04 *Commission v Cresson* [2006] ECR I-6387, para. 71.
*27　Jean-Claude Piris, *The Future of Europe: Towards a Two-Speed EU?*, Cambridge University Press, 2011, p. 26.
*28　庄司克宏「リスボン条約(EU)の概要と評価」『慶應法学』第10号, 2008年 (195-272) 267頁.
*29　Richard Corbett, Francis Jacobs and Michael Shackleton, *The European Parliament* (8th ed.), John Harper Publishing, London, 2011, pp. 308-310.
*30　Alina Kaczorowska, *European Union Law* (2nd ed.), Routledge, 2010, p. 161, 162.
*31　コミッション構成員は，委員長が要請する場合，辞職しなければならない．
*32　Framework Agreement on relations between the European Parliament and the European Commission [2010] OJ L 304/47.
*33　Richard Corbett, Francis Jacobs and Michael Shackleton, op. cit. *supra* note 29, p. 311.
*34　この例外として，TFEU294(10)(13), 310, 312, 314, 315-2がある (TFEU293(1)).
*35　Case C-27/04 *Commission v Council* [2004] ECR I-6649, paras. 76, 80, 91.
*36　Koen Lenaerts and Piet Van Nuffel, op. cit. *supra* note 9, p. 655, 656.
*37　Regulation 211/2011 on the citizens' initiative [2011] OJ L 65/1.
*38　Commission Directive 2006/111 on the transparency of financial relations between Member States and public undertakings as well as on financial transparency within certain undertakings [2006] OJ L 318/17.
*39　Commission Directive 2002/77 on competition in the markets for electronic communications networks and services [2002] OJ L 249/21.
*40　Regulation 182/2011 laying down the rules and general principles concerning mechanisms for control by Member States of the Commission's exercise of implementing powers [2011] OJ L 55/13.
*41　Koen Lenaerts and Piet Van Nuffel, op. cit. *supra* note 9, p. 509.
*42　*Ibid.*, p. 1027, 1028.
*43　*Ibid.*, p. 1029.
*44　Case 5/85 *AKZO v Commission* [1986] ECR 2585, para. 30.
*45　Alina Kaczorowska, op. cit. *supra* note 30, p. 148.
*46　Jean-Claude Piris, op. cit. *supra* note 27, p. 27.
*47　Case C-191/95 *Commission v Germany* [1998] ECR I-5449, paras. 41, 48.
*48　Panos Koutrakos, "The European Union's Common Foreign and Security Poilicy after Lisbon" in Diamond Ashiagbor, Nicola Countouris and Ioannis Lianos (eds.), *The European Union after the Treaty of Lisbon*, Cambridge University Press, 2012, pp. 185-209 at 197.
*49　Council Decision 2010/427 establishing the organisation and functioning of the European External Action Service [2010] OJ L 201/30.
*50　Bart Van Vooren, "A legal-institutional perspective on the European External Action

Service", *Common Market Law Review*, Vol. 48, No. 2, 2011, pp. 475-502 at 492.
*51 Council Decision 2002/772 amending the Act concerning the election of the representatives of the European Parliament by direct universal suffrage, annexed to Decision 76/787 [2002] OJ L 283/1.
*52 Decision 76/787 of the representatives of the Member States meeting in the council relating to the Act concerning the election of the representatives of the Assembly by direct universal suffrage [1976] OJ L 278/1.
*53 Decision 2005/684 adopting the Statute for Members of the European Parliament [2005] OJ L 262/1.
*54 Case C-145/04 *Spain v United Kingdom* [2006] ECR I-7917, para. 78.
*55 Council Directive 93/109 laying down detailed arrangements for the exercise of the right to vote and stand as a candidate in elections to the European Parliament for citizens of the Union residing in a Member State of which they are not nationals [1993] OJ L 329/34.
*56 Protocol amending the Protocol on transitional provisions annexed to the Treaty on European Union, to the Treaty on the Functioning of the European Union and to the Treaty establishing the European Atomic Energy Community [2010] OJ C 263/1.
*57 Act concerning the conditions of accession of the Republic of Croatia, cited *supra* note 17, Article 19.
*58 Koen Lenaerts and Piet Van Nuffel, op. cit. *supra* note 9, p. 456.
*59 *Ibid.*, p. 1034.
*60 予算の執行に関しては，TEU318, 319 参照.
*61 たとえば，Case C-540/03 *European Parliament v Council* [2006] ECR I-5769 参照.
*62 たとえば，Case 13/83 *European Parliament v Council* [1985] ECR 1513 参照.

第3章　EUの立法と行政

第1節　立　法

1. 立　法　権

EUにおいては欧州議会と理事会が立法権を共同で行使する(TEU14(1), 16(1))。EUは排他的権限および共有権限の各分野において「立法を行うことができる」(TFEU2(1)(2))。しかし，EUの権限行使の範囲および方式は基本条約の関連規定により決定される(TFEU2(6))。そのため，排他的権限および共有権限以外の権限分野であっても，個別授権原則に基づき関連規定に「通常立法手続」または「特別立法手続」により措置を定めることが示されていれば，EUは立法を行うことができる(例としてTFEU126(14), 195(2))。

2. 立法手続の類型

基本条約において「通常立法手続」または「特別立法手続」のいずれかを明示する条文に基づく「法令行為」(legal acts)のみが形式的に「立法行為」(legislative acts)として扱われる(TFEU289(3))。他の法的拘束力を有する一般的性格の「行為」は，立法的性格を有し，基本条約に直接基づいているとしても，「通常立法手続」または「特別立法手続」という文言が使用されていなければ，「立法行為」とはみなされない(TFEU74, 103, 129(4), 132(3), 122(2))[*1]。たとえば，EU競争法の遵守確保のための手続を定める「規則」1/2003[*2](TFEU103)は「非立法行為」として扱われている[*3]。また，共通外交・安全保障政策(CFSP)における欧州理事会および理事会の活動はすべて「立法行為」の分野から除外されている[*4]。「法令行為」の類型と階層については第5章第6節1を参照されたい。

「立法行為」を他の「法令行為」(「非立法行為」としての「委任行為」「実施行為」等)と区別する特徴として，第1に「立法行為」草案については，欧州

議会だけでなく理事会も公開で審議し，決定する(TEU16(8)，TFEU15(2))．第2に「立法行為」草案は国内議会にも送付される(国内議会議定書第2条，TEU12(a))．第3にコミッションは「立法行為」を提案するさい，広範に諮問を行う(補完性議定書第2条)．第4にコミッションが提案する「立法行為」草案は，国内議会による補完性監視手続に服する(補完性議定書第5〜8条)．第5に「立法行為」のみが「委任行為」(本章第3節)を含めることができる(TFEU290)[*5]．

EUにおける立法手続の基本型は，通常立法手続(TFEU294)である．それは，コミッションの提案に基づき，欧州議会と理事会が共同決定する手続である(そのため，リスボン条約前は非公式に共同決定手続と呼ばれた)．この他に，欧州議会の関与が同意(拒否権)または勧告的意見にとどまる場合もある．そのような場合は特別立法手続と総称される．なお，予算手続は通常立法手続に類似しているが，特別立法手続に含まれる．立法手続においては，理事会の立法草案に関する審議および投票は公開される(TEU16(8))．

「立法行為」は，原則としてコミッション提案に基づいてのみ採択される(TEU17(2))．このように立法提案権はコミッションが独占している(第2章第4節6)．また，理事会は，特定多数決により決定を行うことが原則とされている(TEU16(3))(第2章第3節5)．

これに加えて，欧州中央銀行(ECB)，諮問機関である経済社会委員会および地域委員会等に諮問を行うことが規定されている場合がある．なお，例外的に，社会政策上の一定事項(TFEU153)についてはEU規模で締結された労使協定がEU立法(TFEU153(2))に代わり，コミッションの提案に基づく「理事会決定」により実施されることがある(TFEU155(2))．

3. 共通外交・安全保障政策(CFSP)における立法の除外

共通外交・安全保障政策(CFSP)においては「立法行為」の採択は除外される．それは固有の法規範および手続に服し，欧州理事会(首脳級)および理事会(閣僚級)による全会一致の決定に基づき定められ，実施措置が採択される．欧州議会およびコミッションの関与は限定的である．また，CFSPを実行するのはEU外務・安全保障政策上級代表および加盟国である(TEU24(1))．

4. 法案提出権

(1) コミッションの法案提出権

EU 条約第 17 条 2 項には次のように規定されている.

「連合立法行為は，両条約が別段の規定を置く場合を除き，コミッション提案に基づいてのみ採択されることができる．他の行為は，両条約にその旨の規定がある場合，コミッションの提案に基づき採択される．」

通常立法手続(本節 5)において，コミッションの提案ではなく，例外的に加盟国の一団による発議，欧州中央銀行(ECB)の勧告または司法裁判所の要請により法案が提出される場合がある(TFEU294(15)).

欧州議会は構成員の過半数により，また，理事会は単純多数決により，コミッションに対して法案(立法提案以外を含む)を提出するよう要請することができる(TFEU225, 241). ただし，コミッションはそれらの要請に応える義務を負わない.

理事会は，基本条約に従い，コミッションの法案(立法提案以外を含む)に基づき決定を行う場合，一定の例外[*6]を除き，全会一致によってのみ同提案を修正することができる(TFEU293(1))[*7]. 理事会の決定は特定多数決によることが原則であることと比較すると，コミッション提案の修正はハードルが高い. なお，この点は「コミッションの勧告に基づき」とある場合には当てはまらない(たとえば TFEU126(7)(13))[*8]. 他方，コミッションは，理事会の決定を促すため，まだ理事会の決定が行われていないかぎり，「連合の行為の採択に至る手続の間のいかなる時点においても提案を修正することができる」(TFEU293(2)). これには撤回も含まれる(C-409/13 *Council v Commission*, judgment of 14 April 2015, EU: C: 2015: 217, paras. 74-76 参照).

(2) 欧州市民発議権

欧州市民発議権(the European citizens' initiative)とは，EU 市民がコミッションに対して法案の提出を要請する手続である. EU 条約第 11 条 4 項には次のように規定されている.

「顕著な数の加盟国の国民たる 100 万人以上の市民は，欧州コミッションに対し，その権限の枠内で，市民が両条約の実施のために連合の法的行為が必要とされるとみなす問題に関して適切な提案を提出するよう要請する発議を行うことができる．

かかる市民の発議権のために必要とされる手続及び条件は，欧州連合機能条約第24条1段に従い決定されなければならない.」

欧州市民発議権の手続および要件に関する規定は，市民の出身加盟国の最低数を含め，通常立法手続により，2011年2月16日付「市民発議権規則」211/2011[*9]として制定された(TFEU24-1).

「市民発議」(citizens' initiative)は次のように定義されている.

「本規則に従いコミッションに提出される発議であって，全加盟国の少なくとも4分の1からの出身者である少なくとも100万人の有資格署名者の支持を受け，連合の法令行為が両条約を実施するために要求されると市民がみなす事項に関し，コミッションに対しその権限の枠内で適切な提案を提出するよう求めるもの」(第2条1項)

発議手続は5段階に分かれる[*10]. 第1段階として，発議案の組織者(organizers)は「市民委員会」を形成する．組織者は，EU市民たる自然人で，欧州議会選挙の投票資格年齢(ほとんどの場合18歳)に達していることが必要である(第2条3項, 第3条1項). また，市民委員会は，少なくとも7つの異なる加盟国の居住者である少なくとも7人の組織者を含まなければならない(第3条2項).

第2段階として，組織者は発議案をコミッションに登録しなければならない(第4条).

第3段階として，組織者は，登録から最長12カ月以内に，文書によるかまたは電子的な方法で個人(署名者)から支持表明書(statements of support)の収集を行う(第5, 6条). 署名者はEU市民で，欧州議会選挙の投票資格年齢に達していなければならない(第3条4項). また，署名者は，加盟国全体の少なくとも4分の1からの出身者であること，および，加盟国全体の少なくとも4分の1において，少なくとも「市民発議権規則」第1附属書に定める最低人数(各国選出欧州議会議員定数に750を乗じた人数，たとえばドイツは74250人，マルタは3750人)を含まなければならない(第7条1, 2項).

第4段階として，組織者は当該加盟国の所轄機関に対し，最長3カ月以内に支持表明書の検証および証明を行うよう要請する(第8条).

第5段階として，組織者はコミッションに発議を提出する．発議の内容の範

囲は，EU条約第11条4項に示されていない．しかし，少なくとも個別授権原則(第1章第2節2)に基づきEUの権限事項であって，コミッションが提案権を行使できる法的根拠を有するものでなければならない．そのため，共通外交・安全保障政策(CFSP)分野(TEU21〜46)や加盟手続(TEU49)などは除かれる*11．提出から3カ月以内にコミッションは，発議に関する結論，意図している行動およびその理由を公開する(第10, 11条)．コミッションは広範な裁量権を有し，市民発議に応じる義務はない(TEU11(4))．しかし，コミッションが正当な理由なく市民発議を無視することには政治的リスクを伴うこととなる*12．

(3) 国内議会の補完性監視手続

① 背景

リスボン条約による改正の結果，EU条約およびEU機能条約に附属された「補完性及び比例性原則の適用に関する議定書第2号」(補完性議定書)および「欧州連合における国内議会の役割に関する議定書第1号」(国内議会議定書)に基づき，国内議会は「補完性監視手続」によりEUの「立法行為」草案が補完性原則に反していないかどうかを監視する任務を公式に付与されている*13．この補完性監視手続は「早期警戒制度」(the Early Warning System: EWS)と呼ばれることがある．補完性監視手続には，「イエローカード」と(レッドカードまでいかないという意味で)「オレンジカード」の2種類が存在する．

② イエローカード〔図表3-1, 3-2〕

イエローカードの手続は次のとおりである．(イ)コミッションは「立法行為」提案(以下，立法提案)を理事会および欧州議会に送付するのと同時に国内議会にも送付しなければならない(補完性議定書第4条，国内議会議定書第2条)．これは，EU立法の採択を求める複数加盟国の一団による発議*14，欧州議会の発議，司法裁判所の要請，欧州中央銀行(ECB)の勧告および欧州投資銀行の要請の場合も(数は少ないが)同様である．以下では，コミッションの立法提案の場合について説明する．

(ロ)国内議会(二院制の場合は上下両院)は，立法提案が補完性原則に適合していないと考える場合，立法提案の送付から8週間以内に理由付意見を，欧州議会議長，理事会議長およびコミッション委員長に送付することができる(補

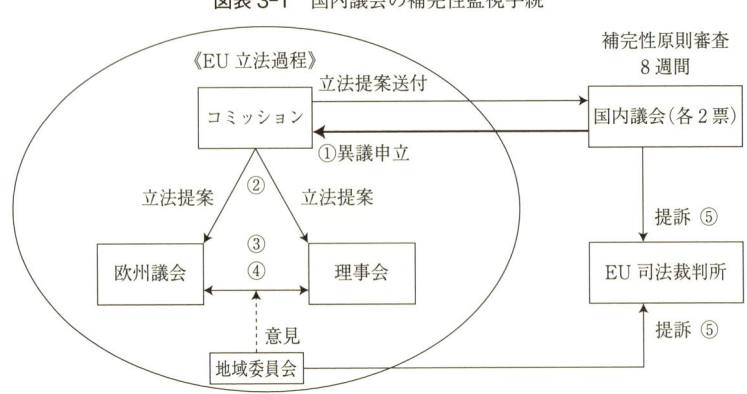

図表 3-1　国内議会の補完性監視手続

《EU 立法過程》
コミッション ——立法提案送付→ 国内議会(各 2 票)　補完性原則審査 8 週間
①異議申立
立法提案　②　立法提案
③
欧州議会 ④ 理事会
意見
地域委員会
提訴 ⑤ → EU 司法裁判所
提訴 ⑤

①各国内議会の異議申立票が 3 分の 1 もしくは 4 分の 1（イエローカード）または過半数（オレンジカード）になれば，コミッションは立法提案を再検討しなければならない．
②しかし，コミッションは理由を示して立法提案を維持することができる（イエローカード）．または，立法提案を正当化して維持することができる（オレンジカード）．
③理事会と欧州議会はそれぞれ，通常立法手続の第一読会の終了前に，立法提案が補完性原則に適合しているかを検討する（オレンジカード）．
④理事会構成員の 55％ の多数または欧州議会の投票総数の過半数により，補完性原則に適合していないとの判断が示されると，廃案になる（オレンジカード）．
⑤立法提案が可決された場合，国内議会は自国政府を通じて，また，EU の諮問機関である地域委員会は当該立法に関与したとき，EU 司法裁判所に補完性原則違反を理由とする取消訴訟を提起することができる（イエローカード，オレンジカード）．
（出所：庄司克宏「リスボン条約と EU の課題——「社会政策の赤字」の克服に向けて」『世界』第 776 号，2008 年，212 頁，一部加筆修正）

完性議定書第 6 条，国内議会議定書第 3 条）．

　(ハ)そのような意見が各国議会総票数(一院制議会の場合は 2 票，また，二院制議会の場合は上下両院が各 1 票を有する)の合計の少なくとも 3 分の 1(警察・刑事司法協力および自由・安全・司法領域分野の行政協力に関する立法提案の場合は，少なくとも 4 分の 1)に達する場合，コミッションは当該提案の再検討を行わなければならない．ただし，コミッションは，当該提案について維持，修正または撤回のいずれかを選択する裁量権を有する．コミッションは当該提案を維持すると決定する場合，その理由を示さなければならない(補完性議定書第 7 条 1，2 項)[15]．

　③オレンジカード〔図表 3-1，3-2〕

図表 3-2　補完性監視手続の比較

	イエローカード①	イエローカード②	オレンジカード
対象事項	右の2つの場合以外	警察・刑事司法協力，自由・安全・司法領域分野の行政協力	通常立法手続が使用される場合
最少必要票数（28カ国の場合）	19　総票数の3分の1以上	14　総票数の4分の1以上	29　総票数の過半数
成立の場合に発生する義務	コミッション等*による立法提案の見直し　立法提案を維持する場合の理由の表明	EU機能条約第76条に基づく（加盟国数の4分の1による）立法提案の見直し　立法提案を維持する場合の理由の表明	コミッション等*による立法提案の見直し　立法提案を維持する場合の理由の表明，補完性原則に基づく正当化　欧州議会および理事会による審査，いずれも拒否権を持つ

*　欧州議会の発議，司法裁判所の要請，欧州中央銀行(ECB)の勧告および欧州投資銀行の要請の場合もある．

(Philipp Kiiver, *The Early Warning System for the Principle of Subsidiarity: Constitutional Theory and Empirical Reality*, Routledge, 2012, p. 27 に依拠し，一部修正のうえ筆者作成)

さらに，オレンジカードの手続が，通常立法手続(TFEU294)の場合に行われる．(イ)補完性原則違反であるとする理由付意見が前掲総票数(②(ハ))の少なくとも過半数に達する場合，コミッションは当該立法提案の再検討を行わなければならない．ただし，コミッションは，当該立法提案について維持，修正または撤回のいずれかを選択する裁量権を有する*16．

(ロ)コミッションは，当該立法提案の維持を選択する場合，なぜそれが補完性原則に適合していると考えるかについて，自らの理由付意見の中で正当化しなければならない．コミッションおよび国内議会の各理由付意見はEU立法者（理事会および欧州議会）に提出される．

(ハ)理事会および欧州議会は第一読会を終える前に，それらの意見を考慮に入れて，当該立法提案が補完性原則に適合しているかどうかを検討する．

(ニ)理事会構成員の55%の多数または欧州議会の投票数の過半数により，当該立法提案が補完性原則に適合していないとの見解に達する場合は，廃案と

される(補完性議定書第7条3項).

④ 国内議会の理由付意見

補完性議定書によれば,国内議会の理由付意見が受理されるための要件が5点存在する.第1の要件として,理由付意見が国内議会(二院制の場合は上院または下院)から送付されたものであることが必要である.議会内委員会の意見が国内議会(または議院)全体の意見を代表しているとみなされうる場合には,本会議の承認がなくとも理由付意見としてコミッションに送付することができる[17].

第2の要件は,立法提案であるということである.そのため,コミッションの協議文書(ホワイトペーパー,グリーンペーパーなど)や,立法手続が開始された後の「修正提案」(補完性議定書第4条)などは,対象に含まれない[18].

第3の要件は,8週間という期限である.これはEUの公用語24カ国語(2013年クロアチア加盟後)による立法提案のうち最後のものが送付された時点が起算点とされる[19](補完性議定書第6条[20]).終了時点は,国内議会が理由付意見を送付した時点が基準とされる[21].なお,8月は8週間の計算から除外される[22].

第4の要件は,理由の添付である.補完性原則違反に基づく拒否の表示だけでは十分ではない一方で,理由の形式ではなく実質が重要となる[23].

第5の要件は,補完性原則違反が申し立てられることである.補完性を基準とするものでなければならないが[24],補完性の前提となる個別授権の有無も基準として含まれる[25].

5. 通常立法手続
(1) 手続の概観

EU機能条約第294条に規定されている通常立法手続では,「欧州議会及び理事会」が「通常立法手続に従って決定を行う」(例:TFEU16(2))ことにより「立法行為」が採択される(TFEU294(1)).

通常立法手続は三読会制をとっており(TFEU294(3)~(15)),以下のとおりである〔図表3-3〕.なお,欧州議会または理事会の発議により,この手続の第二読会および第三読会における3カ月は最長1カ月,また,6週間は最長2週間,

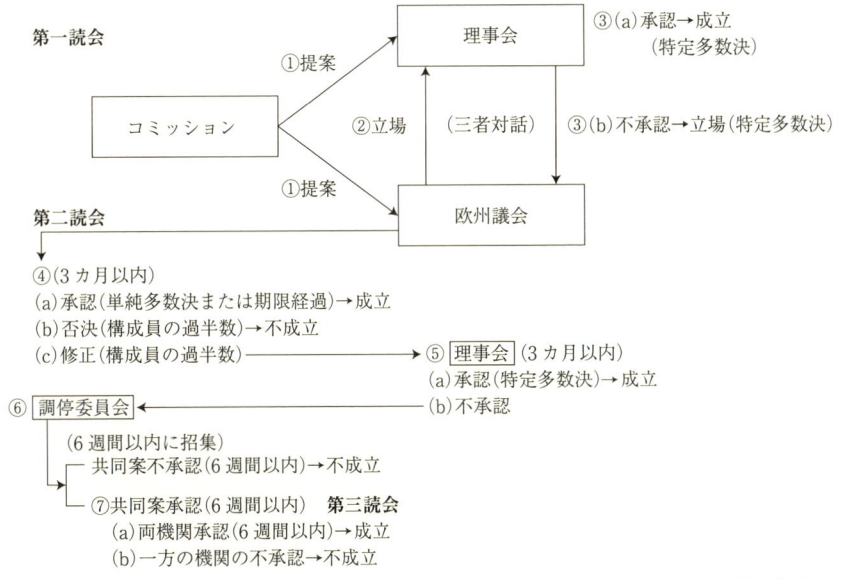

図表 3-3　通常立法手続(EU 機能条約第 294 条)

【第一読会】
① 提案：コミッション → 理事会／欧州議会
② 立場：欧州議会 → 理事会（三者対話）
③ 理事会の決定
　(a) 承認 → 成立（特定多数決）
　(b) 不承認 → 立場（特定多数決）

【第二読会】
④（3 カ月以内）
　(a) 承認（単純多数決または期限経過）→ 成立
　(b) 否決（構成員の過半数）→ 不成立
　(c) 修正（構成員の過半数）→
⑤ 理事会（3 カ月以内）
　(a) 承認（特定多数決）→ 成立
　(b) 不承認 →
⑥ 調停委員会
　（6 週間以内に招集）
　― 共同案不承認（6 週間以内）→ 不成立
　― ⑦ 共同案承認（6 週間以内）　【第三読会】
　　(a) 両機関承認（6 週間以内）→ 成立
　　(b) 一方の機関の不承認 → 不成立

(筆者作成)

それぞれ延長可能である．他方，第一読会には期限が設定されていない．

①コミッションは欧州議会および理事会に立法提案を提出する(TFEU294 (2))[26]．

【第一読会】

②欧州議会は，第一読会における自己の立場を採択し，それを理事会に送付する．この段階で，欧州議会には 3 つのオプションがある．第 1 に立法提案を全体として拒否する，第 2 に無修正で承認する，第 3 に修正付きで承認する，のいずれかである．

③理事会は，欧州議会の立場に対し，特定多数決により次のいずれかの決定を行う．

　(a)欧州議会の立場を承認する．とくに上記②の第 3 の場合，欧州議会の立場に沿った文言で立法が成立する．

　(b)欧州議会の立場を承認しない．この場合，理事会は第一読会における自己の立場を採択し，それを欧州議会に送付する．また，自己の立場を採択

するに至った理由を欧州議会に十分に通知する．他方，コミッションは自己の立場を欧州議会に十分に通知する．

【第二読会】
④欧州議会は，前掲送付(③(b))から3カ月以内に，次のいずれかの決定を行う．
　(a)理事会の第一読会における立場を承認するか，または決定を行わない場合，理事会の立場に沿った文言で立法が成立したものとみなされる．
　(b)構成員の過半数により理事会の第一読会における立場を否決する場合，立法は成立しなかったものとみなされる．
　(c)構成員の過半数により理事会の第一読会における立場に対する修正を提案する場合，同修正案は理事会およびコミッションに送付される．コミッションは修正案に関して自己の意見を表明する．

⑤理事会は，欧州議会の修正案を受領してから3カ月以内に特定多数決により，次のいずれかの決定を行う．ただし，コミッションが否定的意見を表明した修正案については，理事会は全会一致により決定を行う．
　(a)欧州議会の修正案をすべて承認する．この場合，その修正のとおりに立法が成立したものとみなされる．
　(b)欧州議会の修正案をすべて承認することはしない．この場合，理事会議長は，欧州議会議長と合意のうえ，6週間以内に調停委員会を招集する．

⑥調停
　(a)調停委員会は，理事会構成員またはその代表および同数の欧州議会議員の代表で構成される．
　(b)調停委員会は，その招集から6週間以内に，第二読会における欧州議会および理事会の各立場を基礎に，理事会構成員またはその代表の特定多数決および欧州議会議員の代表の多数決により共同案に関する合意を形成する任務を有する．
　(c)コミッションは調停委員会の議事に参加し，欧州議会および理事会の各立場の調整を図るために率先して必要とされるあらゆる働きかけを行う．
　(d)調停委員会がその招集から6週間以内に共同案を承認しない場合，立法は成立しなかったものとみなされる．

【第三読会】
⑦調停委員会が前掲期間(6週間)内に共同案を承認する場合，
　(a)欧州議会および理事会が共同案の承認より各々6週間以内に共同案を採択することにより，立法が成立する．欧州議会は投票数の過半数により，また，理事会は特定多数決により，決定を行う．
　(b)両機関による採択がない場合，立法は成立しなかったものとみなされる．

(2) 三者対話

通常立法手続の各読会において，立法の成立件数が最も多く，所要時間も少ないのは第一読会である．欧州議会の統計(Statistics on concluded codecision procedures)によれば，2014年7月から2017年4月では，第一読会における立法成立件数の割合は全体の75％(平均所要時間17カ月)，第二読会では25％(39カ月)，第三読会では0％であった．

その背景にあるのが，「三者対話」(a trialogue)[27]による立法成立の促進である[28]．三者対話とは，通常立法手続の第一読会の実行において，理事会，欧州議会およびコミッションの各代表[29]が非公式の交渉を行うことを意味する．その結果として「第一読会合意」(a first reading agreement)に達するならば，一方で欧州議会の所轄委員会および本会議による修正なしの承認がなされる[30](欧州議会の第二読会における否決および修正には構成員の過半数が必要とされるが，第一読会における決定は投票数の過半数で足りる)．また，他方で，常駐代表委員会の合意および理事会の(A項目として)審議なしの承認(第2章第3節2(3))がなされる[31]．このようにしてコミッション提案が立法として成立する[32]．しかし，三者対話には透明性がないという批判がある．

これに対し，総合裁判所は2018年3月22日付判決で，三者対話の作業は立法過程における決定的段階であるため，同作業文書へのアクセスを例外なく許可しないことは正当化できないとした[33]．

6. 特別立法手続

特別立法手続には，主として諮問手続と同意手続の2つがある．共通の特徴として，理事会の決定は，ほとんどの場合，全会一致による．なお，欧州議会

図表3-4 諮問手続(特別立法手続)

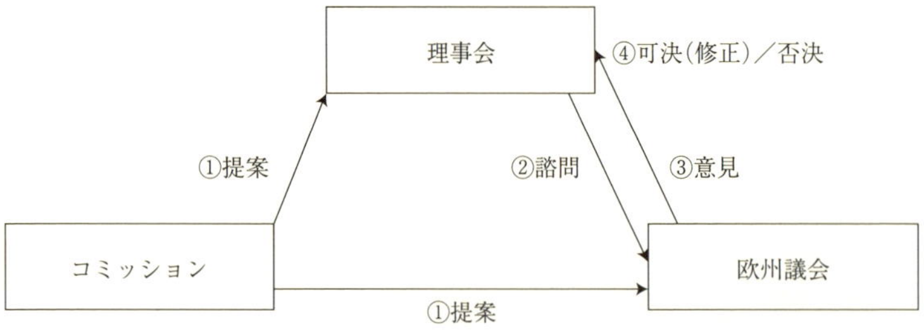

①提案 ②諮問 ③意見 ④可決(修正)／否決
コミッション 理事会 欧州議会
①提案

(筆者作成)

の権限事項においては，同議会が自己の発議に基づき，理事会の同意およびコミッションの意見(または同意)を得て「規則」を制定する(TFEU223(2), 226-3, 228(4))．

(1) 諮問手続〔図表3-4〕

立法手続としての諮問手続においては，コミッションが理事会と欧州議会に立法提案を送付した後，理事会は「特別立法手続に従って決定を行い」かつ「欧州議会に諮問した後」(after consulting the European Parliament)，立法提案を採択する．諮問手続では理事会は，ほとんどの場合，全会一致により決定を行う[*34]．

手続の流れは以下のとおりである．

①コミッションは理事会および欧州議会に立法提案を提出する．

②理事会は欧州議会に諮問する．

③欧州議会は次のいずれかの立場をとる．

　(a)立法提案に賛成する．

　(b)立法提案に反対する．コミッションが立法提案を撤回すれば廃案となる．

　(c)立法提案の修正を求める．コミッションが受諾する場合に限り，立法提案は修正される．

④理事会は，可決，修正のうえ可決または否決の決定を行う[*35]．可決により立法が成立する．

欧州議会が表明する意見に法的拘束力はない．しかし，Roquette Frères v

図表 3-5　同意手続(特別立法手続)

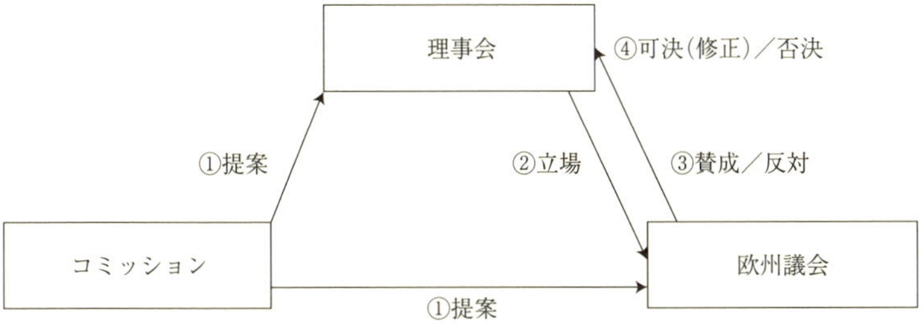

```
                    理事会
                   ↗      ↖ ④可決(修正)／否決
              ①提案    ②立場   ③賛成／反対
            ↗                      ↖
      コミッション ──────────────→ 欧州議会
                    ①提案
```

(筆者作成)

Council 事件(1980年)判決によれば，欧州議会への諮問は義務的であり，「国民が代表制議会を介して権力の行使に参加するという基本的な民主主義原則を[EU]レベルで反映するものである」．そのため，理事会が欧州議会の意見を受理しないで決定を行うならば，「重大な手続的要件の違反」(TFEU263-2)として司法裁判所による取消(第4章第5節)の対象となりうる[*36]．諮問に対する意見の送付に期限の定めはない．理事会は遅滞なく意見を受理するため，欧州議会に対し，緊急案件として処理することや特別会期の招集を要請すること(TFEU296-2)など，あらゆる可能性を尽くさなければならない[*37]．欧州議会に合理的な時間を与えたにもかかわらず意見の送付がない場合，理事会は意見の受理なく決定を行うことができる[*38]．なお，立法提案修正のため実質的な変更がある場合には，理事会は欧州議会に再諮問する義務がある[*39]．

(2) 同意手続〔図表3-5〕

立法手続としての同意手続においては，コミッションが理事会と欧州議会に立法提案を送付した後，理事会は「特別立法手続に従って決定を行い」かつ「欧州議会の同意を得た後」(after obtaining the consent of the European Parliament)，全会一致により決定を行う[*40]．この手続では欧州議会は立法提案に対する拒否権を有するが，修正提案をすることはできない．

手続の実際の流れは以下のとおりである．

①コミッションは理事会および欧州議会に立法提案を提出する．
②理事会は立場(賛成，反対，修正)を採択する．
③欧州議会は次のいずれかの立場をとる．

(a)理事会の立場に賛成する.
　　　(b)理事会の立場に反対する.
　④理事会が②において賛成または修正の場合, 立法提案は上記(a)をうけて可決されることにより立法が成立するが, (b)では否決される[*41]. 理事会が②において反対の場合, 欧州議会の立場にかかわらず, 立法提案は否決されることになる.

第2節　高度化協力

1. 高度化協力の特徴

　一部の加盟国がEUの枠内で先行して協力を進めるための制度が2種類存在する. 1つは, 基本条約上にその分野が特定されている場合であり, もう1つは分野を特定せずに事後的に協力を始める手続を定めている場合である. 他方で, たとえば, イギリスとチェコを除く25加盟国が締結した「経済通貨同盟における安定, 調整及びガバナンスに関する条約」(財政条約)(2012年3月2日署名, 13年1月1日発効)のように, EUの枠外で一部の加盟国が協力を行う場合もある. 加盟国が, 基本条約の内容と関連し, その目的達成にとって重要な一定の事項を政府間協定により規制することは, 原則として可能である. ただし, 当該協定の対象が加盟国の権限内にとどまること(TEU4, 5(2)), また, 誠実協力原則(TEU4条(3))およびEU法優越の原則(第6章第2節1, 第3節)に基づく義務を尊重することが要求される[*42].

　第1に, 基本条約上にその分野が特定されている場合の主な例として,「自由・安全・司法領域」および経済通貨同盟がある. 国境管理や警察・刑事司法協力などに関する「自由・安全・司法領域」の政策分野では, イギリスおよびアイルランドならびにデンマークが議定書に基づいてオプトアウトを(オプトインの可能性とともに)認められ, 他の加盟国だけで同分野における協力が進められている. また, 経済通貨同盟では, 単一通貨ユーロ圏に参加する国と不参加の国(経済的基準を充たしていないためにまだ参加していない「適用除外国」, および, 政治的理由で議定書によりあらかじめ不参加が認められているイギリスおよびデンマーク)に分かれ, ユーロ圏諸国が緊密な協力を進めてい

る*43. 以上の2分野の協力については,『新EU法 政策篇』で詳細に説明することとする.

　第2に,分野を特定せずに事後的に一部の加盟国がEUの枠内で先行して協力を始める制度として,高度化協力(enhanced cooperation; les coopérations renforcées)がある.これはアムステルダム条約ではじめて導入され,ニース条約を経て,リスボン条約により現行の制度として存在する.高度化協力は,基本条約上に分野が特定されている先行協力とは異なり,「既存EU法体系」(第10章第2節)を構成しない.新規加盟国は,加盟に際して後者を受け容れなければならないが,高度化協力についてはその義務はない(TEU20(4)).

　高度化協力とは,EU基本条約に予定されている諸機関,行為手段および手続規則を使用して「一定分野で先行して統合を進めることを意図する一部の加盟国が,そうする意思または能力をまだ有しない他の加盟国を待つ必要なく,そのようにすることができること」を意味する*44. それは,とくに全会一致事項の政策分野でそれが達成できない場合の方策として,一部の加盟国がEUの機構および手続を利用して協力を先に進める制度である(なお,高度化協力は全会一致事項に限定されていない*45).高度化協力では,透明性と開放性が特徴となっている*46.

2. 発動要件

　高度化協力の発動要件として,基本条約には以下のとおり10項目が規定されている(TEU20(1)(2), TFEU326, 327, 328(1), 329(1)).

　(a)EU基本条約に含まれる政策分野であり,EUの非排他的権限の枠内にあること.

　(b)EUの目的の推進,EUの利益の保護および統合プロセスの強化を目的とすること.

　(c)すべての加盟国に常時開放されること,また,コミッションおよび参加国は,できる限り多数の加盟国が参加するようにすること.

　(d)最後の手段としての発動であり,当該協力がEU全体では合理的期間内に達成できないこと.

　(e)少なくとも9カ国が参加すること.

(f) EU条約およびEU機能条約ならびに(その他の)EU法に適合すること．
(g) 域内市場，経済的・社会的・領域的結束(格差是正)を損なわないこと．
(h) 加盟国間の貿易における障壁または差別を構成しないこと．
(i) 加盟国間の競争を歪曲しないこと．
(j) 参加しない加盟国の権限，権利および義務を尊重すること．

3. 発動手続

　高度化協力の発動手続は次のとおりである(TEU20(2)，TFEU329)．第1に，関係加盟国が，対象範囲および目的を特定して，コミッションに要請を行う．第2に，コミッションは，その旨の提案を理事会に提出することができる．提案しない場合は，その理由を関係加盟国に通知する．このように，コミッションは高度化協力を提案することを義務づけられてはいない．すなわち，裁量権を有する．第3に，理事会は，コミッションの提案に基づき，欧州議会の同意を得た後，特定多数決により高度化協力の発動に関する授権を行う．すなわち，欧州議会は高度化協力の発動において拒否権を有する．

　以上の発動手続は，9カ国以上の参加などの発動要件をすべて充たしたとしても，次のようなハードルがあることを示している．第1に，コミッションの提案がなされるためには，その内部で過半数の賛成が必要である(TFEU250)．コミッションは，高度化協力の発動には消極的であると言われている[*47]．第2に，欧州議会の過半数の同意を得ることを要する(TFEU231)．第3に，理事会の特定多数決を得る必要がある(TFEU238(2)(3))[*48]．

　共通外交・安保政策(CFSP)が対象の場合は発動手続が異なる．第1に，関係加盟国は理事会に要請を行う．第2に，その要請はEU外務・安全保障上級代表およびコミッションに送付される．EU上級代表はCFSPとの整合性，また，コミッションはとくに他のEU政策との整合性について意見を述べる．欧州議会には情報提供が行われる．第3に，理事会は全会一致の決定により高度化協力の発動を授権する．なお，「常設構造化協力」の特別規定が存在する．

　なお，刑事司法協力分野[*49]においては「非常ブレーキ・アクセル」[*50]条項と呼ばれる特別規定が存在する．それによれば，証拠の相互採用，刑事手続における個人の権利，犯罪被害者の権利等に関する下限設定法規範を定める「指

令」, ならびに, 一定の刑事犯罪の定義および刑罰に関する下限設定法規範を定める「指令」は, 通常立法手続による(TFEU82(2), 83(1)(2))。しかし, 加盟国はそのような「指令」草案が自国の刑事司法制度の基本的側面に影響を及ぼすとみなす場合, その問題を欧州理事会に付託するよう要請することができる。その要請を受けて, 通常立法手続は停止される。4カ月以内に欧州理事会のコンセンサスが形成されない場合であって, かつ, 9カ国以上の加盟国が当該「指令」草案に基づく高度化協力を確立することを望む場合, 欧州議会, 理事会およびコミッションに通告を行うことにより, 高度化協力の授権がなされたものとみなされ, 関連規定が適用される(TFEU82(3), 83(3))。すなわち, コミッションへの要請, 欧州議会の同意および理事会の決定を必要としない*51。

　また, EUの財政的利益に関わる不正を捜査し, 起訴する欧州検察官事務所の設置では理事会の全会一致を要するが, それが得られない場合に欧州理事会に付託されて4カ月以内にコンセンサスが形成されないとき, 9カ国以上の加盟国が高度化協力により当該措置の採択を望むならば, 同様にして, その授権がなされたものとみなされる(TFEU86(1), 87(3))。

4. 発動後の取り決め

　高度化協力が発動された後の決定手続等については, 次のように取り決められている。

　(a) 理事会のすべての構成員が審議に参加できるが, 高度化協力参加国のみが投票に参加する(TEU20(3))。コミッション, 欧州議会およびEU司法裁判所については関連規定がないため, 高度化協力に参加していない加盟国からの構成員も審議と投票の両方に参加することができる。

　(b) 高度化協力の枠内で採択された措置は参加国のみを拘束する一方, EU加盟候補国が受諾すべき「既存EU法体系」の一部とはみなされない(TEU20(4))。

　(c) 参加しない加盟国は, 参加国による高度化協力の実施を妨げてはならない(TFEU327)。

　(d) コミッション(および適切な場合にはEU外務・安保上級代表)は, 欧州議会および理事会に高度化協力における進展に関して定期的に情報提供を行

う(TFEU328(2)).

 (e) 諸機関に伴う行政経費以外の,高度化協力の実施から生じる支出は,参加国が負担する.ただし,理事会の全構成員が欧州議会に諮問した後,全会一致で別の決定を行うことができる(TFEU332).

 (f) 高度化協力に関連して適用される条約規定(軍事・防衛的含意を有する場合を除く)が全会一致／特別立法手続による決定を規定している場合,理事会は参加国の間で特定多数決／通常立法手続による決定に移行させることができる(TFEU330, 333).

 (g) 理事会およびコミッションは,高度化協力に関連して行われる諸活動の整合性およびそれらの諸活動のEUの諸政策との整合性を確保し,そのために協力する(TFEU334).

 (h) 高度化協力はEU司法裁判所の管轄に完全に服する.そのため,EU司法裁判所は,CFSP分野を除き(TFEU275),高度化協力の授権,事後参加および高度化協力の実施すべてにおいて司法的コントロールを及ぼすことができる[*52].

5. 事後参加手続

 最後に,高度化協力に参加していない加盟国が後に参加するための事後参加手続については,次のように規定されている(TFEU331(1)).第1に,高度化協力への参加を希望する加盟国は,理事会およびコミッションにその旨を通告する.第2に,コミッションは,通告受領後4カ月以内に当該国の参加を了承する.このように,高度化協力参加国ではなく,コミッションが判断を行う.また,高度化協力の既存措置の適用に関して必要な経過措置を定める.第3に,参加条件が充たされていない場合,コミッションは条件充足のための取り決めと期限を設定し,再審査を行う.第4に,コミッションが再審査後においても当該国は参加条件を充たしていないとみなす場合,当該国はその案件を理事会に付託することができる.第5に,理事会は既存参加国のみの特定多数決により決定を行う.また,コミッションの提案に基づき,上述の経過措置を採択することができる.

 なお,共通外交・安保政策(CFSP)を対象とする高度化協力の場合は,事後

参加手続が異なる(TFEU331(2))．第1に，参加希望国は，理事会，EU 外務・安全保障上級代表およびコミッションに通告する．第2に，理事会は，EU 上級代表と協議した後，当該加盟国の参加を了承する．また，EU 上級代表の提案に基づき，高度化協力の既存措置の適用に関して必要な経過措置を定めることができる．第3に，理事会は，参加条件が充足されていないとみなす場合，条件充足のための取り決めと期限を設定し，再審査を行う．第4に，理事会は既存参加国のみの全会一致により決定を行う．

6. 高度化協力の事例

これまでに高度化協力の授権が承認された事例は4件存在する(129頁[補足1])．たとえば，14カ国の要請を受けたコミッション提案および欧州議会の同意に基づき，2010年7月12日付「離婚及び法的別居の準拠法の分野における高度化協力を授権する理事会決定」[*53] が採択された．国際離婚の準拠法に関する法規範は「越境的含意を伴う家族法に関する措置」に当たるが，その採択は理事会の全会一致を要する特別立法手続による(TFEU81(3))．しかし，理事会で全会一致が達成できなかったため，高度化協力が授権された．その結果，2010年12月20日付「離婚及び法的別居の準拠法の分野における高度化協力を実施する規則」1259/2010[*54] が制定された(2012年6月21日より施行)．

さらに，25カ国の要請を受けたコミッション提案および欧州議会の同意に基づき，2011年3月10日付「統一的特許保護の創設の分野における高度化協力を授権する理事会決定」が採択された．EU 共通の特許を創設して申請に伴う翻訳費用を低く抑えるため使用言語を3カ国語(英語，フランス語，ドイツ語)に限定することが提案されたが，それは「欧州知的財産権のための言語取り決め」を確立する「規則」に当たるため，その採択は理事会の全会一致を要する特別立法手続による(TFEU118-2)．しかし，イタリアとスペインの反対により理事会で全会一致が達成できなかったため，高度化協力が授権された．次いで，2012年12月17日付「統一的特許保護の創設の分野における高度化協力を実施する規則」1257/2012 および同じく「適用可能な翻訳取り決め」に関する「規則」1260/2012 が制定されるとともに(2014年1月1日または単一特許裁判所協定の発効日より施行)，2013年2月19日には EU 枠外で「単一特

許裁判所協定」が署名された(イタリアを含み，スペインおよびポーランドを除く)*55．高度化協力の授権に対して，イタリアおよびスペインは「理事会決定」の取消を求めて司法裁判所に訴えを提起したが，司法裁判所は 2013 年 4 月 16 日付判決により両国の請求を棄却した*56．

なお，11 カ国の要請を受けたコミッションの提案と欧州議会の同意に基づく 2013 年 1 月 22 日付「理事会決定」により，「金融取引税」(financial transaction tax)の導入に関する高度化協力の授権が行われた．それを踏まえてコミッションは，同年 2 月 14 日，間接税の調和に関する EU 機能条約第 113 条に基づき「金融取引税の分野における高度化協力を実施する指令」の提案を行った．2015 年末に 10 カ国で原則合意したが，交渉は難航している．

第 3 節　立法の委任

「立法行為」には，その改正に立法手続が必要とされる本質的要素だけでなく，必ずしも立法手続を必要とせず，行政部への委任による改正が可能な非本質的要素も含まれる場合がある．後者について基本条約は，立法の委任を認めている．すなわち，立法部のコントロールの下にコミッションは行政部として「委任行為」(delegated acts)を採択することができる．「委任行為」とは，「立法行為」の非本質的要素を補足または修正するためにコミッションが一定の要件の下に採択する，一般的適用性を有する「非立法行為」(non-legislative acts)である．たとえば，「指令」の附属書が技術的な事項を定めているような場合に「委任行為」による修正がなされることがある．

EU 機能条約第 290 条には(後述する同第 291 条が行政権の義務的な委任および垂直的な権力分立を目的とするのとは対照的に)効率性のための立法権の自発的な委任および水平的な権力分立を目的として*57，次のような委任行為手続が規定されている．

「1. 立法行為は，当該立法行為の一定の非本質的要素を補足し又は修正するため，コミッションに対し，一般的適用性を有する非立法行為を採択する権限を委任することができる．当該立法行為は，権限(power; pouvoir; Befugnis)の委任の目的，内容，範囲及び期間を明文で定める．一つの領域の本質的要素は立法行為のために

留保され，従って権限の委任の対象とすることはできない．

 2. 立法行為は当該委任が服する条件を明文で定める．これらの条件は次のとおりとすることができる．

 a) 欧州議会又は理事会は当該委任を取り消すことを決定することができる．

 b) 当該委任は，立法行為により定められる期間内に欧州議会又は理事会が異議を表明しない場合に限り，効力を発生することができる．

 a) 及び b) の目的のため，欧州議会は構成員の過半数により，及び理事会は特定多数決により決定する．

 3.「委任」という形容詞が委任行為の表題に挿入されなければならない．」

 この規定について，まず基本的に次の3点が指摘される．第1に「委任行為」は当該「立法行為」を修正することができるため，両者は相対的かつ限定的であるが階層的に同等である[*58]．第2に「立法行為」の本質的要素に関する「委任禁止原則」(the "non-delegation" doctorine) が明文化されている．本質的要素とは，EU 政策の「基本的指針を具体的に形づくるよう意図されている」ものであり，「欧州連合立法部の責任に該当する政治的選択」を伴う[*59]．第3に「権限の委任の目的，内容，範囲及び期間を明文で定める」として，「特定性原則」(the "specificity principle") が明文化されている[*60]．

 また，手続面では，第1にコミッションのみが「委任行為」を採択することができる．「委任行為」には，「コミッション委任規則」「コミッション委任決定」「コミッション委任指令」がある．理事会が「委任行為」を採択することはできない．第2にコミッションが採択する「行為」は「一般的適用性を有する」もの (実質的には立法に当たるもの) でなければならない．第3に立法部がコミッションをコントロールするため，委任取消と異議表明という2つの方式がある．一方だけを選択することも，両者とも選択することも可能である．また，「できる」(may) という表現から，両者以外の方式も認められる．それらは，欧州議会も理事会も単独で行使することができる．理事会が中心の特別立法手続 (とくに諮問手続) では理事会のみが単独でコントロールする可能性が高い[*61]．

 3機関は「委任行為に関する共通諒解」[*62] (以下，共通諒解) を機関間協定 (TFEU295) として合意している[*63]．共通諒解には，権限の委任のための標準

条項が附属されている(共通諒解第3条)*64. コミッションは,「委任行為」を立案するさい, 欧州議会および理事会に関連文書を送付し, また, 事前に透明性のある協議を行うこととしている(第4条). また, 異議表明の期間は原則として2カ月とされている(第10条). 健康や安全に関わる問題などの場合には, 緊急手続により「委任行為」が採択され, 当該「立法行為」に規定される期間内に異議が表明されないかぎり遅滞なく効力が発生し, 適用される(第14条). 欧州議会または理事会のいずれかが委任取消に至る手続を開始する場合, 取消の決定を行う遅くとも1カ月前に他の2機関に通知する(第20条). さらに, 委任の期間については, コミッションに無期または有期の期間,「委任行為」を採択することが授権される(第8条). 有期の場合, 欧州議会または理事会のいずれかが延長に反対しないかぎり, 同一期間の延長が自動的に行われる(同第9条).

なお, コミッションは, 新たな「立法行為」において「委任」が導入されるか, または, 既存の「立法行為」における当該手続が「委任」に改正されるまで「委任行為」を採択することはできない*65. 後述する「コミトロジー規則」(第12条)によれば, 経過措置として, リスボン条約前に採択された「立法行為」に, 旧「コミトロジー決定」*66 にあった「精査付き規制手続」(第5a条)への言及があるかぎり, EU機能条約第290条の委任行為手続ではなく, その手続が適用され続けることになっている*67.

第4節 行 政

1. 間接行政, 直接行政, エージェンシー化

EUにおける行政は, 加盟国による間接行政を原則とし, 例外的に競争法や共通農業政策などでコミッションによる直接行政が一部行われるという方式をとってきた. まず原則として, 加盟国がEU法を執行する権限と義務を有する. また, それを補完するものとして, 一律の執行が必要な場合, EUもその立法権限に相応する一般的な行政権限を有する. そのような意味で行政権が共有されている*68. 国内レベルでの決定とEUレベルでの決定が1つの混合的な手続を形成して共同決定に至るような「混合行政」(mixed administration)と呼

ばれる EU 法の執行形態も存在する*69. しかし，国内行政機関は，階層的構造を有するような EU 行政組織の一部ではない*70.

他方，EU の任務がますます増大するにつれて，従来の方式だけでは限界に達した結果，とくに 1990 年代以降，EU の政策の実施および技術的・専門的知識による政策決定過程の支援のため*71，様々なエージェンシー（agency）*72 が EU 立法により設置されてきた*73. このような現象は，一般にエージェンシー化（agencification）と呼ばれる．エージェンシーは基本条約では「団体，事務所及び庁」(bodies, offices and agencies) という用語で示されている*74. それらは「第二次連合法から派生し及び特定の任務を担当する，法人格を付与され，相対的な独立性を有する恒久的な組織」と定義される*75. 本書では「補助機関」と略称する．

2. 間接行政の原則

EU における間接行政の原則について，EU 機能条約第 291 条 1 項は次のように規定している．

「加盟国は連合の法的拘束力を有する行為を実施するために必要なすべての国内法上の措置をとる．」

加盟国は EU 法を実施するため，自己の権限を行使する義務の下にある．それは誠実協力原則（TEU4(3)）（第 6 章第 2 節 1）を反映している．言い換えれば，加盟国は EU 法の執行権限を一般的に有する*76. このように，EU 法の間接実施が原則である*77. しかし，加盟国の執行権限には一定の実体的および手続的限界が存在する．

(1) 実体的限界

まず，実体的限界について司法裁判所は，Étoile commerciale 事件（1987 年）において以下のように判示している．

「[EU]の機関制度が依拠し，かつ，[EU]及び加盟国の間の関係を規律する一般原則に従い，[EU]規則，特に共通農業政策に関する規則が加盟国領域で実施されるのを確保するのは，[EU]法の反対規定がない場合，加盟国である．*78」

このように，加盟国による行政は「[EU]法の反対規定がない場合」という条件に服する．それは，EU 法の優越性と先占という原則（第 6 章第 3 節，第 1

章第2節3)による実体的限界が存在することを示すものである．これは国内機関の実体的裁量権が次の2点のいずれかにより制限されることを意味する．

第1に，EU自体が行政的決定を行い，国内機関にそれを尊重するよう求めることである．この場合，EUの決定が国内行政部の裁量権を直接に制限する．たとえば，EU競争法手続を定める「規則」1/2003[*79]の下でコミッションと国内競争当局の両方がEU競争法の遵守確保を行う一方，同「規則」第11条6項に基づき「コミッションが決定採択のための手続を開始することにより，加盟国の競争当局は[EU機能条約第101条]及び[第102条]を適用する権限を解かれる」．

第2に，EU立法が国内機関に対し，他の加盟国の行政機関が発した決定を考慮に入れるよう要求することである．この場合，EU法は加盟国法の「相互承認」(mutual recognition)原則を通じて国内行政機関に間接的な先占効果を及ぼすにとどまる[*80]．たとえば，物の自由移動の下で加盟国は，国産品と輸入品を差別しない措置についても公益による正当化および比例性原則の充足による適用除外が認められないかぎり，他の加盟国で適法に流通している物品を自国においても流通させることを認めなければならない[*81]．

(2) 手続的限界

また，加盟国によるEU法の執行権限には，実体的限界に加えて手続的限界も存在する[*82]．その点について司法裁判所は，Norddeutsches Vieh-und Fleischkontor事件(1971年)において次のように判示している．

「国内機関が[EU]規則を実施する責任を有する場合，原則としてこの実施は国内法の形式及び手続を十分に尊重してなされるということが認められなければならない．

しかし，[EU]規定の統一的適用のゆえに，規則を実行するために必要な限度においてのみ，国内法規範に依拠することが許される．[*83]」

以上のように，司法裁判所はEU法の執行における加盟国の手続的自律性(第8章)を原則として承認する一方，Wells事件(2004年)においてEU法の統一的適用の必要性との関係で限界を有することを指摘している．

「適用可能な手続規則(modalités)は，類似の国内状況を規律するものより不利ではないこと(同等性原則)及び[EU]法秩序により付与される権利の行使を事実上不

可能又は過度に困難にするものではないこと(実効性原則)が充足されるかぎり，加盟国の手続的自律性の原則に基づき，各加盟国の国内法秩序に属する．*84」

　加盟国の手続的自律性に対する限界は，同等性原則(差別禁止)および実効性原則に基づく(第8章第2節2)．これらの原則が充足されない場合，EUは国内行政手続を調和させることができる*85(TFEU114(1))．なお，EUと加盟国の間の行政協力に関するEU機能条約第197条によれば，「加盟国による連合法の実効的実施は，連合の適正な機能のために不可欠であり，共通利益事項とみなされる」ため，「連合は，連合法を実施する行政的能力を改善する加盟国の努力を支援することができる」．EUはそのために必要な措置を定めることができるが，加盟国法令の調和は排除されている*86．

3. EUによる直接行政

　EUによる直接行政について，EU機能条約第291条2項は次のように規定している．

　「連合の法的拘束力を有する行為を実施するための一律の条件が必要とされる場合，それらの行為は実施権限をコミッション，又は，適切に正当化される特定の場合並びに欧州連合条約第24条及び第26条*87に規定される場合においては理事会に付与する．」

　この規定は，EU内で一律の条件が必要とされる場合に，EUの一般的執行権限を一般法(*lex generalis*)として定めるものであるとされる(特別法(*lex specialis*)として，たとえば競争法に関するEU機能条約第105条がある)*88．

(1) 補完性原則の適用

　EUの一般的執行権限に対する限界を設定するのは，補完性原則(TEU5(3))(第1章第2節5(1))である．補完性原則により中央集権的なEU立法が許容されるとしても，加盟国によるEU立法の分権的な執行が求められる場合がある．たとえば，EU競争法分野における立法はEUの排他的権限であるが(TFEU2(1), 3(1))，EU競争法の遵守確保は共有権限事項である*89．

(2) 規則，指令，決定による委任

　EU法のみがコミッション(例外的に理事会)への実施権限の委任を規制することができる*90．第1に「規則」は「直接適用可能」であるが(TFEU288-2)，

そのすべての規定が無条件かつ十分に明確という要件を充たして直接効果を有するわけではない（第7章第1節4）．そのため，加盟国による実施が十分ではない場合，コミッションは「規則」により実施権限を付与されることが可能である．第2に「指令」は国内実施が前提とされているが（TFEU288-3），EU機能条約第291条2項により例外的に，かつ，国内実施期限を経過した後に，コミッションは「指令」の直接効果を有しない規定を「実施規則」または「実施決定」により執行することができる[*91]．第3に「決定」（TFEU288-4）が「立法行為」として採択される場合も，コミッションは実施権限を付与されることが可能である[*92]．

「「実施」という語が実施行為の表題に挿入される」（TFEU291(4)）ため，「実施行為」には「コミッション実施規則」「コミッション実施決定」「コミッション実施指令」などがある．

(3) 委任行為と実施行為の関係

「委任行為」と「実施行為」の関係については，次の点が指摘される．第1に「委任行為」に関して，「立法行為」のみが委任を行うことができる（TFEU290(1)）．「非立法行為」は，基本条約に基づくものを含め，委任を行うことはできない．「実施行為」に関しては，そのような制限はない．第2に「委任行為」は一般的適用性を有する「行為」であるが，「実施行為」にはそれだけでなく，個別の「行為」も含まれる[*93]．第3に「実施行為」の機能（EU立法の実施のための一律的条件を確保する機能）および「委任行為」の機能（EU立法の補充または修正）には，実質的な重複が存在しうる[*94]．「実施行為」において，「委任行為」と同様に，「基本行為」にその旨の規定があれば，一定の非本質的規定の修正は可能である．第4に基本条約は，「委任行為」と「実施行為」との間に階層的関係を設けていないため，両者は同じ階層において水平的関係にある[*95]．

4. 加盟国によるコントロール——コミトロジー

コミッションがEU法を一律の条件に基づき実施する場合，加盟国によるコントロールがなされる．このための手続はコミトロジー（Comitology）と呼ばれる[*96]．それについて，EU機能条約第291条3項は次のように規定してい

る.

　「第2項の目的のため,欧州議会及び理事会は,通常立法手続に従い,規則を制定し,加盟国によりコミッションの実施権限の行使をコントロールする方式に関する一般的法規範及び原則を予め定める.」

　この規定に従って加盟国がコミッションによる実施権限の行使をコントロールするため,「コミッションによる実施権限の行使の加盟国によるコントロール方式に関する一般的法規範及び原則を定める規則」182/2011[*97](コミトロジー規則)が制定されている.

　「コミトロジー規則」によれば,コミッション代表が投票権なしで議長を務め,加盟国の代表で構成される委員会(a committee)に,「実施行為」草案が提出される(第3条1,2項).「連合の法的拘束力を有する行為」(基本行為)において,「実施行為」の性格または影響に応じて,諮問手続(the advisory procedure)または審査手続(the examination procedure)のいずれに付されるかを規定することができる(第2条1項).審査手続に付されないものは諮問手続に服する(第2条3項).いずれの手続においても,議長は委員会内で最大限可能な支持を得られる解決策を見出すよう努力する.緊急の場合には,「基本行為」にその旨の規定があれば,コミッションは先に「実施行為」を採択し,その後に委員会の意見を求めることができる(第8条).審査手続で否定的意見が表明される場合,上訴委員会(the appeal committee)に付託することが可能である(第6条).

　審査手続は,とくに次の場合に使用される.(イ)一般的適用範囲を有する実施行為,および,(ロ)その他の実施行為であって,①実質的な財政的負担を伴うプログラム,②共通農業政策および共通漁業政策,③環境,安全および安心,または,人間・動植物の健康・安全の保護,④共通通商政策,⑤税制,に関するもの(前文(11)(12),第2条2項).

　諮問手続では,投票が行われる場合,構成員の単純多数決により意見が表明される.その意見に法的拘束力はない.コミッションは,委員会の審議の結論および意見を最大限考慮に入れて,採択されるべき「実施行為」草案に関する決定を行う(第4条).

　審査手続では,特定多数決(第2章第3節5(1))により決定がなされる.委員

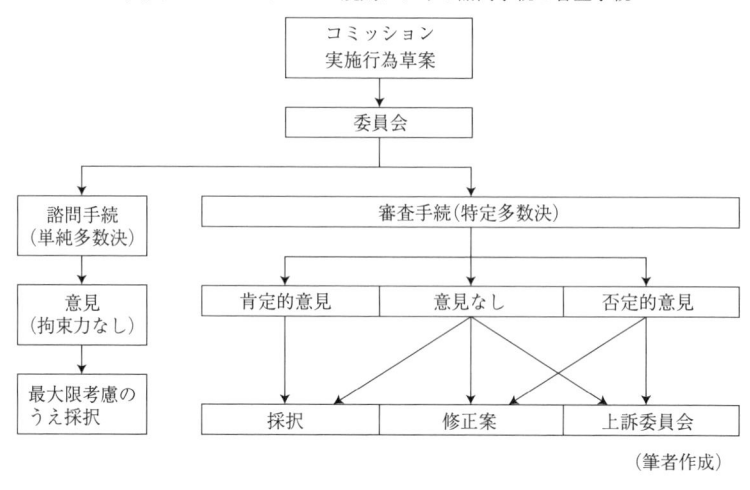

図表 3-6 コミトロジー規則における諮問手続と審査手続

```
          ┌─────────────────┐
          │  コミッション    │
          │  実施行為草案    │
          └────────┬────────┘
                   │
          ┌────────┴────────┐
          │     委員会       │
          └────────┬────────┘
         ┌─────────┴──────────────────────────────────┐
         │                                             │
┌────────┴────────┐              ┌───────────────────┴────────────────┐
│  諮問手続        │              │      審査手続(特定多数決)           │
│  (単純多数決)    │              └──┬──────────┬──────────┬──────────┘
└────────┬────────┘                 │          │          │
         │                    ┌─────┴───┐ ┌────┴────┐ ┌───┴─────┐
┌────────┴────────┐           │肯定的意見│ │意見なし │ │否定的意見│
│    意見          │           └─────┬───┘ └────┬────┘ └───┬─────┘
│  (拘束力なし)    │                 │          │          │
└────────┬────────┘           ┌─────┴───┐ ┌────┴────┐ ┌───┴─────┐
         │                    │  採択   │ │ 修正案  │ │上訴委員会│
┌────────┴────────┐           └─────────┘ └─────────┘ └─────────┘
│ 最大限考慮の     │
│ うえ採択         │
└─────────────────┘
```

(筆者作成)

会が肯定的な意見を表明する場合，コミッションは「実施行為」草案を採択する．否定的な意見の場合，コミッションは採択しないで修正案を出すか，または上訴委員会に付託する．意見が表明されない場合，（修正案の提出または上訴委員会への付託を選択肢とする）一定の例外を除き，コミッションは「実施行為」草案を採択するかまたは修正案を提出することができる（第 5 条）[98]．

上訴委員会（コミッション代表が投票権なしで議長を務め，加盟国の代表で構成される）は特定多数決により意見を表明する．議長は，上訴委員会内で最大限可能な支持を得られる解決策を見出すよう努力する．上訴委員会が肯定的意見を表明する場合，コミッションは「実施行為」草案を採択する．意見が表明されない場合，コミッションは草案を採択することができる．否定的意見の場合，草案は採択されない（第 6 条）．以上の手続の流れについては，図表 3-6 を参照されたい．

なお，「基本行為」が通常立法手続に基づき採択された場合，欧州議会または理事会はコミッションに対し，「実施行為」草案が「基本行為」に規定される実施権限を超えているとの見解を示すことができる．そのような場合，コミッションは「実施行為」草案を見直した後，同草案を維持するか，修正するか，または撤回するかを，欧州議会および理事会に通知する（第 11 条）．

5. エージェンシー化と補助機関

(1) Meroni 原則とコミッションによる再委任

「連合の法的拘束力を有する行為を実施するための一律の条件が必要とされる場合」、それらの行為の実施は原則としてコミッションに委任される (TFEUEU291(2)). これに基づき、コミッションは「実施行為」として補助機関に実施権限を再委任することができる*99. この場合の条件を示しているのが、Meroni 原則である.

司法裁判所は、Meroni 事件(1956 年)*100 において、EU の基本条約に基づく機関(とくにコミッション)からエージェンシーへの一定の任務およびそのための権限の委任はいかなる基準の下に可能かについて判断を示した. それは、Meroni 原則(the Meroni doctrine)と呼ばれる.

同事件では、欧州石炭鉄鋼共同体(ECSC)の最高機関(the High Authority, 現在のコミッションに当たる)がベルギー私法に基づき設立された団体に一定の業務の管理権限を委ねたところ、その権限委任が適法か否かが争われた*101. 司法裁判所は、以下の基準に照らして本件の権限委任を違法として取り消した*102.

第1に、エージェンシーへの権限委任は、委任を行う機関に基本条約により割り当てられた任務の遂行に必要なものでなければならない. 第2に、委任を行う機関は自己が有するのとは異なる権限をエージェンシーに付与することはできない. 第3に、エージェンシーに付与される権限の行使は、委任を行う機関が直接行使する場合に服するのと同じ条件に服しなければならない. 第4に、権限の委任は推定することはできず、明示的に与えられなければならない. 第5に、委任される権限は明確に定義された執行権限のみを含み、その使用は委任を行う機関の監督に全面的に服さなければならない. 換言すれば、広範な裁量権を伴う権限の委任は認められない*103. 最後に、司法裁判所は「[EU]の機関構造に特有の権限均衡」にも言及している*104.

たとえば「規則」58/2003*105 により、コミッションは「執行エージェンシー」(an executive agency)を設置して EU プログラムを実施する任務を委任することができる. その例として、「公衆衛生プログラム執行エージェンシー」*106 などがある. このような場合、「政治的選択を行動に転化するさいに裁

量的権限を必要とする任務」は除かれる(第6条1, 2項). それは法人格を有するが(第4条), コミッションにより直接監督される(第1条, 第20条1項). このように「規則」58/2003 は Meroni 原則を反映している[107].

(2) 加盟国法の調和措置としての補助機関と委任

EU 立法は原則として加盟国により実施される(TFEU291(1)). 補助機関の設置およびそれへの権限委任は, 基本条約上の法的根拠[108]に基づく加盟国の実施権限の調和措置とみなすことができる[109]. この場合には一定の条件(後述)を充たすならば Meroni 原則は適用されないと考えられる.

EU は「連合法を実施する行政的能力を改善する加盟国の努力を支援する」ために必要な措置を定めることができるが, 加盟国法令の調和は排除されている(TFEU197(2))[110]. しかし, そのような調和措置の排除よりも, 「連合法を実施する加盟国の義務」および「加盟国間及び加盟国と EU との間における行政協力を規定する両条約の他の規定」が優先する(TFEU197(3)).

司法裁判所は ENISA 事件(2006年)において, EU 機能条約第114条1項にある加盟国法の「接近(approximation)のための措置」という用語が「調和されるべき事項」および「接近の方法」に関して EU 立法部に裁量権を与えているとした. そのうえで, EU 立法部は第114条に基づく「行為の統一的実施及び適用を促進するために, 拘束力のない支援的及び枠組的措置の採択が適切に思われる状況において調和プロセスの実施に寄与することに責任を負う」EU 機関の設立を規定することが必要であるとみなすことができる[111].

司法裁判所は, このようにして第114条の調和措置に補助機関の設置が含まれることを認める一方, そのような調和措置が許容されるための条件も判示している[112]. 第1に, 補助機関に付与される任務は「加盟国の法, 規則及び行政規定を接近させる行為の主題に密接に結びつけられる」ことである[113]. 第2に, 調和措置の目的および任務は「当該分野における域内市場の円滑な機能に対する障害を創り出すおそれのある格差の出現を防ぐ適切な手段」を構成することである[114]. 第3に, 調和が比例性を有することである[115]. 以上の条件を充足するならば, EU 政策を実施するために加盟国の権限を調和する措置により, 補助機関を設置して政策実施のための裁量権を伴う最終決定権限も付与することができる[116](なお, ESMA 事件(2014年)(Case C-270/12, EU: C: 2014:

18)につき，129頁[補足2]参照).

　さらに，調和措置により補助機関が加盟国の実施権限を調整するだけでなく，コミッションのルール作成に参加する場合もある*117．それは，EU機能条約第291条1項に基づく加盟国の実施権限の調和措置として補助機関の設置および権限委任が行われるだけでなく，同第291条2項によるコミッションの実施権限に参加することを意味する．また，そのような補助機関が第290条によりコミッションの委任権限に参加することも行われている．それらは，「規則」に基づきEU立法部によりコミッションに付与された委任権限および実施権限が，コミッションから補助機関に再委任されたものとみなすことができる．そのため，この点についてはMeroni原則が(一定程度)適用されるものと考えられる*118．

　その例として，欧州監督庁(ESAs)，すなわち，欧州銀行庁(EBA)，欧州証券・市場庁(ESMA)および欧州保険・職域年金庁(EIOPA)がある*119．それらはEU機能条約第114条に基づく調和措置として設置された補助機関である．ESAsは規制的技術基準および実施技術基準を起草することができる．このさい，先述したMeroni原則を反映して，規制的技術基準および実施技術基準は戦略的決定または政策選択を含意するものであってはならない*120(たとえばEBA設立規則1093/2010第10条1項，第15条1項)．コミッションはEU機能条約第290条および第291条に基づき，それらの草案を「委任行為」(コミッション委任規則，コミッション委任決定)および「実施行為」(コミッション実施規則，コミッション実施決定)として採択する(たとえばEBA設立規則1093/2010第10～14条，第15条)．

(3) 補助機関に関する共同声明および共通アプローチ

　EUの補助機関は，EUが運営される方式の一部となっているが，その設置はケース・バイ・ケースで行われ，EUにおける役割と位置づけに関する全体的視野を伴っていなかった．そこで，欧州議会，理事会およびコミッションは機関間作業部会を設置し，補助機関(執行エージェンシーおよび共通外交・安全保障政策(CFSP)関連の補助機関を除く)の創設，組織，運営，監督などに関して検討を行った．3機関は今後，作業部会の結論に基づいて作成された「共通アプローチ」*121を考慮に入れて補助機関に関する決定を行うことを，

2012年7月19日付共同声明*122 で明らかにした．次いで，コミッションは「共通アプローチ」のフォローアップに関する行程表*123 を作成し，既存の補助機関の設置文書の改正などを含む作業を行うとしている．

第5節 財　政

1. 多年度財政枠組規則

多年度財政枠組(the multiannual financial framework: MFF)とは，少なくとも5年間(現行7年間)，「連合の歳出が秩序ある仕方で，かつ固有財源の限界内で発展することを確保する」ものであり，これに従って年次予算が組まれる(TFEU312(1))．

多年度財政枠組は次のとおり，特別立法手続に従い，「規則」として採択される．

「理事会は，特別立法手続に従って決定を行い，多年度財政枠組を定める規則を採択する．理事会は，構成員の過半数により与えられる欧州議会の同意を得た後，全会一致により*124 決定を行う．」(TFEU312(2))

「多年度財政枠組規則」(MFF規則)は，より詳細な年次予算の歳出面について広範な定義を行うものである．それと併行して，農業，研究開発，職業訓練など部門別の歳出プログラムに関する法案が原則として通常立法手続で採択される．

MFF規則の目的は，第1に政治的優先順位を予算サイクル(たとえば2014～20年)の数字に反映させ，第2にEUの財政規律を確保し，第3に多年度の枠組みを通じて年次予算の採択を促進することである．具体的には，「約束歳出額」および「支払歳出額」それぞれの年次上限額を決定する(TFEU312(3))．約束歳出額とは，同一年度に必ずしも支払われる必要がなく多年度にかけて支払うことができる金額を支出する旨の法的約束である．また，支払歳出額とは，単年度に支払われる実際の金額である．歳出の上限には，約束歳出額における各項目の上限，ならびに，約束歳出額および支払歳出額における歳出合計の総額上限*125 がある．1つの項目の下で利用可能な残額があっても，多年度財政枠組が修正されないかぎり他の項目での歳出に使用することはできない*126．

2. 固有財源

　固有財源(own resources)とは,「連合は自己の目的を達成し及び自己の政策を成し遂げるために必要な資力を自ら備える」(TFEU311-1)ことを意味する. EUの歳出は固有財源から全額賄われる(TFEU311-2).

　固有財源制度は, 理事会が特別立法手続(諮問手続)により全会一致で採択し, 全加盟国が批准することにより効力を発生する「決定」に基づく(TFEU311-3). また, 固有財源制度の実施措置は, 理事会が特別立法手続(同意手続)により特定多数決で採択する「規則」に基づく(TFEU311-3).

　固有財源はMFF規則と表裏一体の関係にある. 固有財源の上限は百分率(％)で示されるため, 実際の金額は経済成長率に左右される. たとえば2007～13年多年度財政枠組において, 固有財源は約束歳出額につきEUの国民総所得(GNI)の1.29％, また, 支払歳出額につき同GNIの1.23％を超えないこととされた.

　固有財源には3種類ある. 第1に伝統的固有財源と呼ばれるもので, 主として関税および砂糖課徴金である(2011年度13.3％). 第2に付加価値税(TVA)に基づくもので, 調和された各加盟国のTVA課税ベース(各加盟国GNIの50％を上限とする)に対して0.30％の統一税率が原則として定められている(2011年度10.9％). 第3に各加盟国のGNIに基づくもので, 各加盟国のGNIに対して一定の標準率が課される. これは他の固有財源により賄うことができない分を埋め合わせるために使用される(2011年度74.7％). また, 他の財源として, EU職員の俸給への課税, EU競争法違反に対する制裁金などがある. なお, たとえばイギリス払戻金(2011年度約360億ユーロ)のように, 加盟国間の分担の不均衡を是正する制度として調整措置(corrections)がいくつか存在する*127.

3. 年次予算

　年次予算はEU機能条約の関連規定および「財政規則」に従って編成される*128.「財政規則」は通常立法手続により採択され,「予算を確立し及び実施するために並びに決算を提出し及び監査するために採択される手続を特に定める財政法規範」等を規定する(TFEU322)*129. EUの財政年度は1月1日から

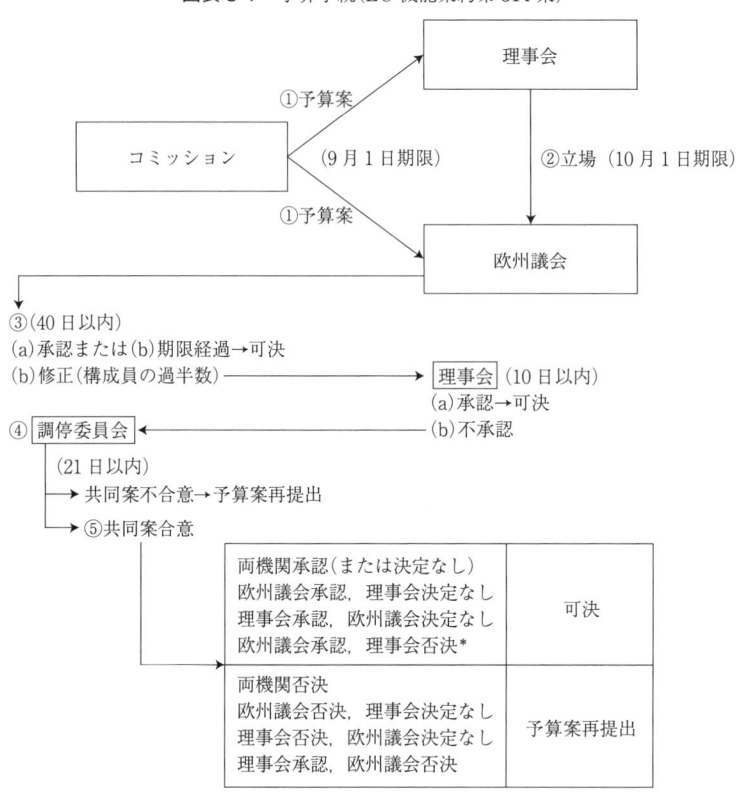

図表 3-7　予算手続(EU 機能条約第 314 条)

```
                        ①予算案      理事会
        コミッション ──────────→
                       (9月1日期限)     │ ②立場(10月1日期限)
                                        ↓
                        ①予算案      欧州議会
                    ──────────→
```

③(40日以内)
　(a)承認または(b)期限経過→可決
　(b)修正(構成員の過半数) ──────→ 理事会 (10日以内)
　　　　　　　　　　　　　　　　　　(a)承認→可決
④ 調停委員会 ←────────── (b)不承認
　(21日以内)
　→ 共同案不合意→予算案再提出
　→ ⑤共同案合意

両機関承認(または決定なし) 欧州議会承認，理事会決定なし 理事会承認，欧州議会決定なし 欧州議会承認，理事会否決＊	可決
両機関否決 欧州議会否決，理事会決定なし 理事会否決，欧州議会決定なし 理事会承認，欧州議会否決	予算案再提出

＊欧州議会修正案が共同案よりも優先する．

(筆者作成)

12月31日までである(TFEU313)．予算に示される歳入と歳出は均衡しなければならない(TFEU310(1))．財政年度の終わりに黒字または赤字が存在する場合，それは次年度に繰り越される*130．

　年次予算は，コミッションの提案に基づき，欧州議会と理事会が特別立法手続(予算手続)に従って決定する(TFEU314)．予算手続は次のとおりである〔図表 3-7〕．

　①コミッションは，前年度の9月1日までに予算案を欧州議会および理事会に提出する．コミッションは調停委員会(後述)が招集される時点まで予算案を

修正することができる(TFEU314(2)).

②理事会は，自己の立場を採択し，前年度の10月1日までに欧州議会に送付する(TFEU314(3)).

③欧州議会は40日以内に，次のいずれかの対応をとる．

　(a)理事会の立場を承認する．この場合，予算が可決される．

　(b)決定を行わない(期限経過)．この場合，予算は可決されたものとみなされる．

　(c)構成員の過半数により修正案を採択し，理事会およびコミッションに送付する．この場合，欧州議会議長は理事会議長と合意のうえ，ただちに調停委員会を招集する．ただし，理事会が10日以内に欧州議会の修正案をすべて承認する場合は，調停委員会は開催されない(TFEU314(4)).

④調停委員会は，理事会構成員またはその代表および欧州議会を代表する同数の議員で構成される．調停委員会の任務は，招集より21日以内に，欧州議会と理事会の各立場を基礎に，理事会構成員またはその代表の特定多数決および欧州議会代表の過半数により，共同案の合意に達することである．コミッションも調停委員会に参加し，調整に必要な発議を行う(TFEU314(5))．21日以内に共同案が合意されない場合，コミッションは新たな予算案を提出する(TFEU314(8)).

⑤共同案が合意された場合，欧州議会および理事会はそれぞれ14日以内に(TFEU314(6))，次のいずれかの対応をとる．

　(a)両機関とも共同案を承認するか，もしくは両機関とも決定を行わない場合，または両機関のいずれか一方が承認するが，もう一方の機関が決定を行わない場合，共同案に従って可決されたものとみなされる．

　(b)両機関とも共同案を否決するか(欧州議会の決定は構成員の過半数による)，または両機関のいずれか一方が否決するが，もう一方の機関が決定を行わない場合，コミッションは新たな予算案を提出する．

　(c)欧州議会が構成員の過半数により共同案を否決する一方，理事会が承認する場合，コミッションは新たな予算案を提出する．

　(d)欧州議会が共同案を承認するが理事会が否決する場合，欧州議会は14日以内に，構成員の過半数かつ投票数の5分の3により，上記③(c)におけ

る修正案の全部または一部を確認することを決定できる．欧州議会の修正が確認されない場合，当該修正の対象である予算項目に関して調停委員会で合意された立場が維持される．以上を基礎に予算は採択されたものとみなされる(TFEU314(7))．

最後に，予算手続が完了したとき，欧州議会議長は予算が成立したことを宣言する(TFEU314(9))．

なお，新財政年度の初めに予算が成立していない場合，毎月原則として前年度予算の12分の1を支出することができる(TFEU315)．

4. 予算の執行および統制

EU予算の執行に責任を負うのは，コミッションである．コミッションは，「財政規則」(TFEU322)に従い，自己の責任の下で，「健全財政管理原則」(the principles of sound financial management)に基づき，加盟国と協力して予算を執行する(TFEU310-5, 317-1)．

予算に示される歳出の執行のためには，「財政規則」に定める例外を除き，EUの行動のための法的基礎を提供する「法的拘束力を有する連合の行為」が事前に採択される必要がある(TFEU310-3)[*131]．

EU予算の監査は，まず会計検査院により(TFEU287)，次いで欧州議会により(理事会と協力して)行われる(TFEU318)．コミッションの予算執行に関する責任を解除するのは，欧州議会である(TFEU319)．一方，不正対策として(TFEU325)，コミッション内部に個別に独立の地位を有する欧州不正対策局(European Antifraud Office：OLAF)が設置され[*132]，EUの財政的利益を守るため，不正，汚職その他の違法行為と闘い，また，EU諸機関の構成員および職員による重大な非行を調査する等の任務を遂行している[*133]．

第6節　民主主義原則と「民主主義の赤字」

1. 民主主義原則

民主主義は，EUが依拠する規範的価値(第5章第2節)の1つである(TEU2)．「連合の機能は代表制民主主義に基づく」(TEU10(1))．「市民は欧州議会におい

て連合レベルで直接に代表される」一方,「加盟国は,欧州理事会において国家又は政府首脳により及び理事会において自国政府により代表され,自らは国内議会又は自国市民に民主的説明責任を負う」.基本条約およびEU基本権憲章には,EU市民の居住先加盟国における欧州議会および地方議会での選挙権・被選挙権が保障されている(TFEU 20(2)a, 22, EU基本権憲章第39, 40条).

他方で,代表制民主主義を補完するものとして*134,参加民主主義が規定されている*135.すなわち,「すべての市民は連合の民主的営みに参加する権利を有する」.また,「決定は可能な限り市民に対して公開かつ近接して行われる」(TEU10(3)).そのため,諸機関は「適切な手段により,市民及び代表性を有する団体に対し,連合の行動のすべての分野において自己の意見を周知させ,かつ,公開で交換する機会を与える」とともに,「代表性を有する団体及び市民社会とともに,公開,透明かつ定期の対話を維持する」(TEU11(1)(2)).さらに,コミッションは「連合の行動の一貫性及び透明性を確保するため,関係当事者に広範な諮問を行う」(TEU11(3)).欧州市民発議権(本章第1節4(2))により,EU市民は集団として,コミッションに対し,立法提案を行うよう要請することができる(TEU11(4)).

2.「民主主義の赤字」と解決策
(1)「民主主義の赤字」

EUは民主主義原則に基づき行動しているにもかかわらず,「民主主義の赤字」(a "democratic deficit")がEUの最も深刻な問題の1つとなっている.法制度的に言えば,この問題は,加盟国が主権の一部をEUに委譲することにより国内議会が喪失した立法権限を,各国行政部が理事会において共同行使しているという批判に由来する.この関連で,国内議会の自国行政部に対する民主的コントロールが必ずしも機能しているわけではないこと,また,EUのすべての立法・政策決定において通常立法手続による欧州議会と理事会の共同決定が行われているわけではないことや,欧州議会議員に立法発議権がないことなどが指摘される*136.また,理事会の特定多数決において各国人口の大小が多少なりとも考慮されているとはいえ,理事会での個々の投票において各国選挙民の政治的意思が反映されるわけではない.

(2) 「多極共存型民主主義」とEU

他方,「民主主義の赤字」論に対しては, EUは1つの国民国家ではなく大国小国を含む複数の加盟国から成る構成体であるため, 国民国家における民主主義の基準をEUに適用することは果たして妥当なのかという疑問が呈されることがある. すなわち, EUは1つの国家を構成しているわけではないため, EUに「1人1票」制に基づく多数派支配を厳格に適用することは政治的に不可能であるという考え方である.

他方, 文化的に異質であるが民主的に安定しているヨーロッパ諸国の国家体制の研究に基づく「多極共存型民主主義」(consociationalism)[137]から示唆を受けて,「1集団1票」制による非多数派支配がEUに適したモデルであるとされることがある[138].「多極共存型民主主義」はすべての関連集団を永続的に政策決定に参加させることを目的とするが, EUはその特徴を反映している. たとえば, EUの諸機関は, 理事会の特定多数決方式である二重多数決制の国票と人口票, 欧州議会の議席配分, コミッションのポスト配分, EU司法裁判所の判事任命などにおいて, 多かれ少なかれ, 国別割当制をとっている. また, 理事会の決定は特定多数決が原則であるにもかかわらず, できる限り投票を避けてコンセンサスにより決定を行うことが慣行となっている. このような考え方に依拠するならば, EUは民主主義に関して問題はないことになる[139].

しかし, いずれにせよ,「民主主義の赤字」という批判に対処するため, EUの現状に照らして「1集団1票」制に基づく非多数派支配(多極共存型民主主義)の側面を残しつつも,「1人1票」制に基づく多数派支配をどのように取り込むかという問題に対処する必要がある.

(3) 二重の民主的正当性

その観点から「民主主義の赤字」問題に対するEUの取り組みとして, 二重の民主的正当性(the dual legitimacy)の確保がなされている. 第1に, EUの立法の大半は通常立法手続によるが, 同手続においては直接選挙された欧州議会が法案拒否権と修正提案権を有している. 第2に, 理事会主導の特別立法手続(諮問手続)では理事会の決定はほとんど全会一致によるため, たとえばデンマーク議会のように, 理事会での法案の投票について国内議会が自国代表に拘束をかけることにより, 加盟国議会が自国政府代表に対する民主的コントロー

ルを通じて自国の民意を反映させることができる(国内議会の意思は,全会一致制のゆえに EU の法案に対して賛成反対にかかわらず貫徹される)*140. その一助として,コミッションの立法提案は欧州議会と理事会とともに各国議会にも送付され,EU での審議が開始されるまでの 8 週間の期間に各国議会は立法提案を事前に精査することができる(本章第 1 節 4(3)). また,理事会が立法提案を審議するときの議事録を含む理事会会合の議題および結果が各国議会にも直接送付されるので,事後的なコントロールのために利用することができる(国内議会議定書第 2, 4 条).

しかし,第 1 の点については,同質的なデモス(国民)が存在しないところに民主主義は成立しないとする立場(デモス不在論)から,真の意味で EU 規模の選挙民および政党が存在せず,したがって欧州議会の意思が必ずしも EU における民意を反映しているとはいえないことなどが指摘される*141. また,第 2 の点については,国内議会がどこまで効果的に自国行政部を民主的にコントロールできるかという根本的な問題が残る.

(4) EU における「政治」の不在

最後に,他の観点から EU における「民主主義の赤字」が指摘される. すなわち,欧州統合が各国の政策の間に深い相互依存を生み出しているにもかかわらず,それが EU レベルの政治に反映されていないこと,また,EU レベルの政治アクターが相互依存の結果を内部化できない国内政治にもっぱら反応していることに着目して,EU レベルにおける「政治」の不在が最も重大な「民主主義の赤字」であると指摘される. EU の政治プロセスが国内政治に過度に依存するのを避けるため,EU は民主主義から距離を置き,テクノクラート的な解決策を選好してきたが,これが過剰になると民主主義そのものに反するという逆説が生じる. そのため,「民主主義の赤字」を克服するには,たとえば(各国法人税に上乗せされる)EU 法人税の導入により危機に迅速に対応できる EU 財源を確保することや,欧州議会選挙をコミッション委員長の選出と直接結びつけることにより,EU レベルに政治的権威と政治的空間を創り出すことが求められる*142.

リーディング・リスト

田中俊郎「国内利益集団の「欧州化」——ECの共通漁業政策と英国の漁業団体を事例として」『国際政治』第77号，1984年

福田耕治「EC委員会の執行権強化と評議会手続」『政治学論集』(駒澤大学)第34巻，1991年

臼井陽一郎「EC委員会とヨーロッパ利益団体」『早稲田経済学研究』第36巻，1992年

児玉昌己「EUにおける「民主主義の赤字」の解消と欧州議会の役割」『日本EU学会年報』第17号，1997年

八谷まち子「コミトロジー考察」『政治研究』(九州大学)第46号，1999年

荒島千鶴「構成国国会の審査制度によるEC立法過程の民主的統制」『日本EU学会年報』第21号，2001年

安江則子「COSAC：国家議会と欧州議会による二重の民主主義の模索」『ワールドワイドビジネスレビュー』(同志社大学)第2巻2号，2001年

戸澤英典「EUにおけるロビイング」『阪大法学』第53巻1号，2003年

梅津實「欧州憲法とデモクラシー」『ワールドワイドビジネスレビュー』(同志社大学)第7巻1号，2005年

庄司克宏「EUにおける立憲主義と欧州憲法条約の課題」『国際政治』第142号，2005年

浅見政江「EUの民主的ガヴァナンスとEU市民」，田中俊郎・庄司克宏編著『EUと市民』慶應義塾大学出版会，2005年

庄司克宏「国際経済統合における正統性と民主主義に関する法制度的考察——WTOとEU」『法学研究』(慶應義塾大学)第78巻6号，2005年

福田耕治「EUにおけるアカウンタビリティ」『早稲田政治経済学誌』第364号，2006年

細井優子「欧州共同体における「民主主義の赤字」問題とその処方箋(1)～(4)」『法学志林』第103巻3，4号，第104巻1，2号，2006年

石川一雄「パワー・シェアリング体制のEUと民主主義」『専修法学論集』第101号，2007年

庄司克宏「EU条約・EU機能条約コンメンタール 第9回 EU条約第5条と補完性議定書——補完性原則と国内議会の監視(下)」『貿易と関税』第60巻9号，2012年

庄司克宏「EUの経済ガバナンスにおける法制度的考察」『日本国際経済法学会年報』第21号，2012年

庄司克宏「欧州銀行同盟における権限配分とMeroni原則」『日本EU学会年報』第34号，2014年

庄司克宏「欧州銀行同盟に関する法制度的考察」『法学研究』(慶應義塾大学)第87巻6号，2014年

庄司克宏「EUの危機と欧州統合モデルのゆくえ——「二速度式欧州」対「アラカルト欧州」」『三田評論』第1199号，2016年

第 3 章　EU の立法と行政

注

* 1　Jürgen Bast, "New Categories of Acts after the Lisbon Reform: Dynamics of Parliamentarization in EU Law", *Common Market Law Review*, Vol. 49, No. 3, 2012, pp. 885-927 at 895-897.
* 2　Regulation 1/2003 on the implementation of the rules on competition laid down in Articles 81 and 82 of the Treaty [2003] OJ L 1/4.
* 3　Koen Lenaerts and Piet Van Nuffel, *European Union Law* (3rd ed.), Sweet & Maxwell, 2011, p. 647, 677.
* 4　Jürgen Bast, op. cit. *supra* note 1, p. 897, 898.
* 5　*Ibid.*, p. 893, 894.
* 6　TFEU294(10)(13), 310, 312, 314, 315-2.
* 7　他方，実行においては，理事会は特定多数決によりコミッションの提案を全体として否決することができるとされている．*Codecision and Conciliation: A Guide to How the Parliament Co-legislates under the Treaty of Lisbon*, European Parliament, 2012, footnote 2 at p. 11.
* 8　Case C-27/04 *Commission v Council* [2004] ECR I-6649, para. 80.
* 9　Regulation 211/2011 on the citizens' initiative [2011] OJ L 65/1. 矢部明宏「EU における参加民主主義の進展——EU 市民発案に関する規則」『外国の立法』第 249 号，2011 年(29-50 頁).
* 10　Michael Dougan, "What are we to make of the citizens' initiative?", *Common Market Law Review*, Vol. 48, No. 6, 2011, pp. 1807-1848 at 1817-1819.
* 11　*Ibid.*, p. 1836, 1837.
* 12　*Ibid.*, pp. 1842-1844.
* 13　すでに 2006 年以降，コミッションは「政治対話」の枠内で，すべての立法提案および協議文書を国内議会に送付し，国内議会からの意見に回答を行っている(Practical Arrangements for the Operation of the Subsidiarity Control Mechanism under Protocol No 2 of the Treaty of Lisbon, letter of President Barroso and Vice-president Wallstrom of 1 December 2009, p. 3). リスボン条約が発効した 2009 年 12 月 1 日からは，この「政治対話」が補完性監視手続と併行して使用されている．コミッションは，2010 年末までに補完性議定書の範囲に当たる 82 件の立法提案を各国内議会に送付し，211 件の回答を受領している．そのうち 34 件で補完性原則違反への懸念が提起されたが，1 つの立法提案に対して「理由付意見」(後述)が各国議会総票数の 3 分の 1 (後述のイエローカード手続参照)に達したことはなかった(*Report from the Commission on Subsidiarity and Proportionality*, COM(2011) 344 final, Brussels, 10. 6. 2011, p. 4).

*14 刑事司法協力，警察協力，および，自由・安全・司法領域分野における加盟国間の行政協力に関しては，加盟国数の4分の1で発議することができる(TFEU76)．
*15 Practical Arrangements, cited *supra* note 13, p. 5.
*16 *Ibid.*
*17 Philipp Kiiver, "The Conduct of Subsidiarity Checks of EU Legislative Proposals by National Parliaments: Analysis, Observations and Practical Recommendations", *ERA Forum*, Vol. 12, No. 4, 2011, pp. 535-547 at 539, 540.
*18 Philipp Kiiver, *The Early Warning System for the Principle of Subsidiarity: Constitutional Theory and Empirical Reality*, Routledge, 2012, p. 21, 22. しかし，上述の「政治対話」の枠内では補完性審査の対象とならない文書についても，コミッションは回答を行う(Practical Arrangements, cited *supra* note 13, p. 4 ; Philipp Kiiver, op. cit. *supra* note 17, p. 540)．
*19 Practical Arrangements, cited *supra* note 13, p. 4.
*20 Philipp Kiiver, op. cit. *supra* note 17, p. 541.
*21 Philipp Kiiver, op. cit. *supra* note 18, p. 37. 緊急の場合の例外の可能性について，*Ibid.*, p. 38, 39参照．
*22 Practical Arrangements, cited *supra* note 13, p. 5.
*23 Philipp Kiiver, op. cit. *supra* note 18, p. 23, 24 ; Practical Arrangements, cited *supra* note 13, p. 4.
*24 Philipp Kiiver, op. cit. *supra* note 541, p. 9 ; Practical Arrangements, cited *supra* note 13, p. 4.
*25 Philipp Kiiver, op. cit. *supra* note 17, pp. 543-545.
*26 コミッションの提案ではなく，加盟国の一団による発議，欧州中央銀行(ECB)の勧告または司法裁判所の要請により法案が通常立法手続に付される場合，コミッションの意見表明や調停委員会の議事参加はない．そのような場合，欧州議会および理事会は，法案を第一および第二読会における各立場とともにコミッションに送付する．欧州議会または理事会は手続の過程を通じてコミッションの意見を求めることができる．コミッションは自己の発議で意見を表明することもできる．コミッションはまた，必要とみなす場合には調停委員会に参加することができる(TFEU294(15))．
*27 Joint declaration on practical arrangements for the codecision procedure (article 251 of the EC Treaty) [2007] OJ C 145/5, points 7-9.
*28 O. Costa, R. Dehousse and A. Trakalová, *Codecision and "early agreements"*, Notre Europe, 2011.
*29 理事会から作業部会議長／常駐代表委員会議長および理事会事務局担当官，欧州議会から所轄委員会報告者／影の報告者および役員会(the Bureau)担当官，コミッションから関連総局課長／局長および事務総局担当官．
*30 Rule 70 of Rules of Procedure of the European Parliament and Annex XX: Code of Conduct for Negotiating in the context of the Ordinary Legislative Procedures.

*31　*Guide to the Ordinary Legislative Procedure*, General Secretariat of the Council, 2011, p. 18, 19; *Codecision and Conciliation: A Guide to How the Parliament Co-legislates under the Treaty of Lisbon*, European Parliament, 2012, pp. 10-15;

*32　Alan Hardacre(ed.), *How the EU Institutions Work and... How to Work with the EU Institutions*, John Harper Publishing, 2011, pp. 160-167.

*33　Case T-540/15 *Emilio De Capitani v European Parliament*, judgment of 22 March 2018, ECLI: EU: T: 2018: 167, para. 109.

*34　諮問手続を定める条文が24あり，次のとおりである．TFEU21(3), 22(1), 23-2, 64(3), 77(3), 81(3), 87(3), 89, 113, 115, 118-2, 126-14, 127-6, 153(2), 182(4), 192(2), 194(3), 203, 262, 308, 311-3, 333(2), 349(1)．このうち21件が全会一致による(そのうち全加盟国の批准を要するものはTFEU262, 311-3である)．特定多数決によるものはTFEU23-2, 182(4), 349(1)の3件である．

*35　"EU Legislation: The Consultation procedure", European Law Monitor; Juan Diego Ramirez-Cardenas Diaz, "Decision Making in the EU: The Legislative Procedures", EIPA Intensive Training Seminar (EU Legal, Institutional and Procedural Affairs), Ankara, 10-12 May 2011.

*36　Case 138/79 *Roquette Frères v Council* [1980] ECR 3333, paras. 33-37(大藤・中村評釈『EU法基本判例集』139頁).

*37　Case 139/79 *Maizena v Council* [1980] ECR 3393, 36-38.

*38　Case C-65/93 *Parliament v Council* [1995] ECR I-643, para. 24-28.

*39　Case C-21/94 *Parliament v Council* [1995] ECR I-1827, paras. 24-26. Koen Lenaerts and Piet Van Nuffel, op. cit. *supra* note 3, p. 674, 675.

*40　立法手続としての同意手続を定める条文は次のとおりである．TFEU19(1), 25-2(全加盟国の批准を伴う), 86(1), 223(1)(欧州議会の同意は構成員の過半数による，全加盟国の批准を伴う), 311-4, 312-2(欧州議会の同意は構成員の過半数による), 352(1)．なお，欧州議会の同意は，立法手続以外でも要件となることがある．たとえば，国際協定の締結(TFEU218(6)(a))，条約改正(TEU48(3)(7))，新規加盟(TEU49-1)，加盟国の脱退協定(TEU50(2))などである(その他にも，TEU7(1)(2), 14(2), 17(7), TFEU82(2)(d), 83(1), 86(4), 329(1)などがある)．

*41　Juan Diego Ramirez-Cardenas Diaz, op. cit. *supra* note 35.

*42　Bruno de Witte, "Using International Law for the European Union's Domestic Affairs" in Enzo Cannizzaro, Paolo Palchetti and Ramses A. Wessel(eds.), *International Law as Law of the European Union*, Martinus Nijhoff Publishers, 2012, p. 145, 146. 財政条約については，庄司克宏「EU財政条約とユーロ危機」『貿易と関税』第60巻3号，2012年(26-38頁)参照．

*43　Koen Lenaerts and Piet Van Nuffel, op. cit., *supra* note 3, pp. 723-728. 庄司克宏「リスボン条約(EU)の概要と評価」『慶應法学』第10号，2008年(195-272)244-246頁および同「EU経済通貨同盟の法的構造」『日本EU学会年報』第19号，1999年(1-45)25-28頁参照．

*44　Rudolf Geigner, Daniel-Erasmus Kahn und Markus Kotzur, *EUV/AEUV Kommentar*, Verlag C. H. Beck, München, 2010, S. 102.

*45　Steve Peers, "Divorce, European Style: The First Authorization of Enhanced Cooperation", *European Constitutional Law Review*, Vol. 6, No. 3, 2010, pp 339-358 at 348.

*46　Carlo Maria Cantore, "We're one, but we're not the same: Enhanced Cooperation and the Tension between Unity and Asymmetry in the EU", *Perspectives on Federalism*, Vol. 3, No. 3, 2011, pp. 1-21 at 7-10.

*47　Jean-Claude Piris, *The Future of Europe: Towards a Two-Speed EU?*, Cambridge University Press, 2011, p. 81, 82.

*48　*Ibid.*, p. 81.

*49　イギリスおよびアイルランド、また、デンマークは、刑事司法協力を含む自由・安全・司法領域の政策分野からオプトアウトしており、この分野の立法は原則としてそれら3カ国を除いて採択される（自由・安全・司法領域に係る連合王国及びアイルランドの立場に関する議定書第21号第1，2条、デンマークの立場に関する議定書第22号第1，2条）。

*50　Jean-Claude Piris, op. cit. *supra* note 47, p. 187.

*51　Ester Herlin-Karnell, "Enhanced Coperation and Conflicting Values: Are New Forms of Governance the same as 'good governance'?" in Martin Trybus and Luca Rubini (eds.), *The Treaty of Lisbon and the Future of European Law and Policy*, Edward Elgar, 2012, pp. 146-159.

*52　Koen Lenaerts and Piet Van Nuffel, op. cit. *supra* note 3, p. 733.

*53　Decision authorising enhanced cooperation in the area of the law applicable to divorce and legal separation [2010] OJ L 189/12.

*54　Regulation 1259/2010 implementing enhanced cooperation in the area of the law applicable to divorce and legal separation [2010] OJ L 343/10.

*55　Decision authorising enhanced cooperation in the area of the creation of unitary patent protection [2011] OJ L 76/53.; Regulation 1257/2012 implementing enhanced cooperation in the area of the creation of unitary patent protection [2012] OJ L 361/1; Regulation 1260/2012 implementing enhanced cooperation in the area of the creation of unitary patent protection with regard to the applicable translation arrangements [2012] OJ L 361/89; Agreement on a Unified Patent Court, Council of the European Union, No. 16351/12, Brussels, 11 January 2013.

*56　Cases C-274 & 295/11 *Spain and Italy v Council*, judgment of 16 April 2013, nyr, para. 94.

*57　Robert Schütze, "'Delegated' Legislation in the (new) European Union: A Constitutional Analysis", *Modern Law Review*, Vol. 74, No. 5, 2011, pp. 661-693 at 690.

*58　Jürgen Bast, "Legal Instruments and Judicial Protection" in A. von Bogdandy and J. Bast (eds.), *Principles of European Constitutional Law* (2nd ed.), Hart Publishing, 2009, pp. 345-397 at 391; Jürgen Bast, op. cit. *supra* note 1, p. 917.

*59 Case C-240/90 *Germany v Commission* [1992] ECR I-5383, para. 37; Case C-355/10 *European Parliament v Council*, judgment of 5 September 2012, nyr, paras. 65-68. Joana Mendes, "Delegated and Implementing Rule Making: Proceduralisation and Constitutional Design", *European Law Journal*, Vol. 19, No. 1, 2013, pp. 22-41 at 28, 29.
*60 Robert Schütze, op. cit. *supra* note 57, p. 683.
*61 *Ibid.*, pp. 683-686.
*62 "Common Understanding - Delegated Acts", Council Document 8753/11, 10 April 2011.
*63 Jürgen Bast, op. cit. *supra* note 1, p. 915, 916.
*64 具体例として、「臓器移植指令」(Directive 2010/53 on standards of quality and safety of human organs intended for transplantation [2010] OJ L 207/14)第24〜28条参照。また、同「指令」については、神馬幸一「臓器移植医療に関するEU指令の概要」『静岡大学法政研究』第15巻1号、2010年(74-160)参照。
*65 Jürgen Bast, op. cit. *supra* note 1, pp. 914-916.
*66 Decision 1999/468 laying down the procedures for the exercise of implementing powers conferred on the Commission [1999] OJ L 184/23, amended by Decision 2006/512 [2006] L 200/11.
*67 Jürgen Bast, Jurgen Bast, op. cit. *supra* note 1, p. 916.
*68 Robert Schütze, "From Rome to Lisbon: 'Executive Federalism' in the (New) European Union", *Common Market Law Review*, Vol. 47, No. 5, 2010, pp. 1385-1427 at 1400, 1401.
*69 *Ibid.*, pp. 1419-1424.
*70 *Ibid.*, p. 1405, 1419, 1420, 1425, 1426.
*71 Joint Statement of the European Parliament, the Council of the EU and the European Commission on Decentralised Agencies, 19 July 2012.
*72 福田耕治「EUにおけるアカウンタビリティ」『早稲田政治経済学誌』第364号、2006年(3-19)9頁によれば、「一般に、エージェンシーとは、特定の技術的・専門的・科学的な任務や、調整的・監査・行政管理的任務、執行的任務などを遂行するために、通常の省庁等の行政組織の外側に独立した組織として設置され、統治的機能の一部を担う機関をいう」。
*73 Johannes Saurer, "The Accountability of supranational Administration: The Case of European Union Agencies", *American University International Law Review*, Vol. 24, No. 3, 2009, pp. 429-488 at 430.
*74 TFEU15(1)(3), 16, 71, 123, 124, 127-4, 130, 228(1)(3), 263-1, 5, 265, 267-1, 277, 282(3), 287(1)(3), 298, 325(1)(4).
*75 Stefan Griller and Andreas Orator, "Everything under Control? The 'Way Forward' for European Agencies in the Footsteps of the Meroni Doctrine", *European Law Review*, Vol. 35, No. 1, 2010, pp. 3-35 at 31.
*76 Robert Schütze, op. cit. *supra* note 68, p. 1397, 1398.
*77 Cases 205-215/82 Deutsche *Milchkontor* [1983] ECR 2633, para. 17. Jürgen Bast, op. cit. *supra* note 1, p. 908.

*78 Cases 89 & 91/86 *Étoile commerciale and CNTA v Commission* [1987] ECR 3005, para. 11.
*79 Regulation 1/2003 on the implementation of the rules on competition laid down in Articles 81 and 82 of the Treaty [2003] OJ L 1/1.
*80 Robert Schütze, op. cit. *supra* note 68, pp. 1402-1405.
*81 庄司克宏著『新 EU 法 政策篇』岩波書店, 2013 年刊行予定参照.
*82 Robert Schütze, op. cit. *supra* note 68, p. 1405, 1406.
*83 Case 39/70 *Norddeutsches Vieh- und Fleischkontor* [1971] ECR 49, para. 4.
*84 Case C-201/02 *Wells* [2004] ECR I-723, para. 67.
*85 *Deutsche Milchkontor*, cited *supra* note 77, para. 24.
*86 Robert Schütze, op. cit., *supra* note 68, pp. 1406-1408. 例外的に, EU 法を執行する加盟国の行政的決定が他の加盟国でも自動的に越境的効力を付与される場合がある(*Ibid.*, pp. 1408-1410).
*87 共通外交・安全保障政策(CFSP)の実施に関する規定.
*88 Robert Schütze, op. cit. *supra* note 68, p. 1399.
*89 *Ibid.*, pp. 1413-1415.
*90 Robert Schütze, op. cit. *supra* note 68, p. 1398.
*91 *Ibid.*, pp. 416-1418.
*92 例として, Decision adopting the European Community Action Scheme for the Mobility of University Students(Erasmus) [1987] OJ L 166/20 がある(第 3 条 1 項参照).
*93 Jürgen Bast, op. cit. *supra* note 1, pp. 919-920.
*94 *Ibid.*, p. 926, 927.
*95 *Ibid.*, pp. 920-924.
*96 Joana Mendes, op. cit. *supra* note 59; Thomas Christiansen and Mathias Dobbels, "Non-Legislative Rule Making after the Lisbon Treaty: Implementing the New System of Comitology and Delegated Acts", *European Law Journal*, Vol. 19, No. 1, 2013, pp. 42-56.
*97 Regulation 182/2011 laying down the rules and general principles concerning mechanisms for control by Member States of the Commission's exercise of implementing powers [2011] OJ L 55/13.
*98 審査手続における否定的意見および意見なしの場合の例外として, 第 7 条参照.
*99 Herwig C. H. Hofmann and Alessandro Morini, "The Pluralisation of EU Executive—Constitutional Aspects of 'Agencification'", *European Law Review*, Vol. 37, No. 4, 2012, pp. 419-443 at 423, 424, 434, 441, 442.
*100 Case 9/56 *Meroni* [1957-58] ECR 133.
*101 *Ibid.*, 135-137.
*102 *Ibid.*, 154.
*103 *Ibid.*, 149-152; Case C-301/02 P *Tralli* [2005] ECR I-4071, paras. 41-44. Takis Tridimas, "Financial Supervision and Agency Power: Reflections on ESMA" in Niamh Nic

Shuibhne and Laurence W. Gormley(eds.), *From Single Market to Economic Union*, Oxford Univeristy Press, 2012, pp. 55-83 at 60-63.
* 104　*Meroni, cited supra* note 100, 152.
* 105　Regulation 58/2003 laying down the statute for executive agencies to be entrusted with certain tasks in the management of Community programmes [2003] OJ L 11/1.
* 106　Commission Decision setting up an executive agency, the 'Executive Agency for the Public Health Programme', for the management of Community action in the field of public health—pursuant to Council Regulation 58/2003 [2004] OJ L 369/73.
* 107　Herwig C. H. Hofmann and Alessandro Morini, op. cit. *supra* note 99, p. 424, 442 ; Stefan Griller and Andreas Orator, op. cit. *supra* note 75, p. 25.
* 108　一般的規定としてEU機能条約第114条，第352条，また，個別的規定として同第182条5項および第187条，第192条，第100条2項，第74条および第77条がある．
* 109　Herwig C. H. Hofmann and Alessandro Morini, op. cit. *supra* note 99, p. 426, 427, 428.
* 110　Robert Schütze, op. cit. *supra* note 68, pp. 1406-1408.
* 111　Case C-217/04 *UK v Parliament and Council(ENISA)* [2006] ECR I-3771, paras. 43, 44, 59. Herwig C. H. Hofmann and Alessandro Morini, op. cit. *supra* note 99, p. 427, 428.
* 112　*Ibid.*, p. 428.
* 113　*UK v Parliament and Council(ENISA)*, cited *supra* note 111, paras. 43, 47.
* 114　*Ibid.*, paras. 62, 64.
* 115　*Ibid.*, paras. 65-67.
* 116　Case T-187/06 *Schräder v CPVO* [2008] ECR II-3151, paras. 59-63(confirmed on appeal in Case C-38/09 P *Schräder v CPVO* [2010] ECR I-3209). Herwig C. H. Hofmann and Alessandro Morini, op. cit. *supra* note 99, p. 428.
* 117　*Ibid.*, p. 429, 430.
* 118　Stefan Griller and Andreas Orator, op. cit. *supra* note 75, pp. 27-31. また，比較として，Merijn Chamon, "EU agencies between Meroni and Romano or the devil and the deep blue sea", *Common Market Law Review*, Vol. 48, No. 4, 2011, pp. 1055-1075 参照．
* 119　Regulation 1093/2010 establishing a European Supervisory Authority(European Banking Authority) [2010] OJ L 331/12 ; Regulation 1094/2010 establishing a European Supervisory Authority(European Insurance and Occupational Pensions Authority) [2010] OJ L 331/48 ; Regulation 1095/2010 establishing a European Supervisory Authority(European Securities and Markets Authority) [2010] OJ L 331/84.
* 120　Meroni 原則に照らしたESAsの権限に対する批判的分析として，Madalina Busuioc, "Rule-Making by the European Financial Suprvisory Authorities: Walking a Tight Rope", *European Law Journal*, Vol. 19, No. 1, 2013, pp. 111-125 参照．
* 121　Joint Statement of the European Parliament, the Council of the EU and the European Commission on Decentralised Agencies, 19 July 2012.
* 122　Common Approach, Annex of Joint Statement of the European Parliament, the Coun-

cil of the EU and the European Commission on Decentralised Agencies, 19 July 2012.
* 123　Roadmap on the follow-up to the Common Approach on EU decentralised agencies, 19 December 2012. Progress report, COM(2015)179 final 参照.
* 124　欧州理事会は全会一致により，理事会が特定多数決で決定を行うよう授権する決定を採択することができる(TFEU312(2)).
* 125　2007〜2013年多年度財政枠組の上限として，固有財源が約束歳出額につき EU の国民総所得(GNI)の1.29％，また，支払歳出額につき同 GNI の1.23％を超えないこととされた.
* 126　"EU multiannual financial framework(MFF) negotiations".
* 127　*Ibid.*
* 128　共通外交・安全保障政策(CFSP)の運用経費については，理事会は全会一致により EU 予算から除外することができる．その場合，加盟国が負担する．また，軍事的または防衛的含意を有する作戦から生じる運用経費は常に加盟国が負担する(TEU41(2)).
* 129　現在適用されている「財政規則」は次のものである. Regulation 1605/2002 on the Financial Regulation applicable to the general budget of the European Communities [2002] OJ L 248/1.
* 130　Koen Lenaerts and Piet Van Nuffel, op. cit. *supra* note 3, pp. 568-572.
* 131　*Ibid.*, pp. 580-581.
* 132　Regulation No 1073/1999 concerning investigations conducted by the European Anti-Fraud Office(OLAF) [1999] OJ L 136/1; Interinstitutional Agreement of 25 May 1999 concerning internal investigations by the European Anti-fraud Office(OLAF) [1999] OJ L 136/15; Commission Decision establishing the European Anti-fraud Office(OLAF) [1999] OJ L 136/20.
* 133　Koen Lenaerts and Piet Van Nuffel, op. cit. *supra* note 3, pp. 583-585.
* 134　Joana Mendes, "Participation and the role of law after Lisbon: A legal view on Article 11 TEU", *Common Market Law Review*, Vol. 48, No. 6, 2011, pp. 1849-1877 at 1877.
* 135　庄司克宏「EU における立憲主義と欧州憲法条約の課題」『国際政治』第142号，2005年(18-32)21-23頁.
* 136　Koen Lenaerts and Piet Van Nuffel, op. cit. *supra* note 3, p. 741, 742. 中村民雄「EU 立法の「民主主義の赤字」論の再設定」『社会科学研究』第57巻2号，2006年(5-38).
* 137　Arend Lijphart, *Democracy in Plural Societies: A Comparative Exploration*, Yale University Press, 1977.
* 138　Tobias Theiler, "Does the European Union Need to Become a Community?", *Journal of Common Market Studies*, Vol. 50, No. 5, 2012, pp. 783-800 at 787-789. この点をめぐる議論につき以下参照. Matthijs Bogaards and Markus M. L. Crepaz, "Consociational Interpretations of the European Union", *European Union Politics*, Vol. 3, No. 3, 2002, pp. 357-381; Richard S. Katz, "Models of Democracy: Elite Attitudes and the Democratic Deficit in the European Union", *European Union Politics*, Vol, 2, No. 1, 2001, pp. 53-79.
* 139　Liesbet Hooghe, *The European Commission and the Integration of Europe: Images of*

Governance, Cambridge University Press, 2001, pp. 172-175. Richard Bellamy, "Democracy without Democracy? Can the EU's Democratic 'Outputs' Be Separated from the Democratic 'Inputs' Provided by Competitive Parties and Majority Rule?", *Journal of European Public Policy*, Vol. 17, No. 1, 2010, pp. 2-19.
* 140 Koen Lenaerts and Piet Van Nuffel, op. cit. *supra* note 3, p. 743, 744.
* 141 Dieter Grimm, "Does Europe Need a Constitution?", *European Law Journal*, Vol. 1, No. 3, 1995, pp. 282-302. 庄司克宏「欧州憲法と東西欧州——EU 統合のパラドクス」, 羽場久美子・小森田秋夫・田中素香編『ヨーロッパの東方拡大』岩波書店, 2006 年 (61-79) 69 頁.
* 142 Miguel Poiares Maduro, "A New Govenance for the European Union and the Euro: Democracy and Justice", *RASCAS Policy Paper* 2012/11, pp. 1-22.

〔補足 1〕 99, 100 頁に挙げた以外に高度化協力として実現された事例として, 次のものがある. 第 1 に, EU の財政的利益に関わる不正を捜査し, 起訴する「欧州検察官事務所」を設置する規則 2017/1939 が 2017 年 10 月 12 日に採択された. ルクセンブルクに設置され, 2020 年以降に活動を開始する予定である. 現在のところ, 21 カ国の参加が見込まれている. 第 2 に, 国際結婚をした夫婦(および同性婚)の離婚または一方の配偶者の死亡の場合の財産制に関するルールを明確化する規則 2016/1103 および 2016/1104 が 2016 年 6 月 24 日に採択され, 17 カ国が参加する形で 2019 年 1 月 29 日より施行される予定である. なお, 共通安全保障・防衛政策分野における高度化協力の特別規定である「常設構造化協力」を確立する理事会決定 2017/2315 が 2017 年 12 月 11 日に採択され, 25 カ国が参加している.

〔補足 2〕 本書 110 頁の ESMA 事件 (2014 年) において司法裁判所は, Meroni 原則の適用範囲を明確化した. すなわち, 第 1 に補助機関が EU 立法部により設立され, かつ, 第 2 に当該補助機関に委任された権限の行使が「裁量権を制限する様々な条件及び基準により範囲を画定されている」ならば, コミッション以外の補助機関に対しても, 一般的適用性を有する措置を含む裁量権を直接付与することが可能である (庄司克宏「欧州銀行同盟に関する法制度的考察」『法学研究』(慶應義塾大学) 第 87 巻 6 号, 2014 年 (94-137) 112-117 頁).

第4章　EUの司法

第1節　裁判所組織

1. 組　織

EU司法裁判所(the Court of Justice of the European Union; la Cour de justice de l'Union européenne; der Gerichtshof der Europäischen Union)はEUの司法部門を構成し，ルクセンブルクに設立されている．EU司法裁判所の任務は，EU条約第19条1項において次のように表現されている．

「[欧州連合司法裁判所]は，両条約の解釈及び適用において法の遵守を確保する．」

EU司法裁判所の構成は次のとおりである(TEU19(1))．

　　司法裁判所(the Court of Justicel; la Cour de justice; der Gerichtshof)
　　総合裁判所(the General Court; le Tribunal; das Gericht)
　　専門裁判所(specialised courts; des tribunaux spécialisés; Fachgerichte)

このようにEU司法裁判所という用語は，これら3種類の裁判所の総称である．以下では，総称と個別の名称を文脈に応じて適宜使い分けることとする．EU司法裁判所の運営のため，EU司法裁判所規程[*1](TEU/TFEU附属議定書第3号)，司法裁判所手続規則(Rules of Procedure of the Court of Justice)，総合裁判所手続規則(Rules of Procedure of the General Court)，EU職員裁判所手続規則(Rules of Procedure of the Civil Service Tribunal)(廃止)がある．

なお，専門裁判所は「規則」により設置することができるが(TFEU257-1)，専門裁判所としてのEU職員裁判所(the European Union Civil Service Tribunal; le Tribunal de la fonction publique de l'Union européenne; das Gericht für den öffentlichen Dienst der Europäischen Union)は廃止されている．

また，欧州特許に関して排他的管轄を有する単一特許裁判所(a Unified Patent Court)を設立するために，一部を除く加盟国間の国際協定として単一特許

裁判所協定*2 が締結されている(2013 年 2 月 19 日署名，2014 年 1 月 1 日発効予定)．

なお，欧州審議会(COE)加盟 47 カ国(EU の全加盟国を含む)が加入する欧州人権条約によりストラスブール(フランス)に設立されている欧州人権裁判所，欧州経済領域(EEA)の EU 以外の当事国である欧州自由貿易連合(EFTA)諸国(アイスランド，リヒテンシュタイン，ノルウェー)によりルクセンブルクに設立されている EFTA 裁判所は，EU の司法機関ではない．

2. 構成および任命
(1) 司法裁判所
① 裁判官

司法裁判所は 1 加盟国につき 1 人の裁判官で構成される(TEU19(2))．総数は，28 人(2013 年 7 月より)である．また，司法裁判所により同裁判所事務局長(the Registrar)が任命される(TFEU253-5)．

裁判官は，第 1 に独立性に疑義がなく，かつ，第 2 に自国で最高の司法上の職務に任命されるために必要な資格を備えるか，または，周知の能力を有する法律専門家であるという条件を充たす者の中から選定され，資格審査委員会(the panel; le comité)への諮問の後，加盟国政府の「共通の合意」(common accord)により任命される．任期は 6 年であり，再任可能である(TEU19(2)，TFEU253-1, 4)．

資格審査委員会は，候補者の職務遂行の適性に関する意見を提出するために設置され，7 人の委員で構成される．委員は，司法裁判所および総合裁判所の元構成員，各国最高裁判所の構成員，周知の能力を有する法律専門家の中から選任され，そのうち 1 人は欧州議会が提案する(TFEU255)．

司法裁判所は小法廷，大法廷または例外的に全員法廷で審理を行う(TFEU251)．小法廷は 3 人または 5 人の裁判官で構成され(EU 司法裁判所規程第 16 条 1 段)，また，大法廷は 15 人で構成される(規程第 16 条 2 段，司法裁判所手続規則第 27 条 1 項)．全員法廷で審理が行われるのは欧州オンブズマンの解任(TFEU228(2))，コミッション委員の解任(245(2), 247)，会計検査院構成員の解任(286(6))，および，司法裁判所が例外的に重要な事件とみなす場合である(規程第 16 条 4, 5 段)．大法廷で審理が行われるのは訴訟手続の当事者である加盟

国またはEU機関が要請する場合(規程第16条3段)，および，とくに複雑または重大な事件の場合である(司法裁判所手続規則第60条1項)．それら以外の場合は，小法廷で審理が行われる．

裁判所内の審議は非公開であり(規程第35条)，少数意見および反対意見は公表されない．合議制であり，審議に加わる裁判官はすべて自己の見解とその理由を述べなければならない．最終審議の後，裁判官の多数決により到達した結論が裁判所の判決となる(手続規則第32条3, 4項)．

② アヴォカジェネラル

アヴォカジェネラル(l'avocat général)が司法裁判所を補佐する(TEU19(2), TFEU252-1)．従来の慣例では，ドイツ，フランス，イタリア，スペインおよびイギリスは常任国として常にアヴォカジェネラルを出し，残りの3人は他の加盟国の輪番制であった．司法裁判所の要請があれば，理事会は全会一致によりアヴォカジェネラルを増員することができる(TFEU252-1)．増員する場合は3人の増加が予定され，常任国にポーランドが加わり，増員2人分は輪番国に割り当てられる[*3]．2015年10月より増員され，計11人となった．

アヴォカジェネラル(訳語については195頁の補足参照)の資格，任命および任期は，司法裁判所の裁判官と同一である(TEU19(2)，TFEU253-1, 4, 255)．

アヴォカジェネラルは司法裁判所の構成員であるが，裁判官ではない．首席アヴォカジェネラルが各事件をアヴォカジェネラルに割り当てる(司法裁判所手続規則第16条1項)．当該事件が新たな法律問題を提起していない場合，司法裁判所はアヴォカジェネラルの意見なしに判決を行うことができる(規程第20条5段)．アヴォカジェネラルの任務は，関与を必要とする事件において，司法裁判所の任務遂行を補佐するため，完全に公平かつ独立の立場から判決の前段階で理由を付した意見を公に提示することである(TFEU252-2)．司法裁判所によれば，アヴォカジェネラルの意見は「司法裁判所自体の構成員が公開の法廷で表明する個別の理由付意見を構成する」[*4]．

アヴォカジェネラルの意見は司法裁判所を拘束しないが，高い権威と事実上の影響力を有し，司法裁判所の判決の中で引用されることもある．アヴォカジェネラルの意見が陳述された後，口頭手続が終了し，裁判官は判決に至るための審議を非公開で行う．アヴォカジェネラルの意見に反論できる可能性がほと

んどないことから，対審の権利が侵害されるという理由で欧州人権条約第6条（公正な裁判を受ける権利）違反であるとして欧州人権裁判所に申し立てられたことがある．しかし，司法裁判所手続規則第83条によれば，アヴォカジェネラルの意見が提示された後，司法裁判所は状況に応じていつでも口頭手続の再開を命じることができるため，欧州人権裁判所は，口頭手続の再開の可能性が現実的に存在することなどを理由として申立てを受理不能とした*5．

なお，アヴォカジェネラルは，行政的事項に関する議事を扱う総会において，裁判官とともに投票権を有し，決定を行う（司法裁判所手続規則第25条）．このように，アヴォカジェネラルは司法行政において裁判官と同等の立場で行動する．

(2) 総合裁判所

総合裁判所は，第一審裁判所を旧称とし，とくに職員事件(staff cases)での司法裁判所の負担を軽減するため，単一欧州議定書(SEA)により導入され，1988年「理事会決定」に基づいて翌年設置された．なお，職員事件の管轄権はEU職員裁判所に移されたが，同裁判所は2016年9月1日廃止された．

総合裁判所は各加盟国から少なくとも1人の裁判官で構成される(TEU19(2))．従来1カ国より1人で構成されていたが，2015年12月25日より40人，16年9月1日より47人，19年9月1日より56人(1カ国より2人)の体制となる(規程第48条)．それに伴い，EU職員裁判所は吸収合併された．総合裁判所の裁判官は，第1に独立性に疑義がなく，かつ，第2に高度の司法上の職務を遂行するために必要とされる能力を有する者の中から選定され，先述した資格審査委員会への諮問の後，加盟国政府の「共通の合意」により任命される．任期は6年であり，再任可能である(TFEU254-2)．アヴォカジェネラル職はとくに置かれていない．EU司法裁判所規程にその旨規定することができるが(TFEU254-1, 255)，規定はされていない．ただし，総合裁判所の構成員にその任務を行うよう求めることができる(規程第49条，総合裁判所手続規則第30, 31条)．実際には，例外的に大法廷で重要問題につき，裁判官の1人がアヴォカジェネラルの役割を果たす場合がまれに存在するにとどまる．

総合裁判所は，3人もしくは5人で構成される小法廷，または15人で構成される大法廷で審理を行う(規程第50条1，3段，総合裁判所手続規則第13, 15条)．事件の法的困難性，重大性や特別性により，全員法廷(the General Court at the plenum)が置かれることもある(規程第50条2段, 総合裁判所手続規則第42条). また, 一定の軽微な事件の場合, 裁判官1人のみで構成される法廷で審理を行うことができる(規程第50条2段, 総合裁判所手続規則第14, 29条).

(3) 専門裁判所とEU職員裁判所

専門裁判所は,「規則」により設置され, 一定の事件を扱う第一審として総合裁判所に付置される(TFEU257-1). ただし, EU職員裁判所[6]は専門裁判所に属するが, 2004年11月2日付「理事会決定」により設置された[7]. EU職員裁判所は7人の裁判官で構成され, 任期は6年で再任可能とされた. 裁判官は, 第1に独立性に疑義がなく, かつ, 第2に司法上の職務を遂行するために必要とされる能力を有する者という条件を充たして立候補するEU市民の中から, 可能な限り広範な地理的基礎および代表される国内法制度に基づき, 資格審査員会が提出する意見および適格候補者リストに照らして, 理事会の全会一致により任命された(TFEU257-4, EU司法裁判所規程附属書「欧州連合職員裁判所」第2, 3条). 同裁判所は, 通常, 3人の法廷で審理を行うが, 全員法廷, 5人または1人の法廷の場合もあるとされた(附属書第4条2項, EU職員裁判所手続規則第10条, 第11条1項, 第13〜15条). なお, 総合裁判所の裁判官増員に伴い, 2016年9月1日にEU職員裁判所は廃止された.

(4) 使用言語

EU司法裁判所における使用言語は, EU公用語たる24カ国語(2013年7月より)のいずれかから当該事件ごとに決まる(規程第64条, 附属書第7条2項, 司法裁判所手続規則第37条, 総合裁判所手続規則第45条). なお, 裁判所内の作業言語はフランス語である.

第2節 管轄権

1. EU司法裁判所の管轄権

EU司法裁判所は, EU条約およびEU機能条約に関する一般的管轄権を有する(TEU19(1))[8]. それは, 原則としてEU法全体ならびにすべてのEU諸機関(欧州理事会を含む)および補助機関に及ぶ[9]. EU司法裁判所は, 第1に加盟国, EU諸機関または私人(自然人, 法人)により提起される訴訟(直接訴訟)

について判決を下すこと，第2に加盟国裁判所の要請により，EU法の解釈または EU 諸機関の行為の効力に関して先決判決を行うこと(先決付託手続)，第3に基本条約に規定されている他の訴訟について判決を下すこと，について管轄権を有する(TEU19(3)，TFEU274).

他方，EU 司法裁判所に管轄権を付与されていない分野が存在する．第1に共通外交・安全保障政策(CFSP)である．EU 司法裁判所は，CFSP に関連する規定およびそれらの規定に基づき採択された行為について管轄権を有しない(TFEU275-1)．しかし，これには2点の例外が存在する．まず例外の1点目として，EU 条約第40条に，CFSP の実施は他の EU 権限(TFEU3~6)の行使のために基本条約に定められた諸機関の手続の適用および権限の範囲に影響を及ぼさないこと，また逆に，他の EU 権限(TFEU3~6)に属する政策の実施は CFSP における EU 権限の行使のために基本条約に定められた諸機関の手続の適用および権限の範囲に影響を及ぼさないことが規定されている．EU 司法裁判所はこの点の遵守を監視する管轄権を有する(TFEU275-2)．そのため，欧州理事会および理事会の「決定」に関し，法的根拠の誤りを理由に，加盟国，コミッションまたは欧州議会により提起される取消訴訟について判決を下すことができる．また，国内裁判所から CFSP 措置の法的根拠の当否をめぐり判断を行うよう求める先決付託があれば，司法裁判所はその問題について先決判決を行うことも可能である．

次に例外の2点目として，CFSP 規定(TEU23~46)に基づき理事会が自然人または法人(たとえばテロリストやその支援団体)に対して採択した「制限的措置」を規定する「決定」(TFEU215(2))の適法性を審査する(私人により提起される)取消訴訟(TFEU263-4)において判決を下すことについても，EU 司法裁判所は管轄権を付与されている(TFEU275-2)．また，国内裁判所から「制限的措置」の解釈または効力に関する先決付託があれば，司法裁判所はその問題について先決判決を行うことも可能である[*10]．

EU 司法裁判所に管轄権がない第2の分野は，「自由・安全・司法領域」分野に関わる．現行の基本条約では，その分野は警察・刑事司法協力を含めて，一般的に EU 司法裁判所の管轄権に服する．しかし，次の2点において管轄権が付与されていない．第1に警察・刑事司法協力規定(TFEU82~89)に関して，

EU司法裁判所は，加盟国の警察または他の法執行機関により行われた活動の効力または比例性を審査する管轄権，ならびに，公の秩序および国内治安のために加盟国が担う責任の実行について判断する管轄権を有しない(TFEU276)。第2に経過措置として，リスボン条約発効(2009年12月1日)の前に採択された警察・刑事司法協力分野のEU措置につき，EU司法裁判所の権限として旧EU条約に規定される限定的な管轄権(旧TEU35)が2014年11月30日まで適用される(経過規定議定書第36号第10条)。同年12月1日より通常の管轄権が適用されている[11]。

EU司法裁判所に管轄権がない第3の分野は，加盟国の権利停止手続(TEU7)における措置の実体的内容に関する適法性審査である[12]。それは，手続的側面についてのみ可能である(TFEU269)。

2. 二審制の側面

先決付託手続は現行制度では司法裁判所のみが管轄権を有する。これに対し，私人が提起する直接訴訟については二審制が採用されている〔図表4-1〕。その場合，総合裁判所は第一審としての管轄権を有する。総合裁判所の判決は，法律問題についてのみ司法裁判所への上訴に服する(TFEU256(1))。法律問題とは，総合裁判所の権限欠如，上訴人の利益に不利な影響を与える総合裁判所における手続違反，総合裁判所によるEU法違反をいう(EU司法裁判所規程第58条)。しかし，加盟国およびEU諸機関が当事者となる直接訴訟は，（一部の例外を除き）司法裁判所が第一審かつ終審として管轄権を有する。

また，職員事件(staff cases)についても二審制がとられている〔図表4-1〕。以前は，EU職員裁判所が第一審としての管轄権を有した。その判決は，法律問題についてのみ，総合裁判所への上訴に服した(TFEU256(2)，257-3)。法律問題とは，EU職員裁判所の権限の欠如，上訴人の利益に不利な影響を与えるEU職員裁判所における手続違反，EU職員裁判所によるEU法違反を意味した(EU司法裁判所規程附属書「欧州連合職員裁判所」第11条)。

なお，専門裁判所の判決に対する上訴審としての総合裁判所の判決は，例外的に司法裁判所の審査手続に服する(TFEU256(2))[13]。すなわち，EU法の統一性または整合性が影響を受ける重大な危険が存在する場合，首席アヴォカジ

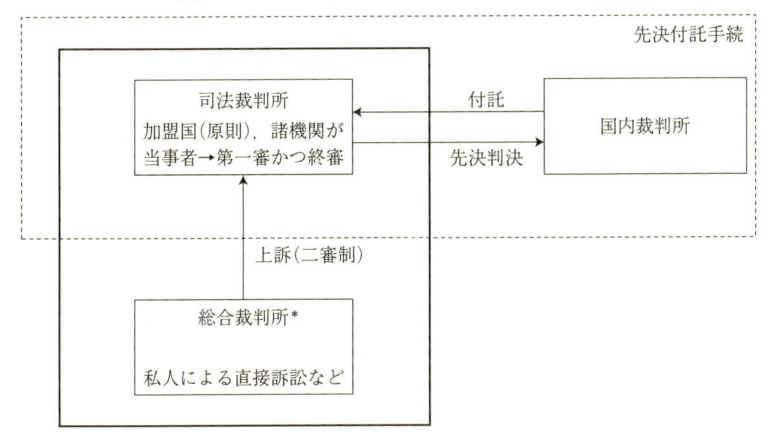

図表 4-1　EU 司法裁判所における二審制の側面

```
┌─────────────────────────────────────────────────── 先決付託手続
│  ┌─────────────────────────────┐
│  │       司法裁判所              │         付託
│  │  加盟国(原則)，諸機関が   │ ←──────────  ┌──────────┐
│  │  当事者→第一審かつ終審  │              │ 国内裁判所 │
│  │                              │ ──────────→ └──────────┘
│  │                              │        先決判決
│  └──────────────┬──────────────┘
│                 │ 上訴(二審制)
│  ┌──────────────┴──────────────┐
│  │       総合裁判所*             │
│  │  私人による直接訴訟など   │
│  └─────────────────────────────┘
└───────────────────────────────────────────────────
```

＊総合裁判所の裁判官増員に伴い，専門裁判所としての EU 職員裁判所は 2016 年 9 月 1 日に廃止され，総合裁判所に吸収合併された．現在のところ，専門裁判所は設置されていない．

(筆者作成)

ェネラルから司法裁判所に総合裁判所の判決を審査するよう提案がなされたならば(EU 司法裁判所規程第 62 条)，司法裁判所は審査の開始が決定されると，緊急手続(an urgent procedure)により，審査に服する問題について判決を行う(規程第 62a 条)*14．司法裁判所は，総合裁判所の判決が EU 法の統一性または整合性に影響を及ぼすと判断する場合，当該事件を総合裁判所に差し戻す．総合裁判所は司法裁判所が示す法律問題に関する判決に拘束される．しかし，審査の結果に照らして，総合裁判所の判決が依拠する事実認定から訴訟手続の結果が生じている場合，司法裁判所は自ら最終判決を行う(規程第 62b 条 1 段)．

3. 主な訴訟手続の類型〔図表 4-2〕

訴訟手続は，大別して直接訴訟と先決付託手続という 2 つに分けることができる．直接訴訟とは，司法裁判所または(および)総合裁判所に直接訴えが提起され，審理が行われる手続である．これに含まれる主な手続として，義務不履行訴訟(TFEU258〜260)，取消訴訟(適法性審査)(TFEU263, 264)，違法性の抗

図表 4-2　主な訴訟手続の類型

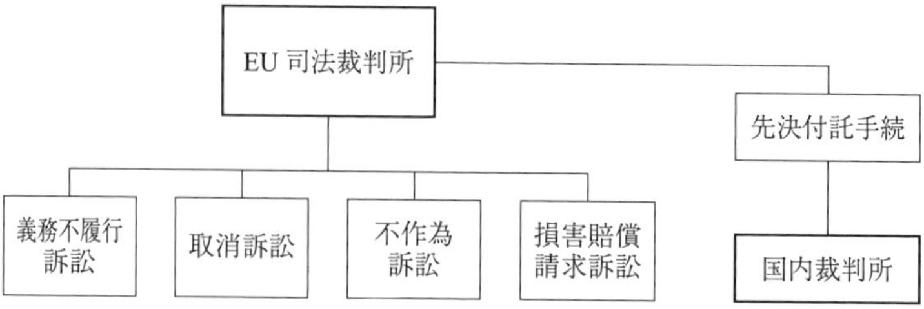

```
                    EU 司法
                    裁判所
        ┌──────────┬──────┬──────┬──────────┐
   義務不履行   取消訴訟  不作為  損害賠償      先決付託手続
     訴訟              訴訟   請求訴訟           │
                                              国内裁判所
```

（筆者作成）

弁(TFEU277)，不作為訴訟(TFEU265, 266)および損害賠償請求訴訟(TFEU268, 340-2, 3)，条約適合性審査(TFEU218(11))などがある．

　他方，先決付託手続については，現行制度では司法裁判所のみが管轄権を有する．加盟国の国内裁判所における訴訟において EU 法上の問題が提起され，その問題が判決の前に解決される必要がある場合，国内裁判所はいったん審理を停止して，その問題について司法裁判所に照会を行い，司法裁判所から先決判決という形式で回答を得ることができる．国内裁判所は，この先決判決を係争中の事件に適用するのである．司法裁判所の判例法は，主として先決付託手続を通じて形成されている．

4. 司法裁判所の管轄権

　司法裁判所が管轄権を有する訴訟手続(TFEU256(1)，EU 司法裁判所規程第51条)は，次のとおりである[*15]．

　（イ）先決付託手続(TFEU267)．国内裁判所および単一特許裁判所(UPC)が付託することができる．なお，総合裁判所は，EU 司法裁判所規程に特定分野が定められるならば，先決付託手続の管轄権を付与されることができるが(TFEU256(3))，実行されていない[*16]．

　（ロ）義務不履行訴訟(TFEU258-260)．

　（ハ）取消訴訟(TFEU263)および不作為訴訟(TFEU265)のうち，次に該当するもの．

　　　a) EU 機関が，欧州議会，理事会，両機関共同，コミッションまたは欧州中央銀行(ECB)による行為または不作為につき訴える場合(規程第51条

2段)*17.

　　b)加盟国が,欧州議会,理事会または両機関共同による行為または不作為(一部例外あり)につき訴える場合(規程第51条1段(a)).

　　c)加盟国が,「高度化協力」(第3章第2節6)への事後参加手続(TFEU331(1))におけるコミッションの行為または不作為に対して提起する場合(規程第51条1段(b)).

(ニ)上記(ハ)の取消訴訟における違法性の抗弁(TFEU277).

(ホ)総合裁判所の判決に対する上訴(TFEU256(1)).法律問題のみに限定される.

(ヘ)専門裁判所(現在は存在しない)の判決に対する総合裁判所の上訴審判決の審査手続(TFEU256(2),規程第62条,第62b条1段).

(ト)欧州投資銀行または欧州中央銀行(ECB)に関わる一定の紛争(TFEU271).

(チ)特別協定に基づく,基本条約の内容に関わる加盟国間の紛争(TFEU273).たとえば,財政条約*18第8条*19.

(リ)条約適合性審査(TFEU218(11)).

5. 総合裁判所の管轄権

総合裁判所が管轄権を有する訴訟手続(TFEU256(1),EU司法裁判所規程第51条)は,職員訴訟(規程第50a条)のほか,次のとおりである*20.

(イ)取消訴訟(TFEU263)および不作為訴訟(TFEU265)のうち,次に該当するもの.

　　a)私人が訴える場合(TFEU263-4,5,265-3).

　　b)加盟国が,コミッションを訴える場合.ただし,司法裁判所の管轄権の(ハ)c)に該当する場合を除く.

　　c)加盟国が,国家援助に関する理事会の決定(TFEU108(2))につき訴える場合(規程第51条1段(a)).

　　d)加盟国が,通商保護措置(TFEU207)に関する理事会の「規則」に基づく行為につき訴える場合(規程第51条1段(a)).

　　e)加盟国が,EU法実施権限を行使する理事会の行為(TFEU291(2))につき訴える場合(規程第51条1段(a)).

（ロ）上記（イ）の取消訴訟における違法性の抗弁（TFEU277）．

（ハ）EUに対する損害賠償請求訴訟（TFEU268，340-2, 3）．

（ニ）EUにより（またはEUのために）締結された契約（公法または私法により規律されるもの）に含まれる仲裁条項による申立（TFEU272）．

（ホ）「共同体商標」および「共同体意匠」に関する域内市場調和事務所（Office for Harmonisation in the Internal Market: OHIM）の決定に対する上訴[21]

（ヘ）共同体植物品種権に関する共同体植物品種事務所（Community Plant Variety Office: CPVO）の決定に対する上訴[22]

（ト）専門裁判所の判決に対する上訴（TFEU256(2)，257-3）．法律問題に限定される（設置「規則」に規定されている場合は事実問題も含む）．

（チ）EU司法裁判所規程により導入される場合の，特定分野における先決付託手続（TFEU256(3)）[23]

6. EU職員裁判所の管轄権（2016年9月1日廃止）

EU職員裁判所は，EU（補助機関を含む）とその職員との間の雇用関係や社会保障制度に関する紛争の管轄権を第一審として有した（TFEU270，EU司法裁判所規程附属書「欧州連合職員裁判所」第1条）．その判決は，法律問題に限り，総合裁判所への上訴に服した（TFEU257-3，附属書第9～11条）．なお，同裁判所は2016年9月1日に廃止された．

7. 単一特許裁判所の設立と管轄権

単一特許保護の創設に関する「高度化協力」（第3章第2節6）のための「規則」が制定されたことに伴い，単一特許裁判所（UPC）が欧州特許に関する紛争解決のために加盟国間の国際協定である単一特許裁判所（UPC）協定により設立され，第一審裁判所および上訴裁判所で構成される．第一審裁判所には，地方部（締約加盟国に設置），地域部（2以上の締約加盟国により設置）および中央部（パリに設置）がある．中央部の特別部門がロンドンとミュンヘンに設置される．上訴裁判所はルクセンブルクに設立される．UPCは，締約加盟国に共通の裁判所であり，締約加盟国の国内裁判所と同一のEU法に基づく義務に服する

(UPC協定第1条)．単一特許裁判所は，とくに先決付託制度(TFEU267)に従って，EU法の正確な適用および統一的解釈を確保するため司法裁判所と協力する義務を有し，司法裁判所の先決判決は単一特許裁判所に対して拘束力を有する(UPC協定第21条，同附属UPC規程第38条)．UPCは，EU法，とくに単一特許保護を創設する関連「規則」等の解釈に関する問題につき，司法裁判所に先決付託手続(TFEU267)に従って付託を行う義務を有する[24]．

第3節　先決付託手続(EU機能条約第267条)

1. 先決付託手続の性格

　EU司法裁判所と国内裁判所とはどのような関係にあるのだろうか．司法裁判所はEU域内における最高裁判所であるといえるのだろうか．答えは否である．国内裁判所は「EU法に関する一般的管轄を有する裁判所」であり，EU司法裁判所で直接訴訟の対象となる問題を除き，EU法上の問題はすべて国内裁判所で扱われる．国内裁判所の判決が司法裁判所への上訴に服する制度は存在しない．EU法の問題に関する国内裁判所の判決は最終的なものである[25]．このようにEUの司法は分権的システムに基づいている．

　では，司法裁判所は，どのようにEU全域でEU法の統一的適用を確保しているのだろうか．EUがモデルとしたのは，ドイツやイタリアの憲法裁判所であった．それらの国の裁判官は憲法問題に直面した場合，憲法裁判所の判断を仰ぐことができる．このような関係をEUにおける司法裁判所と国内裁判所との間に導入したのが，先決付託制度であった．この制度の下で国内裁判所から先決付託された問題について司法裁判所が示す先決判決により，EU全域でEU法の統一的解釈が示され，それに基づき統一的適用が確保されるという仕組みになっている．先決判決は当該事件に即した個別具体的なものではなく，抽象的な形で与えられるため，国内裁判所はEU法上の類似の問題に直面した場合，司法裁判所の先決判決を適用することができる[26]〔図表4-3〕．

　EU機能条約第267条には，先決付託(le renvoi préjudiciel)手続に基づく先決判決(l'arrêt préjudiciel)について，次のように規定されている．

　「欧州連合司法裁判所は，次の事項につき先決判決を下す権限を有する．

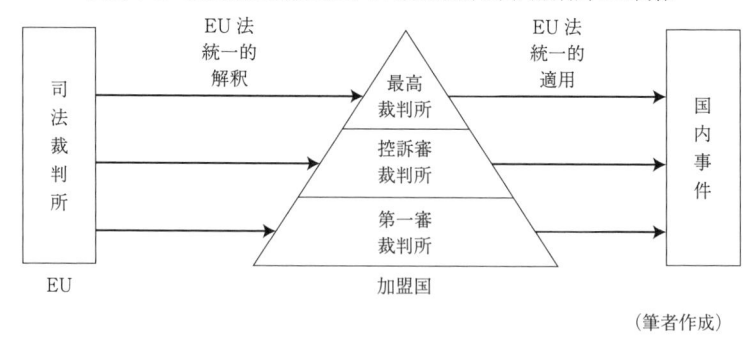

図表 4-3　先決付託制度における司法裁判所と国内裁判所との関係

（筆者作成）

a)　両条約［注：EU 条約及び EU 機能条約］の解釈
b)　連合の諸機関，団体，事務所又は庁の行為の効力及び解釈

　かかる問題が加盟国の裁判所において提起された場合，その裁判所は，その問題に関する決定が自らの判決を行うために必要であるとみなすとき，欧州連合司法裁判所にその問題につき判決を行うよう求めることができる．

　かかる問題が加盟国の裁判所に係争中の事件において提起され，同裁判所の決定が国内法上上訴に服さない場合，その裁判所は当該問題を欧州連合司法裁判所に付託しなければならない．

　かかる問題が身柄拘束中の者につき加盟国の裁判所で係争中の事件において提起された場合，欧州連合司法裁判所は最短期間で判決を行う．」

　司法裁判所は，International Chemical Corporation 事件(1981 年)において，先決付託手続の目的について次のように説明している．

　「［EU 機能条約第 267 条］により当裁判所に付与されている権限の主な目的は，［EU］法が国内裁判所により統一的に適用されることである．［EU］法の統一的適用は，意味及び範囲が定められる必要のある［EU］法規範に国内裁判所が直面する場合のみならず，当裁判所が諸機関の行為の効力に関する紛争に相対する場合にも不可欠である．[27]」

　国内裁判所は(一定の例外を除き)裁量により，司法裁判所に先決付託することなく自ら EU 法上の問題を解釈し，それを当該事件に適用することができる．他方，訴訟当事者が国内裁判所に先決付託を行うよう要求することはできない[28]．しかし，国内裁判所は必ずしも EU 法について熟知しているわけでは

ないため，司法裁判所に先決付託して EU 法の解釈を先決判決として受け取り，それを当該事件に適用するのである．司法裁判所は「国内裁判所に係争中の特定の訴訟において[基本]条約の解釈を与える場合，[基本]条約の文言及び精神から[EU]法規範の意味を導き出すことに限定し，そのように解釈される法規範を特定の事件に適用することは国内裁判所に委ねられている[*29]」．このように，先決付託手続における司法裁判所と国内裁判所との関係は，協力関係であって，階層的関係ではないとされる[*30]．すなわち，EU 機能条約第 267 条は「全加盟国にわたる[EU]法の適正な適用及び統一的な解釈のために，国内裁判所及び司法裁判所の間における義務の分担を伴う協力に基づいている」[*31]．そのため，司法裁判所および国内裁判所はともに，「[EU]法秩序及び欧州連合司法制度の守護者」[*32] なのである(TEU19(1))．

先決付託手続は，一方で EU 法の優越性(第 6 章第 3 節)および直接効果，国内裁判所の適合解釈義務および抵触排除義務ならびに国家賠償責任(第 7 章第 2, 3 節)，他方で加盟国の手続的自律性(第 8 章)と密接な関係にある．

2. 誰が先決付託できるか

EU 機能条約第 267 条にある加盟国の「裁判所」(une jurisdiction; a court or tribunal)とは，何を指すのだろうか．同条に定義がないため，司法裁判所が EU 法上の定義づけを行っている．それによれば，「当該機関が法律により設置されているか，それは常設されているか，その管轄は義務的か，その手続は対審的性格を有するか，それは法規範を適用するか，及び，それは独立性を有するか」[*33] などの要素を考慮して決定される．たとえば，加盟国の競争当局は，第 267 条の意味における国内裁判所ではないため，司法裁判所に先決付託することはできない[*34]．私法に基づき設置された機関が，国内法上は裁判所ではないが，EU 法上の裁判所とされ，先決付託を許されることがある．オランダの一般開業医の登録に関する「一般診療上訴委員会」は私法に基づき設置された専門職機関であり，オランダ法上の裁判所ではなかったが，EU 法上の権利(この場合，開業の自由)に影響を及ぼしうる手続を担当すること，通常の裁判所への上訴の権利がないこと，対審手続により最終的決定を下すことなどから，EU 法上の裁判所とみなされた[*35]．

上訴審裁判所が差戻判決により，原審裁判所の原判決を取り消しまたは破棄し，事件の審理のやり直しを命じたが，原審裁判所が差戻判決にEU法と適合しない点があると考えた場合，司法裁判所に先決付託することは可能だろうか．あるいは，上訴審判決により先決付託を妨げられるのだろうか*36．この点について司法裁判所は，Rheinmühlen事件(1974年)において次のように判示している．

　「裁判所が上級審裁判所の判決により法律問題について拘束される旨の国内法規範は，そのような判決に関わる[EU]法の解釈問題について当裁判所に付託する権限を奪うことはできない．……

　もし下級審裁判所が当裁判所に問題を付託することができないまま[上級審裁判所の判決に]拘束されるとすれば，先決判決を与える当裁判所の管轄権，及び，加盟国の司法制度のすべての審級における[EU]法の適用は損なわれるだろう．*37」

　以上の結果，国内裁判所は，国内の審級のいずれにおいても，司法裁判所に先決付託を行うことができる*38．司法裁判所は，先決付託手続に関する「覚書」*39を作成して情報提供を行っている．

3. 裁量による先決付託と義務的な先決付託

　EU法上の問題は，当事者または国内裁判所自体により提起される*40．このような場合，司法裁判所への先決付託が国内裁判所の裁量に委ねられるか，または義務的となるかという点については，一般的には前者(裁量による先決付託)が下級審裁判所の場合であり，後者(義務的な先決付託)が最終審裁判所(通常は最高裁判所)の場合であるといえる．しかし，3つの点で注意を要する．

　第1に，国内裁判所の「決定が国内法上上訴に服さないとき」に先決付託が義務的となるため(TFEU267-3)，必ずしも最高裁判所とは限らない．個々の事件において当該裁判所の判決が上訴に服するか否かで判断される*41．

　第2に，Foto-Frost事件(1987年)で示されているように，EU法の統一的適用と法的安定性の要請から，下級審裁判所はEU諸機関の行為を無効と宣言する権限を有しない*42．EU機能条約第263条の取消訴訟(本章第5節)は司法裁判所に対しEU機関の行為を最終的に無効と宣言する排他的管轄を与えているため(TFEU264-1)，EUの行為の効力が国内裁判所において異議申立てを受け

ている場合，当該行為を無効と宣言する権限もまた司法裁判所に留保されなければならない．これは，基本条約により確立された「司法的保護制度」が「整合性」(coherence)を備えていることに基づく*43．

ただし，Zuckerfabrik 事件(1991 年)および Atlanta 事件(1995 年)における司法裁判所判決によれば，国内裁判所は，次の 4 点を条件として，EU「規則」を実施するために制定された国内措置の執行を差し止めること(暫定的救済)ができる．

（イ）国内裁判所が当該 EU 措置の効力に関して重大な疑義が存在すると考えること，かつ，当該措置の効力の問題が司法裁判所においてまだ提起されていない場合には，自ら先決付託を行うこと．

（ロ）緊急性があり，申立人に重大かつ回復不能な損害発生のおそれがあること．

（ハ）国内裁判所が EU の利益を適切に考慮に入れること．

（ニ）以上の条件を評価する際，当該「規則」の適法性または EU レベルにおける同様の暫定的救済の申立に関する司法裁判所または総合裁判所の判決を尊重すること*44．

第 3 に，当該事件における最終審裁判所であっても，すべての事件において EU 法の解釈に関する先決付託を行わなければならないというわけではない．CILFIT 事件(1982 年)は，イタリア破毀院(最高裁判所に相当)において，輸入課徴金との関連で羊毛が当該 EU「規則」の範囲内の「動物産品」に当たるか否かが争われたさい，同国保健省が「事実状況は他のすべての解釈がなされ得る可能性を排除するほど明白である」ので司法裁判所に先決付託する必要はないと主張した事案である*45．本件先決判決によれば，次のいずれかに該当する場合には，最終審であっても先決付託義務は生じない．

（イ）当該問題が関連性を有しない場合．最終審裁判所は，下級審裁判所と同様に，EU 法上の問題に関する決定が判決を行うのを可能とするために必要か否かを確定する裁量権を有している(TFEU267-2)．したがって，最終審裁判所は，同裁判所において提起された EU 法の解釈に関する問題が当該事件に関連性を有しない場合，すなわち，その問題に対する回答がどのようなものであるとしても当該事件の結果に何ら影響を及ぼし得ない場合，司法裁判所に先決付

託する義務を有しない*46.

（ロ）当該 EU 法規定がすでに司法裁判所により解釈されている場合．司法裁判所の先決判決等によりすでに与えられた解釈の権威により，「当該［先決付託］義務からその目的が奪われ，そのようにしてその実質がなくなる」．「特に提起された問題が，類似の事件においてすでに先決判決の対象となった問題と実質的に同一であるとき，そのように言うことができる」*47.

（ハ）EU 法の「正確な適用が，提起されている問題がどのように解決されるべきかに関し，合理的疑義の余地を残さないほど明白である」場合．ただし，そのような結論に至る前に，国内裁判所は，その問題が他の加盟国の裁判所および司法裁判所にとっても同じく明白であると確信することが求められる*48. しかし，そのような可能性が存在するかどうかは「［EU］法に特有の特徴」および「［EU 法］の解釈に伴う固有の困難」に基づいて評価されなければならない．次の 3 点に留意する必要がある．第 1 に EU 立法が数カ国語で起草されており，また，異なる言語バージョンがすべて等しく正文であるため，EU 法規定の解釈には異なる言語で比較することが伴うということである．第 2 に EU 立法の異なる言語バージョンの間に齟齬がない場合でも，EU 法に固有の専門用語が使用され，また，EU 法と国内法では法概念が必ずしも同一の意味を有するわけではないことである．第 3 に EU 法のすべての規定は，その目的および当該規定が適用される日時における進展状況を考慮に入れて，その文脈に基づき，また，EU 法規定全体に照らして解釈されなければならないということである*49.

上記（ハ）にある基準（CILFIT 基準）が，いわゆる「明白性」(acte clair) の理論に当たると説明されることがある．しかし，「明白性」の理論という用語は適切でないと指摘される．なぜならば，すでに Da Costa 事件 (1963 年) において「明白性」の理論を拒否しているからである*50. むしろ，国内裁判所は，EU 法に特有の特徴および EU 法の解釈に伴う固有の困難を踏まえて，提起されている問題がどのように解決されるべきかに関する合理的疑義の余地があるか否かを判断することが求められている*51.

最終審裁判所の EU 法の解釈に関する CILFIT 事件判決は，EU 法の効力に関しては適用されない*52. なお，最終審裁判所が先決付託義務があるにもか

かわらず，故意に先決付託しない場合，当該加盟国に国家賠償責任（第7章第3節）が発生する．

4. 何を先決付託することができるか

国内裁判所が司法裁判所に先決付託することが可能な事項は，EU 法の解釈および効力に関する問題である．これには，法的拘束力を有する「行為」（acts）だけでなく，勧告や意見など法的拘束力を有しない行為（TFEU288-5）も含まれる*53．また，EU が締結した国際協定（TFEU216(2)）も，先決付託が可能な行為に含まれる*54．なお，EU 基本条約の効力は自明であるため，先決付託の対象とはならない．

国内裁判所は，判決を行うために必要であるとみなす問題が存在する場合に先決付託を行うことができる．しかし，司法裁判所が先決判決を与えることを拒否する場合が3つある*55．第1に，求められている EU 法の解釈が実際の事実関係またはその目的とは無関係であることがまったく明らかな場合である*56．第2に，当該問題が架空のものであり，当事者間に真の紛争がなく争訟性に欠ける場合である*57．第3に，司法裁判所に先決付託された問題に回答するために必要な事実または法に関する資料がない場合である*58．

5. 優先処理手続および緊急手続

先決付託から先決判決が出るまでの時間は，平均 15.3 カ月（2015 年）である．この時間が国内裁判所の判決に要する時間に付け加わることになる．そのため，一定の場合に迅速に事件を処理する制度が設けられている．それは，優先処理手続と緊急手続である（EU 司法裁判所規程第 23a 条）．

(1) 優先処理手続

優先処理手続（expedited procedure; procédure accélérée）において，司法裁判所長官は，先決付託を行った裁判所からの要請，または例外的に職権により，事件の性格上短期間の処理を必要とする場合，優先処理手続により先決判決がなされることを決定することができる（司法裁判所手続規則第 105 条）．アヴォカジェネラルの意見は提示されないが，司法裁判所はアヴォカジェネラルの「見解」（View）*59 を聴取する（司法裁判所手続規則第 105 条 5 項）*60．優先処理手続が

認められるためには「事件の性質上，短期間の処理が求められる場合」という要件を充たす必要があるが，たとえば当事者の経済的損失のおそれなどはこれに該当しない．その要件を充たすとされたのは，口蹄疫が発生し急速に伝染している場合*61，家族生活の尊重(欧州人権条約第8条)が関わる場合*62 などである．なお，優先処理手続(2015年度統計)が認められたのは18件の要請のうち1件にとどまり，手続に要した時間は約5カ月(2015年)であった．

(2) 緊急手続

緊急手続(urgent procedure; procédure d'urgence)*63 は，EU機能条約第三部第V編に規定される「自由・安全・司法領域」分野，すなわち，国境管理や難民庇護，警察・刑事司法協力などの政策分野に関わる問題が先決付託された場合に用いられる．その場合，司法裁判所は先決付託を行った裁判所からの要請または例外的に司法裁判所の職権により，緊急手続に基づき処理することができる(司法裁判所手続規則第107条1項)*64．これは，「かかる問題が身柄拘束中の者につき加盟国の裁判所で係争中の事件において提起された場合，欧州連合司法裁判所は最短期間で判決を行う」こと(TFEU267-4)に対応するものである．具体的には，複数加盟国にまたがって子の親権が関わる事件*65 や，欧州逮捕状に基づく犯人引渡しに関する事件*66 などである．なお，緊急手続(2015年度統計)が認められたのは11件の要請のうち5件であり，手続に要した時間は平均1.9カ月であった(2015年)．アヴォカジェネラルの意見は提示されないが，司法裁判所は結審後数日内にアヴォカジェネラルが文書で提出する「見解」(View)*67 を参照した後に判決を行う(司法裁判所手続規則第112条)．

6. 先決判決の効果

先決判決は，一般的または仮定の問題に関する勧告的意見ではない*68．それは国内裁判所に対して拘束力を有する*69．先決判決の国内裁判所に対する効果は，EU法の解釈に関する場合とEU法の効力に関する場合に分けて考えることができる．

まず，EU法の解釈に関する先決判決の場合，第1に，先決付託を行った国内裁判所は司法裁判所が示す解釈に適合して当該EU法を適用する義務を負う*70．第2に，他の国内裁判所は司法裁判所の先決判決を類似の事件におけ

る有権的解釈として扱うことができる[*71]。

　次に、EU法の効力に関する先決判決の場合、司法裁判所は当該EU法の無効を宣言することができるが、その場合、先決付託を行った国内裁判所を拘束する。他のすべての国内裁判所も当該EU法を無効とみなすことができる[*72]。また、EUの措置が「先決判決により無効と宣言される場合、［EU機能条約第266条］により定められた義務が類推適用される[*73]」。すなわち、取消訴訟(TFEU263)によりEU諸機関の措置が無効を宣言された場合(TFEU266)と同じく、EU諸機関は司法裁判所の判決に従うために必要な措置をとらなければならない。

　先決判決の時間的効果については、EU法の解釈に関する先決判決は遡及的効果を有する[*74]。ただし、国内裁判所の過去の判決の既判力は維持される[*75]。また、EU法の効力に関する先決判決もまた、取消訴訟(TFEU263)における判決に類似して遡及的効果を有する[*76]。なお、EU法の解釈および効力の双方で、司法裁判所は法的安定性の一般原則を適用することにより、先決判決の時間的効果を例外的に制限することがある[*77]。

第4節　義務不履行訴訟(EU機能条約第258〜260条)

1. 名称の由来

　コミッションは、EU基本条約およびそれに従ってEU諸機関が採択する措置の適用を監視する任務を有する(TFEU17(1))。そのための主要な手段が、加盟国を相手取って提起する義務不履行訴訟(the action for failure to fulifil obligations[*78])である(TFEU258)。また、加盟国が他の加盟国に対して義務不履行訴訟を提起することも可能である(TFEU259)。この名称は、EU機能条約第258条1項の「加盟国が両条約に基づく義務を履行しなかった」(a Member State has failed to fulfil an obligation under the Treaties)という規定に由来する。さらに、加盟国の義務不履行を宣言する判決を履行しない場合にコミッションが提起する訴訟において、司法裁判所は加盟国に制裁金を科すことができる(TFEU260)。本書では便宜上、EU機能条約第258条、第259条および第260条の一連の手続を総称して義務不履行訴訟と呼ぶこととする。なお、第

258条と第260条2項を区別する場合，前者を義務不履行訴訟(狭義)，後者を判決不履行手続と呼称することとする．

2. 義務不履行訴訟
(1) 義務不履行訴訟の性格――コミッション対加盟国

義務不履行訴訟は，加盟国の所与の行動がEU法に適合しているかどうかを判断するものであり，個別事件において私人の権利を保護するよう意図されているものではない[*79]．司法裁判所は，Commission v Italy 事件(1973年)において義務不履行訴訟の存在理由を次のように説明している．

「国家が自らの国益概念に従い，[EU]加盟から生じる利益及び義務の間の均衡を一方的に破るならば，[EU]法における加盟国の平等は疑問視され，また，加盟国国民，及び，とりわけ自らを[EU]規範の外に置く国家自身の国民を犠牲にして差別が創り出される．[*80]」

加盟国が旧い国益の概念に依拠してEUの義務を履行しなければ，加盟国およびその国民の間に差別が発生し，それはEUの基盤を脅かしかねない．そうした事態を封じ込めるのが義務不履行訴訟の存在理由であり，コミッションが「[基本]条約の守護者」[*81]として機能する．EU機能条約第258条は，義務不履行訴訟について次のように規定している．

「コミッションは，加盟国が両条約に基づき負う義務を履行しなかったとみなす場合，当該加盟国に自己の見解を提出する機会を与えた後，当該問題について理由付意見を表明する．

当該加盟国がコミッションの定める期間内にこの意見に従わないときは，コミッションは欧州連合司法裁判所に提訴することができる．」

義務不履行訴訟は「客観的」(objective)な性格を有する．また，義務不履行訴訟を提起するかどうか，また，いつそうするかについて，コミッションは広い裁量権を有している[*82]．それらの点を司法裁判所は，Commission v United Kingdom 事件(1988年)において次のように説明している．

「[基本]条約に定める諸機関の間における権限の均衡に関連して，[EU機能条約第258条]に基づき提起された訴訟においていかなる目的が追求されているのかを検討するのは当裁判所ではない．当裁判所の役割は当該加盟国が申し立てられてい

るとおりその義務を履行しなかったか否かを決定することである．……加盟国に対して義務不履行訴訟を提起することは完全にコミッションの裁量事項であり，その訴訟は客観的な性格を有する.*83」

義務不履行訴訟において，司法裁判所は，コミッションが申し立てたEU法違反があったか否かを決定する．すなわち，加盟国の行動のEU法との適合性を客観的に評価する．それは，加盟国当局の過失や責任を認定することではない．また，コミッションの裁量権は広範であるため，特定分野のEU法や政策の進展を促す手段として利用されることもある*84．

また，コミッションは，EU，他の加盟国または私人が当該加盟国の行動のゆえに何らかの被害や不利な影響を被ったことを示す必要はない．すなわち，加盟国のEU法違反に関して，デ・ミニミス(de minimis)ルールは存在しない．単にEU法規定の違反があるということだけで，司法裁判所が加盟国の義務履行を宣言するのに十分である*85．加盟国による違反の範囲が限定的であり，実際上の結果がとるに足らないという主張に対し，司法裁判所はCommission v Denmark事件(2003年)において「加盟国が[基本]条約又は第二次法に基づく義務を履行しない場合，違反は申し立てられている状況の頻度又は規模にかかわらず存在する」*86と述べている．

(2) 義務の不履行

「加盟国が両条約に基づき負う義務」とは，加盟国を拘束するすべてのEU法規範を指し，EU基本条約(誠実協力義務(TEU4(3))を含む*87，EU基本権憲章*88，法の一般原則*89，派生法(とくに「指令」*90)，EUが締結した国際協定*91などが含まれる．

義務の不履行は，加盟国の作為すなわち国内立法，行政行為または慣行などの結果として発生する*92．最高裁判所を含む国内裁判所によるEU法違反も含まれる*93．EU法を実施するための立法草案が議会の解散のために廃案となったという主張は認められない*94．また，加盟国は，たとえば連邦を構成する州のような憲法上自立している自治体の作為または不作為に対しても責任を負う*95．

義務の不履行はまた，加盟国の不作為からも発生する．その典型例は，加盟国が「指令」を期限内または的確に国内実施しない場合である*96．また，加

図表 4-4　義務不履行訴訟における手続

〔行政的段階〕
コミッション ①公式通知状→ 加盟国
コミッション ←②見解 加盟国
コミッション ③理由付意見→ 加盟国

〔司法的段階〕
④提訴↓
司法裁判所 ⑤判決→ 加盟国

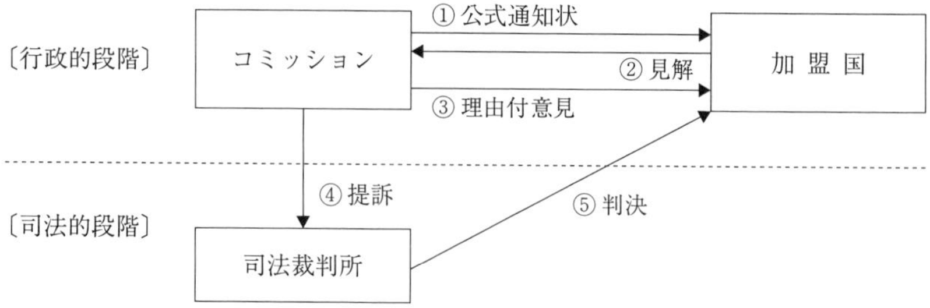

（筆者作成）

盟国が適切な防止措置をとらなかった場合に私人による行動（例として，農民の暴力的手段による他の加盟国産の農産物の輸入阻止）の結果として，加盟国の不作為による義務の不履行が生じる[*97]．司法裁判所が加盟国の義務履行を不可能と認める可能性があるのは，不可抗力（force majeure）に当たる事情が存在する場合である[*98]．

(3) 義務不履行訴訟における手続

① 2つの段階

義務不履行訴訟の手続には，行政的段階（訴訟前手続）と司法的段階が存在する〔図表 4-4〕．行政的段階で解決される事件が大多数であり，司法的段階まで進む場合は少ない．行政的段階が置かれている目的は，加盟国に対し，EU 法に基づく義務に従う機会，また，コミッションからの異議に対して自己を防禦するための機会を与えることにある[*99]．行政的段階は3つのステップに分かれる．

（イ）加盟国に対し，自己の立場を説明し，また，コミッションとの和解に達する非公式な機会を与える．

（ロ）両者間で非公式な解決に達しない場合，コミッションは加盟国に公式通知状により特定された義務不履行の申立を公式に通知する．加盟国は通常2カ月の回答期間を与えられる．また，コミッションは通常1年以内に手続の終了または続行を決定する．

（ハ）加盟国との間で問題が解決しない場合，コミッションは理由付意見を表明することができる．理由付意見は義務不履行の申立の根拠を明示するととも

に，加盟国がそれに従うための期限を設定する．加盟国がその期限内に理由付意見に従わない場合，司法的段階に進むことができる*100．

司法的段階において，コミッションは加盟国を司法裁判所に提訴する．コミッションは一定期間内にそのようにする義務を負わないが，行政的段階の期間が過度に長い場合は加盟国の防禦の権利の侵害となる*101．

EU機能条約第259条によれば，加盟国も他の加盟国が条約義務に違反したとみなすときは司法裁判所に提訴することができるが，その前段階としてコミッションに事件を付託しなければならない．関係加盟国が自己の見解を提出する機会を与えられた後，コミッションは理由付意見を表明する．コミッションが当該事件の付託から3カ月以内に理由付意見を表明しない場合，当該加盟国は事件を司法裁判所に付託することができる．しかし，理由付意見が表明された後，条約違反を指摘された加盟国がその意見に従うかどうかにかかわりなく，当該加盟国は司法裁判所に事件を付託することができる*102．なお，この手続が使用されて判決に至ったこと*103はまれである*104．

② 行政的段階

義務不履行訴訟の行政的段階は，コミッションが加盟国によるEU法違反の可能性について何らかの情報や徴候を得ることから始まる．それは，個人や企業からの通報*105，欧州議会における議員質疑や市民の請願，あるいは，職権による監視などに基づく．その後にコミッションは違反の感触を得ると，ブリュッセル駐在の加盟国常駐代表を通じて*106加盟国当局に非公式に接触し，問題点を明らかにするとともに，必要な情報の提供を要請する．この非公式の接触により，違反の根拠に欠けることが明らかとなるか，あるいは，違反が迅速に是正される場合，ここで手続は終了する．しかし，そのような解決に至らない場合，コミッションは調査を継続する*107．

この後，コミッションは当該加盟国に，「申立に関する初期的な簡略概要」*108を内容とする「公式通知状」を送り，EU法違反と思われる国内措置をその法的根拠とともに指摘し，また，加盟国に一定期限(通常2カ月)内に自己の見解を提出するよう求める．公式通知状の目的は，手続の主題の範囲を画定するとともに，コミッションが加盟国当局の見解を知ることができるようにすることである*109．

加盟国当局からの回答がない場合，違反の是正がない場合，あるいは，コミッションが違反の存在を疑うに至った場合，コミッションは「理由付意見」を加盟国に送付する．理由付意見は，公式通知状よりも詳細に申立てについて述べ，「当該加盟国が［基本］条約に基づく義務の一つを履行しなかったとコミッションに結論させた理由についての首尾一貫した詳細な陳述」(提訴理由)を内容とする*110．加盟国はコミッションが定める合理的期間(通常2カ月)内に回答しなければならない*111．

なお，コミッションまたは加盟国が，行政的段階を経ないで問題を直接司法裁判所に付託することができる場合が3とおり存在する．第1に国家援助(事業者に対する国家援助は競争を歪めるものとして原則禁止される)に関するコミッションの決定に当該加盟国が期限内に従わない場合である(TFEU108(2))．第2に当該加盟国が環境保護等を理由とする調和措置からの適用除外規定(TFEU114(4)〜(8))を不当に行使しているとみなされる場合である(TFEU114(9))．第3に当該加盟国が安全保障上の利益に関わる措置等に関わる権限(TFEU346, 347)を不当に行使しているとみなされる場合である(TFEU348(2))．

③ 司法的段階

加盟国がコミッションの理由付意見に期限内に従わない場合，コミッションは問題を司法裁判所に付託することができる．行政的段階における公式通知状および理由付意見は，手続の主題の範囲を画定する結果，後になってそれを拡張することはできない．そのため，公式通知状，理由付意見および司法裁判所への提訴は，同一の申立に基づかなければならない*112．コミッションは当該義務の不履行について立証しなければならない．コミッションには，申立の法的根拠だけでなく，加盟国の義務不履行を生じさせたとみなされる事実および状況についての詳細を述べることが要求される*113．司法裁判所はコミッションの主張を認める場合，当該加盟国が基本条約に基づく義務を履行していない旨判決する．

一般にEU司法裁判所に提起された訴えは停止的効果を有しないが，EU司法裁判所は状況に応じて当該行為の停止を命じることができる(TFEU278)．また，EU司法裁判所は必要とされる「暫定的措置」(interim measures; mesures provisoires)を命じることができる(TFEU279)．そのため，司法裁判所は義務

不履行訴訟の関連においても，緊急性があり，また，事実および法について正当化される事情が存在するならば，暫定的措置を命じることが可能である（司法裁判所手続規則第160条）*114．

④「指令」の義務不履行と制裁金

EU機能条約第260条3項*115には，加盟国が「指令」の国内実施を怠る場合の特別手続が次のように規定されている．

「コミッションは，当該加盟国が立法手続に基づき採択された指令を[国内]置換する措置を通知する義務を履行しなかったとの理由により，第258条に従い裁判所に訴えを提起する場合，適切とみなすときは，当該加盟国が支払うべき一括制裁金又は履行強制金として当該状況に適うとみなされる金額を示すことができる．

裁判所は，違反が存在すると認める場合，当該加盟国に対し，コミッションが示す金額の限度内で一括制裁金又は履行強制金を科することができる．支払義務は裁判所が判決において設定する日付に効力を発する．」

この手続によりコミッションは，司法裁判所に義務不履行の認定および制裁金の決定を同時に求めることができる．制裁金の限度額はコミッションの提示する金額により決まるため，司法裁判所が定める制裁金はその限度内にとどまる*116．この手続に該当するのは，第1に「立法手続」（TFEU289）により「立法行為」として採択された「指令」である場合に限定される．そのため，「委任行為」および「実施行為」（第3章第3節，第4節3, 4）としての「指令」は含まれない．第2に「指令を[国内]置換する措置を通知する義務」の場合に限定される．その結果，「指令」の不的確な国内実施などの場合は含まれない*117．この2点に該当しない場合，後述する通常の手続，すなわち義務不履行訴訟（TFEU258），および，その判決に従わない場合の判決履行手続（TFEU260(2)）の両方が必要となる*118．

(4) 判決の効果

司法裁判所の判決は純粋に宣言的な性格を有する*119．EU機能条約第260条1項に次のように規定されている．

「欧州連合司法裁判所が，加盟国が両条約に基づく義務を履行しなかったと認める場合，当該国は裁判所の判決の執行を含む措置をとらなければならない．」

司法裁判所の判決は既判力（*res judicata*）を有し*120，加盟国はそれに従うた

めに必要な措置をとらなければならない*121. 司法裁判所の判決に従う義務は，司法部を含めてすべての国内機関を拘束する*122. 司法裁判所は，当該不履行を生じさせた行為または不作為を特定することができるが*123, 加盟国に対して違反是正措置を指示することや，EU 法に違反する国内措置を取り消すことはできない*124. しかし，Commission v Italy 事件（1972 年）判決によれば，司法裁判所の判決は「［基本］条約に適合しないと認められた国内規定を適用することを，国内所轄機関に対して完全な法的拘束力を伴って禁止すること，及び，状況が要求する場合，［EU］法が完全に適用されるのを可能とするためにすべての適切な措置をとることを，国内所轄機関に義務づけること」*125 を意味する．また，加盟国は判決に従った行動を即時に開始し，可能な限り早く完了しなければならない*126. なお，司法裁判所が義務不履行訴訟における判決の遡及的効果を制限することができるかについては，肯定する学説がある*127.

3. 判決不履行手続と制裁金
(1) 判決不履行手続と義務不履行訴訟との関係

当該加盟国が司法裁判所の判決に従うために必要な措置をとっていない場合の手続（判決不履行手続）が，EU 機能条約第 260 条 2 項に規定されている．

「コミッションは，当該加盟国が裁判所の判決の執行を含む措置をとっていないとみなす場合，当該国に意見を提出する機会を与えた後，裁判所に提訴することができる．コミッションは，当該加盟国が支払うべき一括制裁金又は履行強制金（the lump sum or penalty payment; la somme forfaitaire ou de l'astreinte）として当該状況において適切とみなす金額を示す．

裁判所は当該加盟国が判決に従っていないと認める場合，同国に対し一括制裁金又は履行強制金を科することができる．」

コミッションは，加盟国が義務不履行を宣言されたにもかかわらず判決を履行しない場合，判決不履行手続として司法裁判所に再度提訴する*128. 判決不履行手続には，義務不履行訴訟と同様の手続的要件が課される*129. たとえば，判決不履行手続では，コミッションが理由付意見を表明する必要はないが，公式通知状を加盟国に送付し，加盟国が意見を提出することは必要である．この場合，理由付意見に要求された提訴理由の提示および合理的期間の付与が公式

通知状に求められるものと解される*130.

(2) 一括制裁金と履行強制金

加盟国の判決不履行に対し,司法裁判所は「一括制裁金又は履行強制金を科すことができる」(傍点筆者).しかし,司法裁判所はそれら2つを同時に科すこともできるという解釈を示した.

フランスはすでに Commission v France 事件(1991年)*131 で,1984年から87年の間に漁業資源保護に関する「規則」に違反したという理由で義務不履行を宣言されていた.しかし,コミッションはその後もフランスが判決を履行していないと判断し,判決不履行手続を開始した.司法裁判所はコミッションの主張を支持したうえで制裁金を科すこととした.コミッションは,履行強制金のみを要求したが,司法裁判所は異なる判断を行った.すなわち,一括制裁金も履行強制金も「不履行加盟国に義務違反を確立した判決に従うように仕向ける」という目的を達成するよう意図されている.履行強制金は加盟国に義務違反を可能な限り早く終了させるのに向いている一方,一括制裁金は長期間続いた義務違反を罰することが目的である*132.このように両者は補完的な関係にあるため,とくに義務違反が長期間続き,かつ,持続する傾向がある場合には,両方科される*133.たとえば,ギリシャによるオリンピック航空への違法な国家援助に関する判決不履行に関する Commission v Greece 事件(2009年)では,一括制裁金200万ユーロ,履行強制金1日につき1万6000ユーロとされた*134.

司法裁判所は,各事案の状況に照らして制裁金を科すか否かを決定するが,制裁金の金額を評価するに当たり*135,広範な裁量権を有している*136.司法裁判所は,当該状況に適切かつ比例性を有する仕方で裁量権を行使し,一括制裁金または(および)履行強制金を科す決定を行う*137.それらの金額を決定する場合の基準は,第1に違反の重大性,第2に違反の継続期間,第3に加盟国の支払能力である.そのさい,とくに義務不履行が公的および私的利益に及ぼす効果,ならびに,加盟国に義務を履行させる緊急性が考慮される*138.とくに一括制裁金を科す場合には,同一分野における違反が反復されていること*139,違反を停止する決定が欠如していること*140,とくに困難を伴わないにもかかわらず履行に遅延があること*141 なども重視される*142.

図表 4-5　取消訴訟の論点

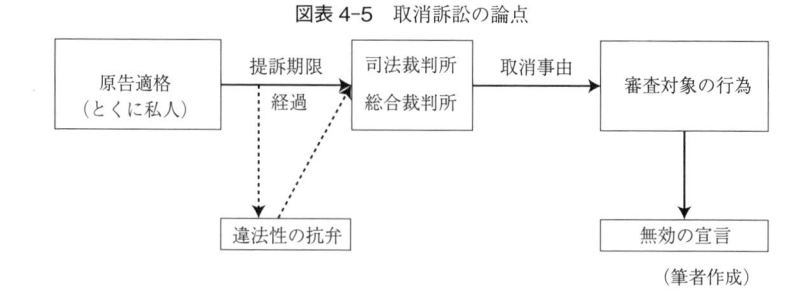

```
┌──────────┐ 提訴期限 ┌──────────┐ 取消事由 ┌──────────┐
│ 原告適格  │─────────→│ 司法裁判所│─────────→│審査対象の行為│
│(とくに私人)│  経過    │ 総合裁判所│          │          │
└────┬─────┘          └──────────┘          └─────┬────┘
     │         ╲                                     │
     │          ╲                                    ↓
     └─────→┌──────────┐                      ┌──────────┐
            │違法性の抗弁│                      │ 無効の宣言│
            └──────────┘                      └──────────┘
```
(筆者作成)

　なお，コミッションは，判決不履行手続における制裁金に関する指針を文書として公表しており＊143，司法裁判所はそれを有益とみなしているが＊144，司法裁判所を拘束するものではない＊145．

第5節　取消訴訟(EU機能条約第263条)

1. 取消訴訟の論点

　取消訴訟(適法性審査)とは，基本条約に照らしてEU諸機関による立法(派生法)および行政行為の適法性を審査する手続である．これは，直接訴訟において中心的な存在となっている．この手続に関する主な論点は，第1に「誰のいかなる行為が取消訴訟の対象となるか」という問題，第2に「誰が訴えを提起することができるか」という原告適格の問題，第3に取消事由，第4に取消の効果，第5に提訴期限である．そのうち最大の問題は，私人の原告適格の範囲である．また，取消訴訟と密接な関係を有する手続として違法性の抗弁(次節)がある．以上につき，図表4-5を参照されたい．

　EU機能条約第263条1段には，審査の対象となりうる行為が列挙されている．

　「欧州連合司法裁判所は，勧告及び意見を除き，立法行為(legislative acts; actes legislatifs)，理事会，コミッション及び欧州中央銀行の行為(acts; actes)，並びに第三者に対し法的効果を生じさせることを意図した欧州議会及び欧州理事会の行為の適法性を審査する．裁判所はまた，第三者に対し法的効果を生じさせることを意図した連合の団体，事務所又は庁の行為の適法性を審査する．」

第263条2段には，取消事由および原告適格の第1類型が規定されている．

「裁判所はこの目的のため，権限の欠如(lack of competence; incompétence)，重大な手続的要件の違反，両条約若しくはその適用に関連するすべての法規範の違反又は権限(powers; pouvoir)の濫用を理由として，加盟国，欧州議会，理事会又はコミッションにより提起された訴訟につき管轄権を有する．」

第263条3段には，原告適格の第2類型が示されている．

「裁判所は，会計検査院，欧州中央銀行及び地域委員会が自己の特権(prerogatives; prérogatives)を保護するために提起する訴訟につき，同様の条件に基づき管轄権を有する．」

第263条4段では，原告適格の第3類型について述べられている．

「すべての自然人又は法人は，第1及び第2段に定める条件に基づき，自己を名宛人とするか又は自己に直接かつ個別的に関係する行為及び自己に直接に関係する(of direct and individual concern; concernent directement et individuellement)が実施措置を伴わない規則の性格を有する法令行為(a regulatory act; les actes réglementaires; Rechtsakte mit Verordnungscharakter)に対し，訴訟を提起することができる．」

第263条5段は，原告適格の第3類型に関する追加の規定である．

「連合の団体，事務所及び庁を設置する行為は，自然人又は法人との関係で法的効果を生じさせることを意図した当該団体，事務所又は庁の行為に対し，自然人又は法人が提起する訴訟につき特定の条件及び取り決めを定めることができる．」

最後に第263条6段には，提訴期限が設けられている．

「本条に定める訴訟は，各場合に応じ，当該行為の公表，当該行為の訴訟提起者への通告，又は，通告がない場合は訴訟提起者が当該行為を知った日から2カ月以内に提起されなければならない．」

2. 誰のいかなる行為が取消訴訟の対象となるか(EU機能条約第263条1段)

まず，「行為」とは，EU機能条約第288条に列挙されている派生法，すなわち「規則」「指令」および「決定」(第5章第6節)に限定されない．当該措置の形式は重要ではなく，その内容が重視される．司法裁判所によれば，「原告の法的状況(la situation juridique)を明確に変化させることにより，原告の利

益に影響を及ぼすことができる義務的な法的効果を発生させる措置は，[EU機能条約第263条]の意味における取消訴訟の対象となり得る行為又は決定を構成する」*146．しかし，いくつかの段階を伴う手続における「純粋に準備的な性格の措置」は取消訴訟の対象とはならない．そうなるためには手続の最終段階で採択される「確定的な行為」であることが必要とされる*147．たとえば，EU競争法手続上の異議告知書（a statement of objections）の私企業への送付は準備的な行為であり，コミッションが競争法違反を認定する「決定」が採択されるまでは取消訴訟の対象とはならない*148．

次に，誰のいかなる行為かについては，次のとおりである．

(イ)「立法行為」である．それは，欧州議会および理事会が共同決定を行う通常立法手続，および，（とくに）理事会が決定を行う特別立法手続（第3章第1節5，6）により採択された「法的行為」を指す（TFEU289(3)）．立法手続により採択される行為は，「規則」「指令」「決定」（TFEU288)のいずれかに限定される(TFEU289(1)(2)）．

(ロ)理事会，コミッションおよび欧州中央銀行（ECB）の行為である．その例として，コミッションの「委任行為」や「実施行為」（第3章第3節，第4節3，4)などがある．また，「規則」「指令」「決定」以外の名称や形式のものも含まれる．

(ハ)第三者に対し法的効果を生じさせることを意図した欧州議会の行為である．欧州議会は単独で立法を行うことはできないが，内部的な行為を行うことは可能である．それが欧州議会内部以外の第三者に法的効果を生じさせることがありうる．これについては従来，当該規定には含まれていなかった．しかし，欧州議会の選挙活動費の配分が選挙前に議席を有していなかった政党に不利であったため，フランスの政治団体が欧州議会により採択された措置の取消を求めたLes Verts事件（1986年）において，司法裁判所が「取消訴訟は第三者に対して法的効果を有することを意図して欧州議会が採択した措置に対して提起することができる*149」としたのをうけて，条約改正により明文化されたという経緯がある．

(ニ)第三者に対し法的効果を生じさせることを意図した欧州理事会の行為である．リスボン条約による改正前には，欧州理事会の行為は第263条1段に含

まれていなかったため，たとえば欧州理事会の宣言の取消を私人が総合裁判所に求めることはできなかった*150．しかし，リスボン条約による改正後，欧州理事会はEU機関としての地位を与えられ(TEU13(1))，また，単独で「決定」を採択することができるようになっている(TEU14(2), 15(4))．

(ホ)第三者に対し法的効果を生じさせることを意図した「連合の団体，事務所及び庁」すなわち補助機関(第3章第4節5)の行為である．Sogelma事件(2008年)において，旧ユーゴスラヴィア諸国等を援助するため「規則」により補助機関として設置された欧州復興機関(the European Agency for Reconstruction: EAR)の入札手続キャンセルの取消を求める訴えが私企業より提起された．しかし，当該設置「規則」には取消訴訟の手続が規定されていなかった．総合裁判所は前掲Les Verts事件判決を引用し，「その判決から引き出されるべき一般原則は，第三者に対し法的効果を生じさせることを意図した[EU]の団体のいかなる行為も司法審査を受けることができなければならないということである」とし，本件訴えを受理可能とした*151．それゆえ，EU機関または基本条約により設置された補助機関の行為を取消訴訟により審査可能なものとするのは，当該機関が他者の法的立場に影響を及ぼす仕方で権限を行使する意図がある場合とまとめることができる*152．

3. 誰が原告適格を有するか(EU機能条約第263条2~5段)〔図表4-6〕

(1) 加盟国，欧州議会，理事会，コミッション

司法裁判所は，加盟国，欧州議会，理事会またはコミッションによって提起された訴訟について管轄権を有する(欧州理事会は含まれていない)．これらは，EU諸機関の行為に対して司法審査を求める一般的権限を有する*153．そのため，他の範疇の提訴者のような制限に服しない．

(2) 会計検査院，欧州中央銀行，地域委員会

会計検査院，欧州中央銀行(ECB)および地域委員会(第2章第1節)は，それぞれの任務(TFEU127~130, 282, 285, 287, 307)に関連して付与されている「自己の特権を保護するために提起する訴訟」に限り原告適格を有する．

(3) 自然人，法人

取消訴訟において，自然人および法人(私人)の訴えはすべて第一審として総

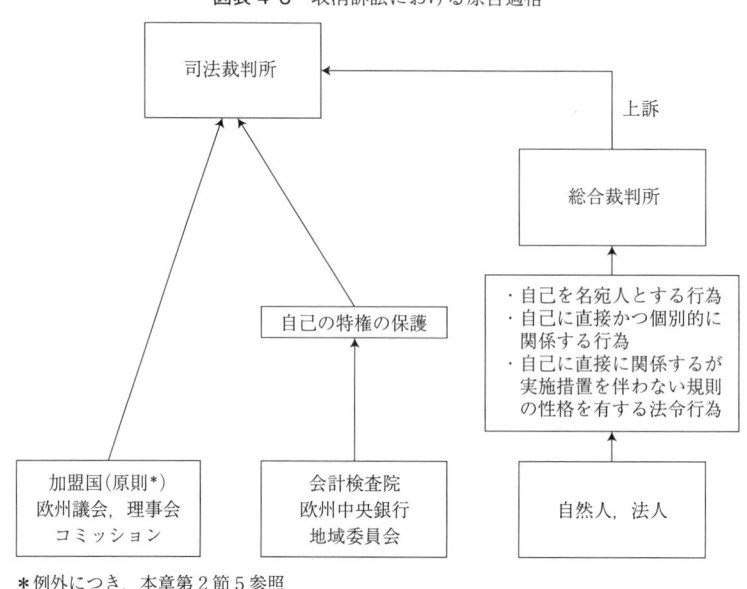

図表 4-6　取消訴訟における原告適格

```
                        司法裁判所 ←──────────── 上訴
                           ↑ ↑                    │
                           │ │                総合裁判所
                           │ │                    ↑
                           │ │         ┌──────────────────────┐
                           │ │         │・自己を名宛人とする行為  │
                           │ 自己の特権の保護 │・自己に直接かつ個別的に │
                           │             │  関係する行為         │
                           │             │・自己に直接に関係するが │
                           │             │  実施措置を伴わない規則 │
                           │             │  の性格を有する法令行為 │
                           │             └──────────────────────┘
                           │                    ↑
              ┌─────────┐ ┌─────────┐ ┌─────────┐
              │加盟国(原則*)│ │会計検査院  │ │自然人，法人│
              │欧州議会，理事会│ │欧州中央銀行│ │         │
              │コミッション  │ │地域委員会  │ │         │
              └─────────┘ └─────────┘ └─────────┘
```

＊例外につき，本章第2節5参照．

(筆者作成)

合裁判所で扱われる．「自己を名宛人とする行為」には，たとえばコミッションがある事業者によるEU競争法違反を認定し，制裁金を科す「決定」が含まれる．それ以外の場合は，「自己に直接かつ個別的に関係する行為」または「自己に直接に関係するが実施措置を伴わない規則の性格を有する法令行為」となり，直接的関係，個別的関係などの要件を充足しないならば，私人は原告適格を認められない．とくに問題となるのが，個別的関係である．

なお，補助機関を設置する「規則」において，補助機関が私人との関係で法的効果を生じさせることを意図した行為に対する私人の原告適格に関する規定を置くことができる．

4. 私人の原告適格(EU機能条約第263条4段)〔図表4-6〕

(1) 自己に直接かつ個別的に関係する行為

① 行為の範囲

「行為」には，「決定」だけでなく「規則」[*154]および「指令」[*155]も含まれ

る*156. 立法的性格を有する派生法であっても，その中に含まれる規定が直接的関係および個別的関係の要件を充足すればよいからである*157.

② 直接的関係

直接的関係とは，第1に当該行為が「当事者の法的状況に直接的に効果を発生する」ものであること，かつ，第2に「その実施が純粋に自動的であり，かつ，他の介在的措置の適用なしに[EU]規範からのみ生じる」ものであること，すなわち，当該行為が実施措置を必要とせず，裁量の余地がないこと*158 をいう*159. 第1および第2の条件が両方充足される必要がある*160. したがって，国内機関に裁量の余地が残されており，同機関が実施しなければならない行為の場合，利害関係を有する私人は，実施措置の採択後に国内裁判所においてその実施措置を争うことができる．問題が実施措置自体ではなく，その基礎にあるEUの行為にある場合，国内裁判所はEUの行為の解釈や効力について司法裁判所に先決付託を行うことになる*161.

Front National事件(2004年)において，フランスの極右政党である国民戦線に所属する欧州議会議員を含む「無所属議員技術的・混合グループ」が欧州議会内で結成されたが，所属議員間に政治的同質性が欠如していたため，手続規則第29条(政党グループの結成)の解釈に関する「欧州議会決定」により，同グループの存在が否定された．国民戦線はその「決定」の取消を求めて総合裁判所に訴えを提起したところ，受理可能とされたが棄却されたため，司法裁判所に上訴した．しかし，司法裁判所は，当該「決定」が法的効果を発生するために実施措置を必要としないとしても，欧州議会議員の法的状況にのみ効果を発生させるにとどまり，国民戦線の法的状況に対して直接的に効果を発生させていないとして，直接的関係を否定した．すなわち，国民戦線自体は国内政党であるため，当該「決定」により直接に影響を受けていないこと，また，当該「決定」が国民戦線に所属する欧州議会議員の地位にもたらす結果により，国民戦線は単に間接的に影響を受けるおそれがあるにとどまることが指摘された*162.

③ 個別的関係

Plaumann事件(1963年)において，ドイツ当局が第三国産クレメンタイン(柑橘類)に対する共通輸入関税を停止し，それより低率の国内関税を適用する許

可をコミッションに申請したが，コミッションはドイツを名宛人とする「決定」によりその申請を認めなかった．同産品の輸入業者であったPlaumannは当該「決定」の取消を求めて司法裁判所に提訴した．原告の主張に対し，司法裁判所はまず，原告を名宛人としない「決定」について，原告に個別的関係があるかどうかを検討した．このときに個別的関係の要件に関するPlaumann基準（the *Plaumann* test）が示された*163．これは，その後の判例で表現すると，以下のようになる*164．

「ある措置が適用される者に個別的に関係するためには，当該措置は同人を他のすべての者から識別し，また，その名宛人となっている者と同様に同人を個別的に区別する事実状況のゆえに，同人の法的立場に影響を及ぼすものでなければならない．*165」

個別的関係を有するとは，換言すれば，当該措置が効力を発するときに原告がメンバーシップが固定されている「閉鎖的集団」（a closed category）の一部であることを意味する*166．これに対し，当該措置が効力を発するときに原告がメンバーシップが固定されていない「開放的集団」（an open category）の一部である場合には，個別的関係はないとされる*167．

この基準を適用した結果，Plaumann事件では，原告はクレメンタインの輸入業者として，すなわち，いかなる時点においてもいかなる者によっても行われ得る商業活動により，当該決定から影響を受けているゆえに，原告を名宛人の場合と同様に当該「決定」との関係において区別するようなものではないとされた*168．そのため，Plaumannが当該「決定」の時点でドイツにおける唯一のクレメンタイン輸入業者であったとしても，その後にドイツの別の輸入業者がクレメンタイン貿易に参入しようと思うならばそうできるので，クレメンタイン輸入業者の集団は「開放的」であるとされる*169．

KFC事件（2009年）において，国際金融事業を営む企業に税制上の優遇措置を認めるオランダ法が2003年のコミッション「決定」により違法な国家援助とされたが，同法の適用をすでに受けていた企業には優遇措置の継続が一定期間認められた．2000年に同法の適用を申請していたKFC社は，オランダ政府が2001年コミッションの調査が開始されたことを理由に同法の適用申請受理を停止したため，優遇措置に参加できなかった．KFC社は総合裁判所にコミ

ッション「決定」の関連規定の取消を求めて訴えを提起した．総合裁判所はKFC社の原告適格を認め，関連規定を取り消したが，コミッションはそれを不服として司法裁判所に上訴した．上訴審では，あらためてKFC社の原告適格が争われた．司法裁判所は，「争われている措置が身元確認されているか又は身元確認可能である者の集団に特有の基準により採択されたときに当該措置が当該集団に影響を及ぼす場合，それらの者は取引業者の限定された集団の一部を成しているゆえに当該措置に個別的関係を有し得る」と判示した．そのうえで，KFC社は，関係部門に属する不定数の事業者ではなく，当該措置により特定の影響を受けている事業者の限定された集団の一部を成しているとして，KFC社の原告適格を追認した[170]．このように，本件では，コミッションの「決定」の時点で優遇措置の適用申請をすでに行っていた企業により「閉鎖的集団」が構成された．「決定」がなされたことにより，その集団は固定されたのである[171]．

　個別的関係に関するPlaumann基準は，私人の原告適格を非常に狭く限定するため，基本権，とくに実効的な司法的保護を受ける権利（公正な裁判を受ける権利および実効的救済の権利に関する欧州人権条約第6, 13条，EU基本権憲章第47条）に違反するのではないかと批判を受けた．それは，EU司法裁判所がEU諸機関の行為の適法性を審査するのを可能とするよう設計された「法的救済および手続の完結した制度」を真に備えていないのではないかという疑問を生んだ．この点については，本章第11節で扱うこととする．

(2) 自己に直接に関係するが実施措置を伴わない規則の性格を有する法令行為
① 狭義説と広義説
　Plaumann基準を一部緩和するため，リスボン条約による改正で，「自己に直接かつ個別的に関係する行為」に並列して，「自己に直接に関係するが実施措置を伴わない規則の性格を有する法令行為」が追加された．直接的関係についてはすでに述べたとおりであるが，個別的関係の要件ははずされた．ここで問題となるのは「規則の性格を有する法令行為」とは何を意味するのかという点である．それには，狭義説および広義説が存在する．狭義説は，欧州憲法条約からリスボン条約に至る起草過程に照らして，「規則の性格を有する法令行為」は一般的適用性を有する「非立法行為」（第5章第6節1）に限定されるとす

る*172. これに対し, 広義説は,「規則」(TFEU288(2))が「立法行為」および「非立法行為」の両方を含む概念であるため,「規則の性格を有する法令行為」を一般的適用性を有するすべての行為と解し,「立法行為」を含むとする*173. この対立の背景には, EUにおける実効的な司法的保護をEU司法裁判所が(従前よりも)集権的に確保するのか(広義説), あるいは, 先決付託制度に基づく国内裁判所との分業により分権的な体制で確保するのかというEU司法制度の在り方をめぐる見解の相違が存在する*174. この点については本章第11節を参照されたい.

② 判例の立場

総合裁判所は狭義説の立場をとっている. Inuit事件(2011年)において, 欧州議会および理事会は「規則」1007/2009*175 を「立法行為」として採択し, 一部の例外を除きアザラシ産品の輸入を全面的に禁止した. アザラシの狩猟を行う先住民のイヌイット(エスキモー族)はそれを不満として, 立法措置である「規則」の取消を総合裁判所に求めた. そこではまず, 原告適格が争点となった. 原告は個別的関係の要件を免れるため,「規則の性格を有する法令行為」には立法的措置も含まれる(広義説)と主張した. しかし, 総合裁判所は狭義説の立場に立って「規則の性格を有する法令行為」は「立法行為を除く一般的適用性を有するすべての行為」であると解釈し*176, 原告の主張を退けた. なお,「自己に直接かつ個別的に関係する行為」かどうかに関しては, 個別的関係を否定され, 結局, 受理不能とされた.

総合裁判所が狭義説を採用した理由は次の2点である*177. 第1にEU機能条約第263条4段によれば,「自己を名宛人とする行為」を除き,「自己に直接かつ個別的に関係する行為」および「規則の性格を有する法令行為」はどちらも一般的適用性を有する行為である. しかし, 後者は一般的適用性を有するすべての行為を意味するのではなく, より限定されたカテゴリーを意味する*178. 第2にEU機能条約第263条1段によれば, 司法審査可能な行為は「立法行為」とその他の行為(第三者に対し法的効果を生じさせることを意図した, 個別の行為または一般的適用性を有する行為)に分かれる. これと併せて第263条4段を解釈するならば, 私人が原告適格を有するのは, (イ)自己を名宛人とする行為, (ロ)自己に直接かつ個別的に関係する「立法行為」および「規則の

性格を有する法令行為」(一般的適用性を有する)，(ハ)自己に直接に関係するが実施措置を伴わない「規則の性格を有する法令行為」(一般的適用性を有する)となる*179．

　本件は司法裁判所に上訴されたが，アヴォカジェネラルの Kokott の意見(2013 年)と同じく，司法裁判所は総合裁判所の解釈を支持している*180(C-583/11 P, *Inuit Tapiriit Kanatami*, ECLI: EU: C: 2013: 625)．

　また，Microban 事件(2011 年)において総合裁判所は，「規則の性格を有する法令行為」について狭義説を維持するとともに*181，「自己に直接に関係するが実施措置を伴わない」という点について解釈を示した．本件は，抗菌性添加物を製造・販売する Microban 社が，一定の物質を許可リストから除外するコミッション「決定」の取消を求めた事案である．第 1 にコミッション「決定」の直接的関係について，総合裁判所は「規則の性格を有する法令行為」の直接的関係は従来の概念より制限的な解釈に服することはできないとして，従来の判例法に依拠した*182．第 2 に「実施措置を伴わない」については，当該措置が「即時の結果」を有することを意味し，経過規定に加盟国による実施措置があるとしても「付随的」にすぎないと解釈した*183．

5. 取消事由(EU 機能条約第 263 条 2 段)
(1) 4 つの取消事由

　取消訴訟において原告適格を認められ，訴えが受理可能とされた場合，EU 機関の当該行為の取消を勝ち取るためには，原告は EU 機能条約第 263 条 2 段に掲げられている 4 種類の取消事由のいずれかを主張しなければならない．なお，これらの事由は重複することが多く，司法裁判所は厳密にそれらを区別しないとされる*184．総合裁判所は，Estonia v Commission 事件(2009 年)において次のように分類している*185．

　「……適法性審査において，[EU]司法部は，コミッションが関連する法規範を適切に適用したか否かにつき完全な審査を行う．……裁判所は当該措置が明白な誤り又は権限の濫用により損なわれていないこと，所轄機関がその裁量権の限界を明らかに越えなかったこと，及び，……特に基本的な重要性を有する手続的保障が十分に遵守されたことを検証するにとどめざるを得ない．*186」(傍点筆者)

(2) 権限の欠如

権限の欠如とは，EU機関が採択した当該措置が，そのさいに法的根拠とされた条約規定の範囲内に含まれなかった場合である．この典型例は，EU機関が行為を行うために依拠した法的根拠が実際には当該行為を含むものではなかった場合である*187．たとえばタバコ広告規制事件(2000年)では，EUがEU機能条約第114条を法的根拠として採択した「タバコ産品の広告及びスポンサーシップに係る加盟国の法律，規則及び行政規定の接近に関する指令」*188は，法的根拠が不適切であったとして取り消された*189(第1章第2節2)．

(3) 重大な手続的要件の違反

重大な手続的要件の違反とは，たとえば，EU立法の諮問手続(特別立法手続)において欧州議会への諮問は「国民が代表制議会を介して権力の行使に参加するという基本的な民主主義原則を[EU]レベルで反映する」ものであるにもかかわらず，理事会が(拘束力を有しないとはいえ)欧州議会の意見を受理する前に決定を行うことである*190(第3章第1節6(1))．また，EU機関が利害関係者に直接影響を与える決定を行う前に同人の見解を聴取しないことにより，基本権としての聴聞の権利に違反することや*191，EUの措置への理由添付要件の違反(TFEU296-2)*192なども含まれる*193．

(4) 基本条約またはその適用に関連する法規範の違反

これは，最も広範な事由であり，コミッションの「実施行為」がその根拠となっている「立法行為」や基本条約規定に適合しない場合，法的安定性，比例性原則，差別禁止などの法の一般原則(第5章第4節)に反する場合，EUが当事者となっている国際協定(第5章第5節2)に違反する場合*194などが該当する*195．

(5) 権限の濫用

権限の濫用とは，Crispoltoni事件(1994年)判決によれば，当該措置が「客観的であり，関連性を有しかつ一貫した要素に基づき，述べられている以外の目的を達成すること又は当該事件の状況を扱うために[基本]条約により特定された手続を回避することを，専らの目的又はいずれにせよ主な目的としてとられたように見える場合」である*196．この事由は，被告たる機関の意図が当該措置で述べられているものと異なることを原告が証明しなければならないため，

とくに立証が困難であるとされる*197．

6．取消の効果(EU 機能条約第 264 条)

EU 機能条約第 264 条 1 段によれば，「欧州連合司法裁判所は，訴えに根拠がある場合，当該行為の無効を宣言する」．そのような取消の宣言は，対世的(*erga omnes*)効果および遡及(*ex tunc*)効果を有する*198．EU 司法裁判所は，当該機関に対して特定の措置をとるよう命令する権限を有しないが，当該機関は「欧州連合司法裁判所の判決に従うために必要な措置をとらなければならない」(TFEU266-1)*199．一方，取消により広範かつ予測不能な結果が生じる可能性がある場合はそれを緩和するため，「裁判所は，必要と認める場合，無効と宣言された行為の効果のうち有効(definitive; définitif; fortgeltend)とみなされなければならないものを指示する」(TFEU264-2)．

7．提訴期限(EU 機能条約第 263 条 6 段)

訴訟提起者は，次のいずれかの 2 カ月以内に取消訴訟を提起しなければならない．（イ）当該措置の公表，（ロ）当該措置の訴訟提起者への通知，または，（ハ）訴訟提起者が当該措置を知った日である．Coen 事件(1997 年)判決によれば，確立された判例法として，提訴期限は「法的立場が明確かつ安定するよう確保するために確立されているゆえに公の秩序の事項であり，当事者または裁判所の裁量に服しない」*200．そのため，EU 司法裁判所は，提訴期限が遵守されたか否かを職権により検討する*201．

8．提訴期限と他の訴訟との関係

EU における司法的保護制度の整合性を確保するため，取消訴訟の提訴期限である 2 カ月以内に訴えを提起しなかった場合，法的安定性の見地から，他の訴訟および手続との関係は以下のようになる*202．

第 1 に，TWD v Commission 事件(1995 年)判決によれば，取消訴訟において EU の行為の効力を争うための原告適格を疑いの余地なく有していた者が，提訴期限に訴えを提起しなかった場合，違法性の抗弁(本章第 6 節)を申し立てることはできない*203．

第2に，TWD Textilwerke Deggendorf 事件(1994年)判決によれば，取消訴訟において EU の行為の効力を争うための原告適格を疑いの余地なく有していた者が，提訴期限内に訴えを提起しなかった場合，国内裁判所において当該行為の効力を争うことはできない．その結果，先決付託手続(本章第3節)の可能性も断たれる*204．

　第3に，Eridania 事件(1969年)判決によれば，提訴期限内に取消訴訟により争われなかった EU の行為を EU 機関が取り消すのを拒否することに対して，不作為訴訟(本章第7節)を提起することはできない．これを認めるならば，取消訴訟と類似するにもかかわらずそのための要件に服しない訴えを原告に認めることになるからである*205．

　第4に，取消訴訟を期限内に提起できたにもかかわらずそうしなかった場合，その結果を回避するために損害賠償請求訴訟(本章第8節)を提起することはできない*206．ただし，Dolianova 事件(2004年)判決によれば，損害賠償請求訴訟は取消訴訟から独立した「自律性」(autonomy)を有するため，私人を名宛人とする「決定」の撤回を確保することを実際には目的とする結果として「手続の濫用」(an abuse of process)となる場合にのみ損害賠償請求訴訟は受理不能とされる*207．

第6節　違法性の抗弁(EU 機能条約第 277 条)

　EU 機能条約第 277 条には，違法性の抗弁(the plea of illegality；l'exception d'illégalité)について，次のように規定されている．

　「第 263 条 6 段に定める期間の終了にかかわらず，いずれの当事者も，連合の機関，団体，事務所又は庁により採択された一般的適用性を有する行為が係争点となっている訴訟手続において，その行為が適用できないことを欧州連合司法裁判所において援用するために，第 263 条 2 段に定める理由を申し立てることができる．」

　第 263 条 6 段に定める期間とは取消訴訟の提訴期限の 2 カ月であり，「いずれの当事者も」とあるのは自然人または法人を含むことを意味する．「一般的適用性を有する行為」の典型例は「規則」である．また，「行為が適用できないこと」を申し立てるのであって，取消を求めるのではない．さらに，第 263

条に定める理由とは，権限の欠如，重大な手続的要件の違反，基本条約またはその適用に関連するすべての法規範の違反，権限の濫用である．

司法裁判所は，Wöhrmann 事件(1962年)において，違法性の抗弁の性格を(「規則」に関連して)次のように説明している．

「規則が適用不能であるとの宣言は，条約の他の規定に基づき司法裁判所自体に提起された訴訟手続においてのみ想定されており，それゆえ付随的であり，かつ，限定的効果を有するにとどまるということが，この条文の文言及び全体的構成から明らかである．……

[EU 機能条約第277条]の唯一の目的は，違法な規則の適用から利害当事者を保護することであるが，それにより当該規則自体を決して争うわけではない．なぜならば，当該規則は[EU 機能条約第263条]に定める期限の経過のゆえにもはや異議申立てができないからである．*208」

このように違法性の抗弁は独立の訴訟を構成しない．それは間接的な性格を有している．この手続は，とくに取消訴訟の提訴期限や原告適格に関する厳格な要件をある程度緩和するものといえる．通常考えられるのは，私人が自己を名宛人とする「決定」の取消を求める訴えにおいて受理可能とされた後に，当該「決定」の取消を求めるためにその法的根拠となっている「規則」の効力に問題があるとして，当該事件において適用されない旨申し立てることである*209．ただし，私人が取消訴訟に基づいて当該行為の適法性を直接争うことができたにもかかわらず，そうしなかった場合には，違法性の抗弁を援用することはできない*210．

EU 司法裁判所は違法性の抗弁を認める場合，当該措置が適用できないことを宣言するが，それは当該措置に基づき採択された行為からその法的根拠を奪うという効果を伴う．そのため，実際上は無効の宣言と等しく扱われる*211．

第7節　不作為訴訟(EU 機能条約第265条)

1. 条文規定および取消訴訟との関係

EU 機能条約第265条には，次のように規定されている．

「欧州議会，欧州理事会，理事会，コミッション又は欧州中央銀行が両条約に違

反して行為を怠る場合，加盟国及び連合の他の機関は，この違反の確認を求めて欧州連合司法裁判所に訴えを提起することができる．本条は，同一の条件に基づき，行為を怠る団体，事務所及び庁に適用される．

この訴訟は，当該機関，団体，事務所又は庁が行為を行うよう予め要請された場合に限り，受理可能である．当該機関，団体，事務所又は庁がこの要請を受けてから2カ月以内に態度を表明しない場合，その後の2カ月の期間内に訴えを提起することができる．

すべての自然人又は法人は，前二段に定める条件に基づき，連合の機関，団体，事務所又は庁が勧告又は意見以外の行為を自己に対してとることを怠ったことにつき裁判所に訴えを提起することができる．」

不作為訴訟(TFEU265)は，取消訴訟(TFEU263)と補完的な関係[*212]にある[*213]．EU諸機関に対し，EU法(基本条約または派生法)が積極的な行動をとる(一定の措置を採択する)義務を課す場合，そのような作為義務にもかかわらず，EU諸機関が行動しないときがありうる．そのようなときのために不作為訴訟が用意されている．不作為訴訟は，EU機関に作為義務があることを立証できる場合にのみ可能である[*214]．たとえば，コミッションに広範な裁量権が存在する場合には通常，作為義務は認定されない[*215]．

2．原告適格および審査可能な不作為

加盟国およびEU諸機関は，EU機関または補助機関の不作為が基本条約違反を構成する限りにおいてのみ，EU司法裁判所に訴えを提起することができる．この場合の審査可能な不作為には，取消訴訟の場合と異なり，法的効果を生じる行為に至る過程において不可欠な準備行為も含まれる[*216]．たとえば，理事会がEU予算手続に定められた期限内(TFEU314(3))に欧州議会に対して予算案に対する立場を提示しない場合，欧州議会は理事会に対して不作為訴訟を提起することができる[*217]．

自然人または法人は，EU機関が自己に対して法的拘束力を有する行為をとることを怠った場合に訴えを提起することができる[*218]．加盟国およびEU諸機関の場合と同様，審査可能な不作為には(取消訴訟の場合と異なり)，法的効果を生じる行為に至る前に不可欠な準備行為も含まれる[*219]．「行為を自己に

対してとることを怠ったことにつき」という文言にある「行為」とは，通常，私人を名宛人とする「決定」(TFEU288-4)であり[*220]，一般的適用性を有する行為は含まれない[*221]．司法裁判所は取消訴訟におけると同様，当該個人を対象としていないが同人に「直接的かつ個別的関係」(TFEU263-4)のある措置に関する不作為も，審査対象に含まれるとしている[*222]．さらに，リスボン条約による改正後に追加された「自己に直接的関係を有するが実施措置を伴わない規則の性格を有する法令行為」(TFEU263-4)に関する不作為も含まれると解される[*223]．

なお，EUにおける司法的保護制度の整合性の見地から，T. Port事件(1996年)判決によれば，国内裁判所はEU機関が行為を怠った旨の先決判決を司法裁判所から得るために先決付託手続を使用することはできない．不作為の申立に関する司法審査は，EU裁判所によってのみ行使されうる[*224]．他方，Ten Kate事件(2005年)判決によれば，EU司法裁判所において不作為訴訟が利用できない状況にある者が，国内裁判所において不作為の効力に関する先決付託を求めることは可能である[*225]．

3. 不作為訴訟における手続

EU機能条約第265条は不作為訴訟が提起されるべき期限を特定していないが，司法裁判所によれば「合理的期間内」であるとされる[*226]．

不作為訴訟が受理されるためには，EUの当該機関は行為をとるよう予め要請されなければならない．同機関がその要請の時から2カ月以内にその態度を表明しなかった場合，その後の2カ月の期間内に提訴することができる．態度の表明とは，たとえば，コミッションが当該事業者に対してEU競争法手続を開始しないことを通知する文書を送付することである．また，原告が要請する当該行為を単に拒否することも含まれる場合がある[*227]．

EUの当該機関が事前の要請から2カ月以内に行為を行った場合，不作為訴訟は受理されない．この場合，なされた行為は訴訟提起者の要請したものと同一である必要はない[*228]．また，EUの当該機関が事前の要請から2カ月を経過したが判決の前に行動をとった場合は，「訴訟の主題が存在しなくなった」ものとして扱われる[*229]．

4. 判決の効果

司法裁判所または総合裁判所が当該機関の不作為を基本条約違反であるとする判決は，純粋に宣言的である．しかし，不作為を基本条約違反と宣言された機関は，「合理的期間内」[230]に判決に従うために必要な措置をとらなければならない(TFEU266(1))．この点を総合裁判所は，Air One 事件(2006年)において次のように述べている．

「[EU]裁判官は，[EU機能条約第265条]に基づく訴訟の枠内において機関に命令を出す権限を有しない．[総合]裁判所ができるのは，不作為があったか否かを確認することのみである．その後に，[EU機能条約第266条]に従い，[総合]裁判所の判決の執行を含む措置をとるのは当該機関である．[231]」

第8節　損害賠償請求訴訟(EU機能条約第268条，第340条2，3段)

1. 条文規定

EU機能条約第268条には，次のように規定されている．

「欧州連合司法裁判所は，第340条2段及び3段に掲げる損害の賠償に関する係争を審理する管轄権を有する．」

また，EU機能条約第340条2, 3段には，次のように規定されている．

「非契約上の責任について，連合は，加盟国の法に共通の一般原則に従い，その機関又は職員が自己の職務の遂行に際して与えた損害を賠償しなければならない．

第2段にかかわらず，欧州中央銀行は，加盟国の法に共通の一般原則に従い，自己又は職員が自己の職務の遂行に際して与えた損害を賠償しなければならない．」

以上の損害賠償請求権は，「良い行政に対する権利」の1つとしてEU基本権憲章第41条3項にも規定されている．これらの規定にある「加盟国の法に共通の一般原則」とは，文字通りの共通性ではなく，EUの特定の状況に適合した非契約上の責任について国内法制度から示唆を得るということを意味する[232](第5章第4節2)．

2. 訴訟当事者および提訴期限

損害賠償請求訴訟における「[連合]の機関」(TFEU340-2)には，EU機関

(TEU13(1))だけでなく補助機関などその他の機関も含まれる*233(以下，本節においてはその意味でEU機関と称する)．EU機関およびその職員の行為により損害を受けたと主張する自然人または法人は，国籍を問わず，責任すなわちEUの側の違法な行為により発生した損害の存在を立証することができるならば，総合裁判所(TFEU256(1)，EU司法裁判所規程第51条)に訴えを提起することができる*234．総合裁判所の判決は，法律問題について司法裁判所への上訴に服する(TFEU256(1))．

EU機関の行為によりEUの責任が関わる場合，EUは総合裁判所(または上訴審の司法裁判所)において当該機関により代表される*235．EUの職員との関係では，EUは「内部的及び直接の関係のゆえに諸機関に託された任務の必然的な拡張である職員の行為についてのみ責任を有する」*236．

EU法制度の下では，EU立法(派生法)は加盟国の国内機関による実施を必要とするのが通例である(第3章第4節2)．個人がそのような国内実施の結果として損害を被った場合，国内裁判所に所轄国内機関を相手取って訴えを提起すべきか(この場合，必要ならば，国内裁判所は司法裁判所に先決判決を求める)，あるいは，総合裁判所にEUを相手取って損害賠償請求訴訟を提起すべきかが問題となる．これは，EU立法(派生法)とそれに基づく国内機関の行動のどちらが，損害のより直接的な原因であるかによる．国内機関の行動が，EU立法に基づくとはいえ，発生した損害のより直接的な原因である場合には，まず国内裁判所に所轄国内機関を相手取って訴えを提起しなければならない*237．一方，たとえば国内機関の行動がEU機関の指示に基づく場合のように，問題となっている行動が実際にはEU機関の責任であるときは，総合裁判所が管轄権を有する*238．

損害賠償請求訴訟を提起するための期限については条文に規定がない．しかし，取消訴訟および不作為訴訟の提訴期限が2カ月であるのに対し，損害賠償請求訴訟では当該責任を生じさせた事件の発生日から5年以内とされている(EU司法裁判所規程第46条)．

3. 損害賠償請求訴訟の性格

当初，損害賠償請求訴訟は他の訴訟手続において当該行為が違法である旨決

定された後はじめて損害賠償請求訴訟を提起することができるものとされていた*239. しかし，Lütticke 事件(1971年)において，損害賠償請求訴訟は「訴訟制度の一環として特有の機能を有し，かつ，その固有の目的のために考えられた行使条件に服する独立の訴訟として」*240 存在することが認められた*241. 損害賠償請求訴訟の目的は金銭的賠償を得ることのみであり，その理由で他の類型の訴訟とは異なる．また，賠償責任が発生するための要件は，EU の行為の取消訴訟や不作為訴訟における審査基準とは実質的に非常に異なる．その結果，たとえ事前に取消訴訟または不作為訴訟が提起されていなくとも，また，当該行為を無効とする先決判決が事前になされていなくとも，損害賠償請求訴訟は受理可能である．さらに，取消訴訟の対象たる EU 機関の行為が損害賠償請求訴訟の主題でもある場合に，その取消訴訟が受理不能とされたとしても，必ずしも損害賠償請求訴訟が受理不能とされることにはならない*242.

4. 損害賠償責任の発生要件

司法裁判所は当初，EU の損害賠償責任の発生要件について，行政的措置と立法的措置に分け，前者には緩やかな責任要件を課す一方，後者の場合には「シェッペンシュテット」基準(the *Schöppenstedt* test)すなわち「個人の保護のための上位法規範の十分に重大な違反」という厳格な要件を充足する必要があるとした*243. しかし，その後，EU 法上の国家賠償責任(第7章第3節)が判例法上確立されたのに伴い，Bergaderm 事件において加盟国と EU の責任について同一の基準が設定されることとなった*244.

Bergaderm 事件(2000年)では，コミッションがサンオイルに含まれる化学物質に発癌性があるという理由でその物質を使用制限リストに入れる「指令」を採択したところ，その後に同物質を含むサンオイルを製造していた化粧品会社が倒産した．その会社は総合裁判所に損害賠償請求訴訟を提起し，コミッションが「指令」の準備および採択において手続的な違反をしたために多大な金銭的損害を被ったと主張した．しかし，総合裁判所が請求を棄却したため，会社は司法裁判所に上訴した*245.

司法裁判所は，加盟国が EU 法違反により個人に与えた損害に対する賠償責任の発生要件は，同様の状況における EU の責任の場合と異ならないことを確

認した後,次の3要件が充たされるならば,EU法が個人に損害賠償請求権を付与することを確認した*246. すなわち,第1に「違反された法規範が個人に権利を付与するよう意図されている」こと,第2に「違反が十分に重大である」こと,第3に当該義務違反と被害者が被った損害との間に直接的な因果関係が存在する」*247 ことである*248. とくに前掲第2の要件に関する決定的基準は,EU機関が自己の裁量権の限界を明白かつ重大なまでに無視したか否かということである. EU機関にほとんど裁量権がない場合,EU法違反があるだけで十分に重大な違反が立証される*249.

司法裁判所は,「機関がとった措置の一般的又は個別的な性格は,当該機関が有する裁量権の限界を確定するための決定的基準ではない」*250 と述べ,行政的措置と立法的措置を区別したそれまでの判例法を変更した*251. 各事件において責任の水準を決定する基準は,「特に,規制される状況の複雑性,法文の適用又は解釈の困難性,並びに,とりわけ当該行為の採択者が有する裁量の余地」である*252.

なお,EUの無過失責任について,総合裁判所はその可能性がありうることを示したが*253,司法裁判所はそれを否定している*254.

5. 判決の効果

EU司法裁判所が,EUの非契約上の責任を認定した場合,EUは損害を賠償しなければならない(TFEU340(2)). EU裁判所の判決は,加盟国の民事手続法に従って執行力を有する(TFEU280, 299).

EU司法裁判所は通常,賠償額を特定しないで賠償責任を発生させた行為または不作為を認定し,一定期限内に賠償額について合意に達するよう訴訟当事者に命じる. 合意に達することができない場合は,EU司法裁判所が賠償額を決定する*255.

第9節　暫定的措置

暫定的措置には,EU機関が採択した措置の運用の停止およびその他の暫定的措置が含まれる. それらは,取消訴訟*256 や義務不履行訴訟*257 に付随して

申し立てることができる*258. まず, EU機能条約第278条には次のように規定されている.

「欧州連合司法裁判所における訴訟は停止的効果を有しない. しかし, 裁判所は状況が要求するとみなす場合, 争われている行為の適用を停止するよう命じることができる.」

また, 第279条には次のように規定されている.

「欧州連合司法裁判所は, 訴えが提起された事件において, 必要とされる暫定的措置を命じることができる.」

訴訟の提起から判決までの時間の経過の結果, 司法的保護の実効性が失われる可能性がある場合, EU司法裁判所は当該行為の適用の停止を命じるだけでなく, それだけでは回復不能な損害が発生するのを防止できない場合*259にはさらに暫定的措置を命じることができる*260. 手続の詳細は, 司法裁判所手続規則第160〜166条および総合裁判所手続規則第156〜161条に規定されている.

第10節　条約適合性審査(EU機能条約第218条11項)

EUとしての国際協定締結手続に関する規定の最後に, EU機能条約第218条11項として, 条約適合性審査の条文が置かれている.

「加盟国, 欧州議会, 理事会又はコミッションは, 想定される協定が両条約に適合するか否かにつき, 司法裁判所の意見を得ることができる. 司法裁判所の意見が否定的な場合, 想定される当該協定は, それが修正されるか又は両条約が改正されない限り, 効力を発生させることはできない.」

条約適合性審査の目的は, EUを拘束する国際協定の基本条約との適合性に関する法的紛争から生じる問題を未然に防ぐことにある*261. この審査は, EUまたはEU機関が国際協定を締結する権限を有するか否かについても対象とすることができる(司法裁判所手続規則第196条2項). 条約適合性審査における司法裁判所の「意見」は法的拘束力を有する.「協定」とは,「法的名称がどのようなものであれ, 国際法に服する構成体により締結され, 法的拘束力を有する約束」*262をいう.「想定される協定」は司法裁判所が意見を示す立場に立つ前にその目的が明らかとなっていること, また, 協定に関する十分な情報が

存在することを必要とする*263. しかし, 理事会が交渉開始を決定済みであることは必要とされない. 条約適合性審査に要請期限はないが*264, 当該協定が締結されると司法裁判所は審査を行うことはもはやできなくなる*265(協定の締結後は, 取消訴訟または先決付託手続が可能である).

共通外交・安全保障政策(CFSP)は EU 司法裁判所の管轄権から除外されているため(TFEU275-1), その分野に排他的または主に属する協定は条約適合性審査の対象から除外される. しかし, 司法裁判所は CFSP とそれ以外の分野の権限および手続が相互に影響を及ぼさないことが遵守されるよう監視する管轄権(TEU40, TFEU275-2)を有するため, この問題について条約適合性審査が可能であると解される*266.

第11節　司法的保護制度の完結性

1. 完結性の意味

司法裁判所は Les Verts 事件(1986年)において, EU を「法の支配に基づく共同体」と位置づけた. その根拠は「加盟国も諸機関もそれらが採択した措置が基本的な憲法的憲章である[基本]条約に適合しているか否かという問題の審査を回避することができない」ということにある*267. それを示すものとして司法裁判所は, 一方において取消訴訟および違法性の抗弁, 他方において先決付託手続により, 基本条約が「司法裁判所が諸機関により採択された措置の適法性を審査することを可能とするよう設計された法的救済及び手続の完結した制度(a complete system of legal remedies and procedures; un système complet de voies de recours et de procédures)」を確立していると述べた*268.

「法的救済及び手続の制度」が「完結」しているとは, EU 諸機関の行為の適法性に関する司法審査を確保するために十分な法的救済および手続が EU 司法裁判所および国内裁判所において存在することを意味する. その結果, EU 司法裁判所が EU の行為の適法性審査を受理不能の理由で直接行うことができない場合, 国内裁判所に訴えが提起され, EU の行為の効力に関する先決付託がなされなければならないことになる*269.

2. 完結性の瑕疵

　リスボン条約による基本条約の改正前において，司法的保護制度の完結性は，私人にとって次のことを意味した．第1に私人は取消訴訟の原告適格の要件である直接的関係および個別的関係を充たすならば，EU 司法裁判所において通常は直接争うことができない一般的措置の自己への適用に対して保護される．第2に EU 諸機関がそのような一般的措置の行政的実施に責任を有する場合，私人は自己を名宛人とするか，または自己に直接的および個別的関係のある実施措置に対して取消訴訟を提起することができ，また，当該実施措置が依拠している一般的措置に対する違法性の抗弁を申し立てることができる．第3に国内当局が EU の一般的措置を実施する場合，私人は国内裁判所に当該一般的措置の無効を申し立てることにより，国内裁判所から司法裁判所へ先決判決を求めるようにさせることができる*270．

　しかし，個別的関係に関する Plaumann 基準（本章第5節4(1)③）は，私人の原告適格を非常に狭く限定するため，必ずしも完結した司法的保護制度とはなっていないのではないかという批判が加えられた．すなわち，「規則」のように EU の一般的適用性を有する行為について Plaumann 基準が充たされない場合，十分な法的救済が提供されるのは次の2つの場合に限られる．第1に EU の実施措置が存在することである．それについて EU 司法裁判所に違法性の抗弁を申し立てることにより，私人は EU の一般的適用性を有する行為の適法性を争うことができる．または，第2に国内実施措置が存在することである．それについて国内裁判所に訴えを提起することにより，私人は EU の一般的適用性を有する行為の適法性を争うことができる．国内裁判所は当該 EU 措置が無効ではないかと疑う場合，司法裁判所に先決付託を行う義務を有する*271．

　言い換えれば，EU の一般的適用性を有する行為の取消を EU 司法裁判所に求めることが Plaumann 基準により達成されない状況で，そのような行為が EU レベルで実施措置を必要としない場合，または，国内レベルで実施措置を必要とせず，かつ国内法に確認判決（declaratory relief）の制度が存在しない場合，司法的保護制度の完結性に瑕疵が生じ，実効的な司法的保護を受ける権利（公正な裁判を受ける権利および実効的救済の権利に関する欧州人権条約第6，13条，EU 基本権憲章第47条）が侵害されることになる*272．

このような瑕疵を解決する方法が3つ存在した. 第1にPlaumann基準を判例法上緩和して, EU司法裁判所における直接訴訟の門戸を広げ, 集権的解決を図ることである. 第2に国内裁判所における解決を国内手続法に基づき確保することにより, 分権的制度を維持することである. 第3にEU基本条約の改正による(集権的または分権的な)解決である*273.

3. Plaumann基準の緩和の試み

そこで, UPA事件の上訴審(2002年)においてアヴォカジェネラルのJacobsは, Plaumann基準では「ある措置により影響を受ける者の数が多ければ多いほど, [取消訴訟を定める旧EC条約第230条]4段に基づく司法審査が利用可能となる見込みが少なくなる」と述べて批判し,「当該者に特有の状況により[EU]の措置が当該者の利益を実質的に損ない, 又は損なうおそれがある場合, 当該措置に個別的関係を有する」という基準に変更するよう司法裁判所に求めた*274.

さらに, Jégo-Quéré事件(2002年)において総合裁判所(当時は第一審裁判所)は, 一般的適用性を有する純粋の「規則」について私人に直接的関係があることを認める一方で, 個別的関係の存在を否定した*275. しかし,「[基本]条約は司法裁判所が諸機関の行為の適法性を審査するのを可能とするよう設計された法的救済及び手続の完結した制度を確立しているゆえに, 裁判所へのアクセスは法の支配に基づく共同体の本質的要素の1つであり, [基本]条約に基づく法秩序において保障されている」*276(共同体はEUに読み替える)ことを確認した. 次いで, 一般的適用性を有するEU法規定であって私人の法的立場に直接影響を及ぼす措置の適法性が争われている事案において原告適格を認めないことが, 実効的な司法的保護を受ける権利(欧州人権条約第6, 13条, EU基本権憲章第47条)を奪うものとならないかどうかという検討を行った*277. 総合裁判所は, 他の訴訟手続として先決付託手続および損害賠償請求訴訟に関連する欠点とみなされる点を指摘する. 前者は国内裁判所における訴えの基礎となる国内実施措置がない場合には援用できない一方, 後者は違法とみなされる措置をEU法秩序から除外する結果をもたらすことにはならない*278. その結果,「自然人又は法人が, 自己に直接的に関係し, 一般的適用性を有する共同体の

措置により個別的に関係するとみなされるのは，当該措置が同人の権利を制限し又は同人に義務を課することにより，明確かつ直ちに同人の法的立場に影響を及ぼす場合である」(共同体はEUに読み替える)としてPlaumann基準の変更を行った*279. こうして総合裁判所は，実効的救済の見地から私人の原告適格の範囲を拡大する解釈を行ったのである.

4. Plaumann基準の維持

しかし，以上にもかかわらず，司法裁判所は，前掲UPA事件の上訴審(2002年)において，従前の判例法を維持する判決を下した. 一般的適用性を有する純粋の「規則」について私人に「個別的関係」が存在することが否定されるとしても，実効的な司法的保護を受ける権利を根拠に私人の原告適格を認めることができるか否かについて，司法裁判所はEU機能条約第263条(取消訴訟)のほか，第277条(違法性の抗弁)および第267条(先決付託手続)，また，国内裁判所の義務を検討する*280. それによれば，「実効的な司法的保護の権利に対する尊重を確保する法的救済及び手続の制度を確立するのは，加盟国である」. 誠実協力原則(TEU4(3))(第6章第2節1)に基づき，国内裁判所は「自然人または法人が国内裁判所において一般的適用性を有する共同体の行為の自己への適用に関する決定又は他の国内措置の適法性を，そのような行為の無効を申し立てることにより争うことを可能とするように，訴えの権利の行使を規律する国内手続規範を解釈し及び適用するよう，可能な限りにおいて要求されている」*281(共同体はEUに読み替える).

このようにして，司法裁判所はPlaumann基準を維持し，国内裁判所による解決を確保することを選択した. しかし，この解決策は，司法的保護の程度を各加盟国の制度および国内裁判所の能力に委ねる結果となる. また，司法裁判所自体は，国内実施措置が存在しない場合の状況に対する解決を提供していない*282.

5. 条約改正

司法裁判所はUPA事件上訴審において，「直接的かつ個別的関係」という要件が実効的な司法的保護の原則に照らして解釈されねばならないとする一方，

そのような要件自体を排除することは条約改正によるしかないとした*283. この結論は，Jégo-Quéré 事件の上訴審(2004年)においても維持された*284.

リスボン条約による改正で採用された方法は，第1に「加盟国は，連合法に含まれる分野において実効的な法的保護を確保するために必要な不服申立を定める」(TEU19-1)と規定し，UPA 事件における司法裁判所の判決を追認することである．第2に「自己に直接かつ個別的に関係する行為」について Plaumann 基準を維持する一方で，「自己に直接に関係するが実施措置を伴わない規則の性格を有する法令行為」を追加することにより(TFEU 263-4)，取消訴訟における私人の原告適格の範囲を一定程度広げたことである．このようにして，現行の基本条約の下では，分権的制度を基本としつつ，集権的解決の範囲が若干拡大されている.

すでに述べたとおり，総合裁判所は Inuit 事件(2011年)において，「規則の性格を有する法令行為」は「立法行為を除く一般的適用性を有するすべての行為」であるという狭い解釈を採用している*285. 本件上訴審のアヴォカジェネラル意見(2013年)も総合裁判所の解釈を支持している*286. そのため，とくに「立法行為」について Plaumann 基準が維持され，国内実施措置が存在しない場合の状況に対する解決は，国内裁判所に委ねられている.

リーディング・リスト
伊藤洋一「EC 判例における無効宣言判決効制限について(1)(2)」『法学協会雑誌』第 111 巻 2，3号，1994 年
広岡隆著『欧州統合の法秩序と司法統制』ミネルヴァ書房，1998 年
伊藤洋一「ヨーロッパ法における取消訴訟改革の動向——私人原告の訴えの利益要件について」，三辺夏雄・小早川光郎・高橋滋・磯部力編『法治国家と行政訴訟』有斐閣，2004 年
小舟賢「欧州議会の選挙とその争訟に関する法制度」『一橋法学』第5巻1号，2006 年
Sir David Edward(山内洋嗣訳)「EU における欧州司法裁判所の役割」『慶應法学』第6号，2006 年
ルードルフ・ティーネル(出口雅久・木下雄一共訳)「欧州司法裁判所(欧州連合司法裁判所)の組織と機能——特に先決裁定(preliminary rulings)手続を中心に」『立命館法学』第 331 号，2010 年
田尻泰之「EC／EU 諸機関の法行為に対して私人が提起する取消無効の訴えに関する基本問題」『比較法学』(早稲田大学)第 46 巻 1 号，2012 年

注

*1 Regulation 741/2012 [2012] OJ L 228/1 により一部改正．EU 司法裁判所規程，司法裁判所手続規則および総合裁判所手続規則のコンメンタールとして，Bertrand Wägenbauer, *Court of Justice of the European Union——Commentary on Statute and Rules of Procedure*, Beck, Hart Publishing, Nomos, 2013 がある．
*2 Agreement on a Unified Patent Court, Council of the European Union, No. 16351/12, Brussels, 11 January 2013.
*3 司法裁判所におけるアヴォカジェネラルの定員に係る欧州連合機能条約第 252 条に関する宣言第 38 号．
*4 Order of 4 February 2000, Case C-17/98 *Emesa Sugar* [2000] ECR I-665, para. 14.
*5 The European Court of Human Rights, judgment of 20 January 2009, Application no. 13645/05, *Cooperatieve Producentenorganisatie van de Nederlandse Kokkelvisserij U.A. v. the Netherlands*. Catherine Van de Heyning, "PO Kokkelvisserij v. The Netherlands, Application No. 13645/05, judgment of 20 January 2009", *Common Market Law Review*, Vol. 46, No. 6, 2009, pp. 2117-2125.
*6 Hannes Kraemer, "The European Union Civil Service Tribunal: A New Community Court Examined After Four Years of Operation", *Common Market Law Review*, Vol. 46, No. 6, 2009, pp. 1873-1913.
*7 Council Decision of 2 November 2004 establishing the European Union Civil Service Tribunal [2004] OJ L 333/7.
*8 D. Chalmers, G. Davies and G. Monti, *European Union Law* (2nd ed.), Cambridge University Press, 2010, p. 146.
*9 René Barents, "The Court of Justice after the Treaty of Lisbon", *Common Market Law Review*, Vol. 47, No. 3, 2010, pp. 709-728 at 717.
*10 *Ibid.*, p. 718.
*11 *Ibid.*, p. 719. 当該議定書第 10 条 4 項によれば，イギリスがオプトアウトした EU 措置を除く．
*12 Chalmers, Davies and Monti, op. cit. *supra* note 8, p. 146.
*13 同様に，総合裁判所は今後 EU 司法裁判所規程の改正により先決付託手続 (TFEU267) の管轄を付与される場合，そのときにも EU 法の統一性または整合性が影響を受ける重大な危険が存在するならば司法裁判所の審査手続に服する (TFEU256(3))．
*14 審査手続の最初の事案として，Case C-197/09 RX-II *M v EMEA* [2009] ECR I-12033 がある．Xavier Tracol, "Case C-197/09 RX-II, M. v. European Medicines Agency (EMEA), Judgment of the Court of Justice (Third Chamber) of 17 December 2009", *Common Market*

Law Review, Vol. 49, No. 4, 2012, pp. 1457-1474.
* 15 Chalmers, Davies and Monti, op. cit. *supra* note 8, p. 146; K. Lenaerts, D. Arts and I. Maselis(editor: R. Bray), *Procedural Law of the European Union*(2nd ed.), Sweet & Maxwell, 2006, p. 26, 27.
* 16 EU 司法裁判所は，そのような規程の改正により，先決付託手続の運用に混乱が生じるとして，改正に反対している(Draft amendments to the Statute of the Court of Justice of the European Union and to Annex I thereto, p. 9).
* 17 欧州理事会の行為または不作為(TFEU263-1, 265-1)が含まれていないため，文字通り解釈すると，他の EU 機関がそれについて訴える場合，総合裁判所が管轄権を有することになる. René Barents, op. cit. *supra* note 9, p. 717.
* 18 「経済通貨同盟における安定，調整及びガバナンスに関する条約」(Treaty on Stability, Coordination and Governance in the Economic and Monetary Union：TSCG), 2012 年 3 月 2 日 25 カ国(イギリスとチェコを除く)署名，2013 年 1 月 1 日発効.
* 19 庄司克宏「EU 財政条約とユーロ危機」『貿易と関税』第 60 巻 3 号，2012 年(26-38)33，34 頁.
* 20 Chalmers, Davies and Monti, op. cit. *supra* note 8, p. 147; Lenaerts, Arts and Maselis, op. cit. *supra* note 15, p. 27, 28.
* 21 Regulation 207/2009 on the Community trade mark(codified version) [2009] OJ L 78/1; Regulation 6/2002 on Community Designs(Consolidated Version) [2006] OJ L 386/14.
* 22 Regulation 2100/94 on Community plant variety rights [1994] OJ L 227/1.
* 23 この場合，総合裁判所は，EU 法の統一性または整合性に影響を及ぼすおそれのある原則的判断を要するとみなすとき，当該事件を司法裁判所に付託することができる. また，EU 法の統一性または整合性が影響を受ける重大な危険が存在するとき，司法裁判所の審査手続に服する(EU 司法裁判所規程第 62 条，第 62b 条 2 項).
* 24 "Patent reform package - Frequently Asked Questions", MEMO/12/970, 11/12/2012. 本書第 3 章の注 55 参照.
* 25 Sir David Edward(山内洋嗣訳)「EU における欧州司法裁判所の役割」『慶應法学』第 6 号，2006 年(321-332 頁)327, 328 頁.
* 26 同上. ルードルフ・ティーネル(出口雅久・木下雄一共訳)「欧州司法裁判所(欧州連合司法裁判所)の組織と機能——特に先決裁定(preliminary rulings)手続を中心に」『立命館法学』第 331 号，2010 年(378-405 頁).
* 27 Case 66/80 *International Chemical Corporation* [1981] ECR 1191, para. 11.
* 28 Chalmers, Davies and Monti, op. cit. *supra* note 8, p. 151.
* 29 Cases 28-30/62 *Da Costa* [1963] ECR 31 at 38.
* 30 A. Dashwood, M. Dougan, B. Rodger, E. Spaventa, D. Wyatt, *Wyatt and Dashwood's European Union Law*(6th ed.), Hart Publishing, 2011, p. 216.
* 31 Case 244/80 *Foglia v Novello*(*No. 2*) [1981] ECR 3045, para. 14.

*32 Opinion 1/09 *Draft Agreement creating a Unified Patent Litigation System* [2011] ECR I-01137, para. 66.
*33 Case C-54/96 *Dorsch Consult* [1997] ECR I-4961, para. 23.
*34 Case C-53/03 *Syfait* [2005] ECR I-4609, paras. 29-38.
*35 Case 246/80 *Broekmeulen* [1981] ECR 2311, paras. 16, 17. Robert Schütze, *European Constitutional Law*, Cambridge University Press, 2012, p. 293, 294.
*36 Chalmers, Davies and Monti, op. cit. *supra* note 8, p. 152, 153.
*37 Case 166/73 *Rheinmühlen* [1974] ECR 33, para. 4.
*38 Robert Schütze, op. cit. *supra* note 35, p. 294.
*39 Information note on references from national courts for a preliminary ruling [2009] OJ C 297/1.
*40 Case 126/80 *Salonia* [1981] ECR 1563, para. 2.
*41 Case 6/64 *Costa v ENEL* [1964] ECR 585 at 592, 593.
*42 Case 314/85 *Foto-Frost* [1987] ECR 4199, para. 15. 他方，下級審裁判所はEUの行為の効力を検討することができ，また，当事者が無効を支持して提出した理由に根拠がないとみなす場合，当該措置がまったく有効であると結論して，それらの理由を退けることができる (*Ibid.*, para. 14).
*43 *Ibid.*, para. 16(須網隆夫評釈『EU法基本判例集』104頁). それは，EUの行為の適法性審査に関して直接的手段と間接的手段が存在し，その各々がEU司法裁判所および国内裁判所にとって整合的に機能することを意味する. Koen Lenaerts, "The Basic Constitutional Charter of a Community Based on the Rule of Law" in Miguel Poiares Maduro and Loïc Azoulai, *The Past and Future of EU Law*, Hart Publishing, 2010, pp. 295-315 at pp. 309-311.
*44 Cases C-143/88 and C-92/89 *Zuckerfabrik* [1991] ECR I-415, para. 33; Case C-465/93 *Atlanta* [1995] ECR I-3761, para. 51. Wyatt and Dashwood's European Union Law, op. cit. *supra* note 30, pp. 225-228.
*45 Case 283/81 *CILFIT* [1982] ECR 3415, paras. 2-4.
*46 *Ibid.*, para. 10.
*47 *Ibid.*, paras. 13, 14; *Da Costa*, cited *supra* note 29, p. 38.
*48 *CILFIT*, cited *supra* note 45, para. 16.
*49 *Ibid.*, paras. 17-20(中村民雄評釈『EU法基本判例集』94頁).
*50 *Da Costa*, cited *supra* note 29, p. 37, 38.
*51 David Edward, "*CILFIT* and *FoTo-Frost* in their Historicaal and Procedural Context" in Miguel Poiares Maduro and Loïc Azoulai, op. cit. *supra* note 43, pp. 173-184 at 179.
*52 Case C-461/03 *Gaston Schul* [2005] ECR I-10513, paras. 17, 19, 22, 25.
*53 Case C-322/88 *Grimaldi* [1989] ECR 4407, paras. 9, 18.
*54 Case 181/73 *Haegeman* [1974] ECR 449, paras. 4-6.
*55 Case C-314/08 *Filipiak* [2009] ECR I-11049, para. 42.
*56 *Salonia*, cited *supra* note 40, para. 6.

第 4 章　EU の司法　187

＊57　Case 104/79 *Foglia v Novello*(*No. 1*) [1980] ECR 745, paras. 11-13; *Foglia v Novello* (*No. 2*), cited *supra* note 31, para. 18.
＊58　Cases C-320 to 322/90 *Telemarsicabruzzo* [1993] ECR I-393, para. 6.
＊59　たとえば，View of Advocate General Poiares Maduro delivered on 11 June 2008 in Case C-127/08 *Metock* [2008] ECR I-6241.
＊60　M. Broberg and N. Fenger, *Preliminary References to the European Court of Justice*, Oxford University Press, 2010, p. 387.
＊61　Case C-189/01 *Jippes* [2001] ECR I-5689, paras. 44, 45.
＊62　Order of the President of the Court, 17 April 2008(Accelerated procedure)in Case C-127/08 *Metock* [2008] ECR I-6241, paras. 14-18.
＊63　フランス語の正式名称 la procédure préjudicielle d'urgence に基づき，PPU と略称．
＊64　M. Broberg and N. Fenger, op. cit. *supra* note 60, pp. 390-395; Catherine Barnard, "The PPU: Is It Worth the Candle? An Early Assessment", *European Law Review*, Vol. 34, No. 2, pp. 281-297.
＊65　Case C-195/08 PPU *Rinau* [2008] ECR I-5271(中西康評釈『貿易と関税』第 57 巻 2 号(2009 年)70 頁).
＊66　Case C-296/08 PPU Santesteban Goicoechea [2008] ECR I-6307; Case C-388/08 PPU *Leymann and Pustovarov* [2008] ECR I-8993.
＊67　たとえば，View of Advocate General Poiares Maduro, cited *supra* note 59.
＊68　*Foglia v Novello*(*No. 2*), cited *supra* note 31, para. 18.
＊69　Case 69/85 *Wünsche* [1986] ECR 947, para. 13.
＊70　Case 52/76 *Benedetti* [1977] ECR 163, para. 26.
＊71　*Da Costa*, cited *supra* note 29, 38; *CILFIT*, cited *supra* note 45, paras. 13, 14. Wyatt and Dashwood's European Union Law, op. cit. *supra* note 30, p. 228, 229.
＊72　*International Chemical Corporation*, cited *supra* note 27, paras. 12, 13.
＊73　Case T-220/97 *H & R Ecroyd Holdings v Commission* [1999] ECR II-1677, para. 49.
＊74　Case C-62/93 *BP Soupergaz* [1995] ECR I-1883, para. 39.
＊75　M. Broberg and N. Fenger, op. cit. *supra* note 60, p. 445, 446.
＊76　Case C-228/92 *Roquette Frères* [1994] ECR I-1445, para. 17.
＊77　Case 826/79 *MIRECO* [1980] ECR 2559, paras. 8, 9; Cases C-38 & 151/90 *Lomas* [1992] ECR I-01781, para. 23. M. Broberg and N. Fenger, op. cit. *supra* note 60, p. 446, 447, 457.
＊78　Lenaerts, Arts and Maselis, op. cit. *supra* note 15, p. 128.
＊79　Case 28/67 *Mölkerei-Zentrale* [1968] ECR 143, 153.
＊80　Case 39/72 *Commission v Italy* [1973] ECR 101, para. 24.
＊81　Case C-431/92 *Commission v Germany* [1995] ECR I-2189, para. 22.
＊82　Case C-207/97 *Commission v Belgium* [1999] ECR I-275, paras. 24, 25; Case C-317/92 *Commission v Germany* [1994] ECR I-2039, paras. 4, 5.

*83 Case 416/85 *Commission v United Kingdom* [1988] ECR 3127, para. 9.
*84 Luca Prete and Ben Smulders, "The Coming of Age of Infringement Proceedings", *Common Market Law Review*, Vol. 47, No. 1, 2010, pp. 9-61 at 13, 14.
*85 *Ibid.*, p. 16, 17.
*86 Case C-226/01 *Commission v Denmark* [2003] ECR I-1219, para. 32.
*87 Case C-137/91 *Commission v Greece* [1992] ECR I-04023, paras. 5, 6. Luca Prete and Ben Smulders, op. cit. *supra* note 84, pp. 21-23.
*88 *Ibid.*, p. 19.
*89 *Ibid.*
*90 Case C-32/05 *Commission v Luxemburg* [2006] ECR I-11323, para. 34.
*91 Case C-13/00 *Commission v Ireland* [2002] ECR I-02943, paras. 19-23.
*92 Case C-316/06 *Commission v Ireland* [2008] ECR I-124, para. 30.
*93 Case C-129/00 *Commission v Italy* [2003] ECR I-14637, para. 41.
*94 Case 77/69 *Commission v Belgium* [1970] ECR 237, paras. 13-17.
*95 Case 1/86 *Commission v Belgium* [1987] ECR 2797, paras. 8-10.
*96 Case 29/84 *Commission v Germany* [1985] 1661, paras. 32, 39.
*97 Case C-265/95 *Commission v France* [1997] ECR I-6959, para. 65.
*98 大規模なストライキの発生による不可抗力が主張されたことがあるが，司法裁判所は認めなかった．Case 70/86 *Commission v Greece* [1987] ECR 3545, para. 8. Paul Craig and Gráinne de Búrca, *EU Law*(5th ed.), Oxford University Press, 2011, p. 430.
*99 Case C-274/07 *Commission v Lithuania* [2008] ECR I-07117, para. 20.
*100 Paul Craig and Gráinne de Búrca, op. cit. *supra* note 97, p. 413.
*101 Case C-96/89 *Commission v Netherlands* [1991] ECR I-2461, paras. 15, 16.
*102 Wyatt and Dashwood's European Union Law, op. cit. *supra* note 30, p. 136; Luca Prete and Ben Smulders, op. cit. *supra* note 84, p. 27.
*103 Case C-145/04 *Spain v United Kingdom* [2006] ECR I-7917; Case C-388/95 *Belgium v Spain* [2000] ECR I-3123; Case 141/78 *France v United Kingdom* [1979] ECR 2923.
*104 Wyatt and Dashwood's European Union Law, op. cit. *supra* note 30, p. 136.
*105 Commission communication on relations with the complainant in respect of infringements of Community law(COM(2002)141 final) [2002] OJ C 244/5.
*106 Wyatt and Dashwood's European Union Law, op. cit. *supra* note 30, p. 138.
*107 Luca Prete and Ben Smulders, op. cit. *supra* note 84, p. 28.
*108 *Commission v Ireland*, cited *supra* note 92, para. 17.
*109 Luca Prete and Ben Smulders, op. cit. *supra* note 84, pp. 28-30.
*110 *Commission v Ireland*, cited *supra* note 92, para. 17.
*111 Luca Prete and Ben Smulders, op. cit. *supra* note 84, p. 29, 30; Chalmers, Davies and Monti, op. cit. *supra* note 8, pp. 336-338.
*112 *Commission v Ireland*, cited *supra* note 92, para. 16. Lenaerts, Arts and Maselis,

op. cit. *supra* note 15, p. 154.
* 113　Wyatt and Dashwood's European Union Law, op. cit. *supra* note 30, p. 142.
* 114　Order of the President of the Court of 24 April 2008 in Case C-76/08 R *Commission v Malta* [2008] ECR I-64. Paul Craig and Gráinne de Búrca, op. cit. *supra* note 98, p. 439; Luca Prete and Ben Smulders, op. cit. *supra* note 84, p. 40.
* 115　Commission Communication on Implementation of Article 260(3) TFEU, SEC(2010) 1371final.
* 116　Pål Wennerås, "Sanctions against Member States under Article 260 TFEU: Alive, but not kicking?", *Common Market Law Review*, Vol. 49, No. 1, 2012, pp. 145-175 at 168, 169.
* 117　*Ibid.*, pp. 165-168. Koen Lenaerts, "The Rule of Law and the Coherence of the Judicial System of the European Union", *Common Market Law Review*, Vol. 44, No. 6, 2007, pp. 1625-1659 at 1638.
* 118　Pål Wennerås, op. cit. *supra* note 116, p. 169, 170.
* 119　Luca Prete and Ben Smulders, op. cit. *supra* note 84, p. 47.
* 120　Case 48/71 *Commission v Italy* [1972] ECR 529, para. 7.
* 121　Lenaerts, Arts and Maselis, op. cit. *supra* note 15, p. 168.
* 122　Cases 314-316/81 & 83/82 *Waterkeyn* [1982] ECR 4337, paras. 13, 14.
* 123　Case 70/72 *Commission v Germany* [1973] ECR 813, paras. 12, 13.
* 124　Wyatt and Dashwood's European Union Law, op. cit. *supra* note 30, p. 142, 143.
* 125　*Commission v Italy*, cited *supra* note 120, para. 7.
* 126　Cases 227-230/85 *Commission v Belgium* [1988] ECR 1, para. 11. Luca Prete and Ben Smulders, op. cit. *supra* note 84, p. 47, 48.
* 127　*Ibid.*, p. 48, 49.
* 128　Pål Wennerås, op. cit. *supra* note 116, pp. 151-155.
* 129　Case C-457/07 *Commission v Portugal* [2009] ECR I-8091, paras. 54-58. Luca Prete and Ben Smulders, op. cit. *supra* note 84, p. 49, 50.
* 130　Chalmers, Davies and Monti, op. cit. *supra* note 8, p. 344, 355.
* 131　Case C-64/88 *Commission v France* [1991] ECR I-2727.
* 132　Case C-304/02 *Commission v France* [2005] ECR I-6263, paras. 80, 81(中西優美子評釈『貿易と関税』第54巻6号(2006年)70頁). Chalmers, Davies and Monti, op. cit. *supra* note 8, p. 347, 348.
* 133　*Commission v France*, cited *supra* note 132, para. 82.
* 134　Case C-369/07 *Commission v. Greece* [2009] ECR I-5703, para. 124, 150. Ian Kilbey, "The Interpretation of Article 260 TFEU(ex 228 EC)", *European Law Review*, Vol. 35, No. 3, 2010, pp. 370-386.
* 135　*Commission v France*, cited *supra* note 132, para. 86.
* 136　Case C-121/07 *Commission v France* [2008] ECR I-9159, paras. 63, 64.
* 137　*Ibid.*, para. 64.

*138 *Commission v France*, cited *supra* note 136, para. 69.
*139 *Ibid.*, paras. 65-80; Case C-70/06 *Commission v Portugal* [2008] ECR I-1, para. 39.
*140 Case C-109/08 *Commission v Greece* [2009] ECR I-4657, para. 53.
*141 Case C-568/07 *Commission v Greece* [2009] ECR I-4505, para. 49.
*142 Pål Wennerås, op. cit. *supra* note 116, pp. 155-165. Luca Prete and Ben Smulders, op. cit. *supra* note 84, p. 53, 54.
*143 Commission Communications, SEC(2005)1658, SEC(2010)923, SEC(2011)1024.
*144 Case C-387/97 *Commission v Greece* [2000] ECR I-5047, 84, 87.
*145 *Ibid.*, 89.
*146 Case 60/81 *IBM v Commission* [1981] ECR 2639, paras. 8, 9.
*147 *Ibid.*, para. 12.
*148 Wyatt and Dashwood's European Union Law, op. cit. *supra* note 30, p. 159.
*149 Case 294/83 *Les Verts* [1986] ECR 1339, para. 25(須網隆夫評釈『EU 法基本判例集』148頁).
*150 Case T-584/93 *Roujansky v Council* [1994] ECR II-585, paras. 12-14.
*151 Case T-411/06 *Sogelma v AER* [2008] ECR II-2771, para. 7.
*152 Wyatt and Dashwood's European Union Law, op. cit. *supra* note 30, p. 158.
*153 Chalmers, Davies and Monti, op. cit. *supra* note 8, p. 413.
*154 Case C-309/89 *Codorniu v Council* [1994] ECR I-1853, para. 19.
*155 Case T-420/05 *Vischim v Commission* [2009] ECR II-3841, paras. 61, 67, 68.
*156 Robert Schütze, op. cit. *supra* note 35, p. 414.
*157 *Ibid.*, p. 271.
*158 *Les Verts*, cited *supra* note 149, para. 31.
*159 Case T-289/03 *BUPA v Commission* [2008] ECR II-81, para. 81; Case C-386/96 P *Louis Dreyfus v Commission* [1998] ECR I-2309, para. 43.
*160 Case T-18/10 *Inuit Tapiriit Kanatami et al. v Parliament and Council*, Order of 6 September 2011, nyr, paras. 71, 72.
*161 Lenaerts, Arts and Maselis, op. cit. *supra* note 15, p. 251.
*162 Case C-486/01 P *Front national v European Parliament* [2004] ECR I-6289, paras. 38, 40, 43, 44. Chalmers, Davies and Monti, op. cit. *supra* note 8, p. 417, 418.
*163 Case 25/62 *Plaumann v Commission* [1963] ECR 95 at 107.
*164 Wyatt and Dashwood's European Union Law, op. cit. *supra* note 30, p. 166.
*165 Case 26/86 *Deutz und Geldermann v Council* [1987] 941, para. 9.
*166 Case 97/85 *Deutsche Lebensmittelwerke v Commission* [1987] ECR 2265, para. 11; Cases 106 & 107/63 *Toepfer v Commission* [1965] ECR 405 at 411, 412; Case 11/82 *Piraiki-Patraiki v Commission* [1985] ECR 207, paras. 1-10; Cases 41-44/70 *International Fruit Company v Commission* [1971] ECR 411, paras. 14-22; Case C-152/88 *Sofrimport v Commission* [1990] ECR I-2477, paras. 8-13.

*167 Chalmers, Davies and Monti, op. cit. *supra* note 8, p. 419; Wyatt and Dashwood's European Union Law, op. cit. *supra* note 30, p. 169.
*168 *Plaumann v Commission*, cited *supra* note 163, p. 107.
*169 Robert Schütze, op. cit. *supra* note 35, p. 272, footnote 71.
*170 Case C-519/07 P *Commission v Koninklijke FrieslandCampina* [2009] ECR I-8495, para. 52-56. しかし，司法裁判所はコミッションの主張を受け入れ，総合裁判所の判決を破棄し差し戻した．
*171 Chalmers, Davies and Monti, op. cit. *supra* note 8, p. 420.
*172 René Barents, op. cit. *supra* note 9, p. 725; Jürgen Bast, "New Categories of Acts after the Lisbon Reform: Dynamics of Parliamentarization in EU Law", *Common Market Law Review*, Vol. 49, No. 3, 2012, pp. 885-927 at 899, 900.
*173 *Ibid.*, p. 900; Stephan Balthasar, "Locus Standi Rules for Challenges to Regulatory Acts by Private Applicants: The New Article 263(4)TFEU", *European Law Review*, Vol. 35, No. 4, 2010, pp. 542-550 at 543-548.
*174 Jürgen Bast, op. cit. *supra* note 172, p. 899.
*175 Regulation 1007/2009 on trade in seal products [2009] OJ L 286/36.
*176 *Inuit*, cited *supra* note 160, paras. 40-56.
*177 Jürgen Bast, op. cit. *supra* note 172, p. 902.
*178 *Inuit*, cited *supra* note 160, paras. 42, 43.
*179 *Ibid.*, paras. 44, 45.
*180 Opinion of AG Kokott delivered on 17 January 2013 in Case C-583/11 P *Inuit Tapiriit Kanatami et al. v European Parliament and Council*, nyr, para. 47.
*181 Case T-262/10 *Microban v Commission*, judgment of 25 October 2011, nyr, paras. 20-25.
*182 *Ibid.*, paras. 26-32.
*183 *Ibid.*, paras. 33-38.
*184 Wyatt and Dashwood's European Union Law, op. cit. *supra* note 30, p. 178.
*185 Chalmers, Davies and Monti, op. cit. *supra* note 8, p. 401, 402.
*186 Case T-263/07 *Estonia v Commission* [2009] ECR II-3463, para. 55.
*187 Wyatt and Dashwood's European Union Law, op. cit. *supra* note 30, p. 178. Cases 281, 283-285 & 287/85 *Germany v Commission* [1987] ECR 3203, paras. 34-36.
*188 Directive 98/43 on the approximation of the laws, regulations and administrative provisions of the Member States relating to the advertising and sponsorship of tobacco products [1998] OJ L 213/9.
*189 Case C-376/98 *Germany v European Parliament and Council* [2000] ECR I-8419, paras. 115, 116. 他の事例として，難民の地位の付与・取消に関する安全な出身国リストの作成手続に関連する Case C-133/06 *European Parliament v Council* [2008] ECR I-3189 参照．
*190 Case 138/79 *Roquette Frères v Council* [1980] ECR 3333, paras. 32-37.

*191 Case 17/74 *Transocean Marine Paint v Commission* [1974] ECR 1063, paras. 13-20.
*192 Case C-378/00 *Commission v Parliament and Council* [2003] ECR I-937, para. 34.
*193 Wyatt and Dashwood's European Union Law, op. cit. *supra* note 30, p. 178, 179.
*194 Case C-377/98 *Netherlands v European Parliament and Council* [2001] ECR I-7079, paras. 50-68.
*195 Wyatt and Dashwood's European Union Law, op. cit. *supra* note 30, p. 179, 180.
*196 Cases C-133, 300 & 362/93 *Crispoltoni v Fattoria Autonoma Tabacchi* [1994] ECR I-4863, para. 27.
*197 Wyatt and Dashwood's European Union Law, op. cit. *supra* note 30, p. 180.
*198 Lenaerts, Arts and Maselis, op. cit. *supra* note 15, p. 319, 320.
*199 Wyatt and Dashwood's European Union Law, op. cit. *supra* note 30, p. 180, 181; Lenaerts, Arts and Maselis, op. cit. *supra* note 15, p. 372.
*200 Case C-246/95 *Coen* [1997] ECR I-403, para. 21.
*201 Case T-142/01 *OPTUC v Commission* [2004] ECR II-329, para. 35-46. Lenaerts, Arts and Maselis, op. cit. *supra* note 15, p. 311, 312.
*202 Koen Lenaerts, op. cit. *supra* note 43, p. 312, 313; Wyatt and Dashwood's European Union Law, op. cit. *supra* note 30, p. 188, 201, 225.
*203 Cases T-244 & 486/93 *TWD v Commission* [1995] ECR II-2265, para. 103; Case C-135/93 *Spain v Commission* [1995] ECR I-1651, 16, 17.
*204 Case C-188/92 *TWD Textilwerke Deggendorf v Germany* [1994] ECR I-833, paras. 16, 17.
*205 Cases 10 & 18/68 *Eridania v Commission* [1969] ECR 459, para. 17.
*206 Kathleen Gutman, "The evolution of the action for damages against the European Union and its place in the system of judicial protection", *Common Market Law Review*, Vol. 48, No. 3, 2011, pp. 695-750 at 703-708.
*207 Case T-166/98 *Cantina Sociale di Dolianova v Commission* [2004] ECR II-03991, para. 122.
*208 Cases 31 & 33/62 *Wöhrmann v Commission* [1962] ECR 501, 507. Matthias Vogt, "Indirect judicial protection in EC law—the case of the plea of illegality", *European Law Review*, Vol. 31, No. 3, 2006, pp. 364-377 at 365, 366.
*209 Wyatt and Dashwood's European Union Law, op. cit. *supra* note 30, p. 200.
*210 *TWD v Commission*, cited *supra* note 203, para. 103.
*211 Wyatt and Dashwood's European Union Law, op. cit. *supra* note 30, p. 202.
*212 Case 15/70 *Chevalley v Commission* [1970] ECR 975, para. 6.
*213 Chalmers, Davies and Monti, op. cit. *supra* note 8, p. 429.
*214 Case 64/82 *Tradax v Commission* [1984] ECR 1359, paras. 22, 23.
*215 Case 247/87 *Star Fruit Company v Commission* [1989] ECR 291. Chalmers, Davies and Monti, op. cit. *supra* note 8, p. 429.

第 4 章　EU の司法　193

* 216　Wyatt and Dashwood's European Union Law, op. cit. *supra* note 30, p. 184.
* 217　Case 302/87 *European Parliament v Council* [1988] ECR 5615, para. 16.
* 218　Case 246/81 *Lord Bethell v Commission* [1982] ECR 2277, para. 16.
* 219　Case C-282/95 P *Guérin automobiles v Commission* [1997] ECR I-1503, paras. 34-38. Wyatt and Dashwood's European Union Law, op. cit. *supra* note 30, p. 186.
* 220　Alina Kaczorowska, *European Union Law*(2nd ed.), Routledge, 2011, p. 463.
* 221　Case 15/71 *Mackprang v Commission* [1971] ECR 797, para. 4. Lenaerts, Arts and Maselis, op. cit. *supra* note 15, p. 334.
* 222　Case C-68/95 *T. Port* [1996] ECR I-6065, para. 59.
* 223　Wyatt and Dashwood's European Union Law, op. cit. *supra* note 30, p. 186, 187.
* 224　*T. Port*, cited *supra* note 222, para. 53. Wyatt and Dashwood's European Union Law, op. cit. *supra* note 30, p. 185.
* 225　Case C-511/03 *Ten Kate* [2005] ECR I-8979, paras. 27-32. Koen Lenaerts, op. cit. *supra* note 43, p. 309, 314.
* 226　Case 59/70 *Netherlands v Commission* [1971] ECR 639, paras. 18-22.
* 227　Case 42/71 *Nordgetreide v Commission* [1972] ECR 105, para. 5; Case 302/87 *European Parliament v Council* [1988] ECR 5615, para. 17. Wyatt and Dashwood's European Union Law, op. cit. *supra* note 30, p. 188.
* 228　Cases 166 & 220/86 *Irish Cement v Commission* [1988] ECR 6473, para. 17.
* 229　Cases C-15 & 108/91 *Josef Buckl & Sohne v Commission* [1992] ECR I-6061, para. 15.
* 230　Case 13/83 *European Parliament v Council* [1985] ECR 1513, para. 69.
* 231　Case T-395/04 *Air One v Commission* [2006] ECR II-1343, para. 24.
* 232　Wyatt and Dashwood's European Union Law, op. cit. *supra* note 30, p. 190.
* 233　Kathleen Gutman, op. cit. *supra* note 206 p. 701, 702.
* 234　Case 118/83 *CMC v Commission* [1985] ECR 2325, para. 31.
* 235　Cases 63-69/72 *Werhahn Hansamuhle v Council* [1973] ECR 1229, para. 7.
* 236　Case 9/69 *Sayag v Leduc* [1969] ECR 329, para. 7.
* 237　Case C-282/90 *Vreugdenhil v Commission* [1992] ECR I-1937, paras. 12-15.
* 238　Wyatt and Dashwood's European Union Law, op. cit. *supra* note 30, p. 198.
* 239　*Plaumann v Commission*, cited *supra* note 163, 108.
* 240　Cases 4/69 *Lütticke* [1971] ECR 325, para. 6; Cases T-440/03, 121, 171, 208, 365 & 484/04 *Arizmendi* [2009] ECR II-4883, paras. 64, 65.
* 241　Robert Schütze, op. cit. *supra* note 35, p. 279.
* 242　Lenaerts, Arts and Maselis, op. cit. *supra* note 15, p. 370, 371.
* 243　Case 5/71 *Zuckerfabrik Schöppenstedt v Council* [1971] ECR 975, para. 11.
* 244　Kathleen Gutman, op. cit. *supra* note 206 pp. 695-750 at 713, 715. Robert Schütze, op. cit. *supra* note 35, p. 280, 281; Chalmers, Davies and Monti, op. cit. *supra* note 8, p. 431, 432.

*245 Case C-352/98 P *Bergaderm* [2000] ECR I-5291, paras. 10-17.
*246 Robert Schütze, op. cit. *supra* note 35, p. 281. Chalmers, Davies and Monti, op. cit. *supra* note 8, p. 433.
*247 *Ibid.*, 436, 437.
*248 *Bergaderm*, cited *supra* note 245, para. 42. Kathleen Gutman, op. cit. *supra* note 206 pp. 710-737.
*249 *Bergaderm*, cited *supra* note 245, paras. 43, 44; Case T-351/03 *Schneider v Commission* [2007] ECR II-2237, 132. Chalmers, Davies and Monti, op. cit. *supra* note 8, pp. 433-435.
*250 *Bergaderm*, cited *supra* note 245, para. 46.
*251 Robert Schütze, op. cit. *supra* note 35, p. 282.
*252 *Bergaderm*, cited *supra* note 245, para. 40. Chalmers, Davies and Monti, op. cit. *supra* note 8, p. 433.
*253 Case T-184/95 *Dorsch Consult* [1998] ECR II-667, para. 80.
*254 Cases C-120 & 121/06 P *FIAMM v Council and Commission* [2008] ECR I-6513, para. 179. Robert Schütze, op. cit. *supra* note 35, p. 282.
*255 Case 145/83 *Adams v Commission* [1985] ECR 3539, para. 55; Case 261/78 *Interquell Stärke v EEC* [1982] ECR 3271, para. 27; Case C-308/87 *Grifoni v EAEC* [1994] ECR I-341.
*256 *Sofrimport v Commission*, cited *supra* note 166.
*257 Case C-76/08 R *Commission v Malta* [2008] ECR I-64. Paul Craig and Gráinne de Búrca, op. cit. *supra* note 98, p. 439; Luca Prete and Ben Smulders, op. cit. *supra* note 84, p. 40.
*258 Wyatt and Dashwood's European Union Law, op. cit. *supra* note 30, p. 203.
*259 *Sofrimport v Commission*, cited *supra* note 166, para. 26.
*260 Lenaerts, Arts and Maselis, op. cit. *supra* note 15, p. 370, 371.
*261 Opinion 1/75 *Local Cost Standard* [1975] ECR 1355, 1360, 1361.
*262 *Ibid.*, 1359, 1360.
*263 Opinion 2/94 *Accession to ECHR* [1996] ECR I-1759, paras. 11, 20.
*264 Lenaerts, Arts and Maselis, op. cit. *supra* note 15, p. 412.
*265 Opinion 3/94 *Banana Framework Agreement* [1995] ECR I-4577, paras. 13, 14, 19.
*266 Paul Craig and Gráinne de Búrca, op. cit. *supra* note 98, pp. 351-353.
*267 *Les Verts*, cited *supra* note 149, para. 23.
*268 *Ibid.*, para. 23.
*269 Koen Lenaerts, op. cit. *supra* note 43, p. 304.
*270 *Les Verts*, cited *supra* note 149, para. 23.
*271 Koen Lenaerts, op. cit. *supra* note 43, p. 304.
*272 *Ibid.*, p. 304, 305.

*273　*Ibid.*, p. 305, 306.
*274　Opinion of AG Jacobs delivered on 21 March 2002 in Case C-50/00 P *Unión de Pequeños Agricultores v Council* [2002] ECR I-6677, paras. 59, 60.
*275　Case T-177/01 *Jégo-Quéré v Commission* [2002] ECR II-2365, paras. 22-38.
*276　*Ibid.*, para. 41.
*277　*Ibid.*, paras. 23-50.
*278　*Ibid.*, paras. 43-47.
*279　*Ibid.*, paras. 51.
*280　Case C-50/00 P *Unión de Pequeños Agricultores v Council* [2002] ECR I-6677, paras. 32-42.
*281　*Ibid.*, paras. 41, 42(中村民雄評釈『EU法基本判例集』114-121頁).
*282　Lenaerts, Arts and Maselis, op. cit. *supra* note 15, p. 90.
*283　*Unión de Pequeños Agricultores v Council*, cited *supra* note 280, paras. 43-45.
*284　Case C-263/02 P *Commission v. Jégo-Quéré* [2004] ECR I-3425, paras. 30-36.
*285　*Inuit*, cited *supra* note 160, paras. 40-56.
*286　Opinion of AG Kokott, cited *supra* note 180, para. 47.

〔補足〕　アヴォカジェネラル(132頁)の訳語については,「法務官」という訳語が当てられる場合があるが,日本では法務担当の自衛官の役職(法曹資格を必要としない)を指し,これとの混同や連想を避けるため,本書では使用せず,そのまま「アヴォカジェネラル」と表記している.

第Ⅱ部
EU法秩序と基本的人権

第5章　EU 法の法源

第1節　法源と「規範の階層」

1. 法　源

　EU 法の法源（法の存在形式）に含まれる主要なものは，一般に，成文形式では，第1に基本条約としての EU 条約および EU 機能条約（両条約の附属議定書（Protocols）および附属書（Annexes）を含む），基本条約を改正する条約，また，基本条約と「同一の法的価値」を付与された EU 基本権憲章（TEU6），などである．第2に EU が第三国または国際機構と締結した国際協定（条約），第3に基本条約に基づく法令としての派生法であり，「規則」「指令」「決定」などがある．また，条約や派生法によらない不文形式のものとして，法の一般原則および判例法がある〔図表5-1〕．

　EU 法の法源を第一次法と第二次法（派生法）に区分する場合がある．EU における第一次法（primary law）とは，基本条約である EU 条約および EU 機能条約，EU 基本権憲章，EU 司法裁判所の判例法において発展させられた法の一般原則，EU 司法裁判所により確立され，EU 法秩序の基礎を成す EU 法の直接効果および優越性の原則などから成り，広義の EU 憲法を形成している[*1]．また，基本条約を改正する条約，加盟条約・議定書，加盟国の憲法的要件に従って採択されることにより発効する欧州理事会または理事会の「行為」も第一次法に含まれる[*2]．なお，欧州原子力共同体（Euratom）条約も第一次法を構成する[*3]．

　他方，第二次法（secodary law）または派生法とは，狭義には基本条約規定に基づき EU 諸機関により採択された「立法行為」（第3章第1節2）を指すが，広義には「立法行為」に基づく「委任行為」および「実施行為」（第3章第3節，第4節3, 4）が含まれる場合もある[*4]．また，EU が締結する国際協定を第二次法に含める場合もある[*5]．

図表 5-1

EU法の法源 ｛ 成文形式 ｛ 基本条約，基本権憲章 / 国際協定 / 派生法
　　　　　　不文形式 ｛ 法の一般原則 / 判例法

(筆者作成)

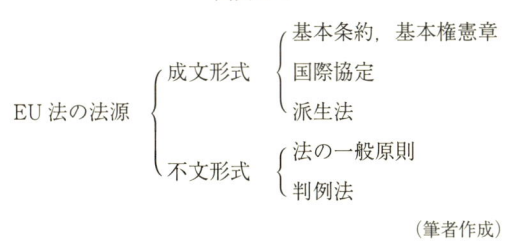

2. 「規範の階層」

　EU法秩序内には「規範の階層」(the hierarchy of norms)が存在する*6. その最上位にあるのは，EU法秩序の基礎を成す規範的価値である．第2位に位置するのは，基本条約としてのEU条約およびEU機能条約，EU基本権憲章ならびに法の一般原則等である．第3位には，EUを拘束する国際協定および一般国際法が来る．第4位には，EUの「法令行為」(第3章第1節2)が位置する．その中で，「立法行為」の下位に「委任行為」および「実施行為」が位置するという序列が存在する．「委任行為」と「実施行為」の間に序列はない(第3章第4節3(3)). それぞれの「行為」に「規則」「指令」「決定」(それらの間に序列はない)が存在する．なお，EU司法裁判所の判例法は，他の法源の解釈を示すものとして機能的に位置づけられる*7.

第2節　規範的価値

　EU条約第2条に示される規範的価値が「規範の階層」の最上位にあるとされる*8. 同条には，価値の目録(Wertekatalog)*9として，「連合は，人間の尊厳の尊重，自由，民主主義，平等，法の支配，及び，少数者に属する者の権利を含む人権の尊重という諸価値に基づく」と規定されている．これは，EUの基本的価値を規範化するものであり，EUに対して規範的価値の尊重および促進を義務づけるものであると解釈される(TEU13(1), 21(1), 21(2)(a), TFEU67(1), 79(2)(d), 83(1))*10. また，加盟国も規範的価値に拘束されるため，それを尊重し，促進しなければならない(TEU7(1)(2), 49(1))*11.

　EU条約第2条に示される規範的価値が最上位にあるとされる理由として，

EU司法裁判所は，テロリストおよびその支援者の資産等を凍結することを定めた国連安保理決議を実施するための「規則」をめぐる取消訴訟のKadi事件上訴審(2008年)において，次のように述べている．

「しかし，[EU機能条約第351条*12及び第347条*13]は，連合の基礎としての[EU条約第2条]に掲げられている自由，民主主義並びに人権及び基本的自由の尊重という諸原則からの逸脱を認めるものと解することはできない．

[EU機能条約第351条]は，[EU]法秩序のまさに基礎そのものの一部を構成する原則に対する異議申立てを決して許容することはできないのであり，[EU]措置の基本権との適合性に関する[EU]司法権による同措置の適法性審査を含む基本権保護はその一つである．*14」

これは，EUの立憲的秩序が基本条約(成文の第一次法)規定に優越する一定の中核的原則で構成されていることを示している*15．EU機能条約第351条(本章第5節3(2))*16は，原加盟国が1958年1月1日より前に，また，その後に加盟した国がEU加盟日より前に，第三国と締結した国際協定(国連憲章が含まれる)から発生する権利義務は，基本条約の規定により影響を受けないとしている．それは第一次法からの一定の逸脱が許容されうることを意味する．しかし，それにもかかわらず，司法裁判所によれば，EU法秩序の基礎そのものを成すEUの諸原則すなわちEU条約第2条の規範的価値からの逸脱を認めるものと理解することはできない*17．これは，EU基本条約の改正の限界を示すものともいえる*18．

第3節　基本条約およびEU基本権憲章

EU条約およびEU機能条約はEUの基本条約である．EU条約(本文55カ条)には(詳細な規定を置く共通外交・安全保障政策第V編を除く)総則的規定が定められる一方，EU機能条約(本文358カ条)には各則的規定が中心に置かれている．EU条約およびEU機能条約は「同一の法的価値」(TEU1-3, TFEU1(2))を有する．さらに，両条約の37の附属議定書(Protocols)および2つの附属書(Annexes)は，両条約の構成要素を成している(TEU51)．他方，リスボン条約を採択した政府間会議の最終議定書(the Final Act)に附属する宣言とし

て，全加盟国に共通の理解や解釈を示す(イ)「両条約規定に関する宣言」および(ロ)「両条約附属議定書に関する宣言」が計50，ならびに，(ハ)関係国の意思のみを示す「加盟国による宣言」が15存在する．(ハ)は基本条約の構成要素ではなく，法的拘束力を有しないが，(イ)と(ロ)はEU司法裁判所が両条約を解釈するさいに(少なくとも両条約に抵触しないかぎりにおいて)考慮に入れることができる[*19]．

また，EU基本権憲章(第9章第2節)は，2009年12月1日のリスボン条約発効前において成文の第一次法としての法的拘束力を有しなかったが，それにもかかわらず，「重要な法源として(as a material source of law)」，EUレベルで保障される基本権に関して解明を与えるものであった[*20]．リスボン条約発効後，それはEU条約およびEU機能条約と「同一の法的価値」(TEU6(1))を付与されている．EU司法裁判所も憲章が両条約と「同一の法的地位」を有するとしている[*21]．そのため，憲章はEU司法裁判所によりEU派生法の適法性を判断するために用いられ，憲章違反がある場合にはEU派生法は無効とされる[*22]．

第4節　法の一般原則

1. 法の一般原則の機能

EUにおける法の一般原則とは，EU司法裁判所が依拠する不文原則(成文化されることもある)の総体であり，次の3つの機能を果たすものである．第1に条約制定者またはEU立法者により残された法規範上の欠落を埋めるために用いられる．第2に解釈の補助に使用され，EU法およびEU法の範囲内にある国内法は法の一般原則に照らして解釈される．第3にEU立法等の司法審査で用いられ，法の一般原則に反するEU法は「条約又はその適用に関する法規の違反」(TFEU263-2)を構成し[*23]，EU司法裁判所において取消訴訟(第4章第5節)により無効とされる．また，EU法の範囲内にある国内法が法の一般原則に反する場合は，国内裁判所において適用排除される[*24]．法の一般原則は(第2および第3の機能において)「憲法的地位」を有する[*25]．

また，法の一般原則には，たとえば基本権のようにEU立法を採択するさい

にも従うべき憲法的性格を有する場合と，たとえば聴聞の権利(公の機関が行う決定により自己の利益が影響を受ける者に対し，自己の見解を表明する機会が付与されなければならない)のように，EU立法に曖昧さや欠落がある場合に行政上の指針を与える行政法的性格を有する場合がある．なお，比例性原則や差別禁止原則のように，状況に応じて両者の側面を併せ持つ場合もある*26．

2．法の一般原則の源

EU条約第19条1項において，EU司法裁判所は「両条約の解釈及び適用において法の遵守を確保する」と規定されている．これは，EU司法裁判所がEU法の解釈および適用において法の一般原則に依拠することができることを示していると解釈される*27．

また，EU条約第6条3項には，法の一般原則に関する判例法を成文化するものとして，「[欧州人権条約]により保障され及び加盟国に共通の憲法的伝統に由来する基本権は，一般原則として連合法の一部を成す」と規定されている．また，EU基本権憲章(TEU6(1))にも法の一般原則が反映されている*28．他方，誠実協力原則(TEU4(3))，補完性原則(TEU5(3))，比例性原則(TEU5(4))，機関間均衡原則(TEU13(2))，差別禁止原則(TFEU18)のように(第1章第2節5，第2章第1節，本節3，4)，憲法的な法の一般原則が直接に明文化されている場合もある*29．

司法裁判所は，Brasserie du Pêcheur/Factortame III 事件(1996年)において，加盟国のEU法違反に対する損害賠償責任について，基本条約に明文の規定がないにもかかわらず，EUの損害賠償責任の場合に依拠する「加盟国の法に共通の一般原則」(TFEU340-2)を援用し，次のように判示している．

「[基本]条約が加盟国による[EU]法違反の帰結を明示的かつ個別に規律する規定を含んでいないため，[基本]条約の解釈及び適用において法が遵守されることを確保するという[EU条約第19条1項]により付与された任務を遂行する際に当裁判所は，特に[EU]法制度の基本原則，及び，必要ならば加盟国の法制度に共通の一般原則を参照することにより，一般に受け容れられている解釈方法に従い，かかる問題について判断を行う．*30」

EU司法裁判所が法の一般原則を導出するさいの「加盟国の法に共通の一般

原則」にいう「共通性」とは，アヴォカジェネラル Lagrange の意見によれば，以下のとおりである．

「このようにして，司法裁判所の判例法は，設立条約の適用に関する法規を適用するために国内法を援用する限りにおいて，異なる国内的解決の間の多少とも算術的な「公分母」に依拠することに甘んじるのではなく，設立条約の諸目的を顧慮して，加盟国の各々から最良，又は，この表現を使ってよいならば，最も進歩的に思われる解決策を選び出すのである．[31]」

このように，EU 司法裁判所は「加盟国の法に共通の一般原則」に依拠する場合，必ずしも文字通りの「共通性」ではなく，EU 法制度に最も適合したものを選択するという意味で比較法的アプローチを採用している[32]．また，「加盟国の法に共通の一般原則」に必ずしも明示的に言及することなく，法の一般原則を承認することもある．法の一般原則の存在または内容が自明ではない場合には，加盟国法や加盟国が署名した条約を明示的に参照する．たとえば，AM & S 事件(1982 年)において司法裁判所は，弁護士と依頼人との間の信書の秘密という原則について加盟国法を参照のうえ，その原則が共通の基準として依頼人の防禦の権利のために存在し，かつ，社内弁護士でない独立の弁護士の場合に保護されるとした[33]．

また，Mangold 事件(2005 年)では，司法裁判所は「様々な国際文書及び加盟国に共通の憲法的伝統」に依拠して「年齢に基づく差別の禁止という原則は，それゆえ，[EU]法の一般原則とみなされなければならない」としている[34]．ところが，年齢差別禁止の原則を憲法で認めているのは 2 カ国にとどまり，また，加盟国が署名国となっている国際文書は一般的に平等原則に言及するものの，年齢という特定の理由に基づく差別の禁止には触れていない[35]．それにもかかわらず，司法裁判所が年齢差別禁止の原則を法の一般原則として認めたのは，(リスボン条約発効により法的拘束力を付与される前の時点であったが) EU 基本権憲章が「加盟国に共通の憲法的伝統」に由来する権利を確認するものであり(憲章前文第 5 段)，その第 21 条 1 項に年齢に基づく差別の禁止が規定されているからであると考えられる[36]．

3. 差別禁止

司法裁判所によれば,「同種の状況は異なる扱いを受けてはならず, また, 客観的に正当化されない限り, 異なる状況は同一の扱いを受けてはならない」[37]. また,「男女平等待遇指令」76/207 について「[EU]法の基本原則の一つである平等原則の関連分野における表明にすぎない」[38] とされているとおり, 差別禁止(平等)が EU 法の一般原則とみなされている. それは, EU が依拠する価値の一つであり(TEU2), EU 基本権憲章にも規定されている(第 20～26 条).

法の一般原則としての差別禁止は, 基本条約の中で特定分野においても明文化されている. 第 1 に加盟国籍に基づく差別の一般的禁止(TFEU18)であり, また, 労働者の自由移動, 開業の権利およびサービスの自由移動という個別分野でも国籍に基づく差別の禁止が規定されている(TFEU45, 49, 56, 57). 第 2 に性, 人種的もしくは民族的出身, 宗教もしくは信仰, 身体障害, 年齢または性的志向に基づく差別を撲滅するための措置を採択する根拠となる規定が置かれている(TFEU19). 第 3 に男女平等に関する規定である. すなわち, (イ)EU の目的規定の中に男女平等が挿入されている(TEU3(3)). (ロ)EU はすべての活動分野において男女間における不平等の撤廃および平等の促進を目指すものとされている(TFEU8). (ハ)性差別の禁止として, 同一労働または同価値の労働に対する男女平等報酬の原則, 雇用および就業における男女の機会平等および平等待遇の原則を適用するための措置の採択, 積極的優遇措置の許容が規定されている(TFEU157). 第 4 に農業共同市場における生産者または消費者の間のすべての差別の排除が規定されている(TFEU40(2))[39].

4. 比例性原則

比例性原則については, すでに第 1 章 2 節において説明している. EU 機能条約第 296 条 1 段によれば,「両条約が採択されるべき行為の種類を特定していない場合, 諸機関は適用可能な手続及び比例性原則に従い, 個別案件ごとにそれを選択する」(傍点筆者). これは, 比例性原則により制御される「手段の階層」(Mittelhierarchie)が存在することを意味する[40]. すなわち, EU の直接的規制より補充的行動(TFEU2(5), 6), 各国法の調和より加盟国の措置, 直接適

用される「規則」(TFEU288-2)より国内実施を必要とする「指令」(TFEU288-3)が優先されることになる*41.

EU司法裁判所は比例性原則に基づき，EUと加盟国との間の権限のバランスを考慮する際，限定的な審査を行うにとどまるとされる*42. 司法裁判所によれば，EU立法者は「政治的，経済的及び社会的選択」を伴い，「複雑な評価」を行うことが求められる分野において「広範な裁量権」が認められなければならないこと，また，そのような分野で採択されたEU措置は「所轄機関が追求しようとしている目的を考慮して明白に不適切な場合にのみ」，その適法性が影響を受ける*43.

比例性原則は，EU諸機関だけでなく，加盟国がEU法を実施する場合に裁量権を行使するとき*44, また，物・人・サービス・資本の自由移動規定からの適用除外を正当化するときのように加盟国がEU法の範囲内で行動する場合*45にも適用される*46.

5. 法的安定性および正当な期待の保護

法的安定性とは，法令は明確でなければならず，その適用が利害関係者にとって予見可能でなければならないということを意味する．司法裁判所は，Gondrand Frères事件(1981年)において，農業補助金の算定を目的とするチーズの共通関税の分類に関する問題に関し，「法的安定性の原則に基づき，納税者に課徴金を課す規範は，同人が自己の権利義務が何であるかを正しく知り，それに従って行動をとることができるよう明確かつ精確であることが求められる」*47としている．

正当な期待の保護は法的安定性の一つの帰結であり，当該法令に基づいて誠実に行動する者は自己の期待を裏切られるべきではないということを意味する．たとえば，Mulder事件(1988年)において，「規則」により5年間の牛乳生産中止と引き換えに金銭補償を受け取った畜産業者が同期間の終了後に牛乳生産を再開しようとしたところ，同期間終了の前年の生産量を基準とする生産割当制が導入されていたため，その業者が生産割当を取得できなかった．本件判決で司法裁判所は，そのような業者は「自己の約束の満了時に，まさに[EU]規定により提供された可能性を利用したゆえに同人に格別の影響を及ぼす制限に服

さないことを正当に期待できる」*48 とした*49.

第5節　国 際 法

1. 国際法と EU

EU はその権限の行使において国際法を尊重しなければならない*50. EU 条約第21条1項には，EU の対外的行動における「国際連合憲章及び国際法の諸原則の尊重」が明文化されている. EU 司法裁判所は，EU 法を解釈適用するさい，慣習国際法*51(1969年ウィーン条約法条約，1986年ウィーン国際機構条約法条約を含む*52)および国際法原則*53 を考慮に入れる*54. このように，それらも「[EU]法秩序の一部」であり，EU 法の法源となっている*55.

2. EU が締結した国際協定

(1) 国際協定の法的拘束力

EU は1またはそれ以上の第三国または国際機構と国際協定(条約)を締結することができる(TFEU216(1), 218). EU が締結した国際協定は，EU 諸機関および加盟国を拘束する(TFEU216(2)). EU により締結された国際協定は効力発生時より「[EU]法の不可欠の一部を成す」*56. また，国際協定の規定のみならず，国際協定により設置された機関(「連合協定」(TFEU217)に基づき設置される「連合理事会」など)により採択される措置も効力発生時に「[EU]法秩序の不可欠の一部」となる*57. さらに，国際協定が独自の裁判所制度を設立し，締約当事者間の紛争解決を行い，同協定の規定を解釈する管轄権を付与しているような場合，(それが EU 条約第19条1項(第4章第1節1, 第2節1, 本章第4節2)に適合していることを条件として)そのような裁判所の決定は，EU 司法裁判所を含む EU 諸機関に対して拘束力を有する*58.

(2) 加盟国により締結された国際協定が EU を拘束する場合

EU ではなく加盟国により締結された国際協定であっても，EU をも拘束する場合が2つある. 第1に，EU が基本条約に基づき，当該協定が適用される分野において加盟国が以前に行使していた権限を引き受ける場合である. 世界貿易機関(WTO)が成立する前における1947年「関税及び貿易に関する一般

協定」(GATT)がこれに該当する*59. 第2に，基本条約自体にEUが当該協定に従って自己の権限を行使しなければならない旨規定している場合である.「難民の地位に関する1951年7月28日付ジュネーヴ条約及び1967年1月31日付議定書並びに他の関連条約」がこれに当たる(TFEU78(1))*60.

(3) 派生法に対する優越

EU法秩序の「規範の階層」において，国際協定は派生法(第二次法)より上位に位置し，優越する*61. そのため，派生法は，可能な限り，国際協定に適合して解釈されなければならない*62. 派生法が国際協定に反するならば取り消されることがある*63. しかし，EUを法的に拘束する国際協定であっても，基本権を含むEU第一次法に優越することはできない*64. 他方，EUにより締結された国際協定は加盟国を拘束し，国内法に優越する*65. EUと加盟国が共同で締結する混合協定の場合，EU権限の範囲内にある規定が国内法に優越する*66. 国際協定の優越は共通外交・安全保障政策(CFSP)の分野においても該当するが，EU司法裁判所の管轄が限定されているため(TEU24(2), 40, TFEU275)，遵守確保が課題となる*67.

3. 加盟国が締結した国際協定

(1) 加盟国が締結した国際協定とEU法

EUの原加盟国については欧州経済共同体(EEC)条約の発効後，また，その後の新規加盟国については加盟条約の発効後，EUの排他的権限に当たらない事項において加盟国が第三国や国際機構と協定を締結することは，EU基本条約により妨げられない. しかし，誠実協力原則(TEU4(3))(第6章第2節1)により，加盟国はEU法を損なうことがないように協定締結権限を行使する義務を有する*68. 他方，EUの排他的権限に当たる事項について第三国や国際機構と協定を締結することはできない. ただし，EUからの特別の授権がある場合は可能である.

(2) 欧州経済共同体(EEC)条約の発効前に加盟国が締結した協定

EU機能条約第351条1段には，EUの原加盟国については欧州経済共同体(EEC)条約の発効前，また，その後の新規加盟国については加盟条約の発効前に加盟国が締結した協定(以下，旧協定)とEU基本条約との関係について，

次のように規定されている．

「1958年1月1日より前又は加盟する国家については加盟日より前に，一方において1又はそれ以上の加盟国及び他方において1又はそれ以上の第三国との間に締結された協定から発生する権利及び義務は，両条約により影響を受けない．」

この規定により，加盟国は第一次法を含むすべてのEU法規範からの適用除外を認められることになる*69. ただし，司法裁判所は，前掲Kadi事件上訴審において，次のように判示している．

「[EU機能条約第351条]は，[EU]措置の基本権との整合性に関する[EU]司法部による適法性審査とともに基本権保護を包含する[EU]法秩序のまさに基礎そのものの一部を成す原則に対する挑戦を決して許容するものではあり得ない．*70」

このように，第351条1段によってもEU法秩序の基礎を成す原則からの逸脱は許されない．そのような場合を除き，EU法と旧協定に由来する国際的義務との間に抵触が生じる場合，加盟国は第351条1段により当該国際的義務に従うことを認められる．同様に，加盟国が旧協定に基づく国際的義務を遂行するために必要な国内法規定は，EU法規定に抵触するとしても適用されうる*71. しかし，第351条1段の適用には重大な制約が2点存在する．第1に加盟国は，旧協定からEU法に反して他の加盟国に対する権利を引き出すことはできない*72. 第2に旧協定から生じる権利の性格を変更する効果を得ることはできない*73.

他方，EU機能条約第351条2段には，次のように規定されている．

「かかる協定が両条約に適合しない限りにおいて，当該加盟国又は加盟国群は確認された不適合点を除去するためにすべての適切な手段を用いる．必要な場合，加盟国はその目的を達成するため相互に支援を提供し，及び，適切な場合には共通の態度をとる．」

この規定に基づき，当該加盟国は旧協定を基本条約に適合させるため交渉を始めなければならない．そのような交渉が不調に終わる場合，当該加盟国は可能ならば旧協定を破棄しなければならない*74. 当該加盟国は，不適合点を除去するために必要なすべての手段をとらない場合，EU法に基づく義務に違反することとなる．その場合でも旧協定は，第351条1段に基づき（第三国の権利を保護するため），引き続き適用される*75.

最後にEU機能条約第351条3段によれば,「第1段にいう協定を適用する際,加盟国は,両条約の下で各加盟国により付与されている利益が連合の設立の不可欠の一部を成し,並びに,それにより共通諸機関の創設,それらに対する権限付与及び他のすべての加盟国による同一の利益の付与と不可分に結び付いているという事実を考慮に入れる」よう求められている.

4. 国連憲章

EU加盟国が国連憲章に基づく義務(たとえば,平和の脅威等に関する行動を定める国連憲章第Ⅶ章に基づき採択される安全保障理事会の決議)を優先して履行しなければならない場合,関連する権限がEUに委譲されていると主張して当該義務を免れることはできない(国連憲章第48条2項,第103条).そのような場合には,先述のEU機能条約第351条1段が適用される[76]. EU加盟国はすべて国連に加盟し,国連憲章上の義務に拘束されることから,EU自体もそれに拘束されるかという問題が生じる.前掲Kadi事件上訴審ではそれが争点となった.司法裁判所は国連憲章がEU第一次法および基本権に優越することを認めず[77],憲章第Ⅶ章に基づく国連安保理決議を履行するために採択された行為であってもEU司法裁判所はEUのすべての行為の適法性を審査しなければならないとした[78].

第6節 派 生 法

1.「法令行為」の類型と階層

EU派生法は,基本条約上,「法令行為」(legal acts)と総称される(第3章第1節2). EU機能条約第288条1項には「連合の権限を行使するため,諸機関は規則,指令,決定,勧告及び意見を採択する」と規定され,EUの「法令行為」の類型として「規則」(regulations),「指令」(directives),「決定」(decisions),「勧告」(recommendations)および「意見」(opinions)が列挙されている.「規則」「指令」および「決定」において,それ自体に階層は存在しない[79]. いずれの類型を選択するかについては,基本条約が採択される「行為」の類型を指定している場合はそれに従い,それ以外の場合は当該手続および比例性原

則(第1章第2節5(2),本章第4節4)に従ってケース・バイ・ケースで選択される(TFEU296(1))．ただし，「立法行為」(legislative acts)に関しては当該立法手続に規定されていない類型の「行為」を採択してはならない(TFEU296(3))[80]．

EU機能条約における「法令行為」の類型として，第1に「立法行為」としての「規則」「指令」「決定」がある．第2に「非立法行為」(non-legislative acts)として「委任行為」(delegated acts)および「実施行為」(implementing acts)がある．「委任行為」には「委任規則」「委任指令」「委任決定」が存在し，「一般的適用性を有する非立法行為」(non-legislative acts of general application)の性格を伴う．また，「実施行為」には「実施規則」「実施指令」「実施決定」が存在し，「法的拘束力を有する連合の行為のための一律の条件が必要とされる場合」(TFEU291(2))に用いられる(第3章第3節，第4節3, 4)．

「法令行為」は，その制定にあたって根拠となる理由が添付されなければならない(TFEU296(2))．その義務は「本質的な手続的要件」(TFEU263-2)を構成し，理由添付が不十分な場合は当該行為はEU司法裁判所により取り消される[81]．「立法行為」(規則，指令，決定)は「欧州連合官報」(the Official Journal of the European Union)に公表され，それが定める日または定めがない場合には公表後20日目に効力が発生する(TFEU297(1))．また，「非立法行為」のうち「規則」「指令」および名宛人を特定していない「決定」の形式で採択されたものも，官報に公表され，「立法行為」と同様に効力が発生する．さらに，これら以外の「指令」および名宛人を特定している「決定」はその名宛人に通知され，その通知により効力が発生する(TFEU297(2))．それらの「指令」および「決定」ならびに「勧告」および「意見」なども，通常は官報に公表される[82]．

2．規　則

「規則は一般的適用性を有する．規則はそのすべての要素について義務的であり，かつ，すべての加盟国において直接適用可能である．」(TFEU288-2)

第1に「一般的適用性を有する」とは，「客観的に決定される状況に適用可能であり，かつ，一般的及び抽象的な仕方で目される人の類型(categories of persons)に対して法的帰結を伴う」ことを意味する[83]．

第 2 に「すべての要素について義務的」であるとは，後述する「指令」と異なり，ある状況を網羅的かつ必要な場合には精確なルールの下に置くよう意図されていることを意味する*84.

第 3 に「直接適用可能」(directly applicable)であるとは，「規則」を国内法に編入または置換するための国内立法を必要としないこと，つまり自動的に加盟国法秩序の一部となることを意味する*85(直接効果(direct effect)との異同については第 7 章第 1 節 1 参照)．したがって，Zerbone 事件(1978 年)判決によれば，加盟国は「規則」の「[EU]的性格およびそれより生じる帰結が関係者から隠蔽されるような措置を採択してはならず，また，立法権を有する国内機関にそのような措置を採択することを認めてはならない*86」．ただし，「規則」の規定によっては，「その実施のために，加盟国による適用措置の採択を必要とする」ことがありうる*87.

なお，「規則」は，制裁の規定を含んでいる場合，EU 司法裁判所に制裁に関する「無制限の管轄」を付与することができる(TFEU261)．EU 司法裁判所は，コミッションにより科された制裁金について取消，減額または増額を行うことができる*88．そのような「規則」の例として，EU 競争法の手続を定める「規則」1/2003*89(第 31 条)がある．

3. 指　令

「指令は，達成すべき結果につき名宛人たるすべての加盟国を拘束するが，形式及び手段についての権限は国内機関に委ねる．」(TFEU288-3)

「指令」は，通常，すべての加盟国を名宛人とする．例外的に 1 加盟国のみを名宛人とする場合もありうる*90.

「指令」は「規則」のように「直接適用可能」ではなく，国内実施される必要がある(指令の直接効果については第 7 章第 1 節 5(2)参照)．「指令」を実施するための「形式及び手段」に関して加盟国に任された選択の余地は，達成されるべき結果すなわち目的に依存する．目的によっては，加盟国の裁量の余地がほとんどなくなることもある．たとえば，Enka 事件(1977 年)における税関手続規定の調和のように，「絶対的な同一性を確保すること」が必要な場合，当該「指令」の関連規定は，各加盟国の実施のための法令においてまったく同一に

再生されなければならない*91.

Commission v Italy 事件(2001年)判決によれば，加盟国が「指令」を国内実施するさい，「指令の規定は，疑問の余地のない拘束力，並びに，法的安定性の要件を充たすために必要な特定性，精確性及び明確性を備えて実施されなければならない」のであって，「単なる行政的実行(administrative practices)では，本来的に当局の意のままに変更可能であり，また，適切に周知されないため，[基本]条約に基づく加盟国の義務を適正に達成しているとみなすことはできない」*92.

他方，「指令」の実施は，必ずしも加盟国による立法措置を必要としない. Commission v Germany 事件(1985年)において，司法裁判所は次のように判示している.

「特に，憲法又は行政法上の一般原則により国内機関が実際に指令を十分に適用すること，並びに，指令が私人のための権利を創設するよう意図されている場合にはそれらの原則から生じる法的立場が十分に精確かつ明確であり，関係者に自己の権利が十分に周知され，及び，必要な場合には国内裁判所において自己の権利に依拠する可能性を付与されることが保障されるならば，そのような原則の存在は特定の立法による実施を無用なものとする*93」.

なお，「指令」の規定が，加盟国とコミッションとの間の関係のみに関わる場合，原則として国内法に置換される必要はない*94.

4. 決 定

「決定は，そのすべての要素について義務的である．決定は，名宛人を指定する場合，同人に対してのみ義務的である．」(TFEU288-4)

「決定」が「そのすべての要素について義務的である」とは，達成されるべき結果だけでなく，そのために必要な形式および手段も定めていることを意味する*95(「決定」の直接効果については第7章第1節6参照). 特定の加盟国や私人を名宛人とする「決定」は，その特定の名宛人のみを拘束する個別的範囲の措置であり，諸機関の執行行為のための手段を意味する．たとえば競争法規範の遵守を監督するさい，コミッションは関係事業者および加盟国を名宛人とする「決定」を採択する(TFEU105(2), 106(3)). なお，すべての加盟国を名宛人と

する「決定」は,「立法行為」を構成することがしばしばである.

他方, 名宛人を指定していない「決定」は, 通常, 適用範囲が一般的であることを意味する. それは改正前にも使用されていたが, リスボン条約による改正で明文化された. たとえば, 基本条約の規定に基づき「立法行為」を採択する場合, 基本条約の一定の規定を改正する場合(TFEU48(7)), 欧州議会の直接選挙制度に関する「決定」*96 のように組織法的性格のルールを採択する場合, 諸機関が手続規則を定める場合*97, 国際協定の締結を行う場合(TFEU218(4)(5))などに使用される*98. なお, 共通外交・安全保障政策(CFSP)において使用される「決定」の場合,「立法行為」の採択は除外される(TEU25, 31(1)).

5. 勧告および意見

「勧告及び意見は拘束力を有しない」(TFEU288(4)). Grimaldi 事件(1989年)判決によれば, 勧告はそれが向けられている者について拘束ある効果を発生させることが意図されておらず,「一般に, [EU]諸機関が拘束力ある措置を採択する[基本]条約上の権限を有しない場合またはそれ以上に義務的な規範を採択することは適切ではないとみなす場合に採択される」. しかし一方で,「国内裁判所は, 特に勧告を実施するために採択された国内措置の解釈を明確化する場合又は勧告が[EU]の拘束力ある規定を補充するよう意図されている場合には, 自己に付託された紛争に決定を下すために勧告を考慮に入れなければならない*99」.

6. その他の名称の行為

EU 諸機関は, EU 機能条約第288条に列挙された以外の名称を有する「行為」を採択することがある. それには基本条約に規定がある場合とない場合がある. 前者の例として, EU 機能条約第295条の「拘束的性格」を有する「機関間協定」(interinstitutional agreements)や同第6条3項の「指針」(guidelines)などがある. また, 後者の例として「決議」(resolutions),「宣言」(declarations),「総括」(conclusions)などがある. このように, 様々な「行為」が存在するが, 法的拘束力を有する規範として採択されることが意図されている場合には, 名称にかかわらず, そのような法的効果を発生する*100.

第 7 節 　 判 例 法

　EU 法秩序において EU 司法裁判所の判例法は，重要な法源を構成する[*101]．しかし，EU 司法裁判所は自己の先例に拘束されるとはみなしていない．個々の判決の拘束力の範囲は，既判力（*res judicata*）の原則に基づく．すなわち，判決の拘束力は相対的であり，同一の当事者ならびに訴訟原因および訴訟主題に対して適用されるにとどまるとされる[*102]．

　一方，EU 司法裁判所の判決は先例として事実上の拘束力を有する．EU 司法裁判所は判決の中で「当裁判所が一貫して判示しているように」または「十分に確立された法である」という形で先例に言及する．このようにして，権威を有する確立された原則から容易には逸れようとはしない[*103]．また，先決判決における司法裁判所の解釈は，先決付託を行った以外の国内裁判所も依拠することができる．

リーディング・リスト
第 6 章および第 7 章のリストを参照されたい．

注

* 1　Alan Dashwood, Michael Dougan, Barry Rodger, Eleanor Spaventa and Derrick Wyatt, *Wyatt and Dashwood's European Union Law*(6th ed.), Hart Publishing, 2011, p. 23.
* 2　Koen Lenaerts and Piet Van Nuffel, *European Union Law*(3rd ed.), Sweet & Maxwell, 2011, pp. 821-825.
* 3　Allan Rosas and Lorna Armati, *EU Constitutional Law : An Introduction*, Hart Publishing, 2010, p. 46.
* 4　Alina Kaczorowska, *European Union Law*(2nd ed.), Routledge, 2011, pp. 213-217.
* 5　Koen Lenaerts and Piet Van Nuffel, op. cit. *supra* note 2, p. 753.
* 6　Cases C-402 & 415/05 P *Kadi* [2008] ECR I-6351, para. 305.
* 7　Allan Rosas and Lorna Armati, op. cit. *supra* note 3, p. 42.
* 8　*Kadi*, cited *supra* note 6, para. 304.
* 9　Klemens H. Fischer, *Der Vertrag von Lissabon*(2. Auflage), Nomos, 2010, S. 132.
* 10　Rudolf Geiger, Daniel-Erasmus Kahn und Markus Kotzur, *EUV/AEUV*(*Vertrag über die Europäische Union und Vertrag über die Arbeitsweise der Europäichen Union*)*Kommentar*, Verlag C. H. Beck, 2010, S. 14, 15.
* 11　*Ibid.*, S. 15.
* 12　本章第5節3(2)参照.
* 13　「加盟国は，公の秩序に影響を及ぼす重大な国内の騒擾の際，戦争若しくは戦争の脅威を成す重大な国際的緊張の際又は平和の維持及び国際的安全保障のために受諾した義務を履行するために，加盟国が採るよう求められる措置により域内市場の機能が影響を受けるのを防ぐために必要とされる策を共に講じる目的で，相互に協議する.」
* 14　*Kadi*, cited *supra* note 6, para. 304.
* 15　Allan Rosas and Lorna Armati, op. cit. *supra* note 3, p. 43.
* 16　EU機能条約第347条(前掲注13)も同様に解される(*Ibid.*).
* 17　*Ibid.*
* 18　*Ibid.*, p. 38, 39.
* 19　Koen Lenaerts and Piet Van Nuffel, op. cit. *supra* note 2, p. 824.
* 20　Opinion of AG Kokott delivered on 8 September 2011 in Case C-17/10 *Toshiba*, nyr, para. 108.
* 21　Cases C-297 & 298/10 *Hennigs*, judgment of 8 September 2011, nyr, para. 47.
* 22　Sara Iglesias Sánchez, "The Court and the Charter: The impact of the entry into force of the Lisbon Treaty on the ECJ's approach to fundamental rights", *Common Market Law Review*, Vol. 49, No. 5, 2012, pp. 1565-1611 at 1581, 1582.

*23 Koen Lenaerts and Piet Van Nuffel, op. cit. *supra* note 2, p. 851.
*24 Koen Lenaerts and Jose A. Gutiérrez-Fons, "The Constitutional Allocation of Powers and General Principles of EU law", *Common Market Law Review*, Vol. 47, No. 6, 2010, pp. 1629-1669 at 1629.
*25 Case C-101/08 *Audiolux* [2009] ECR I-9823, para. 63.
*26 Koen Lenaerts and Piet Van Nuffel, op. cit. *supra* note 2, p. 851, 852
*27 *Ibid.*, p. 825.
*28 Koen Lenaerts and Jose A. Gutiérrez-Fons, op. cit. *supra* note 24, p. 1655, 1656.
*29 Koen Lenaerts and Piet Van Nuffel, op. cit. *supra* note 2, p. 853, 854.
*30 Cases C-46 & 48/93 *Brasserie du Pêcheur / Factortame III* [1996] ECR I-1029, para. 27.
*31 Opinion of Advocate General Lagrange in Case 14/61 *Hoogovens v High Authority* [1962] ECR 253 at 283, 284.
*32 Koen Lenaerts and Jose A. Gutiérrez-Fons, op. cit. *supra* note 24, p. 1635, 1654.
*33 Case 155/79 *AM & S v Commission* [1982] ECR 1575, paras. 18-22.
*34 Case C-144/04 *Mangold* [2005] ECR I-9981, paras. 74, 75.
*35 Koen Lenaerts and Jose A. Gutiérrez-Fons, op. cit. *supra* note 24, p. 1654.
*36 *Ibid.*, p. 1655; Wyatt and Dashwood's European Union Law, op. cit. *supra* note 1, p. 334.
*37 Case 106/83 *Sermide* [1984] ECR 4209, para. 28.
*38 Case C-13/94 *P v S* [1996] ECR I-2143, para. 18.
*39 Koen Lenaerts and Piet Van Nuffel, op. cit. *supra* note 2, p. 156, 157.
*40 Christoph Vedder und Wolff Heintschel von Heinegg(Hrsg.), *Europäisches Unionsrecht (EUV|AEUV|Grundrechte-Charta Handkommentar)*, Nomos, 2012, S. 81.
*41 *Ibid.*
*42 Wyatt and Dashwood's European Union Law, op. cit. *supra* note 1, p. 123, 124.
*43 Cases C-453/03, C-11, 12 & 194/04 *ABNA* [2005] ECR I-10423, para. 69.
*44 Case C-239/02 *Douwe Egberts* [2004] ECR I-7007, paras. 40-47.
*45 Cases C-480 to 482, 484, 489 to 491, 497 to 499/00 *Azienda Agricola Ettore Ribaldi* [2004] ECR I-2943, paras. 43, 57, 62-64.
*46 Wyatt and Dashwood's European Union Law, op. cit. *supra* note 1, p. 327, 328. 庄司克宏著『新EU法 政策篇』岩波書店、2013年刊行予定参照。
*47 Case 169/80 *Gondrand Frères* [1981] ECR 1931, para. 17.
*48 Case 120/86 *Mulder* [1988] ECR 2321, para. 24.
*49 Wyatt and Dashwood's European Union Law, op. cit. *supra* note 1, pp. 328-332.
*50 Case C-286/90 *Poulsen* [1992] ECR I-6019, para. 9.
*51 *Ibid.*, paras. 10, 13-16.
*52 Case C-432/92 *Anastasiou* [1994] ECR I-3087, paras. 43, 50.
*53 Case C-135/08 *Rottman* [2010] ECR I-1449, para. 53.

*54　Koen Lenaerts and Piet Van Nuffel, op. cit. *supra* note 2, p. 878, 879.

*55　Case C-162/96 *Racke* [1998] ECR I-3655, para. 46. Alessandra Gianelli, "Customary International Law in the European Union" in E. Cannizzaro, P. Palchetti and R. A. Wessel (eds.), *International Law as Law of the European Union*, Martinus Nijhoff Publishers, 2012, pp. 93-110 at 101-107.

*56　Case 181/73 *Haegeman* [1974] ECR 449, para. 5; Case 104/81 *Kupferberg* [1982] ECR 3641, paras. 11-13.

*57　Opinion 1/91 *Draft EEA Agreement* [1991] ECR I-6079, para. 37.

*58　*Ibid.*, paras. 39, 40. Koen Lenaerts and Piet Van Nuffel, op. cit. *supra* note 2, p. 861, 862, 866, 867.

*59　Cases 21-24/72 *International Fruit Company* [1972] ECR 1219, para. 18.

*60　Koen Lenaerts and Piet Van Nuffel, op. cit. *supra* note 2, p. 862.

*61　Case C-308/06 *Intertanko* [2008] ECR I-4057, para. 42.

*62　Case C-61/94 *Commission v Germany* [1996] ECR I-3989, para. 52.

*63　Case T-115/94 *Opel Austria v Council* [1997] ECR II-39, paras. 122, 123, 135.

*64　*Kadi*, cited *supra* note 6, paras. 285, 308, 309.

*65　*Kupferberg*, cited *supra* note 56, paras. 14.

*66　Case C-239/03 *Commission v France* [2004] ECR I-9325, paras. 23-31.

*67　Koen Lenaerts and Piet Van Nuffel, op. cit. *supra* note 2, pp. 862-864.

*68　Cases C-176 & C-177/97 *Commission v Belgium and Luxembourg* [1998] ECR I-3557, paras. 35-37.

*69　ベルギー，オランダおよびルクセンブルクの間で形成されているベネルクス経済同盟に関する条約もEU基本条約に優先する(TFEU350)。

*70　*Kadi*, cited *supra* note 6, para. 304.

*71　Case C-158/91 *Levy* [1993] ECR I-4287, para. 22.

*72　Case C-478/07 *Budejovický Budvar* [2009] ECR I-7721, paras. 98, 99.

*73　Case 812/79 *Burgoa* [1980] ECR 2787, para. 10. Koen Lenaerts and Piet Van Nuffel, op. cit. *supra* note 2, p. 876, 877.

*74　Case C-62/98 *Commission v Portugal* [2000] ECR I-5171, paras. 49, 50; Case C-203/03 *Commission v Austria* [2005] ECR I-935, paras. 61-64.

*75　*Budejovický Budvar*, cited *supra* note 72, para. 172. Koen Lenaerts and Piet Van Nuffel, op. cit. *supra* note 2, p. 877, 878.

*76　*Ibid.*, p. 881. EU機能条約第347条(前掲注13)も参照．

*77　*Kadi*, cited *supra* note 6, paras. 299, 333-371.

*78　*Ibid.*, paras. 280-327. Koen Lenaerts and Piet Van Nuffel, op. cit. *supra* note 2, pp. 882-884.

*79　Paul Craig and Gráinne de Búrca, *EU Law* (5th ed.), Oxford University Press, 2011, p. 104.

*80 Koen Lenaerts and Piet Van Nuffel, op. cit. *supra* note 2, p. 885.
*81 Case T-38/92 *AWS Benelux BV v Commission* [1994] II-211, paras. 26-36.
*82 Koen Lenaerts and Piet Van Nuffel, op. cit. *supra* note 2, p. 890, 891.
*83 Case 6/68 *Zuckerfabrik Watenstedt v Council* [1968] ECR 409 at 415.
*84 Koen Lenaerts and Piet Van Nuffel, op. cit. *supra* note 2, p. 894.
*85 Case 34/73 *Variolav* [1973] ECR 981, paras. 10, 11.
*86 Case 94/77 *Zerbone* [1978] ECR 99, paras. 26, 27.
*87 Case C-403/98 *Azienda Agricola Monte Arcosu* [2001] ECR I-103, para. 26. Koen Lenaerts and Piet Van Nuffel, op. cit. *supra* note 2, p. 894, 895; Paul Craig and Gráinne de Búrca, op. cit. *supra* note 79, p. 105, 106.
*88 K. Lenaerts, D. Arts and I. Maselis(editor: R. Bray), *Procedural Law of the European Union*(2nd ed.), Sweet & Maxwell, 2006, pp. 447-451.
*89 Regulation 1/2003 on the implementation of the rules on competition laid down in Articles 81 and 82 of the Treaty [2003] OJ L 1/1.
*90 Directive 79/174 concerning the flood protection programme in the Hérault Valley [1979] OJ L 38/18.
*91 Case 38/77 *Enka* [1977] ECR 2203, paras. 10-12.
*92 Case C-159/99 *Commission v Italy* [2001] ECR I-4007, para. 32.
*93 Case 29/84 *Commission v Germany* [1985] ECR 1661, para. 23.
*94 Case C-32/05 *Commission v Luxemburg* [2006] ECR I-11323, para. 35. Koen Lenaerts and Piet Van Nuffel, op. cit. *supra* note 2, pp. 896-899.
*95 Alina Kaczorowska, op. cit. *supra* note 4, p. 227.
*96 たとえば，Council Decision amending the Act concerning the election of the representatives of the European Parliament by direct universal suffrage, annexed to Decision 76/787/ECSC, EEC, Euratom [2002] OJ L 283/1.
*97 たとえば，理事会はEU機能条約第240条3項に基づき，手続規則(Council Decision adopting the Council's Rules of Procedure [2009] OJ L 325/35)を定めている．
*98 Koen Lenaerts and Piet Van Nuffel, op. cit. *supra* note 2, pp. 915-917.
*99 Case C-322/88 *Grimaldi* [1989] ECR 4407, paras. 13, 16, 18.
*100 Case 22/70 *Commission v Council*(*AETR*) [1971] ECR 263, para. 53. Koen Lenaerts and Piet Van Nuffel, op. cit. *supra* note 2, pp. 919-927.
*101 *Ibid.*, p. 932.
*102 A. G. Toth, *The Oxford Encyclopaedia of European Community Law, Vol. 1, Institutional Law*, Clarendon Press, 1990, pp. 464-467.
*103 ディヴィッド・エドワード，ロバート・レイン著(庄司克宏訳)『EU法の手引き』国際書院，1998年，68，69頁．

第6章　EU法秩序と優越性

第1節　EU法秩序の確立

1. 新たな法秩序の創設

1960年代前半，EU法の直接効果および国内法に対する優越性が判例法上確立されたことにより，国家の主権的権利を制限することに基づく新たな法秩序が創設された．そこでは，EU法が国内法とは別に直接，加盟国国民に権利義務を付与することができる．アヴォカジェネラルのLagrangeによれば，EU基本条約は「固有の法制度を創設しているのであり，この法制度は各加盟国の法制度とは別個のものであるが，[EU]諸機関への管轄権の委譲をもたらす一定の明確な条約規定により，部分的に国内法制度に代位している」[*1]．

その後，この新たな法秩序の下で加盟国が主権を制限した範囲は「一層広範な分野に」拡がるとともに，EU基本条約は「国際条約の形式で締結されたにもかかわらず」「法の支配に基づく憲法的憲章」として位置づけられている．このようなEU法秩序の本質的特徴は，「とくに加盟国の法に対する優越性，並びに，各国民及び加盟国自体に適用される一連の規定全体が有する直接効果[*2]」である．

2. Van Gend 事件

EU司法裁判所によりEU法の直接効果の原則が確立されたのは，Van Gend事件(1963年)においてであった．

本件の事実関係は次のとおりである．Van Gend en Loos社は，1960年9月9日，オランダに尿素ホルムアルデヒドを輸入したところ，8%の輸入関税を課された．これは，EEC条約が発効した1958年1月1日の時点におけるより5%高かった．同社は，それが既存の関税や課徴金の引上げを禁止するEEC条約第12条(TFEU30)に反するとして，5%分を払うことに異議を申し立てた．

本件は，アムステルダムの関税委員会(オランダ国内裁判所)で扱われることになったが，同委員会は，EEC条約第177条(TFEU267)の先決付託手続に基づき，EEC条約第12条は加盟国領域内において「直接適用」されるか(直接効果を有するか)，換言すれば，そのような国家の国民は当該条項に基づき，国内裁判所が保護しなければならない個人の権利を主張しうるか否かにつき，司法裁判所に先決判決を求めた．

司法裁判所はEEC条約の直接効果について検討するに当たり，同条約を国際条約として捉えるところから始め，「国際条約(an international treaty; un traité international)の規定がその効果においてそこまで(筆者注—直接効果を有する程度まで)拡張されるかどうかを確定するために，それらの規定の精神，全体的構成及び文言を検討することが必要である」としたうえで，以下のように判示した．

「EEC条約の目的は共同市場を設立することであり，その機能は共同体の管轄に属する者に直接関わっている．この目的は，本条約が締約国間に相互的義務を創設するにとどまる協定以上のものであることを含意している．

この着想は，諸政府にとどまらず諸民を対象とする条約前文，及び，より具体的には主権的権利を備え，その行使が加盟国のみならずその市民にも影響を及ぼす諸機関の創設により確認される．

また，共同体に参集した諸国家の国民は，欧州議会及び経済社会委員会を介してこの共同体の機能に協力するよう求められていることに着目する必要がある．

さらに，国内裁判所による条約の解釈の統一性を確保することを目的とする第177条の枠内における司法裁判所の役割は，国家が共同体法に国内裁判所において国民により援用されることのできる権威を認めていることを確認するものである．

このような事情から，共同体は国際法上の新たな法秩序を構成しており，その法秩序のために加盟国は限られた分野ではあるが自己の主権的権利を制限したのであり，かつ，加盟国だけでなく国民もその主体となっていると結論付けざるを得ない．

それゆえ，共同体法は加盟国法から独立して，私人に義務を創設するのみならず，彼らの法的資産に属する権利を生み出すことも予定されている．

これらの権利は条約により明示的に付与されている場合だけでなく，条約が加盟国及び共同体諸機関のみならず私人に対しても明確に課している義務のゆえにも発

生する.*³」(EEC 条約および条約は EU 基本条約に，共同市場は域内市場に，共同体は欧州連合に，第177条は EU 機能条約第267条に，読み替える.)

　以上のようにして，固有の法秩序における国家主権の制限，個人の法主体性および政治参加，ならびに，固有の司法制度すなわち司法裁判所および先決付託手続に基づく国内裁判所との協力関係による EU 法の統一的解釈の確保を根拠に，基本条約規定が「直接効果を発生し，国内裁判所が保護しなければならない個人の権利を生み出す」ことが認められたのである．とくに EEC 条約第12条(TFEU30)について，同条の文言は「明確かつ無条件の禁止」を含み，また，国内立法措置を条件とするものではないゆえに，「加盟国及び国民の間の法的関係において直接効果を生じる」ことが指摘されている*⁴.

3. Costa v ENEL 事件

　EU 法規定が加盟国法秩序において直接効果を付与されるとしても，たとえばその後に国内法上同等の法律が制定され，EU 法規定と抵触した場合，後法優越の原則が適用されるならば，直接効果は無意味なものとなってしまう．その見地から EU 法の優越性は直接効果の当然の帰結と言うことができる．EU 法の国内法に対する優越性の原則が判例法上確立されたのは，Costa v ENEL 事件(1964年)においてであった．

　本件の事実関係は次のとおりである．イタリア政府は，電力事業を国有化するため，1962年12月6日法律(国有化法)を制定し，イタリア電力公社(ENEL)がその運営にあたることとされた．国有化された電力会社の株主であった Costa 氏は，電気契約者として ENEL からの電気料金の請求に対する異議をミラノの下級裁判所に2件申し立てた．1件は憲法裁判所に移送され，もう1件は憲法裁判所への移送に加えて，先決付託手続(TFEU267)に基づき司法裁判所への付託も行われた．原告は，国有化法が国家援助の禁止や商業的性格の国家独占に関する EEC 条約第88条(TFEU108)，第31条(TFEU37)等に違反する結果，国際機構のために国家が主権を制限することを認めたイタリア憲法第11条に違反すると主張した．憲法裁判所は，EEC 条約を批准した1957年10月14日付法律および国有化法との関係において後法優越の原則が適用されるとし，国有化法を合憲とした．他方，司法裁判所において，イタリア政府は，

本件が国内法上の問題であるとして「絶対的に受理不能」を主張した．これに対し，司法裁判所は次のように判示した．

「通常の国際条約とは異なり，EEC条約は，効力発生時に加盟国の法制度に組み込まれ，かつ，加盟国裁判所が適用しなければならない固有の法秩序を創立した．

実際に，固有の諸機関，人格，法的能力，国際的代表能力，及び，一層特筆すべき点として管轄権の制限すなわち諸国家の権限の共同体への委譲に由来する実在の権力を付与された，期間に定めのない共同体を設立することにより，諸国家は限られた分野においてではあるが自己の主権的権利を制限し，かつ，そのようにして国民及び国家自体に適用可能な法体系を創設したのである．

共同体の法源に由来する規定を各加盟国法に組み入れることにより，また，より一般的には条約の文言及び精神に基づき，当然の帰結として，諸国家が相互主義に基づき受け容れた法秩序よりも事後の一方的な措置を優越させることは不可能となる．このような措置はそれゆえ，その法秩序に対抗することはできない．

共同体法の執行力が実際に事後の国内立法のために国家ごとに異なるならば，第5条2段に示される条約目的の実現を危うくし，かつ，第7条により禁止される差別を生じさせることになろう．

共同体設立条約において引き受けられた義務は，もし署名国の将来の立法行為により疑義が生じるとすれば，無条件のものではなく，単なる状況次第のものとなろう．

一方的に行動する権利が国家に認められる場合，それは特別の明確な条項による(たとえば，第15条，第93条3項，第223～225条*5)．

他方，国家の適用除外の申請は許可手続に服する(たとえば，第8条4項，第17条4項，第25条，第26条，第73条，第93条2項3段，第226条*6)．それは，もし国家が単なる法律により自らの義務を免れることができるとすれば無用なものとなろう．

共同体法の優越は第189条により確認される．同条の文言によれば，規則は「義務的」効力を有し，かつ，「すべての加盟国において直接適用可能である」．

この規定は，いかなる留保も伴っていないが，もし国家が共同体の法文に対抗できる立法行為によりその効果を一方的に打ち消すことができるとすれば，取るに足りないものとなろう．

これらの要素の全体から，条約に由来する法は，自立的な源から生じており，その独創的な固有の性格のゆえに，いかなる国内の法文であれ，それに裁判上対抗することができないとすれば，共同体の性格は失われ，かつ，共同体そのものの法的基礎が疑問視されることになろう．

国家が国内法秩序から共同体法秩序のために条約規定に相応する権利義務を委譲したことは，それゆえ，主権的権利の終局的な制限をもたらすのであり，それに対して共同体の概念と相容れない事後の一方的行為を優先させることはできない．*7」
(EEC条約，共同体設立条約および条約はEU基本条約に，共同体はEUに，第5条2段はEU条約第4条3項3段に，第7条はEU機能条約第18条に，第189条はEU機能条約第288条に，読み替える.)

以上の判決文において，司法裁判所は，EU法秩序の性格として，EU法と国内法がともに同一の市民に適用される2つの補完的な法体系で構成されるシステムであるとみなし，EU法が国内法に優越する根拠として4点挙げている．第1にEU法の自律性と特別な性格という構造的理由である．これは，EU法が国家主権の制限を伴う固有の法制度を形成している点に着目している．第2に相互主義と差別禁止原則に基づく実体的理由である．それは，各加盟国がEU全体のために制定された法により等しく拘束されるために，いずれの加盟国も基本条約上の義務から一方的に逸脱しえないということを意味する．第3に条文に基づく理由である．基本条約にはEU法の優越性に関する明文規定は存在しない．しかし，適用除外に関する明文規定は，基本条約からの適用除外を受ける加盟国の権限が一般原則としてEU法の優越性を確認するものと解釈することができる．また，先決付託手続に基づく司法裁判所の権限は，基本条約によりEUに付与された主権的権利の表明とみなすことができる．第4に優越性は加盟国が共通利益のために実効的に機能する法システムとしてEUを設立したという機能的理由である*8．

4. 優越性，直接適用可能性および直接効果

(1) 優越性，直接適用可能性，直接効果の関係

EU法秩序は「新たな法秩序」，「固有の法秩序」であり，国内法秩序から独立した存在である．他方で，両者はEU法の優越性の下で補完的な関係にある．

EU 法の優越性は，EU 法が「直接適用可能」であること，すなわち，その効力発生の時から国内法の不可欠な一部となることを前提としている*9(第7章第1節1(2))．

他方，EU 法が国内法秩序において「直接適用可能」であるとしても，常に「直接効果」を有するわけではない．後述するように(第7章第1節1(5))，「直接効果」が発生するためには，「無条件かつ十分に明確」という要件を充足することが必要とされる．

さらに，EU 法の優越性とは，直接効果を有する EU 法規定のみが国内法に優越するという意味ではない．前掲 Costa v. ENEL 事件判決において，司法裁判所は「[[基本]条約に由来する法」は国内法規定に優越すると述べ，直接効果の有無により区別していない．また，個人が直接効果を有する EU 法規定に依拠する権利の目的は「国内規定に対する[EU]法規定の優越性を確保すること」であるが，そのような権利は「最低限の保障にすぎず，[基本]条約の全面的かつ完全な履行を確保するにはそれ自体では十分ではない」*10．そのため，直接効果を有しない EU 法規定も直接適用され，国内法において効果を有し，かつ，国内法に優越すると考えることができる．言い換えれば，EU 法の「すべての規範は国内法に対して優越性を有するが，直接効果を有するのはいくつかの規範のみである」*11．直接効果は EU 法がもちうる効果の一つにすぎない．その他の効果として，「指令」が加盟国により実施されていない場合または的確に実施されていない場合における国内裁判所の適合解釈義務，個人が EU 法上の権利を侵害されたときに発生する国家賠償責任などを挙げることができる(第7章第2節1(2)，第3節)．このような場合にも EU 法の優越性が及んでいる*12．

(2) 優越性と国内法に対する効果

EU 法の優越性は，EU 法と国内法とが抵触する場合に適用される抵触規則である*13．それは，国内法が EU 法に抵触する場合，国内法秩序における当該国内法の地位にかかわらず，また，EU 法が第一次法か第二次法かにかかわりなく，常に EU 法が国内法に優先することを意味する*14．

そのため，第1に，国内裁判所は国内法が EU 法と抵触せず適合するように解釈適用しなければならない(第7章第2節1)．

図表 6-1　EU 法の優越性とその効果

```
              EU 法の優越性
    ┌──────────┬──────────┼──────────┬──────────┐
適合解釈義務  抵触排除義務  直接効果   損害賠償責任
```

（筆者作成）

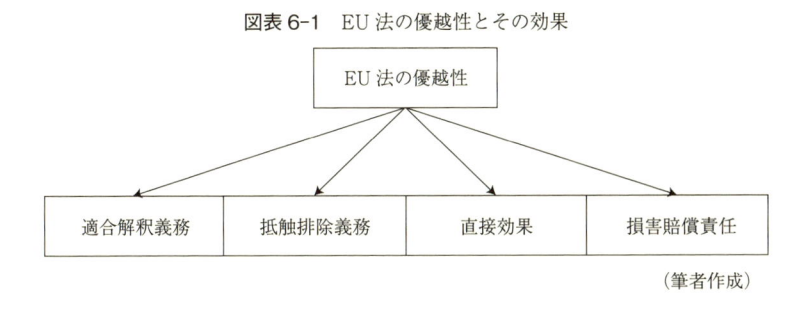

　第 2 に，適合解釈が不可能な場合には国内裁判所（および行政機関等）は EU 法に抵触する国内法を適用排除しなければならない[15]（第 7 章第 2 節 2）．

　第 3 に，EU 法が国内法秩序には存在しなかった権利を私人に付与する場合，それは（後述するように一定の要件を充たせば）直接効果の問題である（第 7 章第 1 節）．これは，私人による，すなわち，主観的（subjective）な権利[16]の創設および遵守確保を意味する[17]．ただし，「直接効果は，最低限の保障にすぎないのであって，［EU］法に依拠する私人にとって必ずしも完全な保護を確保するわけではない」[18]．直接効果により EU 法と国内法との抵触が除去されるだけでなく，EU 法が私人に付与した権利が遵守確保されなければならない[19]．両者を区別するため，優越性が作用する場合は「排除の援用可能性」，また，とくに直接効果が作用する場合は「代替の援用可能性」という用語で説明されることがある[20]．

　第 4 に，加盟国が EU 法に違反した結果として損害が発生した場合，EU 法上の損害賠償責任が発生する（第 7 章第 3 節）．「優越性の尊重は，［EU］法に反する［国内］立法が適用排除されることのみを要求しているのではない．それはまた，過去における［国内立法］の適用から生じる損害が賠償されることも要求する」[21]．以上の点につき，図表 6-1 を参照されたい．

第 2 節　加盟国の誠実協力原則と EU 法の実効性

　EU 法の優越性および直接効果と密接な関係にある原則が，加盟国の誠実協力原則（TEU4(3)）と EU 法の実効性である．また，EU 法の実効性は誠実協力

原則から導き出される．両者は EU 法の性格を理解するために重要な基本的概念である．

1. 加盟国の誠実協力原則

EU 条約第 4 条 3 項には，加盟国の誠実協力原則(the principle of sincere cooperation)として次のように規定されている．

「誠実協力原則に従い，連合及び加盟国は，両条約から生じる任務を遂行するに際し，相互に尊重し，かつ，支援する．

加盟国は，両条約から生じ又は連合諸機関の行為から発生する義務の履行を確保するため，一般的又は特別の適切なすべての措置をとる．

加盟国は，連合による任務の遂行を容易にし，かつ，連合の諸目的の実現を危うくするおそれのある措置をすべて差し控える．」

誠実協力原則とは，EU 基本条約から発生する任務を遂行するに当たり，相互に尊重し，支援する義務を負うことを意味し[22]，EU および加盟国の双方に適用される[23]．とくに「加盟国は，連合の法的拘束力を有する行為を実施するために必要なすべての措置を採択しなければならない」(TFEU291(1))．その結果，誠実協力原則は主として加盟国に適用される．それは，裁判所や地方自治体を含む「加盟国のすべての機関」に対して拘束力を有する[24]．

誠実協力原則は EU における連帯の顕れであり[25]，その下で加盟国は二重の義務[26]を負う．第 1 に基本条約または EU 立法等から発生する義務の履行を確保するため，一般的または特別の適切なすべての措置をとる積極的義務である．また，第 2 に EU の任務遂行を容易にするとともに，EU の諸目的 (TEU3)(第 1 章第 1 節 2)の実現を危うくするおそれのある措置をすべて差し控える消極的義務である．誠実協力原則の内容は，「個々の事案ごとに条約規定又はその全体的構成から派生する法規範による」[27]．他方，そのような二重の義務は EU 諸機関にも適用される．すなわち，EU 諸機関も誠実協力原則に服し，それは相互の関係および加盟国との関係において適用される(TEU13(2))[28]．

誠実協力原則を定める EU 条約第 4 条 3 項それ自体は直接効果を有しないが，当該加盟国が無条件かつ十分に明確な義務に違反した旨申し立てる場合に追加

的な主張として援用可能である*29．なお，誠実協力原則は共通外交・安全保障政策にも準用される*30(TEU24(3))．

EU 司法裁判所は，EU 法上の他の法規範および法制度と結びつけて一連の重要な具体的意味を誠実協力原則から引き出している*31．たとえば，次のとおりである(本章第3節，本節2，第7章第1節5，第3節，第8章)．第1に EU 法の(憲法を含む)国内法に対する優越性である．第2に EU 法の実効性原則である．加盟国は，EU 措置が完全な効力および効果を有するのを妨げる国内措置が排除されるのを認めなければならない．第3に「指令」の直接効果である．第4に国内裁判所の適合解釈義務である．第5に「指令」の実施期間終了前における効果としての加盟国に対する「劣化禁止」義務である．第6に EU 法上の国家賠償責任である．第7に EU 法上の権利の国内的救済における「実効性」および「同等性」の要件である*32．

2. EU 法の実効性

国際法において「実効性」(l'effet utile)とは，第1に条約の規定が何ら効果を有しないのを避けることを可能にする解釈を行うことを意味する．第2に条約の規定をその実際上の効果が弱められないような仕方で解釈することを意味する．第3に条約の規定に最大限の(完全な)効果を付与するのを可能にする解釈を行うことを意味する．この場合，条約の起草者は条約の目的の無欠かつ完全な達成に適合した手段を意図したと想定されている．EU 司法裁判所は，国際法秩序とは異なる新たな法秩序としての EU 法秩序のために，とくに第3の意味でかつ独創的に使用している*33．

実効性には，EU 法そのものの実効性のほかに，EU 法上の権利の救済における加盟国の手続的自律性に対する要件としての(私人の司法的保護に関する)実効性がある．EU 司法裁判所の主要目的は私人の実効的保護(後者)ではなく，EU 法そのものの実効性である．すなわち，EU 法自体の実効性が常にゴールであり，私人の司法的保護に関する実効性は手段である．男女平等待遇に関する「指令」の判例法に見られるように，両者間に一致が見られる場合には後者が強調される傾向がある(第8章第2節2(2))*34．

実効性原則は，EU 法の優越，直接効果を有する EU 法規定に反する国内法

の適用排除,「指令」の直接効果,加盟国のEU法違反に基づく国家責任等に関する判決において,EU司法裁判所により言及されている. たとえばVan Duyn事件(1974年)では「指令」の直接効果を認める根拠として(第7章第1節5(2)①), また, Francovich事件(1991年)ではEU法に違反した加盟国の損害賠償責任の根拠として(第7章第3節2), 実効性に言及している*35.

第3節 EU法の優越性

1. 優越性に関する明文規定の欠如

EU法の国内法に対する優越性を規定する基本条約規定は存在しない*36. 欧州憲法条約(序章第5節3(3))の第Ⅰ-6条には,「本憲法及び連合に付与された権限の行使の際に連合諸機関により採択された法は,加盟国の法に対して優越性を有する」と規定されていた. しかし, 欧州憲法条約は発効することなく終わり, 第Ⅰ-6条に当たる規定はリスボン条約(序章第5節4(2)⑥)で削除された. その代わりに, リスボン条約を採択した政府間会議の最終議定書に「優越性に関する宣言第17号」が附属された(宣言は法的拘束力を有しない*37). そこには次のように述べられている.

「[政府間]会議は,欧州連合司法裁判所の確立された判例法に従い,両条約及び両条約に基づき連合により採択された法が, 上述の判例法により定められた条件の下で, 加盟国の法に対して優越性を有することを想起する.

さらに会議は, [文書番号]11197/07(JUR 260)にあるEC法の優越性に関する理事会法務部見解を本最終議定書に附属書として附属させることを決定した.

「2007年6月22日付理事会法務部見解

共同体法の優越性が同法の基本原則であるということは, 司法裁判所の判例法に由来する. 同裁判所によれば, この原則は欧州共同体の特別な性格に固有のものである. この確立された判例法における最初の判決(Costa/ENEL, 15 July 1964, Case 6/64(1))の時点で, [共同体]条約に優越性は言及されていなかった. それは今日でも依然として同じままである. 優越性の原則が将来の条約に含まれないとしても同原則の存在及び司法裁判所の既存の判例法に何ら変更をきたさない.」(注(1)省略. 本章第1節3参照.)

この宣言は，EU 基本条約およびそれに基づく EU 立法等が「加盟国の法」に対して優越することを確認している．また，優越性が不文原則のままであるとしても EU 司法裁判所の判例法に何ら変更をきたさないとする EU 理事会法務部見解が同宣言に附属されている．しかし，「加盟国の法」が憲法を含むかどうかについては依然として曖昧なままにされている（判例法では明確にされている）．

2. 優越性の範囲——EU 法の絶対的優越性

前掲 Costa v ENEL 事件判決では EU 基本条約とイタリア憲法の優劣関係が問題となったが，司法裁判所は「[基本]条約に由来する法は，自立的な源から生じており，その独創的な固有の性格のゆえに，いかなる国内の法文であれ，それに裁判上対抗することができないとすれば，[EU]の性格を失われ，かつ，[EU]そのものの法的基礎が疑問視される」と述べ，EU 法がいかなる国内法に対しても優越するとした．

司法裁判所は，「規則」とドイツ憲法との効力関係が争点となった Internationale Handelsgesellschaft 事件（1970 年）において次のように述べている．

「共同体諸機関により採択された措置の効力を判断するために国内法上の法規範又は法概念に依拠するならば，共同体法の統一性及び実効性を損なう効果が生じる．そのような措置の効力は，共同体法に照らしてのみ判断することができる．事実，[EEC]条約に由来する法は独立の法源を成しており，まさにその性格のゆえに，どのように構成されようとも国内法規範により覆されるならば共同体法としての性格は奪われ，かつ，共同体自体の法的基礎が疑問視されることは必定である．それゆえ，共同体措置の効力又は加盟国における効果は，それが当該国の憲法に規定されている基本権又は国内憲法構造上の原則に反するという主張によって影響を受けることはない．*38」（共同体は EU に，[EEC]条約は EU 基本条約に，読み替える．）

このように，基本条約規定のみならず，それに基づいて制定された派生法（規則，指令，決定など）であっても，いかなる国内法すなわち加盟国憲法に対してさえ優越するとされている．EU 法の国内法に対する優越性は，EU 法の適用分野においてそれが及ぶ実体的範囲の点で絶対的である．とくにこの点に着目して，EU 法が国内法に対して絶対的優越性を有すると形容されることが

ある*39.

　他方で，同事件で判示されているとおり，EU法の優越性には司法裁判所により自ら内部的制約が課されている．すなわち，「[EU]法に固有の[加盟国憲法に]類似する保障」として「基本権の尊重は司法裁判所により保護される法の一般原則の不可欠の一部を成す」とともに，「かかる権利の保護は，加盟国に共通の憲法的伝統により示唆を受ける一方，[EU]の構造及び目的の枠内で確保されなければならない」*40．また，司法裁判所はその後，全加盟国が署名し，批准した欧州人権条約を参照することも追加して，EUレベルにおいて基本権保護(第9章)に基づく制約があることを認めている*41.

　さらに，司法裁判所はSimmenthal事件(1978年)において，EU法と抵触する国内法の採択時期にかかわらず，EU法が常に優越することを次のように指摘している．

　「共同体法優越の原則に従い，[EEC]条約規定及び直接適用可能な諸機関の措置と加盟国の国内法との関係は，前者の規定及び措置が効力発生によりそれらが各加盟国の領域において適用される法秩序の不可欠な一部となりかつそれに優越する限りで，それと抵触する現行国内法のいかなる規定も自動的に適用不能とするだけでなく，共同体規定に反する限度において新たな国内立法措置の有効な採択を妨げるというものである．*42」（共同体はEUに，[EEC]条約はEU基本条約に，読み替える．）

　EU法は，それと抵触する国内法の採択時期にかかわらず常に優越するため，EU法の国内法に対する優越性は時間的範囲の点でも絶対的である．

3. 優越性を適用する国内機関

　Larsy事件(2001年)判決によれば，「[EU]法優越の原則は，加盟国の下級審裁判所だけでなく，すべての裁判所が[EU]法に完全な効果を付与する義務の下にあるということを意味している」*43．前掲Simmenthal事件では，ある加盟国において憲法裁判所のみが国内法の合憲性について判断を下すことができるとしても，それ以外の国内裁判所は，国内法とEU法との間の抵触の問題が生じた場合，憲法裁判所の事前の判断を待つことなくEU法に即時の効果を付与しなければならないことが示されている*44．この点を司法裁判所は次のよ

うに述べている.

「……自己の管轄の範囲内において共同体法規定を適用するよう求められる国内裁判所は,それらの規定に完全な効果を付与し,必要ならば職権により,たとえ後時に採択されたものであるとしても[共同体法規定に]抵触する国内立法規定を適用することを拒否する義務の下にある.また,国内裁判所は,立法的又は他の憲法上の手段によりそのような規定が事前に無効となるのを求め又は待つ必要はない.」[45](共同体は EU に読み替える.)

他方,裁判所以外の国内機関も同様の義務を有する.すなわち,CIF 事件(2003 年)判決によれば,「[EU]法に反する国内立法を適用排除する義務は,国内裁判所だけでなく行政機関を含むすべての国家機関にも適用される」[46].その例として,ベルギーの「自営労働者社会保険国家機関」(l'Institut national d'assurances sociales pour travailleurs independants)[47],加盟国の競争当局[48]などが挙げられる[49].

4. 加盟国の受容

加盟国(とくに憲法裁判所または最高裁判所)が EU 法の優越性を受容しているか否かについて,次の 4 点から検討することができる.

第 1 に,加盟国は EU がその厳密な権限領域において行動する場合に EU 法の優越性を受け容れているか否か,という点である.一般に加盟国は EU がその厳密な権限領域において行動することを条件に EU 法の優越性を受け容れている.第 2 に,第 1 の点が肯定される場合,加盟国が EU 法の優越性を受け容れる概念的根拠は EU 司法裁判所の判例法にあるのか,あるいは,加盟国憲法規定にあるのか,という点である.加盟国が EU 法の優越性を受け容れる概念的根拠は,ほとんどの場合,EU 司法裁判所の判例法ではなく加盟国憲法規定にある.第 3 に,加盟国の国内法秩序は EU 法優越性の受容に対し,自国憲法または国内法上の基本権に由来する限界を設定しているかどうか,という点である.EU 司法裁判所によれば,憲法を含むすべての国内法に対して EU 法が優越する.しかし,この点は一般に加盟国に受け容れられていない.第 4 に,EU と加盟国との間の権限配分を定める究極的な権限を有するのは誰か,という「権限権限」(Kompetenz-Kompetenz)[50]の問題である.EU 司法裁判所が

図表 6-2　EU 法の優越性をめぐる主要加盟国の受容状況

	フランス	ドイツ	イタリア	イギリス	ポーランド
EU 法優越の受容	条件付肯定	条件付肯定	条件付肯定	条件付肯定	条件付肯定
優越性受容の根拠	憲法 55 条, 88-1 条	憲法 23-1 条, 24 条, 25 条	憲法 11 条	1972 年欧州共同体加盟法	憲法 90 条(1)
優越性受容の限界	憲法への優越は受け容れていない	基本権保護の一般的欠如, 憲法的一体性の確保	憲法への優越は受け容れていない	憲法(秩序)への優越は受け容れていない	憲法への優越は受け容れていない
「権限権限」の所在	国内裁判所(特に憲法院等)	国内裁判所(特に憲法裁判所)	国内裁判所(特に憲法裁判所)	国内裁判所(特に最高裁判所)	国内裁判所(特に憲法裁判所)

(Paul Craig and Gráinne de Búrca, *EU Law* (5th ed.), Oxford University Press, Oxford, 2011, pp. 269-295 に依拠して筆者作成)

基本条約の「解釈及び適用において法の尊重を確保する」ことを規定する EU 条約第 19 条 1 項(第 4 章第 1 節, 第 2 節 1, 第 5 章第 4 節 2)に基づき, 同裁判所は「権限権限」が自らにあるとみなしている. しかし, ほとんどすべての加盟国憲法裁判所または最高裁判所は, EU 司法裁判所の見解を尊重しつつも, 究極的には自国憲法規定に照らして「権限権限」の問題に関する決定を行っている*51[図表 6-2].

第 4 節　EU 法の絶対的優越性の修正

1. 優越性の意味

EU 法が国内法に優越するということは, 国内立法機関に対しては, EU 法に適合しない立法を行うことは禁止されること, また, そのような立法が存在する場合には EU 法に適合するよう修正する義務があることを意味する. 他方, 国内裁判所にとっては, EU 法に抵触する国内法を適用排除する義務があることを意味する*52(第 7 章第 2 節 2). すなわち, 前掲 CIF 事件判決によれば, 「確立された判例法に従い, [EU]法の優越性により, [EU]法規範に反するいかなる国内法規定も, 当該[EU 法規範]の前又は後に採択されたか否かにかかわらず, 適用排除されなければならない」*53.

しかし、国内裁判所に求められているのは、当該国内法規定を無効としたり取り消したりすることではなく、その適用を排除することである点に注意を要する*54. IN. CO. GE. '90 事件(1998年)判決によれば、「事後に採択された国内法規範が[EU]法に適合しない結果、当該国内法規範が存在しなくなるという効果が生じるということは、……Simmenthal事件判決から推論し得ない」*55. その結果、適用排除された国内法は、EU法と適合しない程度においてのみ作用しなくなるが、EU法との不適合が生じない場合や関連性を有しない場合には引き続き適用される*56. 先述したとおり、EU法の優越性は、EU法と国内法が抵触する場合に適用される抵触規則だからである*57.

このように、EU法の優越性には絶対的側面があるとしても、実際の効果については相対的であるといえる。EU法は「諸国家が相互主義に基づき受け容れた法秩序」*58を構成しており、すべての加盟国法秩序において適用されることが意図されているため、加盟国法秩序間における不整合がEU法に優越性を付与することにより解決されるのは理にかなっている。加盟国が憲法に基づき自発的にEU法秩序を受け容れなかったならば、EUは成立しなかったのであるから、階層的な意味におけるEU法の優位すなわちEU法の絶対的優越性は存在しないといえる*59.

2. 国民的一体性条項

EU法の優越性が絶対的ではないことは、EU条約第4条2項すなわち国民的一体性条項にも示されている。そこには次のように規定されている。

「連合は、両条約の前における加盟国の平等、並びに、地域及び地方の自治を含む政治的及び憲法的な基本構造に固有の加盟国の国民的一体性を尊重する。連合は、国家の本質的機能、特に国家の領土を保全し、公の秩序を維持し、及び、国家安全保障を確保するという機能を尊重する。特に国家安全保障は各加盟国のみにかかる責任としてとどまる。」(傍点筆者)

このように、EUは「憲法的な基本構造に固有の加盟国の国民的一体性[national identities; identité nationale]を尊重する」ことを義務づけられている。EU条約第4条2項はEU司法裁判所の管轄に服する(TFEU275)*60. EUの措置がEU条約第4条2項で保護される国内憲法上の原則に比例性を有しない形

で干渉するような場合，EU法の問題として当該措置が違法となり得る．そのため，たとえば「指令」は国内実施される場合に加盟国に選択の余地を十分に認めること，国民的一体性が不当な影響を受ける場合に備えて特別の例外を設けること，などが必要とされる*61．

マーストリヒト条約(序章第5節3(3))により挿入された旧EU条約第F条1項に由来する国民的一体性条項は，各国の様々な国民的一体性を，統合のために克服される対象から尊重される対象へと転換することにより*62，従来の「国家主権を超えた欧州統合観」から「加盟国と共存する欧州統合観」に切り替える端緒となり，その後リスボン条約による改正の結果，現行規定となっている．

「加盟国の国民的一体性」はEU法上の概念である*63．そのため，その尊重義務の遵守はEU司法裁判所のコントロールに服する*64．しかし，「憲法的な基本構造に固有の加盟国の国民的一体性」(以下，適宜，憲法的一体性と称する)の解釈においては，自国の憲法的一体性を構成するものは何かについての加盟国の自己理解が，EU条約第4条2項の保護対象を決定するための主要な基準となる*65．つまり，加盟国の憲法的一体性の内容は，国内当局(とくに憲法裁判所)*66が国内憲法を参照し解釈して定義することにより決まる*67．人間の尊厳の保護(ドイツ憲法第1条)に基づきサービスの自由移動を制限したドイツの措置の正当化に関連して，Omega事件(2004年)で司法裁判所は次のように判示している．

「加盟国の当局により出された制限的措置が，当該基本権又は正当な利益が保護されるまさにその仕方に関し，すべての加盟国により共有される概念に合致することは，その点で不可欠ではない．*68」(傍点筆者)

他方，EU条約第4条2項は，「地域及び地方の自治を含む政治的及び憲法的な基本構造に固有」(傍点筆者)という点に言及することにより，国民的一体性として保護されるものの基準を設定している*69．その目的として，EU法と加盟国憲法とが抵触する例外的な場合にのみ適用されることが想定されている*70．すなわち，憲法的一体性が関わる場合にのみ，EU法の優越性は修正されることになる*71．

EU司法裁判所が国民的一体性条項に依拠して，EU基本条約規定の加盟国

憲法に対する優越性を緩和する姿勢を示している事案として Sayn-Wittgenstein 事件（2010年）がある*72．

本件の事実関係は次のとおりである．ドイツに居住するオーストリア人女性が，貴族の家系に属するドイツ人の養子となったことにより，オーストリアで Fürstin von Sayn-Wittgenstein（ザイン＝ヴィトゲンシュタイン侯爵夫人）という姓を届け出ていた．しかし，その15年後になってオーストリア当局の決定により Sayn-Wittgenstein に変更されたため，それが EU 機能条約第21条（EU 市民権に基づく移動・居住の権利）に違反するか否かが問題となった．Fürstin von Sayn-Wittgenstein という姓はドイツ法では承認されていたが，オーストリア当局はオーストリア人が貴族の地位を示す称号を使用することを禁じる「貴族階級廃止法」に基づき当該姓の変更を行った．同法は，すべてのオーストリア人の法の前における平等の原則を実施することを目的としており，オーストリア連邦憲法第149条1項に基づき憲法的地位を有していた*73．

司法裁判所は，一加盟国の当局が同国国民の姓のすべての要素を居住先加盟国で決定されたとおりに承認するのを拒否することは EU 市民権により付与された自由に対する制限であるとする一方*74，「確立された判例法に従い，人の自由移動に対する障壁は，客観的考慮に基づき，かつ，国内規定の正当な目的に対して比例性を有する場合にのみ正当化されうる」*75 とした後，次のように判示している．

「……オーストリアの憲法史上，貴族階級廃止法が国民的一体性の一要素として，正当な利益と，欧州連合法の下で認められている人の自由移動の権利との間で，比較衡量する際に考慮に入れることができるということは，受け容れられなければならない．

……オーストリアの憲法的状況に言及することによりオーストリア政府が依拠した正当化は，公の秩序への依拠と解釈され得る．

公の秩序に関する客観的考慮は，一加盟国において，同国民の一人の姓を他の加盟国で付与されたとおりに承認するのを拒否することを正当化し得る．……

EU 機能条約第4条2項に従い，欧州連合は，共和国としての国家の地位を含む加盟国の国民的一体性を尊重すべきであることにも留意されなければならない．*76」

以上のようにして，EU基本条約上の自由を制限するオーストリア憲法規定が，公の秩序を介して国民的一体性の概念に基づき，比例性原則に照らして正当化されている*77。本件判決により，EU法の優越性と国民的一体性条項の関係についてEU法と加盟国憲法との間における潜在的緊張関係が，包括的な比較衡量により解決されることが示されている*78。

同様にRunevič-Vardyn and Wardyn事件(2011年)では，リトアニア憲法第14条がリトアニア語を国語であると規定していることに関連して，EU条約第4条2項の意味における国民的一体性には「国家の公式の国語」の保護が含まれることが認められている*79。

これに対し，Michaniki事件(2008年)では，メディア事業者と結びつきのある建設会社等が公共事業契約の入札手続に参加することを禁じるギリシャ憲法第14条9項は，国民的一体性の一部とはみなされなかった*80。このように，EU条約第4条2項はEU法の(実体的範囲における)優越性に対する例外を設定するものであるが，単に憲法に規定されているというだけでは足りず，憲法的一体性が関わる場合に限られる*81。

3. 立憲的多元主義

EUレベルの憲法(EU基本条約等)が加盟国の憲法といかなる関係にあるのかを説明する考え方として，「立憲的多元主義」(Constitutional pluralism)がある*82。

第1に，それは，単一のデモスを前提とする憲法に基づく国民国家モデルを採らない．国民国家と結びついた立憲主義は，単一のデモス(demos)すなわち集団的アイデンティティにより社会的・文化的に強く結びついた政治的共同体が前提であるとされる*83。しかし，EUは単一のデモスではなく，共生する複数のデモス(demoi)すなわちEU基本条約に表明される共通の価値を共有するEU市民(加盟国国民)で構成される*84。EUは「欧州諸民(peoples)間の一層緊密化する連合」であり，単一のデモスではなく複数のデモスからなる統治制度("demoi-cracy")であるとされる*85。EUにおける立憲的多元主義を支えるのは，加盟国国民が国民(あるいは地域民)として有するアイデンティティと同時にEU市民として抱く共通のアイデンティティである．ただし，後者は必

ずしも強固なものとは言えない.

　第2に，加盟国国民は，EU基本条約の各国憲法に基づく批准を通じてEUレベルの憲法に正統性を付与する．その結果，EUレベルの憲法と加盟国の憲法は，階層的関係すなわちトップ・ダウンの関係にあるのではなく，むしろボトム・アップの関係にあるとされる[86].

　第3に，EUレベルの憲法はEU司法裁判所と国内裁判所の自発的協力関係に基づいており，両者の「司法的対話」により発展するとされる．すなわち，先決付託手続(第4章第3節)の下で，国内裁判所の求めに応じて司法裁判所がEU法の解釈を示し，国内裁判所はそれを事件に適用するという分業体制が成立している．そこではEU法の絶対的優越性は棚上げされる一方，国内裁判所（とくに憲法裁判所や最高裁判所）はEU法の優越に対する拒否権を究極的には行使可能であるが事実上発動しないという暗黙の合意が存在するとされる[87].

　このように，立憲的多元主義はEUレベルの憲法と加盟国憲法をひとつの「欧州憲法秩序」(a European constitutional order)[88]あるいは「合成的欧州憲法」(a composite European constitution)[89]として一体的に捉える一方，両者を垂直的な階層関係ではなく水平的な共生関係として把握する[90].

4．立憲的多元主義と国民的一体性条項

　立憲的多元主義に照らして国民的一体性条項(TEU4(2))を解釈するならば，それはEU法の絶対的優越性を標榜するものではなく，また，同条項により保護される加盟国の憲法的原則の優越性を自動的に認めるものでもない[91]. EU司法裁判所の判例法では，EU法上の自由移動規定（域内市場における物・人・サービス・資本の自由移動）と各国憲法上の基本権が抵触する場合，原則としてEU法が各国憲法に優越するとしつつも，比例性原則を適用してEU法に基づく加盟国の義務と各国憲法に基づく基本権保護との間で比較衡量を行っている[92]. この判例法がEU条約第4条2項にも適用されうる[93]. ただし，EU条約第4条2項は，EU法上の自由移動を制限するための独立の正当化事由ではない[94].

　前掲Sayn-Wittgenstein事件判決において述べられていたように，「オーストリアの憲法史上，貴族階級廃止法は国民的一体性の一要素として，正当な利

益と，欧州連合法の下で認められている人の自由移動の権利との間で，比較衡量する際に考慮に入れることができるということは，受け容れられなければならない」*95(傍点筆者)．その結果，「基本的自由を制限する措置は，それが確保しようとしている利益の保護のために必要な場合であって，かつ，その目的がより制限的でない措置によっては達成し得ない限りにおいてのみ」許容される*96．

このようにして，国民的一体性の尊重が比例性原則に「翻訳」され，EU法の優越性がその限りにおいて修正されている*97．すなわち，加盟国憲法に基づく措置がEU基本条約上の自由移動規定に抵触する場合，EU条約第4条2項は，自由移動規定からの適用除外を正当化する既存の事由（たとえば公の秩序）を比例性原則とともに解釈するために用いられる*98．

5. 立憲的多元主義と「権限権限」

先述した「権限権限」の問題は，国民的一体性条項についても発生しうる．すなわち，EU条約第4条2項の違反があったか否か，また，加盟国がEU法を遵守しないことに対する正当化が認められるか否かという問題に関して，EU司法裁判所と加盟国憲法裁判所や最高裁判所とが衝突するような事態である．

この問題については，誠実協力原則（TEU4(3)）（本章第2節1）に基づく解決が求められる．EU条約第19条1項（第4章第1節1，第2節1，第5章第4節2）に基づき，第4条2項はEU法の統一的解釈を確保するEU司法裁判所の管轄に服する一方，EU司法裁判所が加盟国の国民的一体性それ自体の内容を決定することはできない*99．EU司法裁判所は，当該加盟国憲法裁判所や最高裁判所による国民的一体性の内容に関する個別の理解を考慮に入れ，第4条2項に基づく国民的一体性について様々な理解があることを前提とする必要がある*100．そのうえで，EU司法裁判所は加盟国とEUのそれぞれの利益を比較衡量して判断を行わなければならない*101．なお，そのさい，「裁判所はまた，当該事件の当事者でない加盟国並びに機関，団体，事務所及び庁に対して，裁判所が当該手続に必要であるとみなすすべての情報を提供するよう要求することができる」と規定するEU司法裁判所規程第24条2項を使用して，加盟国

憲法裁判所(最高裁判所)の見解を質すことが可能である[102]。

　他方，立憲的多元主義に基づくならば，加盟国憲法裁判所や最高裁判所が自ら国民的一体性の基準を EU の行為に適用する可能性も排除されない[103]。しかし，そのような場合，加盟国憲法裁判所や最高裁判所には，誠実協力原則により抑制的かつ「親和的」に行動し[104]，必要に応じて先決付託手続(TFEU267)により事前に EU 司法裁判所の判断を仰ぐことが求められる[105]。

リーディング・リスト
大谷良雄「フランス国内裁判所における EC 法の適用」『国際法外交雑誌』第 87 巻 1 号，1988 年
中村民雄著『イギリス憲法と EC 法』東京大学出版会，1993 年
加藤紘捷「欧州統合とイギリス憲法における国会主権——判例の傾向をさぐる」『駿河台法学』第 10 巻 1 号，1996 年
ジョゼフ・H.H. ワイラー著，南義清・広部和也・荒木教夫訳著『ヨーロッパの変容——EC 憲法体制の形成』北樹出版，1998 年
齊藤正彰「国法体系における憲法と条約——EC 法とドイツ基本法の関係を手がかりとして(1)～(3)」『北大法学論集』第 50 巻 4 号，2000 年，第 51 巻 1，3 号，2001 年
伊藤洋一「ヨーロッパ法(1)～(4)」『法学教室』第 263～266 号，2002 年
東史彦「EC 法とイタリア法の関係」，石川明編集代表『国際経済法と地域協力』信山社，2004 年
庄司克宏「EU における立憲主義と欧州憲法条約の課題」『国際政治』第 142 号，2005 年
庄司克宏「欧州憲法と東西欧州——EU 統合のパラドクス」，羽場久美子・小森田秋夫・田中素香編『ヨーロッパの東方拡大』岩波書店，2006 年所収
西連寺隆行「EC 法の実効性の原則について(1)(2)」『上智法学論集』第 50 巻 4 号，第 51 巻 1 号，2007 年
伊藤洋一「EC 法の優越とフランス憲法規範——フランス国内判例の新展開」『慶應法学』第 12 号，2009 年
小野義典「EU 構成国の憲法と EU 法秩序の効力関係」『憲法研究』第 41 号，2009 年
加藤紘捷「イギリスの議会主権と議会制定法の階層化について——EU 法の優位性とイギリスにおけるコモン・ローの発展」『日本法学』第 77 巻 2 号，2011 年
大藤紀子「フランス憲法と EU リスボン条約」，安江則子編『EU とフランス』法律文化社，2011 年所収
中村民雄・山元一編『ヨーロッパ「憲法」の形成と各国憲法の変化』信山社，2012 年
庄司克宏「EU 条約・EU 機能条約コンメンタール第 6，7 回　EU 条約第 4 条——立憲的多元主義，国民的一体性と誠実協力原則(上)(下)」『貿易と関税』第 60 巻 2，4 号，2012 年
加藤紘捷著『概説イギリス憲法』(第 2 版)勁草書房，2015 年

注

* 1　Opinion of AG Lagrange delivered on 25 June 1964 in Case 6/64 *Costa v ENEL* [1964] ECR 585 at 602, 603.
* 2　Opinion 1/91 *Draft EEA Agreement* [1991] ECR I-6079, para. 21.
* 3　CJCE, 5 février 1963, *Van Gend en Loos*, aff. 26/62, Rec. 1963, p. 3 à 22-24; Case 26/62 *Van Gend en Loos* [1963] ECR 1 at 12, 13(須網・中村評釈『EU法基本判例集』3頁）。EU法の直接効果に関する基本文献として，伊藤洋一「ヨーロッパ法(1)」『法学教室』第263号，2002年(106-112頁)参照.
* 4　*Van Gent en Loos*, cited *supra* note 3, p. 12, 13.
* 5　第15条は関税徴収に関する経過規定で現行規定なし。第93条3項はEU機能条約3項に，第223〜225条はEU機能条約第346〜348条に，読み替える.
* 6　第8条4項は共同市場に関する経過規定で現行規定なし。第17条4項は財政的性格の関税に関する経過規定，第25，26条は共通関税に関する経過規定，第73条は資本の自由移動に関する経過規定，第226条はセーフガード措置に関する経過規定であり，いずれも現行規定なし。第93条2項3段はEU機能条約第108条2項3段に読み替える.
* 7　CJCE, 15 juillet 1964, *Costa c. ENEL*, aff. 6/64, Rec. 1964, p. 1141 à 1158-1160; Case 6/64 *Costa v ENEL* [1964] ECR 585 at 593, 594;（中村民雄評釈『EU法基本判例集』14頁）。EU法の優越性に関する基本文献として，伊藤洋一「ヨーロッパ法(2)〜(4)」『法学教室』第264号（107-112頁），第265号（113-120頁），第266号（121-128頁），2002年参照.
* 8　Ingolf Pernice, "*Costa v ENEL* and *Simmenthal*: Primacy of European Law" in Miguel Poiares Maduro and Loic Azoulai, *The Past and Future of EU Law*, Hart Publishing, 2010, pp. 47-59 at 48-50.
* 9　Case 106/77 *Simmenthal* [1978] ECR 629, para. 17.
* 10　Cases C-46 & 48/93 *Brasserie du Pêcheur/Factortame III* [1996] ECR I-1029, para. 20.
* 11　Bruno de Witte, "The Continuous Significance of *Van Gend en Loos*" in Miguel Poiares Maduro and Loïc Azoulai, op. cit. *supra* note 8, pp. 9-15 at 12.
* 12　Alina Kaczorowska, *European Union Law*(2nd ed.), Routledge, 2011, pp. 351-353.
* 13　Judge David O. A. Edward, "Direct Effect: Myth, Mess or Mistery?" in J. M. Prinssen and A. Schrauwen(eds.), *Direct Effect: Rethinking a Classic of EC Legal Doctorine*, European Law Publishing, 2004, pp. 3-13 at 5; Koen Lenaerts and Piet Van Nuffel, *European Union Law*(3rd ed.), Sweet & Maxwell, 2011, p. 756.
* 14　Koen Lenaerts and Tim Corthaut, "Of Birds and Hedges: the Role of Primacy in Invoking Norms of EU Law", *European Law Review*, Vol. 31, No. 3, 2006, pp. 287-315 at 289.
* 15　Koen Lenaerts and Piet Van Nuffel, op. cit. *supra* note 13, pp. 756-759.

*16 Opinion of AG Léger delivered on 11 January 2000 in Case C-287/98 *Linster*[2000] ECR I-6917, paras. 57-90. 「客観的」(objective)という語は，EU法規定が国内裁判所で援用される能力について用いられる一方，「主観的」(subjective)という語は，EU法規定が個人に対して国内裁判所で遵守確保可能な権利を付与する能力について使用される．Paul Craig and Gráinne de Búrca, *EU Law*(5th ed.), Oxford University Press, Oxford, 2011, p. 181, 182.
*17 Michael Dougan, "When worlds collide! Competing visions of the relationship between direct effect and supremacy", *Common Market Law Review*, Vol. 44, No. 4, 2007, pp. 931-963 at 934.
*18 Opinion of AG Léger delivered on 20 June 1995 in Case C-5/94 *Hedley Lomas* [1996] ECR I-2553, paras. 75, 85; Case C-119/89 *Commission v Spain* [1991] ECR I-641, para. 9.
*19 Koen Lenaerts and Tim Corthaut, op. cit. *supra* note 14, p. 291. これとは異なる見解として，Michael Dougan, op. cit. *supra* note 17, pp. 932-935 参照．
*20 Opinion of AG Léger, cited *supra* note 16, para. 68. 庄司克宏「欧州司法裁判所とEC法の直接効果」『法律時報』第74巻4号, 2002年(14-20頁).
*21 Opinion of AG Léger, cited *supra* note 18, para. 104.
*22 Case 44/84 *Hurd v Jones* [1986] ECR 29, para. 38.
*23 Christoph Vedder und Wolff Heintschel von Heinegg(Hrsg.), *Europaisches Unionsrecht (EUV|AEUV|Grundrechte-Charta Handkommentar)*, Nomos, 2012, S. 65.
*24 Koen Lenaerts and Piet Van Nuffel, op. cit. *supra* note 13, p. 147, 148.
*25 Case 6 & 11/69 *Commission v France* [1969] ECR 523, para. 16.
*26 Rudolf Geiger, Daniel-Erasmus Kahn und Markus Kotzur, *EUV/AEUV(Vertrag uber die Europäische Union und Vertrag über die Arbeitsweise der Europäichen Union)Kommentar*, Verlag C. H. Beck, 2010, S. 22.
*27 Case 78/70 *Deutsche Grammophon v Metro SB* [1971] ECR 487, para. 5.
*28 Case 230/81 *Luxembourg v. European Parliament* [1983] ECR 255, para. 37. Koen Lenaerts and Piet Van Nuffel, op. cit. *supra* note 13, p. 147, 149.
*29 *Ibid.*, p. 148.
*30 しかし，他の政策分野と異なり，EU司法裁判所の管轄に服しない(TEU24(1), TFEU275-1).
*31 Christoph Vedder und Wolff Heintschel von Heinegg(Hrsg.), op. cit. *supra* note 23, S. 66, 67.
*32 *Ibid.*, S. 67, 68.
*33 J.-D. Mouton, "*Effet utile*" in Ami Barav et Christian Philip(comp.), *Dictionnaire juridique des Communautés européennes*, Presses universitaires de France, 1993, pp. 449-454.
*34 Diana-Urania Galetta, *Procedural Autonomy of Eu Member States: Paradise Lost?*, Springer, 2010, pp. 18-21.
*35 Case 41/74 *Van Duyn* [1974] ECR 1337, para. 12; Cases C-6 & 9/90 *Francovich* [1991] ECR I-5357, para. 33.

*36 アムステルダム条約(序章第5節3(3))によりEC条約(当時)に附属された「補完性及び比例性原則の適用に関する議定書」において，両原則の適用は「国内法と共同体法との関係に関して司法裁判所により発展させられた諸原則に影響を及ぼすものではない」と規定されることにより，加盟国が共同体(EC)法(当時)の優越性を，間接的に承認していたと考えられる．Jean-Claude Piris, *The Lisbon Treaty: A Legal and Political Analysis*, Cambridge University Press, 2010, p. 80.

*37 EU条約第51条には「両条約の議定書及附属書は，その不可欠の一部を成す」とあるが，そこに宣言は含まれない．

*38 Case 11/70 *Internationale Handelsgesellschaft* [1970] ECR 1125, para. 3.

*39 François-Xavier Priollaud et David Siritzky, *Le traité de Lisbonne : Texte et commentaires, article par article, des nouveaux traités européens(TUE-TFUE)*, La Documentation française, 2008, p. 41.

*40 *Internationale Handelsgesellschaft*, cited *supra* note 38, para. 4.

*41 José Narciso Cunha Rodrigues, "The Incorporation of Fundamental Rights in the Community Legal Order" in Paul Craig and Gráinne de Búrca(eds.), *The Evolution of EU Law* (2nd ed.), Oxford University Press, 2011, pp. 89-97 at 90-92.

*42 *Simmenthal*, cited *supra* note 9, paras. 17, 18, 21(中村民雄評釈『EU法基本判例集』24頁). Case C-409/06 *Winner Wetten* [2010] ECR I-08015, paras. 53-57, 61, 69 も参照．

*43 Case C-118/00 *Larsy* [2001] ECR I-5063, para. 52.

*44 Paul Craig and Gráinne de Búrca, op. cit. *supra* note 16, p. 263.

*45 *Simmenthal*, cited *supra* note 9, paras. 21-24. 以下も参照．Case C-314/08 *Filipiak* [2009] ECR I-11049, paras. 84, 84; Cases C-188/10 and C-189/10 *Melki and Abdeli* [2010] ECR I-5667, paras. 43-57; *Winner Wetten*, cited *supra* note 42, paras. 53-69.

*46 Case C-198/01 *CIF* [2003] ECR I-8055, para. 49.

*47 *Larsy*, cited *supra* note 43, paras. 2, 53.

*48 *CIF*, cited *supra* note 46, para. 50.

*49 以上の点につき，Paul Craig and Gráinne de Búrca, op. cit. *supra* note 16, pp. 262-264 参照．

*50 「自分自身の管轄権の範囲に関して拘束力を有する裁定を下す管轄権」を意味する．Trevor C. Hartley, *Constitutional Problems of the European Union*, Hart Publishing, 1999, p. 152, 153.

*51 以上のすべての点につき，Paul Craig and Gráinne de Búrca, op. cit. *supra* note 16, p. 268, 269 および L. M. F. Besselink, *A Composite European Constitution*, European Law Publishing, 2007, p. 9, 10.

*52 *Simmenthal*, cited *supra* note 9, paras. 17, 18, 21-24.

*53 *CIF*, cited *supra* note 46, para. 48.

*54 Paul Craig and Gráinne de Búrca, op. cit. *supra* note 16, p. 264.

*55 Cases C-10 to 22/97 *IN.CO.GE.'90* [1998] ECR I-6307, para. 21; *Filipiak*, cited *supra*

note 45, para. 83.
* 56　Bruno de Witte, "Direct Effect, Primacy, and the Nature of the Legal Order" in Paul Craig and Gráinne de Búrca(eds.), op. cit. *supra* note 41, pp. 323-362 at 340, 341.
* 57　Koen Lenaerts and Piet Van Nuffel, op. cit. *supra* note 13, p. 756.
* 58　*Costa v ENEL*, cited *supra* note 7, 593, 594.
* 59　L. F. M. Besselink, op. cit. *supra* note 51, p. 9, 10.
* 60　リスボン条約による改正前の旧規定には，単に「連合は加盟国の国民的一体性を尊重する」とのみ規定され(旧EU条約第6条3項)，EU司法裁判所の管轄に服しなかった(旧EU条約第46条)．
* 61　A. von Bogdandy and S. Schill, "Overcoming Absolute Primacy: Respect for National Identity under the Lisbon Treaty", *Common Market Law Review*, Vol. 48, No. 5, pp. 1417-1453 at p. 1443.
* 62　Leonard F. M. Besselink, "National and constitutional identity before and after Lisbon", *Utrecht Law Review*, Vol. 6, No. 3, 2010, pp. 36-49 at 41.
* 63　Rudolf Streinz(Hrsg.), *EUV/AEUV. Vertrag über die Europäische Union und Vertrag über die Arbeitsweise der Europäischen Union Kommentar*(2. Auflage), Verlag C. H. Beck, 2012, S. 28.
* 64　*Ibid.*, S. 29.
* 65　*Ibid.*
* 66　Opinion of AG Maduro delivered on 20 September 2005 in Case C-53/04 *Marrosu and Gianluca Sardino* [2006] ECR I-7213, para. 40.
* 67　A. von Bogdandy and S. Schill, op. cit. *supra* note 61, p. 1429, 1431. ドイツにおける国民的一体性の解釈に関するドイツ連邦憲法裁判所のリスボン判決につき，たとえば *Ibid.*, p. 1438, 1439参照．また，フランスの憲法院(le Conseil constitutionnel)は，EUの行為がフランスの「憲法的一体性」に固有の規範および原則に違反する場合にのみ，フランス憲法に抵触すると宣言することができるとしている．Leonard F. M. Besselink, op. cit. *supra* note 62, p. 46, 47.
* 68　Case C-36/02 *Omega* [2004] ECR I-9609, para. 37. また，Case C-244/06 *Dynamic Medien* [2008] ECR I-505, para. 44 も参照．Leonard F. M. Besselink, op. cit. *supra* note 62, p. 45, 46.
* 69　A. von Bogdandy and S. Schill, op. cit. *supra* note 61, p. 1430.
* 70　*Ibid.*, p. 1431.
* 71　Leonard F. M. Besselink, op. cit. *supra* note 62, p. 47, 48. 国民的一体性によりEU法の優越性は修正されないとする立場もある．Gerhard van der Schyff, "The Constitutional Relationship between the European Union and its Member States: The Role of National Identity in Article 4(2)TEU", *European Law Review*, Vol. 37, No. 5, 2102, pp. 563-583 at 582, 583.
* 72　A. von Bogdandy and S. Schill, op. cit. *supra* note 61, p. 1423.

*73 C-208/09 *Sayn-Wittgenstein* [2010] ECR I-13693, paras. 3, 19-35, 88(中西康評釈『貿易と関税』第 61 巻 1 号(2013 年)91 頁).
*74 *Ibid.*, para. 71.
*75 *Ibid.*, para. 81.
*76 *Ibid.*, paras. 83-85, 92.
*77 A. von Bogdandy and S. Schill, op. cit. *supra* note 61, p. 1424.
*78 *Ibid.*, p. 1424, 1425.
*79 Case C-391/09 *Runevič-Vardyn and Wardyn*, judgment of 12 May 2011, nyr, paras. 7, 84-86.
*80 Case C-213/07 *Michaniki* [2008] ECR I-9999, paras. 5, 69. また，Case C-393/10 *Dermod Patrick O'Brien*, judgment of 1 March 2012, nyr, paras. 39, 49 も参照.
*81 Gerhard van der Schyff, op. cit. *supra* note 71, p. 579; Leonard F. M. Besselink, op. cit. *supra* note 62, p. 48.
*82 Neil Walker, "The Idea of Constitutional Pluralism", *The Modern Law Review*, Vol. 65, No. 3, 2002, pp. 317-359. 庄司克宏「欧州憲法条約と EU──「多様性の中の結合」の展望と課題」『世界』第 736 号, 2005 年, 131, 133, 134 頁.
*83 Dieter Grimm, "Does Europe Need a Constitution?", *European Law Journal*, Vol. 1, No. 3, 1995, pp. 282-302 at 290-297.
*84 J. H. H. Weiler, "Does Europe Need a Constituion? Demos, Telos and the German Maastricht Decision", *European Law Journal*, Vol. 1, No. 3, pp. 219-258 at 252.
*85 Kalypso Nicolaïdis, "The New Constution as European Demoi-cracy?", *The Federal Trust Online Paper* 38/03, London, 2003; J. H. H. Weiler, op. cit. *supra* note 84, pp. 253-256.
*86 Ingolf Pernice, "Multilevel Constitutionalism in the European Union", *European Law Review*, Vol. 27, No. 5, 2002, pp. 511-529 at 518-520; Miguel P. Maduro, "'Contrapunctual Law: Europe's Constitutional Pluralism in Action" in Neil Walker(ed.), *Sovereignty in Transition*, Hart Publishing, 2003, pp. 501-537 at 506-509, 522; J. H. H. Weiler, op. cit. *supra* note 84, p. 254.
*87 Miguel P. Maduro, op. cit. *supra* note 86, pp. 520-524. EU 基本権憲章第 53 条(憲章が，加盟国憲法等により承認される基本権を制限し，または，それらの基本権に不利な影響を与えるものと解釈することを禁止する)は，抵触規則としてではなく，司法裁判所に対して国内裁判所との「司法的対話」を行うよう促すものとして解釈されることにより，立憲的多元主義を表明するものであると位置づけられる(Koen Lenaerts, "Exploring the Limits of the EU Charter of Fundamental Rights", *European Constitutional Law Review*, Vol. 8, No. 3, 2012, pp. 375-403 at 398, 399).
*88 Jürgen Schwarze, "The Birth of a European Constitutional Order" in Jürgen Schwarze (ed.), *The Birth of a European Constitutional Order*, Nomos, 2000, pp. 463-568 at 464, 465; Anneli Albi and Peter Van Elsuwege, "The EU Constitution, National Constitutions and Soverignty: An Assessment of a 'European Constitutional Order'", *European Law Review*,

Vol. 29, No. 6, 2004, pp. 741-765 at 761-763.
* 89   L. F. M. Besselink, op. cit. *supra* note 51, pp. 3-6.
* 90   Miguel Poiares Maduro, "Three Claims of Constitutional Pluralism" in Matej Avbelj and Jan Komárek(eds.), *Constitutional Pluralism in the European Union and Beyond*, Hart Publishing, 2012, pp. 67-84 at 74.
* 91   A. von Bogdandy and S. Schill, op. cit. *supra* note 61, p. 1441.
* 92   *Ibid.*
* 93   *Ibid.*, p. 1442.
* 94   *Ibid.*, p. 1442, 1443.
* 95   *Sayn-Wittgenstein*, cited *supra* note 73, para. 83.
* 96   *Ibid.*, para. 90.
* 97   A. von Bogdandy and S. Schill, op. cit. *supra* note 61, p. 1442.
* 98   *Ibid.*, p. 1442, 1443.
* 99   *Ibid.*, p. 1448.
* 100   *Ibid.*, p. 1448, 1449.
* 101   *Ibid.*, p. 1449.
* 102   *Ibid.*
* 103   *Ibid.*
* 104   *Ibid.*, p. 1449, 1450.
* 105   *Ibid.* この点につき，ドイツ連邦憲法裁判所の Honeywell 判決によれば，「ドイツ連邦共和国の法秩序に従い，連合法の適用の優越性は承認されなければならない．また，連邦憲法裁判所に憲法上留保されている統制権限は抑制的かつヨーロッパ法に対して親和的に行使されることが保障されなければならない」(BVerfG, 2 BvR 2661/06 vom 6. 7. 2010, Absatz-Nr.(1-116), 59 und 60).

第7章　EU 法の優越と国内法上の効果

第1節　EU 法の直接適用可能性と直接効果

1. 定　義
(1) 直接適用可能と直接効果との関係

EU 法の優越性は，EU 法が「直接適用可能」であること，すなわち，その効力発生の時から国内法の不可欠な一部となることを前提としている．また，EU 法が「直接効果」を有するためには「直接適用可能」でなければならない[*1]．しかし，EU 法が「直接適用可能」であるとしても，常に「直接効果」を有するわけではない．なお，「直接効果」という語が意味するものが，しばしば「直接適用可能」という用語で表現される場合があるので[*2]注意を要する．

(2) 直接適用可能の定義

「直接適用可能」(directly applicable; directment applicable)とは元来は国際公法上の概念であるが，EU 法秩序においては「連合の規範は効力を有し(in force)，連合諸機関によるだけでなく加盟国法秩序においても，広義の意味において適用されなければならない」ことを意味するとされる[*3]．それは，司法裁判所によれば，EU 法規定が「その効力発生の日より，かつ，効力を継続している限り，すべての加盟国において完全かつ統一的に適用されなければならないこと」，および，EU 法が「いかなる国内措置の助けも借りずに国内法制度に編入される」[*4]ことを意味する[*5]．本書では，以上のような意味で「直接適用可能」という用語を使用することとする．

司法裁判所は，Variola 事件(1973年)において，「[基本]条約より発生し及び批准時に引き受けられた拘束力により，加盟国は規則及び他の[EU]法規範に固有の直接適用可能性を妨げない義務の下にある[*6]」と述べ，EU 法一般に直接適用可能性があることを認めている．

直接適用可能性は，次のように説明されることがある．

「「直接適用可能性」は受動的な概念であり，法文が「適用されることができる」ということを含意する．当該文書の形式により，法源として共同体及び加盟国の両方の法秩序に自動的に組み入れられる．それが裁判官により「適用可能」とされるために，編入，置換又は受容といったさらなる措置は必要とされない．裁判官が特定の事実状況にそれを適用しようとするかどうかは，別個のかつ事後の問題である[*7]．」(共同体は欧州連合に読み替える.)

EU 法のどの法源も原則として直接適用可能である．しかし，直接適用可能の結果としてどの程度法的効果を生じるかという点は，EU 法の法源により異なる[*8]．後述するとおり，とくに国内実施期限が終了する前の「指令」やWTO 協定は直接適用可能であるとしても，その法的効果は限定的である．

(3) 直接効果の定義

直接効果(direct effect; l'effet direct)[*9] とは，「連合法が加盟国の領域において法源となり，連合諸機関及び加盟国のみならず連合市民にも権利を直接付与し及び義務を直接課し，並びに，特に[*10] 国内裁判官の前において連合法から権利を引き出すために連合市民により援用されることができる能力[*11]」と定義される〔図表 7-1〕．

直接効果の意味については，次のように説明される．

「当該規範が，その形式よりむしろ実質に関する何らかの固有の特質により，条約法と国内法の間にある防火壁を突破することができることを示している．もちろん，それは「適用されることができる」ことになる．そうでなければ，効果を持ち得ないからである．しかし，それは(文書の形式が何であれ)規範それ自体で権利を創設し，義務を課し及び法律関係を変更するゆえに，「適用されることができる」以上のものである[*12]．」

EU 法規定が直接効果を有するとされる場合，「国内裁判所が認めなければならない個人の権利を創設すること」が表裏一体のものとして不可分の関係にあることが前提とされている[*13]．この直接効果の原則およびその発展により，国内裁判所における私人の訴えおよび先決付託手続(TFEU267)を通じて，国内裁判所による EU 法上の権利の救済が確保され，加盟国における EU 法の遵守確保に多大な貢献を果たすこととなった[*14]．

図表 7-1　EU 法の直接効果

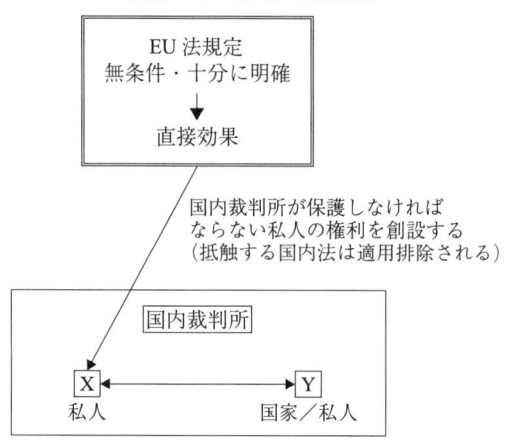

```
┌─────────────────────┐
│    EU 法規定         │
│  無条件・十分に明確   │
│       ↓             │
│    直接効果          │
└─────────────────────┘
          ╲
           ╲ 国内裁判所が保護しなければ
            ならない私人の権利を創設する
            （抵触する国内法は適用排除される）
            ╲
┌─────────────────────┐
│    国内裁判所        │
│  ┌─┐        ┌─┐    │
│  │X│←──→│Y│    │
│  └─┘        └─┘    │
│  私人      国家／私人 │
└─────────────────────┘
```

（筆者作成）

　司法裁判所は直接効果の有無に関して独占的な解釈権を有する．国内裁判所が独自に判断することはできない[*15]．すなわち，EU 法規定が直接効果を有するか否かは，最終的に司法裁判所の解釈にかかっている．その問題は，事案ごとに個別具体的に判断される解釈事項である[*16]．この点で，司法裁判所および国内裁判所の役割は，権力分立制を尊重して「いかなる義務が引き受けられたのか，直接に実行を要求しうるのかどうか，かつ，その場合に誰により要求しうるのかを決定すること，および，適切な場合には実行の遵守を確保することである[*17]」．

（4）垂直的直接効果と水平的直接効果

　直接効果には，垂直的直接効果と水平的直接効果がある．垂直的直接効果とは，私人対国家（国有企業のような「国家の派生物」を含む）の間に発生する場合である．また，水平的直接効果とは，私人対私人（たとえば，男女平等賃金原則を定める規定（TFEU157）につき，労働者対使用者）の間に発生する場合をいう．

　水平的直接効果は，垂直的直接効果と同じく，基本条約規定に加え，法の一般原則，「規則」および私人を名宛人とする「決定」について発生しうる．しかし，垂直的直接効果と異なり，「指令」および加盟国を名宛人とする「決定」

第7章　EU 法の優越と国内法上の効果　249

について水平的直接効果は認められていない[18].

(5) 直接効果の要件

司法裁判所は，EU 法の当該規定が直接効果を有するかどうかを判断するに当たって，(イ)まず「当該規定の精神，全体的構成及び文言」(the spirit, the general scheme and the wording)を検討する．(ロ)そのうえで次に，当該規定が「無条件かつ十分に明確」(unconditional and sufficiently precise)という要件を充足しているかどうかを判断する[19]．ただし，基本条約および派生法の「精神，全体的構成及び文言」については一度審査された後はその要件の充足が推定されるため，その後それについての審査は明示的には行われない．

Cooperativa Agricola Zootecnica S. Antonio 事件(1996年)判決によれば，EU 法規定が「無条件」であるとは「それがいかなる条件による制限も受けないか又はその実施若しくは効果において[EU]諸機関若しくは加盟国のいずれかによるいかなる措置の採択にも服しない義務を定めている場合」を指す．また，EU 法規定が「個人により依拠され及び国内裁判所により適用されるために十分に明確」であるとは，「それが一義的な文言で義務を定めている場合」をいう[20]．たとえば，当該規定が裁量の余地を残しており，あるいは，一般的な目的または政策を定めるのみでそれを達成すべき特定の手段を定めていない場合には，「無条件かつ十分に明確」であるとはみなされない[21]．

以上のような直接効果の要件は，基本条約，派生法(規則，指令，決定など)，法の一般原則および EU が締結した国際協定のいずれにも該当する．ただし，EU が締結する国際協定については，その「精神，全体的構成及び文言」が個々に異なることから，それについての審査もその都度行われる[22].

2. 基本条約および基本権憲章

(1) 直接適用可能性

Costa v ENEL 事件判決(第6章第1節3)によれば，「通常の国際条約とは異なり，[基本]条約は，効力発生時に加盟国の法制度に組み込まれ，かつ，加盟国裁判所が適用しなければならない固有の法秩序を創設した」[23]．このようにして基本条約は，その効力発生により直接適用可能となっている[24]．また，EU は EU 基本権憲章に定められている基本権を承認しており，その憲章は

EU条約およびEU機能条約と「同一の法的価値」を付与されているため(TEU6(1)), 基本条約と同様に直接適用可能である.

(2) 直接効果

EU法の直接効果を確立したVan Gend事件判決(第6章第1節2)は, 基本条約規定の垂直的直接効果の事案であったが, 競争法規定のEU機能条約第101条(カルテルの禁止)および第102条(支配的地位の濫用の禁止)は明らかに私人すなわち事業者の間に適用される規定であることから水平的直接効果が認められている[25]. しかし, それ以外の場合でも, 当該規定の文言および目的や全体的位置付けに照らして解釈されることにより水平的直接効果が付与されることもある[26]. Defrenne事件(1976年)において司法裁判所は, 加盟国に男女平等賃金原則の適用の確保を課す当時のEEC条約第119条(TFEU157)について直接効果を認めた後, 賃金の「男女間における差別禁止は公の機関の行動のみならず, 個人間の契約に加え, 賃金労働を集団的に規制するよう意図されたすべての協定にも拡張される」と述べて[27], 水平的直接効果を認めた[28].

3. 法の一般原則

(1) 直接適用可能性

EU法の一般原則は「憲法的地位」(constitutional status)を有しており[29], EU法秩序の一部を成している[30]. 法の一般原則は基本条約と同じく直接適用可能であり[31], 法の一般原則に反するならば「条約又はその適用に関する法規の違反」(TFEU263-2)を構成する[32].

(2) 直接効果

法の一般原則は, 基本条約規定と同様, 無条件かつ十分に明確という要件を充足するならば, 直接効果を有する[33]. EU法の範囲内にある加盟国の行動が直接効果を有する法の一般原則に反する場合, 私人は国内裁判所で当該加盟国に対して法の一般原則に依拠することができる[34]. このように, 法の一般原則は垂直的直接効果を有する.

また, 水平的直接効果についても, 一定の場合に法の一般原則について認められることがあるとされる[35]. Mangold事件(2005年)では,「有期雇用に係る[労使間]枠組協定に関する指令」1999/70を国内実施したドイツのパートタイ

ム労働・有期契約法が52歳を超えた労働者について有期雇用契約を繰り返すことを認めたことにつき，同「指令」に反しないものの，「雇用及び職業における平等待遇のための一般枠組を確立する指令」2000/78の第6条1項（年齢を理由とする待遇の相違は正当な目的による客観的かつ合理的正当化を必要とする）に反していた．しかし，その「指令」の国内実施期限は終了していなかった．

司法裁判所は，「指令」2000/78がそれ自体で雇用および職業分野における平等待遇を定めるものではないが，同「指令」の目的の一つである年齢差別禁止の原則は法の一般原則とみなされなければならないことを指摘した[*36]．このため，「特に年齢に関して平等待遇の一般原則を遵守することが，……そのようなものとして，年齢に基づく差別との闘いのための一般的枠組を定めるよう意図された指令を[国内]置換するために加盟国に認められている期間の終了を条件とすることはできない」[*37]．その結果，「当該指令の[国内]置換のために規定された期間が終了していない場合でさえ，[EU]法と抵触しうる国内法規定を排除し，年齢に関する差別禁止の一般原則の完全な実効性を保障することは，国内裁判所の責任である」[*38] とされた[*39]．

また，Kücükdeveci事件（2010年）[*40] も，法の一般原則が一定の場合に水平的直接効果を有することを示す事案として挙げられることがある[*41]．ドイツの民法典（第622条）では雇用関係の終了の通告期間を雇用年数に応じて延長する一方，満25歳に達するまでの期間は考慮されないことになっていたところ，ドイツの会社がこの規定を18歳から雇用していた従業員に適用して25歳までの雇用期間を通告期間の算定から除外し，解雇した[*42]．これが，雇用および職業における平等待遇のための一般枠組みを確立する前掲「指令」2000/78に表明される「年齢を理由とする差別禁止」という法の一般原則に反するかどうかが争われた．司法裁判所はそのような法の一般原則に反することを認め，当該国内法は排除されるとした[*43]．

しかし，以上の2つの事件は，法の一般原則の水平的直接効果の事案とは必ずしも言えないように思われる．Mangold事件では，年齢に関する差別禁止という法の一般原則と抵触する国内法規定を排除し，その完全な実効性を保障することが国内裁判所に求められた．その結果，パートタイム労働・有期契約

法のうち違反する規定が適用排除される結果,他の国内法規定が適用されることになる.また,Kücükdeveci事件では,「年齢を理由とする差別禁止の原則にも拡張される,欧州連合法の優越性の原則により,欧州連合法の範囲内にある抵触国内立法は適用排除されなければならない」[*44]と述べられている.つまり,ドイツ民法典第622条にある違反部分が適用排除されるにとどまる(その結果,年齢差別が解消される).そのため,これは,後述するように(本章第2節2),国内法をEU法に適合して解釈することができない場合の抵触国内法の適用排除義務の事案であることを示しているように思われる[*45].

4. 規　則
(1) 直接適用可能性

「規則」は「直接適用可能」(directly applicable ; directement applicable)であることが明文で規定されている(TFEU288-2).前掲Variola事件判決によれば,「規則の直接適用は,その効力発生及びそれに服する者に有利又は不利な適用が国内法へのいかなる受容措置とも無関係であることを意味する」[*46].すなわち,「規則」はその制定により自動的に各国内法制度の一部となり,実施のためのいかなる国内立法も必要としない.

(2) 直接効果

前掲Variola事件判決によれば,「[EU機能条約第288条]の規定により規則は直接適用され,その結果,まさにその性格により直接効果を有することができる[*47]」.そのため,Politi事件(1971年)において司法裁判所が判示したように,「[EU]法の法源の体系におけるその性格及び機能により,規則は直接効果を有し,そのようなものとして,国内裁判所が保護しなければならない個人の権利を創設することができる[*48]」.このように,「規則」は通常,直接効果を有する.その場合,国内実施措置は許容されない[*49].

しかし,すべての「規則」の規定が直接適用可能であるとしても,常に直接効果を有するわけではない.「規則」であっても,「無条件かつ十分に明確」という要件が充足されていない場合には,直接効果を生じない.そのような場合には国内実施のための適用措置が許容される.この例としてAzienda Agricola Monte Arcosu事件(2001年)では,農業組織の効率性向上に関する「規則」

797/85 の第 2 条 5 項等が自然人以外の者について「加盟国は本規則のため，「主な職業として農業を営む農民」という表現が意味するものを定義しなければならない」と規定することにより国内適用措置が必要であることを定めていた．このため，「それらの規定の実施につき加盟国が享受する裁量権に照らし，個人は加盟国により採択される適用措置がない場合，それらの規定から権利を引き出すことはできない」と判示された*50．

「規則」は垂直的直接効果だけでなく，水平的直接効果も有する．すなわち，「規則」は私人に権利を付与するだけでなく，義務を直接課すこともできる*51．Muñoz 事件(2002 年)では，ブドウの特定品種を栽培し，市場で取引していた会社が，同一品種のブドウを他の呼称で販売した競争相手の会社を相手取り，「規則」1035/72(改正規則 2200/96)の果実に適用される品質基準を定める規定に違反したとしてイギリス国内裁判所に訴えを提起したところ，取引業者間の民事手続により当該「規則」の規定の遵守を確保することができるかどうかにつき，先決付託手続がとられた．司法裁判所は次のように判示した．

「品質基準に関する規制の完全な実効性(le pleine efficacité)及び特に規則 1035/72 号及び規則 2200/96 号の各第 3 条 1 項に定められている義務［注：品質基準が適用される産品はそれに適合しない限り EU 内で取引できない］の実際的効果(l'effet utile)により，取引業者が競争相手に対して起こす民事訴訟により当該義務の遵守を確保することは可能でなければならないことが含意される．*52」

このように私人間の直接効果を認めることにより，国内機関による「規則」の遵守確保を補完することができる*53．

5. 指　令

(1) 直接適用可能性――指令の効力発生から国内実施期限までの法的効果

「指令」は，それに示された日付に，それがない場合は EU 官報掲載の 20 日後，または名宛人たる加盟国への通告により，効力を発生する(TFEU297)．効力発生により「指令」は国内法の不可欠の一部となり，そのようなものとして直接適用可能となる*54．

Inter-Environnement Wallonie 事件(1997 年)において，「指令」を国内置換するためのベルギーの国内措置が国内実施期限の終了前に採択された．ところ

が，その国内措置には当該「指令」に反する規定が含まれていた．非営利環境団体から当該措置の取消を求められたベルギー国務院(Conseil d'État)は，先決付託手続により，加盟国は国内実施期限が終了する前に「指令」に反する国内措置を採択することを妨げられるか否かにつき，司法裁判所に照会した*55．

司法裁判所によれば，「指令」は，EU法としての効力発生時(TFEU297)に，名宛人たる加盟国に対して「法的効果」を有する．しかし，「指令」には加盟国が国内置換措置を採択するために必要な時間を与える国内実施期限を設けているため，その期限が終了するまでは加盟国に国内実施義務はない*56．しかし，その期限前であっても国家には一定の義務が存在する．その点を司法裁判所は次のように判示している．

「加盟国は[国内法への]置換のために規定されている期間の終了前に当該措置を採択するよう義務付けられてはいないが，[EU機能条約第288条3段]と併せてEU条約第4条3段2及び当該指令自体により，当該期間，加盟国は[指令に]規定されている結果を著しく損なうおそれのあるいかなる措置も差し控えなければならないということになる．*57」

このように，「指令」は効力発生により直接適用可能となる結果，その法的効果として，国内実施期限の終了前においても加盟国は指令により達成されるべき結果を損なってはならないという不作為義務を負う*58．これは，「指令」の実施期間終了前における効果としての加盟国に対する「劣化禁止」(das Verschlechterungsverbot)義務と呼ばれることがある*59．そのため，第1に，「指令が効力を発生した日付より，加盟国裁判所は，置換のための期間が終了した後に当該指令により追求される目的の達成を著しく損なうような仕方で国内法を解釈することを可能な限り差し控えなければならない」*60．また，第2に，もし国内法規定が不作為義務に反する場合，国内裁判所はそれを適用排除することができる*61．ただし，国内実施期限の終了前において既存の国内法が単に「指令」に反するというだけで，私人がその国内法の適用排除を求めることはできない*62(それが可能なのは国内実施期限の終了後，かつ，直接効果の要件を充たしている場合である)．

(2) 直接効果

① 結果に対する義務

「指令」は,「達成すべき結果について名宛人たるすべての加盟国を拘束するが,形式及び手段についての権限は国内機関に委ねる」(TFEU288-3). そのため,国内実施措置が想定されている.「指令」が期限内に的確に国内実施された場合,当該「指令」の効果はその国内実施措置を通じて私人に及ぶことになる[*63]. また,「指令」は,加盟国に裁量の余地が残される結果,「無条件かつ十分に明確」という直接効果の要件が充たされていないように思われる. しかし,「指令」によっては「達成されるべき結果」に応じて加盟国の裁量の余地がほとんどない場合もある. 加盟国は必ずしも期限内かつ的確に「指令」を国内実施するとは限らない[*64]. このようなことから,司法裁判所は Van Duyn 事件(1974年)において初めて「指令」の直接効果について検討を行った.

本件の事実関係は次のとおりである. Van Duyn はオランダ国民であるが,イギリス国内のサイエントロジー教会で働くため,同国に入国しようとした. サイエントロジー教会とは,その活動に法的制限は課されていないが,イギリス政府から社会的に有害であると公にみなされている宗教団体であった. そのため,Van Duyn は入国を拒否された. 彼女がイギリス国内裁判所に異議を申し立てたところ,同国内裁判所は「公の秩序,公共の安全又は公衆衛生を根拠に正当化される外国人の移動及び居住に係る特別措置の調整に関する理事会指令」64/221 が,「加盟国において裁判上行使可能な権利を私人に付与するという意味で直接適用可能であるか」という問題を EU 司法裁判所に先決付託した. この「指令」についてとくに問題となったのは,「公の秩序又は公共の安全を根拠にとられる措置は,その対象者の個人に属する行為にもっぱら基づかなければならない」(第3条1項)という規定であった. 国内裁判所は,この規定が「明らかに[EU 機能条約第228条]の意味における「達成されるべき結果」となっており,国内機関に委ねられている「形式及び手段」ではない」とみなした[*65]. 司法裁判所は次のような先決判決を示した.

「しかしながら,[EU 機能条約第288条]により規則が直接適用され,また,その結果まさにその性質により直接効果を有するとしても,このことから同条に定める他の範疇の行為が類似の効果を決して持ち得ないということにはならない. 指令が課す義務が関係者により援用されることができるという可能性を原則として排除するならば,[EU 機能条約第288条]により指令に備わっている拘束的効果に反す

るものとなろう．特に，[EU]当局が指令により加盟国に対し，特定の行動をとる義務を課した場合，もし私人が指令に依拠するのを妨げられ，また，国内裁判所が指令を[EU]法の要素として考慮に入れるのを妨げられるならば，かかる行為の実効性(l'effet utile)は弱められることとなろう．[EU機能条約第267条]は，国内裁判所に対し，[EU]諸機関のすべての行為につき，区別なく，効力及び解釈に関する問題を当裁判所に付託する権限を付与しており，それらの行為が国内裁判所において私人により援用されることができることをさらに含意するものである．あらゆる事案において，当該規定の性質，全体的構成及び文言は，加盟国及び私人の間の関係において直接効果を有することができるか否か，を検討することが必要である．

指令64/221第3条1項は，公の秩序を理由としてとられた措置がもっぱら関係者の私人に属する行動のみに基づかなければならない旨規定することにより，国内法が外国人の入国及び退去に責任を有する当局に一般的に付与している裁量権を制限するよう意図されている．一方において，当該規定は，いかなる例外又は条件にも服さず，かつ，まさにその性質により[EU]諸機関又は加盟国の行為による介入を必要としない義務を定めている．他方において，加盟国はそれにより，私人のため[基本]条約上の基本原則の一つから適用除外を受ける条項を実施する際，私人に属する行動以外の要因を考慮に入れないよう義務づけられているゆえに，当該者の法的安定性のため，その全体においては自動的な直接効果を有しない立法行為に定められているとしても，同人がその義務に依拠できることが要求される．……

したがって，[国内裁判所からの]質問に対し，1969年2月25日付理事会指令64/221第3条1項は，加盟国において裁判上行使可能であり，かつ，国内裁判所が保護しなければならない権利を私人に発生させる旨を回答すべきである．*66」

このように，司法裁判所は，主として実効性原則(第6章第2節2)に依拠して「指令」の直接効果を認めた．「指令」には「結果を達成する義務」*67 が存在するため，「指令」の規定が加盟国に形式や手段について選択の余地を残していない場合，すなわち「無条件かつ十分に明確」という要件を充たしているならば，直接効果が発生する*68．なお，本件判決の結論において，加盟国は，違法ではないが社会的に危険とみなされる活動を行う団体への所属を考慮に入れることができるとして，本件入国拒否は公の秩序に基づき正当化された*69．

② 加盟国による期限内かつ的確な実施

Ratti 事件(1979 年)では,「指令」の直接効果の根拠が次のように補強された.

「したがって,所定の期間内に指令により課された実施措置を採択していない加盟国は,私人に対して,指令に伴う義務を自ら遂行するのを怠ったことに依拠することはできない.

その結果,国内裁判所は,指令の規定に従った当事者から,義務を履行するのを怠った加盟国が国内法秩序に編入されていない指令に適合しない国内規定を排除するよう要請された場合,当該義務が無条件かつ十分に明確であるならば,その要請に応えなければならない.[70]」

司法裁判所は「義務を履行するのを怠った加盟国」という概念に言及し[71],「指令」が的確かつ期限内に履行されないならば,それは加盟国の責任であるゆえに,加盟国は自己の過ちから利益を得ることは許されないとした.このようにして,「指令」は私人対国家の関係における垂直的直接効果のみを有することが示された.その結果,「指令の諸規定がそれらの主題に関する限りにおいて無条件かつ十分に明確であると思われる場合には常に,国家が所定の期間の終了までに当該指令を国内法において実施するのを怠ったとき又は当該指令を的確に実施するのを怠ったとき,私人は国内裁判所において当該国家を相手取ってそれらの諸規定に依拠することができる[72]」ことになる.なお,「指令」が期限内に的確に国内実施された場合,私人はその国内実施措置を迂回して「指令」の直接効果に依拠することはできない[73].

③ 水平的直接効果の否定

司法裁判所は Marshall I 事件(1986 年)において次のように述べ,「指令」の私人対私人の関係における水平的直接効果を明示的に否定した.

「私人に対して指令に依拠することはできないという主張に関して,次の点が強調されなければならない.すなわち,[EU 機能条約第 288 条]によれば,国内裁判所において指令に依拠する可能性の基礎を成す指令の拘束的性格は,「それが向けられている各加盟国」についてのみ存在する.したがって,指令はそれ自体で私人に義務を課すことはできず,また,かかる者に対して指令の規定にそのようなものとして依拠することはできない[74].」

以上のようにして司法裁判所は,「指令」の名宛人を国家とする EU 機能条約第 288 条 3 段の文言に依拠して「指令」の水平的直接効果を否定した.「指

令」は垂直的直接効果のみを有することができる．

また，Dori 事件(1994 年)において，「事業用家屋から離れて交渉された契約に関する消費者の保護に関する指令」85/577*75 をイタリアが期限内に国内実施していなかったが，その「指令」は消費者が 7 日以内に販売業者との契約を解約する権利を「無条件かつ十分に明確」に規定していた*76．そのため，所定の期間内に「指令」を国内実施する措置がない場合，消費者は契約を締結した取引業者に対し，キャンセルの権利を「指令」自体から引き出し，その権利を国内裁判所において遵守確保することはできるか，ということが争点とされた*77．しかし，その消費者は，販売業者に対して当該「指令」の規定の直接効果を援用することはできないとされた．その理由として，司法裁判所は次のように述べている．

「その[指令の直接効果に関する]判例法を私人間の関係の範囲に拡張するならば，即時の効果をもって私人に対する義務を制定する権限を[EU]において認める結果となろう．しかし，[EU]がそのようにする権限を有するのは，規則を採択する権限を付与されている場合のみである．*78」

このように，「指令」に水平的直接効果を認めるならば，「規則」との区別ができないという点が指摘されている．

さらに，「指令」における水平的直接効果の欠如は，法的安定性に基づいている．この点を司法裁判所は，Wells 事件(2004 年)で次のように明確に述べている．

「法的安定性の原則により，指令は私人に対して義務を創設することはできない．私人に対しては，指令の規定は権利を創設することができるのみである．*79」

以上の点から，「指令」が水平的直接効果を有しない理由として司法裁判所が挙げているのは，第 1 に EU 機能条約第 288 条 3 段の文言，第 2 に「規則」との区別の維持，第 3 に法的安定性である*80．この判例法は，その後においても維持されている．

④ 国家概念の拡張

他方，司法裁判所は，垂直的直接効果における「国家」の範囲を拡張することにより，「指令」の水平的直接効果の欠如を補った．まず，前掲 Marshall I 事件において司法裁判所は，イギリスの「地域保健機関」(the Area Health

Authority)における男女労働者の退職年齢の差別に対して私人が「男女平等待遇指令」76/207*[81] の規定に依拠することができるかどうかという問題について，同機関が「指令」を実施する立場にはないにもかかわらず，国家の概念に含めることにより，当該「指令」の直接効果を垂直的関係に当たるものとして肯定した．

本件の事実関係は次のとおりである．Marshall はイギリスの公的機関（a public authority）である「地域保健機関」で栄養士として勤務していた．同国の性差別禁止法は退職に関わる性差別を許容しており，社会保障年金の給付年齢に基づき女性の通常退職年齢は 60 歳であるのに対して男性は 65 歳であった．ただし，それらは強制的な退職年齢ではなかった．Marshall の場合は 65 歳まで雇用の延長を希望したが，62 歳で解雇された．「男女平等待遇指令」第 5 条 1 項には「解雇を律する条件を含む労働条件に関する平等待遇原則の適用は，男女が性に基づく差別なく同一の条件を保障されることを意味する」と規定されていた．司法裁判所は，男女で異なる国家年金の受給年齢に達したというだけで解雇することは性差別であり，「指令」に反するとした後，当該規定の直接効果を認め，次のように判示した．

「訴訟手続に参加する者が国家に対して指令に依拠することができる場合，使用者又は公的機関のいずれであろうと国家が行動するときの資格にかかわらず，同人はそのようにすることができる．いずれの場合においても，国家が自ら[EU]法に従うのを怠ったことを利用できないようにすることが必要である．*[82]」

これに対してイギリス政府は，「地域保健機関」を「国家の機関」(an organ of the State)すなわち「国家の派生物」(an emanation of the State)とみなし，同機関に対して「指令」の規定に依拠する可能性を認めるならば，国家公務員と民間労働者の権利の間に恣意的かつ不公正な区別をもたらすと主張した．しかし，司法裁判所は，「そのような区別は，当該加盟国が国内法において指令を的確に実施しているならば容易に回避できる」として，そのような主張を退けた*[83]．

次いで，司法裁判所は Costanzo 事件(1989 年)において，イタリア国内法が「指令」に反している場合，地方自治体は「指令」*[84] 自体により拘束されるか否かにつき，イタリア国内裁判所から先決判決を求められたさい，「私人は国

内裁判所において指令の規定に依拠することができると当裁判所が判示した条件が充たされる場合，地方自治体のような分権的機関を含むすべての行政機関は，それらの規定を適用する義務がある*85」と判示した．このように，「指令」の直接効果が生じる垂直的関係には，地方自治体を含む国家のすべての機関が含まれる．

さらに，Foster 事件（1990 年）により，国家の概念は一層拡張された．本件では，当時イギリスで国有企業としてガス供給を独占していたブリティッシュ・ガス（所轄大臣が役員を任命し，経営に関わる指示を出した）における男女労働者の退職年齢の差別に対して，前掲 Marshall I 事件の場合と同様に，私人が「男女平等待遇指令」76/207*86 の規定に依拠することができるどうかという問題について，イギリス貴族院（最高裁判所）から先決付託手続による照会がなされた*87．司法裁判所は次のように判示した．

「当裁判所は一連の事件において次のように判示している．すなわち，指令の無条件かつ十分に明確な規定は，国家の権力若しくは統制に服するか又は私人間の関係に適用可能な通常の法規範に由来する権限を越える特別の権限を有する組織又は団体を相手取り，当事者により依拠されることができる．

それゆえ，当裁判所は以下のように判示している．すなわち，指令の規定は，税務当局，地方又は地域自治体，公の秩序及び安全の維持に責任を有する憲法上独立した機関並びに公共保健サービスを提供する公的機関に対して依拠することができる*88．

したがって以上の点から，法的形式がいかなるものであれ，国家により採択された措置に従い，国家の統制の下に公共サービスを提供することに責任を負うものとされ，かつ，その目的のために私人間の関係に適用可能な通常の法規範に由来する権限を越える特別の権限を有する団体は，いずれにせよ直接効果を有することができる指令の規定に依拠して相手取ることができる団体に含まれることとなる．*89」

以上の結果，垂直的関係に含まれる「国家の派生物」が極めて広く解釈されることにより，国有企業たるブリティッシュ・ガスもそれに含まれるとみなされ，同社の労働者は当該「指令」の直接効果に依拠しうることとなった．しかし，引用した判決文にある定義では不十分であり，明確ではないとの批判がある*90．

その後の判例法によれば，ある団体が国家の一部とみなされるか否かは，第1にどのような機能を担っているか，または，第2に国家がどの程度統制しているか，による*91. 第1の基準に関して，ある団体が公共サービスを行っており，その理由で特別な権限を有していれば十分である．Vassallo 事件(2006年)では，イタリアの病院が政府により経営されるのではない自立的な施設であったが，公的資金を受けており，役員は経営の枠内において国内法を適用するよう求められた．司法裁判所は，この病院に対して「指令」が私人により援用可能であるとした．司法裁判所にとって，この病院が公的部門の一部であり，公共サービスを行っていると国内裁判所がみなしていたことが決定的であった*92. また，第2の基準に関して，公権力の一部を形成するかまたは公権力に服する団体は国家の一部を成すとみなされる．Rohrbach 事件(2005年)では，私法により規律されるオーストリアの有限責任会社が障害者雇用のためにコインランドリーおよび園芸事業を行っていたが，公法により規律される社会扶助団体を唯一の株主とすることから国家の一部を成すとされ，私人は「指令」を援用することが可能となった*93.

6. 決　定
(1) 直接適用可能性
「決定」(TFEU288-4)には，加盟国または私人を名宛人とする場合と，名宛人がない場合が存在する．通常，前者の場合は特定の名宛人のみを拘束する個別的範囲の措置であり，後者の場合は適用範囲が一般的である．いずれの場合にも「決定」は直接適用可能である*94.

(2) 直接効果
「決定」は，名宛人の有無にかかわらず，無条件かつ十分に明確という要件を充足すれば直接効果を生じると考えられる*95.

司法裁判所は，Grad 事件(1970年)において，「決定」についても「特定の事件ごとに，問題となっている規定の性格，背景及び文言が当該行為の名宛人及び第三者の間の法的関係において直接効果を生じることができるかどうかが確定されなければならない」としたうえで，加盟国を名宛人とする「決定」が「無条件かつ十分に明確」という要件を充たす場合に直接効果を生じると判示

した*96. その理由は次のとおりである.

「特に, たとえば[EU]機関が決定により一加盟国又は全加盟国に対して一定の仕方で行為を行う義務を課している場合, 当該国の国民が国内裁判所においてそれを援用することができず, また, 国内裁判所がそれを[EU]法の一部として考慮に入れることができないならば, そのような措置の実効性(l'effet utile)は弱められるであろう. 決定の効果が規則に含まれる規定の効果と同一ではないにしても, この相違により最終結果, すなわち, 当事者が裁判所において当該措置を援用する権利が, 規則の直接適用可能な規定の場合と同じである可能性は排除されない*97.」

「決定」の規定は「無条件かつ十分に明確」であることに加え, 実施期限がある場合は「指令」の規定と同様にそれを徒過したときにはじめて, 直接効果を生じる*98. また, 加盟国を名宛人とする「決定」は当該加盟国のみを拘束するため,「指令」と同じく, 私人対私人の関係における水平的直接効果を発生しない*99. 他方, 自然人または法人を名宛人とする「決定」については水平的直接効果が発生しうる*100. たとえば, コミッションがEU競争法に違反した事業者に対して採択する「決定」は, その事業者の反競争的な行為により損害を被った他の事業者や消費者が国内裁判所で援用することができる(TFEU299)*101.

7. 国際協定
(1) 直接適用可能性

「連合により締結される協定は, 連合の諸機関及びその加盟国を拘束する」(TFEU216(2)). また, 司法裁判所の判例法によれば,「理事会により締結された協定は……[EU]諸機関の一つの行為である」. また,「そのような協定の規定は効力発生から[EU]法秩序の不可欠の一部を成す」*102. このように, EUが締結する国際協定は直接適用可能である*103とされる*104. また, 国際協定の規定のみならず,「そのような協定により設置された機関により採択される措置」も「効力発生時に[EU]法秩序の不可欠の一部となる*105」ため, 直接適用可能である*106.

(2) 直接効果

すでに述べたとおり, 司法裁判所は, EU法の当該規定が直接効果を有する

かどうかを判断するに当たって，まず「当該規定の精神，全体的構成及び文言」が直接効果になじむものであるか否かを検討し，そのうえで次に当該規定が「無条件かつ十分に明確」という要件を充足しているかどうかを判断する．このような二重の要件は，基本条約，派生法（規則，指令，決定など）およびEUが締結した国際協定のいずれにも該当する．ただし，EU条約および派生法の「精神，全体的構成及び文言」については一度審査された後はその要件の充足が推定されるため，その後の審査は明示的には行われない．

他方，EUが締結する国際協定については，その「精神，全体的構成及び文言」が個々に異なることから，それについての審査もその都度行われる．そのうえで国際協定の当該規定が「無条件かつ十分に明確」であるかどうかが検討される[107]．司法裁判所は，El-Yassini事件（1999年）において次のように判示している．

「当裁判所の一貫した判例法によれば，[EU]が第三国と締結した協定の規定は，その文言並びに協定自体の目的及び性格を考慮し，当該規定がその実施又は効果においていかなる事後の措置の採択にも服しない明確かつ一義的な義務を含む場合，直接効果を有するとみなされなければならない．[108]」

これまで司法裁判所により直接効果を有するとされた国際協定は，ヤウンデ協定，EEC―ポルトガル連合協定，EEC―トルコ連合協定など「一定の非対称的な義務を導入し又は[EU]との特別な統合関係を創設する[EU]及び非加盟国間の協定[109]」であり，それらの協定のEU域内での統一的適用を確保することを目的として一定の規定について直接効果が認められている[110]．さらに，国際協定により設置された機関が採択する措置[111]も，その協定自体が直接効果の要件を充たしていれば，同様に直接効果を有するとされることがある[112]．他方，たとえば，WTO協定（後述）や国連海洋法条約[113]については，直接効果は否定されている[114]．

国際協定の水平的直接効果については，Deutscher Handballbund事件（2003年）で初めて明示的に認められた[115]．本件では，EUと（加盟前の）スロヴァキアとの連合協定（欧州協定）第38条1項は水平的直接効果を有するか否かが争点とされた．同規定は，EU加盟国で合法的に雇用されるスロヴァキア国籍の労働者に対し，労働条件，報酬および解雇について差別禁止を定めていた．ス

ロヴァキア国籍の Kolpak は，ドイツに合法的に居住し，ドイツのプロ・ハンドボールチームのゴールキーパーとして雇用されていた．しかし，ドイツ・ハンドボール連盟の定めるルールにより，外国人選手が試合に出場できるのは2人までに制限されていた．Kolpak は，連盟ルールがスロヴァキア人選手にドイツ人選手と同じ権利を与えていないとし，連合協定第38条1項の差別禁止に違反すると主張した．司法裁判所は先決判決において，第1に連合協定第38条1項が直接効果を有すること，また，第2に同規定がプロ選手の雇用条件を定めるスポーツ団体ルールにも適用されることを判示した[116]．このようにして，国際協定の規定が私人間にも直接適用され，水平的直接効果を有することが示された[117]．

(3) WTO協定の直接適用可能性および直接効果の否定

EU(当時EEC)は，世界貿易機関(WTO)協定が成立する前の1947年「関税及び貿易に関する一般協定」(GATT)の締約当事者ではなかったが，International Fruit Company 事件(1972年)判決により，「EEC条約に基づき共同体が一般協定[GATT]により規律される分野で加盟国が以前に行使していた権限を引き受けた限りにおいて，同協定の規定は共同体を拘束する効果を有している」(EEC条約はEU基本条約に，共同体はEUに，読み替える)とされた[118]．その意味で1947年GATTはEU法秩序の不可欠の一部を構成した(その意味で直接適用可能性を有した)が[119]，EU法秩序におけるその法的効果は限定的であった．とくに，司法裁判所はGATTの「精神，全体的構成及び文言」を考慮のうえ，GATT規定が非常に柔軟であるという特徴を有すること，とくに適用除外の可能性を付与する規定，例外的困難に直面するさいにとられる措置および締約国間の政治的な紛争解決(1947年GATT第22，23条)を指摘して，GATT規定の直接効果を否定した[120]．

1994年のWTO協定には，1994年GATT(1947年GATTおよび関連文書)に加え，「サービスの貿易に関する一般協定」(GATS)，「知的所有権の貿易関連の側面に関する協定」(TRIPs)等が含まれる．EUはWTO協定の締約当事者であるが，物の貿易に関する1994年GATTはEUの排他的権限に属する分野であるのに対し，GATSおよびTRIPsは加盟国とEUの共有権限に基づく「混合協定」である(国際協定の内容がEUと加盟国の各権限にまたがっている

ため両者とも締結に加わる場合を混合協定と呼ぶ). EU が締結した国際協定として, WTO 協定も EU の権限に当たる分野においては EU 法秩序の不可欠の一部を構成し, その意味で直接適用可能性を有する*121. しかし, WTO 協定の法的性格上, EU 法秩序におけるその法的効果は, 直接効果の否定を含め, 限定的である*122.

WTO 協定締結に関する EU の「理事会決定」94/800 の前文には,「附属書を含め, 世界貿易機関設立協定は本来的に共同体又は加盟国の裁判所において直接に援用され得ない」(共同体は EU に読み替える)と表明されている. また, GATS については, それに附属されている「約束表」において EU および加盟国が直接効果を否定している. さらに, Dior 事件(2000 年)において司法裁判所は, TRIPs について「[EU]法により私人が裁判所において直接依拠することができる権利を創設するようなものではない*123」としている.

Portugal v Council 事件(1999 年)において司法裁判所は, 1994 年 GATT を含む WTO 協定が紛争解決制度の強化により 1947 年 GATT とは著しく異なる点は認めつつも, その紛争解決制度が当事者間の交渉にかなりの重要性を付与しているため(WTO 協定第 2 附属書「紛争解決に係る規則及び手続に関する了解」第 3 条 7 項, 第 22 条 1, 2 項), 締約国の法秩序において誠実に適用されるのを確保する適切な法的手段を決定づけるものではないとして, WTO が依然として政治的交渉の原則に基づいているとみなしている*124. それにもかかわらず,「WTO 法規範が[EU]法に適合するよう確保する役割が[EU]司法権に直接委ねられるのを受け容れるならば, [EU]の立法又は執行機関は[EU]の貿易相手国の立法又は執行機関が有するのと同様の行動の自由を失うであろう*125」.

以上の点から, 司法裁判所は WTO 協定の法的性格から, 1947 年 GATT 同様, 1994 年 GATT を含む WTO 協定についても, 直接効果を含めて EU 法秩序における裁判規範性を否定している*126. それは, WTO の紛争解決機関が EU 法を WTO 法規範に適合していないと判断した場合でも当てはまる*127.

さらに, 直接効果に関する事案ではないが, FIAMM 事件(2008 年)では, EU が WTO の紛争解決機関の決定を遵守しない結果被った損害を私企業が同決定に依拠して EU に賠償を求めることができるかどうかが争われた. 司法裁判所は次のように述べている.

「WTO協定に含まれる実体法規範が遵守されていないことを認定するDSB[注：紛争解決機関]の勧告又は裁定は，かかる勧告又は裁定に付される正確な法的効果がどのようなものであれ，それらの法規範と同様，[EU]諸機関の行為の適法性を審査するために[EU司法]裁判所においてそれに依拠する権利を私人に付与することはできない．*128」

このように，司法裁判所は，WTO協定の実体法規範の違反を認定する紛争解決機関の決定に基づく損害賠償の可能性を否定した*129．

なお，EU法秩序の「規範の階層」に基づく適合解釈義務が存在するため（本章第2節1(1)），WTO協定を含めて*130，EUが締結した国際協定は，派生法の適合解釈を要求する*131（これは慣習国際法についても当てはまる*132）．また，EU法の優越性に基づく適合解釈義務（本章第2節1(2)）により，国内裁判所は可能なかぎりTRIPs協定などのWTO協定の文言および目的に照らして関連する国内法を適用しなければならない*133．

また，司法裁判所は，取消訴訟（TFEU263）においてWTO法規範に照らしてEU派生法の適法性審査を行うことを排除しているが，2つの例外を認めている*134．すなわち，（イ）EUがGATT規定に関連して引き受けた特定の義務を履行することを意図した場合*135，および，（ロ）EUがGATT規定に明示的に言及している場合*136である*137．それは他のWTO協定にも当てはまる*138．

以上のように，WTO協定はEU法秩序において直接適用可能であるが，その法的効果は限定されている．

第2節　適合解釈義務と抵触排除義務

1. 適合解釈義務
(1) 適合解釈義務の性格
適合解釈義務は「いかなる規範制度にも固有のものである」*139．EUにおいてそれは，「規範の階層」に基づく場合とEU法優越に基づく場合に区別することができる．第1に，適合解釈義務はEU法秩序における「規範の階層」の間に適用される．たとえば，次のような関係になる．

「[EU]第二次法の文言に2つ以上の解釈の余地がある場合，当該規定を[基本]条

約に適合したものとする解釈が優先されるべきである．実施のための規則も同様に，可能ならば，基礎となる規則の規定に適合した解釈を与えられなければならない．*140」

また，司法裁判所は，Řízení Letového Provozu 事件(2007年)において次のように判示している．

「GATSのように［EU］が当事者となっている国際協定が第二次法の規定に対して持つことができる影響力に関し，［EU］により締結された国際協定は［EU］第二次立法に対して優越するため，第二次立法が可能な限りにおいて国際協定に適合して解釈されなければならないことは，確立された判例法である．*141」

第2に優越性の帰結として，国内法の適用がEU法に抵触する結果となるおそれがある場合，国内裁判所は国内法がEU法に抵触するのを回避することができるように解釈適用しなければならない*142．それは，当該EU法規定が直接効果を有するか否かにかかわらず当てはまる*143．Pfeiffer事件(後掲)判決によれば，次のとおりである．

「国内法は［EU］法に適合して解釈されなければならないという要求は，［基本］条約制度に固有のものである．なぜならば，それにより国内裁判所は自己の管轄内の事項について，自己が扱う紛争に関する決定を行う際，［EU］法の完全な実効性(la pleine efficacité)を確保することが可能となるからである．*144」

たとえば，国内法は，可能な限りにおいて「規則」の文言および目的に照らして解釈されなければならない*145．また，法的拘束力を有しない「勧告」であっても，とくに国内法(およびEU法)の他の規定の解釈を明確にすることができる場合，国内裁判所はそれを考慮に入れなければならない*146．

Hermès事件(1998年)判決によれば，EUが締結した国際協定は，加盟国に対しても拘束力を有し，国内法に対して優越する．そのため，国内裁判所は(必要ならば司法裁判所に先決付託を行ったうえで)可能な限りTRIPs協定を含むWTO協定のような国際協定の文言および目的に照らして，関連する国内法を適用しなければならない*147．

以下では，とくに「指令」に焦点を当て，EU法優越に基づく適合解釈義務について述べることとする．

(2) 指令に基づく適合解釈義務

① 指令に基づく適合解釈義務の確立

司法裁判所は，Von Colson 事件(1983 年)において，国内裁判所の適合解釈義務を確立した．同事件は，ドイツの男性用刑務所でのソーシャル・ワーカーの採用人事において女性を雇用する場合のリスクを理由に，資格の点で劣る男性が雇用された性差別の事案である．「男女平等待遇指令」76/207*148 第 6 条は，性差別の被害者が「司法プロセスにより自己の請求を行う」ことを可能とするために必要な措置を導入するよう加盟国に義務づけていた．しかし，「指令」は性差別に対する特定の制裁を規定しておらず加盟国に裁量の余地を残していたため，その点について直接効果を有しなかった．しかし，同「指令」を実施することを意図したドイツ国内法規定では採用における性差別の場合，「信頼損害」に対する賠償が唯一の制裁であり，本件では交通費(約 7 ドイツ・マルク)の弁済にとどまった．そのため，性差別被害者との雇用契約の締結義務は認められなかった*149．

先決判決において司法裁判所は，まず，ドイツが「指令」を的確に国内実施していないと判断した．そのため，「指令」の実施として，性差別禁止の違反に対する制裁を損害賠償により行うことを選択する場合，実効性と抑止的効果を持つよう損害に対して十分な賠償がなされなければならないとした．次いで，「指令」に適合して国内法を解釈適用するのは国内裁判所の義務であるとした*150．以下では，適合解釈義務の定義，根拠および範囲について述べることとする．

② 定義，根拠，範囲

国内裁判所が「指令」に適合して国内法を解釈する義務とは，「国内法を適用するに当たり，当該規定の採択が指令の前後であるかどうかにかかわりなく，国内法を解釈するよう求められる国内裁判所は，指令により追求される結果を達成し，かつ，そのようにして[EU 機能条約第 288 条]3 段に従うために，可能な限り当該指令の文言及び目的に照らして国内法を解釈しなければならない*151」ことをいう．このような適合解釈義務は，「指令」の間接効果(indirect effect)と呼ばれることがある．

適合解釈義務の効果として，国内裁判所は国内法(立法，判例法等)を「指

令」との抵触がないように解釈適用できるかどうかを検討しなければならない. 「指令」の完全な実効性を確保するため, 国内法全体を考慮して「自己の管轄内にあることは何でも行う」よう要求される*152. 必要ならば, 既存の判例法を調整しなければならない. また,「指令」に適合する解釈が不可能な場合, 当該国内法は適用排除されなければならない*153.

　適合解釈義務が国内裁判所にあることを示す根拠として, 司法裁判所は2点挙げている. 第1に, EU条約第4条3項に基づく誠実協力義務(第6章第2節1)の対象である加盟国の範囲に国内裁判所が含まれるため, 国内裁判所は自己の管轄内の事項につき, 基本条約上の義務の達成を確保するためにすべての適切な措置をとらなければならない. 第2に, EU機能条約第288条3段(第5章第6節3)に基づき,「指令」が達成すべき結果について拘束する加盟国の機関の範囲に国内裁判所が含められている. そのため, 国内裁判所は自己の管轄内の事項について「指令」で想定されている結果が達成されるよう確保しなければならない*154.

　「指令」に適合して国内法を解釈する国内裁判所の義務は, 国内実施期限の終了後に発生する一方,「指令」を実施するために採択された国内法だけでなく,「指令」の前後にかかわりなく採択された国内法が「指令」の範囲に当たる場合にもあてはまる*155. 適合解釈義務の主な対象は「指令」を実施するために制定された国内法規定であるが, それにとどまらず,「指令が求めるものに反する結果を生じさせないようにどの程度国内法が適用されうるかを評価するために, 国内裁判所は国内法を全体として検討するよう要求される」*156.

　前掲 Von Colson 事件は, ドイツの州が管理する刑務所の職員採用をめぐる私人対国家(の派生物)の事案であり,「指令」を実施することを意図したドイツ国内法規定が問題となった. 他方, Marleasing 事件(1990年)は,「指令」およびその前後にかかわりなく採択された国内法の関係が私人間で争われた事例である. 本件では, スペイン民法典には「原因」(cause)が欠如した契約の無効が規定されていたのに対し, 会社の情報開示等に関する「第一次会社法指令」68/151*157第11条には限定列挙された会社設立の無効事由に「原因」の欠如は含まれていなかった. しかし, スペインは当該「指令」を実施期限後もまだ国内実施していなかった. 原告会社は, 被告会社の設立契約が「原因」を欠く

偽装された取引であり，被告会社の共同設立者の債権者から詐取を行うことを目的とするものであるとして，その無効を宣言するようスペイン国内裁判所に求めた．これに対し，被告会社は，当該「指令」第11条に依拠して訴えを棄却するよう主張した．司法裁判所は国内裁判所に対し，関連「指令」に限定列挙された以外の事由による会社設立の無効を命じるような当該国内法規定の解釈は，適合解釈により排除されるとした*158.

③ 指令に基づく適合解釈の限界

「指令」に基づく適合解釈には3つの限界が存在する．第1に，適合解釈義務は「可能な限り」で存在するため，国内裁判所は「制定法に反する」(contra legem)解釈を行う義務は課されていない*159. しかし，Pfeiffer事件(後掲)判決によれば，「国内法上認められている解釈方法を適用することにより国内法規定が一定の状況において他の国内法規範に抵触するのを避けるように解釈されること，又は，当該法規範に適合する限りにおいてのみ当該規定を適用することにより当該規定の範囲がその目的に限定されることが可能となる場合，国内裁判所は指令により追求される結果を達成するためにそれらの方法を使用しなければならない」*160. 国内法を「指令」に適合して解釈することが不可能な場合，その国内法が適用排除される(本節2)か*161，または，その国内法により私人に損害が発生した場合には加盟国にEU法上の賠償義務(本章第3節)が発生する*162.

第2に，法的安定性をはじめとする法の一般原則に由来する限界が，刑事法の解釈において存在する．Kolpinghuis Nijmegen事件(1987年)判決によれば，適合解釈義務は「[EU]法の一部を成す法の一般原則並びに特に法的安定性及び不遡及の原則により制約を受ける」ため，「指令はそれ自体で，かつ，その実施のため加盟国により採択された国内法と無関係に，当該指令の規定に違反して行動する者の刑法上の責任を決定し又は加重する効果を有することはできない」*163.

第3に，Arcaro事件(1996年)判決によれば，「自国の国内法の関連規範を解釈する際に国内裁判所が指令の内容を参照すべき義務」は，上述の法の一般原則による制約に加え，「そのような解釈が，実施されていない指令により定められている義務を個人に課するに至る場合に限界に達する」*164.「指令」は，

政府に対し，私人に義務を課すことができる国内法を変更するよう要求するという点で限定的な拘束力を有するが，「指令」がそれ自体により私人に義務を課すことはできない[*165]。

他方，私人が他の私人との関係すなわち水平的関係において，期限内にまたは的確に実施されていない「指令」の規定を援用する場合，適合解釈義務により他の私人の法的立場に不利な効果がもたらされることがありうることを司法裁判所は許容している．前掲 Marleasing 事件では，私人対私人すなわち水平的関係において，「指令」に反する国内法の解釈が排除され，原告会社に不利な効果がもたらされた．

Pfeiffer 事件(2004年)ではドイツは，就業中の労働者の安全および健康の改善奨励のための措置導入に関する「指令」89/391[*166]および労働時間の編成の一定側面に関する「指令」93/104[*167]に基づき，週平均労働時間の上限を的確に48時間として定めた．しかし，救急職員についてはそれを超える例外を認めた点が「指令」に違反していた．使用者であるドイツ赤十字社に対し，そこで救急職員として雇用されていた労働者が「指令」に依拠して超過勤務分の支払いおよび上限48時間労働の確認を求めて，国内裁判所に訴えを提起した[*168]．本件につき先決付託を受けた司法裁判所は，国内裁判所に対し，「指令」に照らして週平均労働時間の上限を超えないよう国内法を解釈すべきであるという先決判決を下した[*169]．この結果，国内裁判所を通じて適合解釈により，救急職員に対する例外が是正され，上限48時間労働が適用されることとなった．しかし本件では，「指令」がドイツ赤十字社に義務を課して違反が発生したのではなく，「指令」に違反して労働時間の例外を定めたドイツの立法者が「指令」の結果達成義務に反したと言うことができる[*170]．

2. 抵触排除義務

(1) EU法の優越性に基づく抵触排除義務

すでに述べたとおり(第6章第1節4(2)，第4節1)，EU法の優越性はEU法と国内法との間における抵触や不整合を回避するための原則である．司法審査において，EU法と国内法との比較が行われ，場合によりEU法に照らして国内法を解釈することがなされた後，両者に抵触が存在するか否かが判断され

る*171. もし抵触がある場合，国内法は適用排除されなければならない*172(以下，抵触排除義務). Rieser Internationale Transporte 事件(2004年)判決によれば，「指令」に関する抵触排除義務は，直接効果および適合解釈義務の場合と同じく，原則として国内実施期限の終了後に発生する*173.

Simmenthal 事件(1978年)において，司法裁判所は次のように判示している.

「[EU]法優越の原則に従い，[基本]条約規定及び直接適用可能な諸機関の措置と加盟国の国内法との関係は，前者の規定及び措置が効力発生により，抵触する現行国内法のいかなる規定も自動的に適用不能とするだけでなく，それらが各加盟国の領域において適用可能な法秩序の不可欠な一部となりかつそれに優越する限りで，[EU]規定に反する限度において新たな国内立法措置の有効な採択を妨げるというものである.*174」

以上のように，EU 法規定が国内法に優越する結果，抵触する国内法規定は自動的に適用不能となり，また，EU 法に反する限りにおいて新たな国内立法措置を採択することはできなくなる．しかし，EU 法によって直接に国内法が改廃されるということではない．

国内法規定の EU 法との抵触が国内裁判所における取消訴訟において申し立てられる場合，抵触が認定されるならば国内法は取り消されることになる．また，抵触排除義務は，国内裁判所だけでなく行政機関を含む公の機関にも適用される*175. そのため，地方自治体のような下位の行政機関は，上位の機関がEU 法に反して採択した規定の実施を職権により差し控えなければならない*176.

(2) 指令に基づく国内法の適用排除
① 指令に違反する国内措置の適法性を争うための手続

私人が国内裁判所において「指令」に依拠して国内措置の適法性を争うための手続として，直接的な司法審査および間接的な司法審査がある．前者は私人 A が行政機関(政府)を裁判所に訴えて，「指令」に依拠して国内措置の適法性を直接争う場合である．「指令」により国内措置が違法と判断されるならば適用排除される．後者では私人 A が私人 B による権利侵害を差し止めるため裁判所に訴える場合に，B による A の国内法上の権利の侵害があったか否かを判断するために，その前段階として間接的に私人の権利侵害のきっかけとなっ

た国内措置の適法性が「指令」に照らして判断される．国内措置が違法とされて「指令」により適用排除されるとしても，「指令」が私人Bに義務を課す効果が生じたわけではなく，国内法に基づく私人Aの既存の権利が守られたにすぎない．

このように手続上の相違はあるものの，直接的な司法審査および間接的な司法審査のいずれにおいても，「指令」に照らして国内措置の適法性が審査される点では同じである*177．以下では，それぞれの場合について具体的な事案を検討する．とくに，「指令」がそれ自体により私人に義務を課すことがありうるのかどうかという点に焦点が当てられる．

② 直接的な司法審査の場合

Linster事件(2000年)では，ルクセンブルクにおいて私人が自己の所有する不動産が自動車道の建設のために収用されることに対し，自動車道のルートを決定するために依拠された国内規則の採択の前に環境影響評価に関する「指令」85/337*178に基づく評価がなされなかったので違法であること，および，「指令」が期限内に的確に国内実施されなかったことを主張し，自己の不動産の収用に異議を申し立てた．国内裁判所は，国内立法部が「指令」を国内実施するに当たり，同「指令」により設定された裁量権の限界内にとどまったかを審査することができるかどうかについて，司法裁判所に先決付託を行った．司法裁判所は，先決判決において次のように判示した．

「特に[EU]機関が指令により特定の行動を行う義務を加盟国に課している場合，当事者が裁判手続においてそれに依拠するのを妨げられるとすれば，また，国内立法部が指令を実施するための形式及び手段に関する選択を行う際に指令により定められた裁量の範囲内にとどまったかどうかを決定するに当たり，国内裁判所が[EU]法の問題として指令を考慮に入れることを妨げられるとすれば，そのような行為[注：指令]の実効性(l'effet utile)は減じられるであろう．*179」

したがって，国内裁判所は「指令」に照らして「国内立法部が指令により定められた裁量の範囲内にとどまっているかどうかを審査する」ことができる*180．審査の結果，裁量権の逸脱がある場合，当該国内法は適用排除されるため，加盟国の機関は適切に環境影響評価が行われるよう確保しなければならない*181．

Linster事件ではその判決の効果が私人対国家の関係にのみとどまったのに対し，Wells事件(2004年)ではイギリスにおける私人対国家の訴訟で「指令」に反する行政機関の決定が適用排除された結果，他の私人に不利な影響が及ぶこととなった．

本件では，イギリスの行政機関が「指令」85/337(前掲)に基づく環境影響評価を行わないまま，採石場の所有者に採掘作業の許可を与える決定を行ったことが同「指令」に照らして適法か否かについて，採石場の近くに居住する私人が国内裁判所に訴えを提起した．先決付託を受けた司法裁判所は，採掘許可を与えた行政機関の決定が「指令」に適合していないゆえに「すでに与えられた同意の取消又は停止」を行い，環境影響評価を実施することが求められるとする先決判決を下した*182．「指令」に基づく義務は私人である採石業者ではなく，行政機関に課されていた*183．しかし，行政機関は「指令」を的確に実施しなかったため，その決定は適用排除され，取消または停止の対象となった．その結果，採石場所有者は採石作業を予定通り行うことができなくなった．「第三者の権利に対し単に不利な影響があるからといって，たとえその影響が確かであるとしても，私人が当該加盟国に対して指令の規定を援用するのを妨げることは正当化されない」*184．それは，「指令」が私人に対してそれ自体により義務を課すこととは区別されている*185．

③ 間接的な司法審査の場合

CIA Security事件(1996年)は，ベルギーにおける私人対私人(いずれも警備保障会社)の事案である．原告会社は被告会社が自社製品を警報システムに関する1991年勅令(l'arrêté royal)に違反して販売しているという中傷を行っているとし，不公正取引行為を禁止する商取引行為法に依拠して，被告会社に中傷行為の停止を求めて国内裁判所に訴えを提起した．その際，原告会社は，当該勅令が「技術的規格及び規制分野における情報提供手続に関する指令」83/189*186に従って採択前にコミッションに届出がなされていなかったため，同勅令の無効を主張した．その結果，「指令」に基づく届出義務の違反が当該勅令を適用不能とし，私人に対して遵守させることはできないこととなるかどうかが，先決付託を受けた司法裁判所で争点となった．司法裁判所は，「指令」違反によるベルギー勅令の適用排除を認め，「私人は国内裁判所において［当該

指令の規定]に依拠することができ，国内裁判所は当該指令に従い届出がなされていない国内技術規制を適用することを拒否しなければならない」と判示した[187]．このようにして，「指令」に反して採択された勅令が適用排除された結果，原告はベルギー商取引行為法に基づき有利な立場を得ることができた[188]．

　本件において，司法裁判所が「指令」の関連規定の(垂直的)直接効果を認めたため[189]，「指令」の垂直的直接効果を水平的関係に援用しうるものとみなし，「付随的直接効果」(incidental horizontal direct effect)または「三者間関係における直接効果」(direct effect in triangular situations)と呼ぶ場合がある[190]．しかし，上述のように，本件は直接効果の事案ではなく，「指令」に反する国内法令の適用排除の事案であるため，そのような名称は必ずしも的確ではないように思われる．

　次に，Unilever 事件(2000 年)は，イタリアにおける私人対私人の事案である．Unilever 社が Central Food 社からの注文に応じて，オリーブオイルを同社に供給したところ，Central Food 社はイタリアのオリーブオイル表示法に反しているとして代金の支払を拒否し，商品の引き取りを求めた．これに対し，Unilever 社は当該表示法が(CIA Security 事件と同じ)「指令」83/189[191]に反して採択されたので同法を適用すべきではないこと，また，同社が供給した商品は(当該表示法を除く)現行イタリア法に適合していることを主張し，Central Food 社に代金を支払うよう求めた．しかし，Central Food 社が拒否したため，Unilever 社は代金支払いを求めて国内裁判所に訴えを提起した．

　先決付託を受けた司法裁判所は，CIA Security 判決と同様に，当該表示法が「指令」に違反して採択されたため，私人の間の契約上の権利義務に関する民事訴訟において適用排除されると判示した[192]．この結果，当該表示法は当事者間に適用できないこととなった．その際，司法裁判所は，前掲 Dori 事件判決(本章第1節5(2)③)を引用して「指令はそれ自体により私人に義務を課すことはできず，それゆえ私人に対しそのようなものとして依拠することはできない」とする判例法に言及したが，本件「指令」には適用されないと判断した[193]．本件は一見すると，「指令」が売買契約の一方の当事者に代金支払いの義務を課したような印象を受ける．本判決はどのように説明されるべきなの

だろうか.

本件は，契約法に基づく権利義務に関わる事案である．買い手は，イタリアのオリーブオイル表示法に違反した表示ではイタリアで適法に販売できないと考え，商品の引き取りを拒否した．これに対し，売り手は，当該表示法が「指令」が定める手続に違反しているため，買い手の主張は当たらないと反論した．司法裁判所は，売り手が「指令」に依拠して当該表示法を適用排除できることを認めた．その結果，買い手は契約上の義務を履行し，代金を支払わなければならないことになった．しかし，代金支払い義務は「指令」から発生したのではなく，売買契約およびイタリア契約法から生じたものである[*194]．すなわち，「指令」がそれ自体により私人に義務を課したのではない．

④ 比較

直接的な司法審査において司法裁判所は，「第三者の権利に対し単に不利な影響があるからといって，たとえその影響が確かであるとしても，私人が当該加盟国に対して指令の規定を援用するのを妨げることは正当化されない」[*195]と判示した（前掲 Wells 判決）．これは，間接的な司法審査にも当てはまる．なぜならば，いずれの場合も，「指令」に照らして審査されているのは私人の行為ではなく，国内立法者の行為すなわち国内法の効力だからである．これは，関連する「指令」が届出義務などの手続的要件を定める場合[*196]だけでなく，実体的要件を規定している場合[*197]も同様である[*198]．

第 3 節　国家賠償責任

1. 国家賠償責任の法的性格

加盟国が EU 法に違反した結果として私人に損害を与えたならば，国家賠償責任が発生する．それは EU 法の直接効果も適合解釈義務も私人に救済を与えない場合に限られる．このように，EU 法上の国家賠償責任は，直接効果および（抵触排除義務を伴う）適合解釈義務に対して補充的または補完的性格を有する[*199]．

たとえば，「指令」はそれ自体では私人間に直接効果を生じない．一方，先述したとおり，国内裁判所が「指令」に適合して国内法を解釈する義務は，前

掲 Marleasing 事件(本章第2節1(2)②)に見られるように,私人間の事件にも適用される.しかし,いつも適合解釈義務により問題が解決されるわけではない.それは,第1に「指令」に適合して解釈すべき国内法がそもそも存在しない場合,また,第2に国内法が明らかに「指令」に反しているため適合解釈の余地がない場合があるからである.これらの状況は,加盟国の「指令」に対する重大な違反が存在することを示している*200. Francovich 事件は,そのような状況で発生した事案である.

2. EU 法上の国家賠償責任の確立

Francovich 事件(1991年)は,加盟国が「指令」を期限内に国内実施しなかった事案である.イタリア政府は「使用者の支払不能の場合における賃金労働者の保護に係る加盟国立法の接近に関する指令」80/987*201 に従って,賃金労働者への未払賃金債権の支払いを保障する措置をとっていなかった.本件において使用者は倒産後に労働者に対して未払賃金があった.そのため,労働者は国家から当該「指令」にある保障または損害賠償を得る権利を有すると主張して,国内裁判所に訴えを提起した.国内裁判所は,「指令」の規定が直接効果を有するか否か,および,加盟国は当該「指令」を国内実施しなかった結果として私人が被った損害を賠償する義務を負うか否かという点につき,司法裁判所に先決付託を行った.

司法裁判所は先決判決において,当該「指令」の規定は保障の内容および保障の権利を有する者について無条件かつ十分に明確であるが,保障を与える責任を負う者を特定していないため,国家に保障の責任を負わせることはできないとして,その点での直接効果を否定した*202.しかし,「指令」を国内実施しなかったことに基づく損害賠償責任について,司法裁判所は,EU 法に基づく義務の違反から生じる損害に対する国家の賠償責任の存否と範囲という一般的問題として扱い,基本条約の一般的組立および基本原則に照らして検討されなければならないとし*203,まず「原則問題としての国家責任の存否」につき,次のように判示した.

「まず最初に,次の点に留意すべきである.すなわち,EEC 条約は,加盟国の法制度に組み入れられ,また,加盟国の裁判所が適用しなければならない固有の法制

度を創設したのであり，その主体は加盟国だけでなく，その国民でもある．共同体法は私人に義務を創設するのと同様に，私人の法的遺産となる権利を発生させることも意図されている．それらの権利は条約により明示的に付与されている場合だけでなく，条約が私人並びに加盟国及び共同体諸機関に明確に定義された仕方で課す義務によっても生じる(*Van Gend en Loos* 判決及び *Costa v ENEL* 判決参照)．

さらに，確立された判例法によれば，共同体規範の完全な効果(le plein effet)を確保し，また，それらの規範が私人に付与する権利を保護することは，自己の管轄内の領域で共同体法規定を適用する任務を有する国内裁判所に課されている(特に*Simmenthal*(Case 106/77)判決第16段及び*Factortame*(C-213/89)事件判決第19段参照)．

もし私人が加盟国に責を帰すべき共同体法違反により自己の権利を侵害されるときに賠償を得る可能性を有しないとすれば，共同体規範の完全な実効性(la pleine efficacité)は問題視され，また，それらの規範が認める権利の保護は弱められるだろう．

加盟国の損害賠償責任の可能性は，本件におけるように，共同体規範の完全な効果(le plein effet)が国家の側における事前の行動に服している場合，及び，それ故かかる行動がないために私人が共同体法により自己に認められている権利を国内裁判所において行使することができない場合には，特に不可欠である．

以上の結果，国家に責を帰すべき共同体法違反により私人にもたらされた損害に対する国家責任の原則は，条約制度に固有のものであるということになる．

加盟国がかかる損害を賠償する義務はまた，条約第5条にその根拠が見られる．同条により，加盟国は共同体法により自己に課された義務の実行を確保するために適切な一般的又は特別のすべての措置をとる責任を有する．ちなみに，そのような義務には，共同体法違反の違法な結果を解消することが含まれる．

以上のすべての点から，共同体法は，加盟国が自己に責を帰すべき共同体法違反により私人にもたらされた損害を賠償する義務を負うという原則を課している．*[204]」(EEC条約および条約はEU基本条約に，共同体はEUに，条約第5条はEU条約第4条3項に，読み替える.)

司法裁判所は，まずVan Gend事件判決およびCosta v ENEL事件判決(第6章第1節2, 3)に基づき，EU法秩序が固有の法制度であり，私人に権利を付与

することを確認し，次いで Simmenthal 事件判決（本章第2節2(1)）および Factortame I 事件判決（第8章第2節3(3)）を引用して，国内裁判所が EU 法により私人に付与された権利を保護する責任を有することを再確認している．そのうえで，実効性原則（第6章第2節2）に基づいて加盟国の EU 法違反による損害賠償責任を導き出し，それを EU 基本条約に固有のものであると位置付け，最後に誠実協力原則（TEU4(3)）（第6章第2節1）によりそれを補強している．

司法裁判所は，私人が損害賠償を受ける権利を EU 法に直接根拠のあるものとして位置づけた[*205]．一方，国家は賠償責任に関する国内法の枠内で損害を賠償しなければならない．すなわち，関連する EU 立法が存在しない場合，「管轄権を有する裁判所を指定し，また，訴訟当事者が[EU]法から引き出す権利の十分な保護を確保するよう意図された訴訟手続規則を定めることは，各加盟国の国内法秩序に属する」[*206]．これは加盟国の手続的自律性を意味する．その意義と限界については，次章で述べることとする．

3. 国家賠償責任の要件
(1) Francovich 3 要件

いかなる条件の下に，EU 法に違反した加盟国から賠償を受ける権利が，私人に生じるのだろうか．それは，引き起こされた損害の原因である EU 法違反の性格によって決まる[*207]．Francovich 事件は，「指令」に関わる事案であったため，「指令」の結果達成義務（TFEU288-3）の違反に基づき損害賠償を受ける権利として，次の3つの要件が示された（Francovich 3 要件）．第1に「指令」が定める結果に私人への権利の付与が含まれていること，第2にそれらの権利の内容を「指令」の規定に基づいて確定することができること，および，第3に加盟国の義務違反と被害者が被った損害との間に因果関係が存在することである[*208]．

Francovich 事件で示された3要件は「指令」が関わる事案に限定されるが，当該権利の違反はそのまま国家賠償責任につながるという意味で「厳格な責任」（strict liability）であった[*209]．しかし後日，それは Francovich 事件のように「指令」を期限内に国内実施しないことによる悪質な違反という特定の状況に限定されることが，司法裁判所により示された[*210]．

(2) Brasserie du Pêcheur／Factortame III 事件

当該 EU 法上の権利が直接効果を有するか否かにかかわらず[*211]，国家賠償責任の存在とそのための一般的要件が提示されたのは，Brasserie du Pêcheur／Factortame III 事件(1996年)においてであった．司法裁判所は，EU 自体の損害賠償責任に関する判例法に依拠し，「十分に重大な違反」という要件を導入することにより国家賠償責任をより制限的なものとした[*212]．本件は，直接効果を有する EU 基本条約規定に国家が違反したことにより私人に発生した損害の賠償に関わる事案である．

一連の Factortame 事件は，スペイン人が所有するイギリス法人に対して取締役と株主の4分の3にイギリス国籍を求める国籍要件等の条件を課したイギリス法が EU 法上の開業の権利(TFEU49)に違反するかどうかが争われたことに端を発する．まず Factortame I 事件(1990年)において，国内裁判所は国内法上暫定的救済を付与することはできないと判断したが，司法裁判所によりその点が EU 法の実効性原則(第6章第2節2)に基づき適用排除された結果，EU 法上の権利に対する暫定的救済が認められた．次いで，Factortame II 事件(1991年)では，イギリスの当該国内法が開業の権利を侵害しているとされた[*213]．その後，Factortame III 事件において，原告はイギリス政府に対して当初より被った損害に対する賠償を求めた[*214]．

また，Brasserie du Pêcheur 事件においては，コミッションが提起した義務不履行訴訟において，ドイツ国内法に基づく「純粋ビール」のための要件(大麦麦芽，ホップ，酵母および水のみで製造された場合のみ「ビール」という名称で販売できる)に従わないで製造されたビールを国内市場から排除したことが EU 機能条約第34条(数量制限と同等の効果を有する措置の禁止)違反とされたところ[*215]，フランスのビール会社が当該ドイツ国内法がなかったならばドイツへの輸出で得ていたはずの逸失利益に対する賠償を求めた[*216]．いずれの場合にも国内裁判所は，加盟国による EU 法違反の結果として私人に発生した損害の賠償を受ける権利が，いかなる条件に基づき EU 法により保障されるかという問題を司法裁判所に先決付託した．

(3) EU の賠償責任規定の準用

司法裁判所は，まず，国家賠償責任の原則の根拠として前掲 Francovich 事

件で示された実効性原則および誠実協力原則（TEU4(3)）（第6章第2節1, 2）に加え*217，EU 機能条約第340条2段を挙げ，「[EU 機能条約第340条]に明文化されている[EU]の非契約上の責任の原則は，違法な作為又は不作為により，発生した損害を賠償する義務が生じるという加盟国法秩序において周知の一般原則の表明にすぎない」とした．同規定は「非契約上の責任に関し，連合は，加盟国に共通の一般原則に従い，連合又はその職務を遂行中の職員により引き起こされた損害を賠償しなければならない」と規定している．司法裁判所はこの規定を準用し，EU の非契約上の責任の中でとくに経済政策の選択に関わる立法措置についての判例法に照らし，EU 諸機関が EU 政策を実施する場合と同様に，加盟国が広範な裁量権を有する分野で行動する場合，加盟国が責任を負う条件は原則として EU 諸機関が同様の状況で責任を負う場合と同一でなければならないとした*218．

(4) Brasserie du Pêcheur 3要件

以上のような場合に，次の3つの要件（Brasserie du Pêcheur 3要件）が充足されるならば，EU 法上の損害賠償請求権が認められる．第1に違反の対象となった法規範が私人に権利を付与するよう意図されていることである．第2に違反が十分に重大なものであることである．第3に国家が負う義務の違反と被害者が被った損害との間に直接的な因果関係が存在することである*219．

とくに第2の要件に関する決定的基準は，EU および加盟国両方の賠償責任に当てはまるが，当該国家または EU 機関が「自己の裁量権の限界を明白かつ重大なまでに無視したか否か」ということである．国内裁判所が考慮に入れることができる要因として，違反の対象となった規定がどの程度明確か，その規定により国内機関または EU 機関にどの程度裁量の余地があるか，違反および発生した損害は故意または過失によるものか，法の解釈適用の誤りが許しがたいものかどうか，EU 機関のとった態度が EU 法に反する国内措置や行為の欠如，採択または維持に寄与したかもしれないという状況が挙げられている．当該違反が立証されることを認定する判決，または，当該行為が違反を構成することが明らかな事案に関する先決判決もしくは確立された判例法があるにもかかわらず，EU 法違反が継続される場合，それは十分に重大なものと判断される*220．

また，司法裁判所は「立法的機能を行使する公権力の非契約上の責任に関し国内法秩序に存在する制限は，[EU]法の違反から生じる損害について[EU]法により保障されるような賠償を受ける権利を，私人が行使するのを実際上不可能又は過度に困難にしかねないものとなりうる」ため，そのような立法機関の責任の制限は「[EU]法の違反が国内立法部に帰することができる場合には排除されなければならない」と判示している[*221]．

(5) Francovich 3 要件との関係

Dillenkofer 事件(1996年)において司法裁判所は，国家賠償責任の要件は「各々の状況の類型に従って」適用されるべきであるとした[*222]．「加盟国が立法的権限を行使する際，その権限の限界を明白かつ重大なまでに無視した場合，[EU]法の違反は十分に重大である」[*223]．しかし，「当該加盟国が立法面における選択を行うよう求められておらず，また，その裁量権が極めて限られているか又は皆無である場合，十分に重大な違反の存在を立証するためには[EU]法違反のみで足りる」[*224]．それゆえ，加盟国が「定められた期限内に指令に規定された結果を達成するのに必要な措置をとること」を怠った場合，「その加盟国は自己の裁量権の限界を明白かつ重大なまでに無視している」とされる．そのような場合，当該損失および損害の賠償は，司法裁判所が事前に EU 法違反を認定していたかどうかということ，また，違反が帰属する国家の機関に故意または過失が存在したかどうかということに依存しない．このように，所定の期間内に定められた結果を達成するために「指令」を国内法に置換する措置をとるのを怠ることは，それ自体が EU 法の重大な違反を構成する[*225]．

(6) 国家賠償責任と EU の賠償責任

Brasserie du Pêcheur／Factortame III 事件において司法裁判所は，EU の非契約上の責任に関する EU 機能条約第 340 条およびその判例法に依拠して，加盟国が広範な裁量権を有する分野で行動する場合，加盟国が責任を負う条件は原則として EU 諸機関が同様の状況で責任を負う場合と同一であるとしなければならないとしたが，この点について批判がある．第 1 に，EU 法の範囲内において，EU 諸機関(理事会および欧州議会)は主要な立法者として行為を行うが，加盟国は優越性に基づく EU 法規範により制限を受けるため，加盟国が有する裁量権は EU 諸機関の裁量権に比べて範囲が狭いという点が指摘される．

また，第2に指摘されるのは，立法に対する国家賠償責任の要件が，EU諸機関の立法に対する賠償責任に関する判例法により定められている要件と必ずしも一致していないという点である．司法裁判所は，EUの賠償責任に関する判例法において，「自己の裁量権の限界を明白かつ重大なまでに無視したか否か」[226] の判断に関し，違反措置の私人に対する効果および違反の程度を考慮に入れるが，そのさい，私人が申し立てる損害は当該経済部門の活動に固有の経済的リスクの範囲を超えることが求められる[227]．しかし，Brasserie du Pêcheur／Factortame III 判決における国家賠償責任では，この点について言及されていないと指摘されている[228]．

4. 司法機関の判決と国家賠償責任
(1) Köbler 事件

Brasserie du Pêcheur／Factortame III 判決は，国家賠償責任の原則が「当該違反に責任を有する作為又は不作為を行った国家機関が何であれ，加盟国が[EU]法に違反するいかなる場合にも当てはまる」[229] としていたため，国内裁判所の判決がEU法違反であるために発生する国家賠償責任の可能性がすでに示唆されていた．それが争点となったのが，Köbler 事件(2003年)である．

Köbler は，オーストリアで国立大学の教授を務めていた．同国給与法では，15年間同国で大学教授として勤務する等の条件を充たすと特別勤続昇給が退職年金に加算されると規定されていた．同氏は，同国での15年間勤務の条件を充たしていなかったが，他の加盟国での勤務年数を併せると条件を充足していたため，それが考慮されないのは間接的差別であり，EU法に違反すると主張し，特別勤続昇給を申請した．最高行政裁判所は，本件につき司法裁判所に先決付託を行ったが，司法裁判所事務局から関連判例を示された後に先決付託を取り下げ，給与法の当該規定はEU法に違反しないという誤った解釈を自ら行って判決を下した．そこで，Köbler はオーストリア共和国を相手取って損害賠償を請求する訴えをウィーン地方民事裁判所に提起した．

(2) 最終審判決と国家賠償責任

司法裁判所の先決判決は，第1の争点として，EU法違反に基づく加盟国の損害賠償責任は最終審裁判所の判決に由来する場合にも適用されるかという点

につき，次のように判示した．

「[EU]法に依拠する私人の権利保護に固有の要請により，私人は最終審として審理を行う裁判所の決定による自己の権利の侵害から発生した損害の賠償を国内裁判所において得る可能性を持たなければならないということになる．*230」

(3) 既判力および司法権の独立との関係

Köbler 判決では，最終審判決の既判力との関係については，次のように説明されている．

「最終審として審理を行う裁判所の決定について国家責任の原則を承認することは，それ自体，かかる決定の既判力としての権威に疑義を差し挟む結果をもたらすものとはならない．国家責任を負わせることを求める訴訟は，既判力の権威を獲得した決定をもたらす訴訟と同一の目的を有するものではなく，また，必ずしもそれと同一の当事者が関わるわけではない．実際，国家責任に関する訴えにおける原告は，勝訴する場合，国家に対し，発生した損害の賠償を命じる判決を得ることになるが，当該損害を発生させた司法的決定が判断した既判力の権威を見直すことを必ずしも確保するものではない．いずれにせよ，[EU]法秩序に固有の国家責任の原則はかかる賠償を要求するが，当該損害を発生させた司法的決定の再審を求めるものではない．*231」

また，司法権の独立との関係については，先決判決はこのように述べている．

「司法の独立に関し，問題となっている責任原則は裁判官本人の責任ではなく，国家の責任に関わるものであることが明確にされるべきである．然るに，一定の条件の下で国家が[EU]法に反する司法的決定に責任を負うものとされうるという可能性は，最終審として審理を行う裁判所の独立性に疑義を差し挟む特別の危険を伴うとは思われない．*232」

(4) 国家賠償責任の要件

先決判決における第2の争点は，最終審裁判所の判決により発生した損害に対する国家賠償責任の要件は何かということであった．それは，Brasserie du Pêcheur 3 要件と同じであるとされた．ただし，司法権の特別な性格および法的安定性の要請に鑑み，最終審裁判所の判決の EU 法違反による国家責任は，当該裁判所が適用可能な法に明白に違反した例外的な場合にのみ発生しうる．考慮されるべき要素は，違反された法規範の明確さの程度，当該違反が故意に

よるものか否か，法の解釈適用の誤りが許容されうるものか否か，先決付託手続における付託義務の不遵守などである．当該判決がその問題における EU 司法裁判所の判例法に明白に違反している場合には，十分に重大な EU 法違反となる*233．

最後に，本件の給与法規定は労働者の自由移動に反するとされたので，上述の要件に照らすならば，最高行政裁判所の当該判決による EU 法違反の結果として加盟国の責任は発生するかという点は，次のように判断されている．Brasserie du Pêcheur 3 要件のうち，第 1 要件（違反の対象となった法規が私人に権利を付与するよう意図されていること）については，労働者の自由移動に関する規定（TFEU45 等）に関して肯定された．第 2 要件（違反が十分に重大であること）については，まず最高行政裁判所は司法裁判所の判例法に先例がないため，先決付託を行う義務があった．また，最高行政裁判所の当該判決は EU 法に違反していた．しかし，その違反が明白なものか否かについては，EU 司法裁判所の判例法に先例がないことが明らかではなかったため，否定された．よって，第 2 要件は充足されていない*234．その結果，本件において加盟国の損害賠償責任は発生しなかった．

(5) Traghetti 事件

イタリア国内法は，最終審裁判所によりなされた EU 法違反が同裁判所により行われた法規定の解釈または事実および証拠の評価の結果である場合，そのような違反により私人に発生した損害に対する国家賠償責任を，最終審裁判所の故意および重過失の場合を除きすべて排除していた．Traghetti 事件（2006年）では，司法裁判所は，Köbler 判決を適用し，そのようなイタリア国内法は EU 法により排除されるという先決判決を下した*235．この判決により，国内最終審裁判所が故意に EU 法に違反する場合だけでなく，合理的な裁判所に期待される仕方で EU 法を解釈しない場合にも，国家賠償責任は発生することが示された*236．

5．EU 法違反と私人間における損害賠償責任

司法裁判所は，私人間の競争制限的な協定（カルテル）の締結を禁止する EU 競争法規定（TFEU101）に関する Courage 事件（2001 年）において，次のように判

示した．なお，同規定は，水平的直接効果を有する*237．

「もしすべての者が競争を制限し又は歪曲するおそれのある契約又は行為により自己に生じた損害の賠償を請求できないとすれば，［EU 機能条約第 101 条］の完全な実効性（la pleine efficacité）及び特に［第 101 条］1 項に定める禁止の有益な効果（l'effet utile）は危うくなるであろう．

実際，かかる権利は［EU］競争法規範の運用性を強化し，また，競争を制限し又は歪曲するおそれがあり，隠蔽されることが多い協定又は行為を抑えることができる．この観点から，国内裁判所における損害賠償請求訴訟は［EU］における実効的な競争の維持に大いに寄与することができる．

このような状況において，かかる訴訟が競争法規範に反するとみなされる契約の当事者により提起されることは，先験的に排除され得ない．*238」

この先決判決により EU 競争法違反により発生した損害の賠償が認められた．しかし，その法的性格には争いがある．すなわち，それを国内法上の救済にとどまるとみなす学説*239 と，上述の国家賠償責任と同じく EU 法上の救済と考える学説*240 に分かれている*241．

しかし，Courage 判決は，同等性および実効性を要件とする国内手続法の自律性（第 8 章）に言及しており*242，また，Manfredi（2006 年）でも，司法裁判所が EU 競争法違反に対する私人の損害賠償請求をあらためて認めた後*243，Courage 判決を引用しながら*244，国内手続の自律性に基づく判旨を繰り返している*245．そのため，私人の EU 競争法違反により損害を被った別の私人の賠償を受ける権利は，国内法上の救済を前提としていると考えられる*246．

第 4 節　小　結

以上述べた点から，EU 法の優越性に基づく国内法上の効果を「指令」についてまとめるならば，図表 7-2 のようになる．

図表 7-2　指令の効果

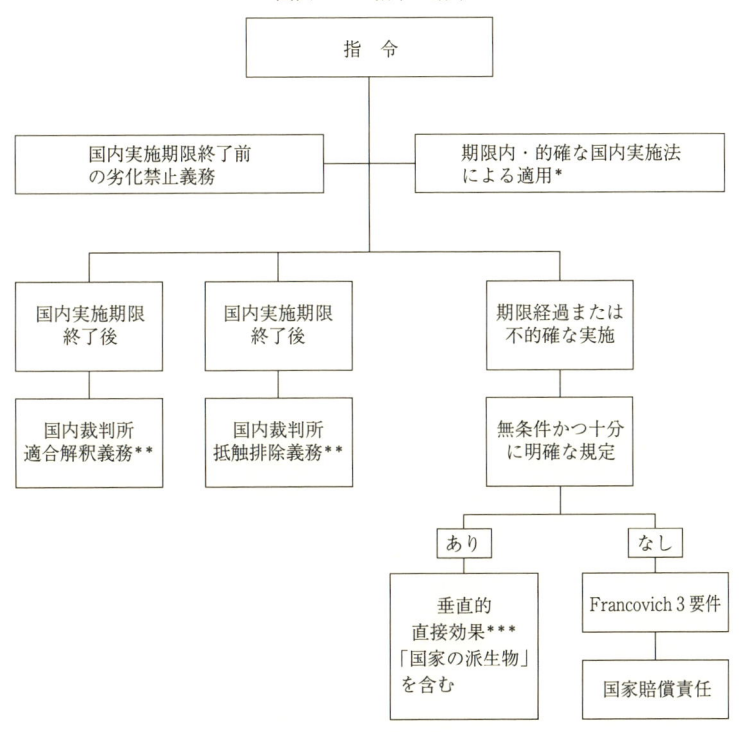

```
                              ┌─────────┐
                              │  指　令  │
                              └────┬────┘
                    ┌──────────────┴──────────────┐
          ┌─────────────────┐           ┌─────────────────┐
          │ 国内実施期限終了前 │           │ 期限内・的確な国内実施法 │
          │ の劣化禁止義務    │           │ による適用*        │
          └─────────────────┘           └────────┬────────┘
                    ┌──────────────┬──────────────┤
         ┌──────────┐   ┌──────────┐   ┌──────────────┐
         │ 国内実施期限│   │ 国内実施期限│   │ 期限経過または │
         │ 終了後     │   │ 終了後     │   │ 不的確な実施   │
         └─────┬────┘   └─────┬────┘   └───────┬──────┘
         ┌──────────┐   ┌──────────┐   ┌──────────────┐
         │ 国内裁判所 │   │ 国内裁判所 │   │ 無条件かつ十分 │
         │ 適合解釈義務**│ │ 抵触排除義務**│ │ に明確な規定   │
         └──────────┘   └──────────┘   └───────┬──────┘
                                       ┌───────┴───────┐
                                      あり             なし
                                 ┌──────────┐   ┌──────────┐
                                 │ 垂直的    │   │Francovich 3要件│
                                 │ 直接効果***│   └─────┬────┘
                                 │「国家の派生物」│  ┌──────────┐
                                 │ を含む    │   │ 国家賠償責任 │
                                 └──────────┘   └──────────┘
```

　*　 私人に義務を課すことができる．
　**　 他の私人に不利な影響がありうる．
　***　指令はそれ自体で私人に義務を課すことはできない．

(筆者作成)

リーディング・リスト

岡村堯「ヨーロッパ共同体法と国内法との関係」『法政研究』(九州大学) 第 34 巻 4 号，1968 年
山手治之「欧州共同体法の直接的適用性(1)(3)」『立命館法学』第 125・126, 127 号，1976 年
平良「ヨーロッパ共同体法直接適用の原理の発展」『法学研究』(慶應義塾大学) 第 56 巻 12 号，1983 年
岩沢雄司著『条約の国内適用可能性』有斐閣，1985 年
北村泰三「EC 法基本権規定の水平的直接効力(1)(2)」『熊本法学』第 77, 78 号，1993 年
須網隆夫「直接効果理論の発展に見る欧州統合の現段階」『日本 EC 学会年報』第 14 号，1994 年
山根裕子「WTO の紛争処理制度への EU の対応 ―― 国際条約の相互性と直接効果」『日本国際経済法学会年報』第 7 号，1998 年
伊藤洋一「ヨーロッパ法とフランス国家責任法」『日仏法学』第 21 号，1998 年
庄司克宏「欧州司法裁判所と EC 法の直接効果」『法律時報』第 74 巻 4 号，2002 年
中西優美子「欧州司法裁判所による適合解釈の義務づけの発展」『専修法学論集』第 85 号，2002 年
西連寺隆行「「十分に重大な違反」概念(1)(2)」『上智法学論集』第 47 巻 2, 3 号，2004 年
東史彦「イタリア法，ガット及び EC 法の関係」『法学政治学論究』(慶應義塾大学) 第 75 号，2007 年
松田健児「構成国の最終審裁判所による EC 法侵害を原因とする国家補償責任とその EC 法秩序における機能と影響について」『創価法学』第 37 巻 1 号，2007 年
弥永真生「銀行監督上の失敗と EU(EC)法違反に基づく国家賠償責任」『筑波ロー・ジャーナル』第 2 号，2007 年
柳生一成「「水平的直接効果」をめぐる議論からの指令の直接効果の定義の再検討」『慶應法学』第 25 号，2013 年

注

*1 Judge David O. A. Edward, "Direct Effect: Myth, Mess or Mistery?" in J. M. Prinssen and A. Schrauwen(eds.), *Direct Effect: Rethinking a Classic of EC Legal Doctorine*, European Law Publishing, 2004, pp. 3-13 at 6.

*2 Koen Lenaerts and Piet Van Nuffel, *European Union Law*(3rd ed.), Sweet & Maxwell, 2011, p. 895.

*3 Allan Rosas and Lorna Armati, *EU Constitutional Law: An Introduction*, Hart Publishing, 2010, p. 63.

*4 Case 106/77 *Simmenthal* [1978] ECR 629, para. 14; Case 28/67 *Firma Molkerei* [1968] ECR 143 at 154; Case 34/73 *Variola* [1973] ECR 981, paras. 10.

*5 Alina Kaczorowska, *European Union Law*(2nd ed.), Routledge, 2011, p. 297, 298.

*6 *Variola*, cited *supra* note 4, paras. 10

*7 David Edward, "Direct Effect, the Separation of Powers and the Judicial Enforcement of Obligations" in *Scritti in onore de Giuseppe Federico Mancini*, Giuffrè, 1998, Vol II, pp. 423-443 at 426.

*8 Alina Kaczorowska, op. cit. *supra* note 5, p. 298 によれば，自動的かつ一般的範囲の場合と，条件付きかつ限定的範囲の場合に分かれる．

*9 庄司克宏「欧州司法裁判所とEC法の直接効果」『法律時報』第74巻4号，2002年(14-20頁)．

*10 この定義の中に「特に国内裁判官」とあるのは，「指令」については「個人が国内裁判所において指令の規定を援用することができると当裁判所が判示した条件が充足されている場合，行政部のすべての機関は，地方自治体のような分権的な機関を含め，それらの規定を適用する義務がある」(Case 103/88 *Costanzo* [1989] ECR 1839, para. 31)とされているからであると思われる．

*11 Marianne Dony, *Droit de l'Union européenne*(Quatrième édition), Edition de l'université de Bruxelles, p. 269.

*12 David Edward, op. cit. *supra* note 7, p. 426.

*13 J. A. Winter, "Direct Applicability and Direct Effect Two Distinct and Different Concepts in Community Law", *Common Market Law Review*, Vol. 9, No. 4, 1972, pp. 425-438.

*14 Paul Craig and Gráinne de Búrca, *EU Law*(5th ed.), Oxford University Press, 2011, p. 181, 410.

*15 Bruno de Witte, "The Continuous Significance of *Van Gend en Loos*" in Miguel Poiares Maduro and Loïc Azoulai, *The Past and Future of EU Law*, Hart Publishing, 2010, pp. 9-15

at 10.
* 16　P. Pescatore, "The Doctorine of 'Direct Effect': An Infant Disease of Community Law", *European Law Review*, Vol. 8, No. 3, 1983, pp. 155-177 at 175 によれば，直接効果を有するとは，換言すれば，「司法判断可能」(justiciable)であるということである．
* 17　David Edward, op. cit. *supra* note 7, p. 443.
* 18　A. Dashwood, M. Dougan, B. Rodger, E. Spaventa, D. Wyatt, *Wyatt and Dashwood's European Union Law* (6th ed.), Hart Publishing, 2011, pp. 252-268.
* 19　Case 26/62 *Van Gend en Loos* [1963] ECR 1 at 12; Case 41/74 *Van Duyn* [1974] ECR 1337, para. 12; Case 9/70 *Grad* [1970] ECR 825, paras. 6, 9.
* 20　Cases C-246 to 249/94 *Cooperativa Agricola Zootecnica S. Antonio and Others* [1996] ECR I-4373, para. 18, 19. Paul Craig and Gráinne de Búrca, op. cit. *supra* note 14, p. 188; Stephen Weatherill and Paul Beaumont, *EU Law* (3rd ed.), 1999, 393-396.
* 21　*Firma Molkerei*, cited *supra* note 4, 155, 156.
* 22　Bruno de Witte, "Direct Effect, Primacy, and the Nature of the Legal Order" in Paul Craig and Gráinne de Búrca (eds.), *The Evolution of EU Law* (2nd ed.), Oxford University Press, 2011, pp. 323-362 at 336.
* 23　CJCE, 15 juillet 1964, *Costa/ENEL*, aff. 6/64, p. 1141 à 1159, 1160; Case 6/64 *Costa v ENEL* [1964] ECR 585 at 593, 594.
* 24　Allan Rosas and Lorna Armati, op. cit. *supra* note 3, p. 63; Alina Kaczorowska, op. cit. *supra* note 5, p. 298, 299.
* 25　Cases C-295 to 298/04 *Manfredi* [2006] ECR I-6619, para. 39.
* 26　Wyatt and Dashwood's European Union Law, op. cit. *supra* note 18, p. 253.
* 27　Case 43/75 *Defrenne* [1976] ECR 455, paras. 24, 39(中村民雄評釈『EU法基本判例集』43頁).
* 28　Denys Simon, "SABENA is dead, Gabrielle Defrenne's case is still alive: the old lady's testament…" in Miguel Poiares Maduro and Loïc Azoulai, op. cit. *supra* note 15, pp. 265-273 at 270, 271.
* 29　Case C-101/08 *Audiolux* [2009] ECR I-9823, para. 63.
* 30　Koen Lenaerts and Piet Van Nuffel, op. cit. *supra* note 2, p. 851.
* 31　Allan Rosas and Lorna Armati, op. cit. *supra* note 3, pp. 44-47, 63.
* 32　Case 112/77 *Töpfer v Commission* [1978] ECR 1019, para. 19.
* 33　Wyatt and Dashwood's European Union Law, op. cit. *supra* note 18, p. 254, 255.
* 34　Case C-520/03 *Olaso Valero* [2004] ECR I-12065. Wyatt and Dashwood's European Union Law, op. cit. *supra* note 18, p. 255.
* 35　Takis Tridimas, *The General Principles of EU Law* (2nd ed.), Oxford University Press, 2009, pp. 47-50; Wyatt and Dashwood's European Union Law, op. cit. *supra* note 18, p. 255.
* 36　Case C-144/04 *Mangold* [2005] ECR I-9981, paras. 74, 75.
* 37　*Ibid.*, para. 76.

*38 Ibid., para. 78.
*39 Koen Lenaerts and Jose A. Gutiérrez-Fons, "The Constitutional Allocation of Powers and General Principles of EU law", Common Market Law Review, Vol. 47, No. 6, 2010, pp. 1629-1669 at 1642.
*40 Case C-555/07 Kücükdeveci [2010] ECR I-365.
*41 Koen Lenaerts and Jose A. Gutiérrez-Fons, op. cit. supra note 39, p. 1649; Mirjam de Mol, "Kucukdeveci: Mangold Revisited", European Constitutional Law Review, Vol. 6, No. 2, 2010, pp. 293-308 at 301-303.
*42 Kücükdeveci, cited supra note 40, paras, 11-15.
*43 Ibid., paras. 43, 53, 54.
*44 Ibid., para. 54.
*45 Koen Lenaerts and Piet Van Nuffel, op. cit. supra note 2, p. 912, 913; Gregor Thusing and Sally Horler, "Case C-555/07, Seda Kücükdeveci v. Swedex, Judgment of the Court (Grand Chamber) of 19 January 2010", Common Market Law Review, Vol. 47, No. 4, 2010, pp. 1161-1172 at 1170, 1171.
*46 Variola, cited supra note 4, paras. 10.
*47 Ibid., para. 8; Van Duyn, cited supra note 19, para. 12.
*48 Case 43/71 Politi [1971] ECR 1039, para. 9.
*49 Variola, cited supra note 4, paras. 10, 11.
*50 Case C-403/98 Azienda Agricola Monte Arcosu [2001] ECR I-103, paras. 26-28.
*51 Koen Lenaerts and Piet Van Nuffel, op. cit. supra note 2, p. 895.
*52 Case C-253/00 Muñoz [2002] ECR I-7289, paras. 30.
*53 Ibid., para. 31.
*54 Alina Kaczorowska, op. cit. supra note 5, p. 302, 303; Allan Rosas and Lorna Armati, op. cit. supra note 3, p. 64.
*55 Case C-129/96 Inter-Environnement Wallonie [1997] ECR I-7411, paras. 16-24.
*56 Ibid., paras. 41-44.
*57 Ibid., para. 45.
*58 Case C-422/05 Commission v Belgium [2007] ECR I-4749, paras. 62-70.
*59 Christoph Vedder und Wolff Heintschel von Heinegg (Hrsg.), Europäisches Unionsrecht EUV/AEUV Grundrechte-Charta Handkommentar, Nomos, 2012, S. 67.
*60 Case C-212/04 Adeneler [2006] ECR I-6057, para. 123.
*61 Koen Lenaerts and Piet Van Nuffel, op. cit. supra note 2, p. 900, 901, 908.
*62 Case C-157/02 Rieser Internationale Transporte [2004] ECR I-1477, paras. 62, 66-69. Koen Lenaerts and Piet Van Nuffel, op. cit. supra note 2, p. 901.
*63 Case 8/81 Becker [1982] ECR 53, para. 19. Wyatt and Dashwood's European Union Law, op. cit. supra note 18, p. 241.
*64 Paul Craig and Gráinne de Búrca, op. cit. supra note 14, p. 192.

＊65　Van Duyn, cited *supra* note 19, para. 9, 10. The High Court of Justice of England (Chancery Division), *Van Duyn v Home Office* [1974] 1 C.M.L.R. 347, para. 15.
＊66　*Van Duyn*, cited *supra* note 19, paras. 12, 13, 15.
＊67　*Becker*, cited *supra* note 63, para. 18.
＊68　Judge David O. A. Edward, op. cit. *supra* note 1, p. 7, 8.
＊69　*Van Duyn*, cited *supra* note 19, para. 24.
＊70　Case 148/78 *Ratti* [1979] ECR 1629, paras. 22, 23.
＊71　それは，コモンロー上の「禁反言」(estoppel)の原則(大陸法では *nemo turpitudinem suam allegans auditur*)を反映している。Koen Lenaerts and Piet Van Nuffel, op. cit. *supra* note 2, p. 903.
＊72　Case 152/84 *Marshall I* [1986] ECR 723, para. 46; *Ratti*, cited *supra* note 70, para. 43; *Becker*, cited *supra* note 63, para. 25.
＊73　Case 270/81 *Felicitas* [1982] ECR 2771, paras. 24-26. Wyatt and Dashwood's European Union Law, op. cit. *supra* note 18, p. 241.
＊74　*Marshall I*, cited *supra* note 72, para. 48(中村民雄評釈『EU法基本判例集』52頁).
＊75　Directive 85/577 [1985] OJ L 372/31.
＊76　Case C-91/92 *Dori* [1994] ECR I-3325, paras. 18, 30. Koen Lenaerts and Piet Van Nuffel, op. cit. *supra* note 2, p. 904, 905.
＊77　*Dori*, cited *supra* note 76, para. 19.
＊78　*Ibid.*, para. 24.
＊79　Case C-201/02 *Wells* [2004] ECR I-723, para. 56.
＊80　Paul Craig, "The Legal Effect of Directives: Policy, Rules and Exceptions", *European Law Review*, Vol. 34, No. 3, 2009, pp. 349-377 at 351-355.
＊81　Directive 76/207 [1976] OJ L 39/40.
＊82　*Marshall I*, cited *supra* note 72, paras. 38, 49.
＊83　*Ibid.*, paras. 12, 51.
＊84　Directive 71/305 [1971] OJ L 185/5.
＊85　Case 103/88 *Costanzo* [1989] ECR 1839, paras. 30, 31.
＊86　Directive 76/207, cited *supra* note 81.
＊87　Case C-188/89 *Foster* [1990] ECR I-3313, paras. 1-11.
＊88　*Becker*, cited *supra* note 63; Case C-221/88 *ECSC v Busseni* [1990] ECR I-495; *Costanzo*, cited *supra* note 85; Case 222/84 *Johnston* [1986] ECR 1651; *Marshall I*, cited *supra* note 72.
＊89　*Foster*, cited *supra* note 87, paras. 18-20.
＊90　Paul Craig and Gráinne de Búrca, op. cit. *supra* note 14, p. 197, 198.
＊91　D. Chalmers, G. Davies and G. Monti, *European Union Law*(2nd ed.), Cambridge University Press, 2010, p. 289.
＊92　Case C-180/04 *Vassallo* [2006] ECR I-7251, paras. 20-22, 24. Chalmers, Davies and

第7章　EU法の優越と国内法上の効果　　293

Monti, op. cit. *supra* note 91, p. 289.
* 93　Case C-297/03 *Rohrbach* [2005] ECR I-4305, paras. 28-30. Chalmers, Davies and Monti, op. cit. *supra* note 91, p. 290.
* 94　Alina Kaczorowska, op. cit. *supra* note 5, p. 303.
* 95　*Ibid.*, p. 335.
* 96　*Grad*, cited *supra* note 19, para. 5.
* 97　*Ibid.*, para. 5.
* 98　Case C-156/91 *Hansa Fleisch Ernst Mundt* [1992] ECR I-5567, paras. 15-20.
* 99　Case C-80/06 *Carp* [2007] ECR I-4473, paras. 20-22. Koen Lenaerts and Piet Van Nuffel, op. cit. *supra* note 2, p. 917, 918.
* 100　Wyatt and Dashwood's European Union Law, op. cit. *supra* note 18, p. 268.
* 101　Alina Kaczorowska, op. cit. *supra* note 5, p. 336.
* 102　Case C-301/08 *Irène Bogiatzi* [2009] ECR I-10185, para. 23; Case 181/73 *Haegeman* [1974] ECR 449, paras. 4-6; Case 12/86 *Demirel* [1987] ECR 3719, para. 7.
* 103　Allan Rosas and Lorna Armati, op. cit. *supra* note 3, p. 63, 69, 70; Bruno de Witte, op. cit. *supra* note 22, p. 336.
* 104　Alina Kaczorowska, op. cit. *supra* note 5, p. 303 によれば，実施措置を必要としない国際協定および「規則」または「決定」により実施される国際協定は直接適用可能である．
* 105　Opinion 1/91 *Draft EEA Agreement* [1991] ECR I-6079, para. 37.
* 106　Koen Lenaerts and Piet Van Nuffel, op. cit. *supra* note 2, p. 866, 867. 国際協定は，その解釈をめぐる締約当事者間の紛争を解決し，協定の規定を解釈する管轄を有する裁判所を含む自前の裁判所制度を備えることができる．そのような裁判所の決定は，(EU司法裁判所の管轄およびEUの基礎に反しない限り)EU司法裁判所を含むEU諸機関を拘束する．*Draft EEA Agreement*, cited *supra* note 105, paras. 39, 40.
* 107　Bruno de Witte, op. cit. *supra* note 22, p. 336.
* 108　Case C-416/96 *El-Yassini* [1999] ECR I-1209, para. 25; *Demirel*, cited *supra* note 102, para. 14.
* 109　Case C-149/96 *Portugal v Council* [1999] ECR I-8395, para. 42(庄司克宏評釈『貿易と関税』第49巻6号(2001年)90頁).
* 110　Case 87/75 *Bresciani* [1976] ECR 129, paras. 23, 25, 26; Case 104/81 *Kupferberg* [1982] ECR 3641, paras. 23-27; Case C-228/06 *Soysal* [2009] ECR I-1031, para. 45.
* 111　*Draft EEA Agreement*, cited *supra* note 105, para. 37.
* 112　Case C-192/89 *Sevince* [1990] ECR I-3461, paras. 14, 15.
* 113　Case C-308/06 *Intertanko* [2008] ECR I-4057, paras. 54-65.
* 114　Koen Lenaerts and Piet Van Nuffel, op. cit. *supra* note 2, p. 864-866. Francis G. Jacobs, "Direct Effect and Interpretation of International Agreements in the Recent Case Law of the European Court of Justice" in Alan Dashwood and Marc Maresceau(eds.), *Law and Practice of EU Exrenal Relations*, Cambridge University Press, 2008, pp. 13-33.

* 115　Robert Schütze, *European Constitutional Law*, Cambridge University Press, 2012, p. 341, 342.
* 116　Case C-438/00 *Deutscher Handballbund* [2003] ECR I-4135, paras. 30, 37, 51.
* 117　同様に，Case C-265/03 *Simutenkov* [2005] ECR I-2579において，EUとロシアとの協力協定の規定についても水平的直接効果が認められた．Robert Schütze, op. cit. *supra* note 115, p. 342.
* 118　Cases 21-24/72 *International Fruit Company* [1972] ECR 1219, para. 18.
* 119　Allan Rosas and Lorna Armati, op. cit. *supra* note 3, p. 49, 70.
* 120　*International Fruit Company*, cited *supra* note 118, paras. 20-27; Case C-280/93 *Germany v Council* [1994] ECR I-4973, paras. 105-110.
* 121　Allan Rosas and Lorna Armati, op. cit. *supra* note 3, p. 49, 70.
* 122　Wyatt and Dashwood's European Union Law, op. cit. *supra* note 18, pp. 956-958.
* 123　Cases C-300 & 392/98 *Dior* [2000] ECR I-11307, paras. 47, 48.
* 124　*Portugal v Council*, cited *supra* note 109, paras. 36-42.
* 125　*Ibid.*, para. 46.
* 126　Allan Rosas and Lorna Armati, op. cit. *supra* note 3, p. 70, 71.
* 127　Case C-377/02 *Van Parys* [2005] ECR I-1465, para. 54.
* 128　Cases C-120 & 121/06 P *FIAMM* [2008] ECR 2008 I-6513, paras. 125, 128, 129（小場瀬琢磨評釈『貿易と関税』第57巻8号（2009年）70頁）.
* 129　Antonello Tancredi, "On the Absence of Direct Effect of the WTO Dispute Settlement Body's Decisions in the EU Legal Order" in E. Cannizzaro, P. Palchetti and R. A. Wessel(eds.), *International Law as Law of the European Union*, Martinus Nijhoff Publishers, 2012, pp. 249-268 at 249, 250, 262, 263.
* 130　Case C-49/02 *Heidelberger Bauchemie* [2004] ECR I-6129, para. 20.
* 131　Christina Eckes, "International Law as the EU: The Role of the European Court of Justice" in E. Cannizzaro, P. Palchetti and R. A. Wessel(eds.), op. cit. *supra* note 129, pp. 353-377 at 361, 362.
* 132　Case C-286/90 *Poulsen* [1992] ECR I-6019, paras. 9, 10; *Intertanko*, cited *supra* note 113, paras. 51, 52. Federico Casolari, "Giving Indirect Effect to International Law within the EU Legal Order: The Doctorine of Consistent Interpretation" in E. Cannizzaro, P. Palchetti and R. A. Wessel(eds.), op. cit. *supra* note 129, pp. 395-415 at 405, 411.
* 133　Case C-53/96 *Hermès* [1998] ECR I-3603, para. 28; Dior, cited *supra* note 127, paras. 47, 48.
* 134　*Portugal v Council*, cited *supra* note 109, paras. 47, 49.
* 135　Case 70/87 *Fediol* [1989] ECR 1781, paras. 18-22.
* 136　Case C-69/89 *Nakajima* [1991] ECR I-2069, paras. 30-32.
* 137　*Germany v Council*, cited *supra* note 120, para. 111. Wyatt and Dashwood's European Union Law, op. cit. *supra* note 18, pp. 961-965.

第7章　EU法の優越と国内法上の効果　　295

* 138　*Portugal v Council*, cited *supra* note 109, para. 49.
* 139　Allan Rosas and Lorna Armati, op. cit. *supra* note 3, p. 59.
* 140　Case C-90/92 *Dr Tretter* [1993] ECR I-3569, para. 11.
* 141　Case C-335/05 *Řízení Letového Provozu* [2007] ECR I-4307, para. 16.
* 142　Allan Rosas and Lorna Armati, op. cit. *supra* note 3, p. 59; Koen Lenaerts and Piet Van Nuffel, op. cit. *supra* note 2, p. 756, 757.
* 143　Case 157/86 *Murphy* [1988] ECR 673, para. 11. Wyatt and Dashwood's European Union Law, op. cit. *supra* note 18, p. 241.
* 144　Cases C-397 to 403/01 *Pfeiffer* [2004] ECR I-8835, para. 114.
* 145　Koen Lenaerts and Piet Van Nuffel, op. cit. *supra* note 2, p. 895, 896.
* 146　Case C-322/88 *Grimaldi* [1989] ECR 4407, para. 19. Koen Lenaerts and Tim Corthaut, "Of Birds and Hedges: the Role of Primacy in Invoking Norms of EU Law", *European Law Review*, Vol. 31, No. 3, 2006, pp. 287-315 at 292.
* 147　*Hermès*, cited *supra* note 133, para. 28; Dior, cited *supra* note 127, paras. 47, 48.
* 148　Directive 76/207, cited *supra* note 81.
* 149　Case 14/83 *Von Colson* [1984] ECR 1891, paras. 1-5, 18, 19, 27.
* 150　*Ibid.*, paras. 24, 28.
* 151　Case C-106/89 *Marleasing* [1990] ECR I-4135, para. 8.
* 152　*Pfeiffer*, cited *supra* note 144, para. 118.
* 153　Koen Lenaerts and Piet Van Nuffel, op. cit. *supra* note 2, p. 757, 909.
* 154　*Von Colson*, cited *supra* note 149, para. 26.
* 155　Adeneler, cited *supra* note 60, para. 115. Von Colson, cited *supra* note 149, para. 26; Marleasing, cited *supra* note 151, para. 8.
* 156　*Pfeiffer*, cited *supra* note 144, para. 115.
* 157　Directive 68/151 [1968] OJ L 65/8.
* 158　*Marleasing*, cited *supra* note 151, paras. 1-4, 8-10(須網隆夫評釈『EU法基本判例集』60頁).
* 159　Case C-105/03 *Pupino* [2005] ECR I-5285, para. 47.(本件は旧EU条約の警察・刑事司法協力における「枠組決定」に関わる事案であるが、「指令」にも当てはまる。)
* 160　*Pfeiffer*, cited *supra* note 144, para. 116. Koen Lenaerts and Tim Corthaut, op. cit. *supra* note 146, p. 295.
* 161　Koen Lenaerts and Piet Van Nuffel, op. cit. *supra* note 2, pp. 909-911.
* 162　Case C-334/92 *Wagner Miret* [1993] ECR I-06911, para. 22.
* 163　Case 80/86 *Kolpinghuis Nijmegen* [1987] ECR 3969, para. 13.
* 164　Case C-168/95 *Arcaro* [1996] ECR I-47051, para. 42
* 165　Koen Lenaerts and Tim Corthaut, op. cit. *supra* note 146, p. 306.
* 166　Directive 89/391 [1989] OJ L 183/1.
* 167　Directive 93/104 [1993] OJ L 307/18.

＊168　*Pfeiffer*, cited *supra* note 144, paras. 1-43.
＊169　*Ibid.*, para. 119.
＊170　Koen Lenaerts and Tim Corthaut, op. cit. *supra* note 146, p. 308, 309.
＊171　*Ibid.*, p. 299, 300.
＊172　Koen Lenaerts and Piet Van Nuffel, op. cit. *supra* note 2, pp. 756-759.
＊173　Case C-157/02 *Rieser Internationale Transporte* [2004] ECR I-1477, paras. 67-69. Koen Lenaerts and Piet Van Nuffel, op. cit. *supra* note 2, p. 911.
＊174　*Simmenthal*, cited *supra* note 4, para. 17.
＊175　*Costanzo*, cited *supra* note 85, para. 31.
＊176　*Ibid*.
＊177　Koen Lenaerts and Tim Corthaut, op. cit. *supra* note 146, p. 307, 308.
＊178　Directive 85/337 [1985] OJ L 175/40. 上田純子「EU環境法」，庄司克宏編『EU法実務篇』岩波書店所収(163-204)179-183頁．
＊179　Case C-287/98 *Linster* [2000] ECR I-6917, para. 32.
＊180　*Ibid.*, para. 38.
＊181　Case C-72/95 *Kraaijeveld* [1996] ECR I-5403, para. 61.
＊182　*Wells*, cited *supra* note 79, paras. 53, 65, 68, 69.
＊183　Koen Lenaerts and Tim Corthaut, op. cit. *supra* note 146, p. 300.
＊184　Wells, cited *supra* note 79, para. 57.
＊185　*Ibid.*, para. 56.
＊186　Directive 83/189 [1983] OJ L 109/8.
＊187　Case C-194/94 *CIA Security* [1996] ECR I-2201, paras. 45-55.
＊188　Koen Lenaerts and Tim Corthaut, op. cit. *supra* note 146, p. 304.
＊189　*CIA Security*, cited *supra* note 187, para. 44.
＊190　Paul Craig and Gráinne de Búrca, op. cit. *supra* note 14, pp. 207-211; Klaus Lackhoff and Harold Nyssens, "Direct Effect of Directives in Triangular Situations", *European Law Review*, Vol. 23, No. 5, 1998, pp. 397-413.
＊191　Directive 83/189, cited *supra* note 186.
＊192　Case C-443/98 *Unilever Italia* [2000] ECR I-7535, paras. 49, 52.
＊193　*Ibid.*, para. 50. *Dori*, cited *supra* note 76, para. 20. Dori事件では，「事業用家屋から離れて交渉された契約に関する消費者の保護に係る指令」85/577において，販売業者は7日以内ならば消費者による解約を受け入れる義務を「無条件かつ十分に明確」に課されていた．しかし，イタリアが同「指令」を期限内に的確に国内実施していなかったにもかかわらず，私人に対してその義務は実際には発生しなかった．
＊194　Koen Lenaerts and Tim Corthaut, op. cit. *supra* note 146, p. 304, 305.
＊195　*Wells*, cited *supra* note 79, para. 57.
＊196　*CIA Security*, cited *supra* note 187; *Unilever Italia*, cited *supra* note 192.
＊197　Case C-215/97 *Bellone* [1998] ECR I-2191.

*198 Koen Lenaerts and Tim Corthaut, op. cit. *supra* note 146, p. 307.
*199 Sacha Prechal, "Member State Liability and Direct Effect: What's the Diference After ALL?", *European Business Law Review*, Vol. 17, No. 2, 2006, pp. 299-316 at 300-303.
*200 Chalmers, Davies and Monti, op. cit. *supra* note 91, p. 301.
*201 Directive 80/987 [1980] OJ L 283/23.
*202 Cases C-6 & 9/90 *Francovich* [1991] ECR I-5357, paras. 26, 27. 以下, CJCE, 19 novembre 1991, *Francovich et Bonifaci c. Italie*, aff. C-6/90 et C-9/90, Rec. 1991, p. I-5357 も適宜参照.
*203 *Ibid.*, paras. 28-30.
*204 *Ibid.*, paras. 31-37.
*205 *Ibid.*, para. 41.
*206 *Ibid.*, paras. 42, 43.
*207 *Ibid.*, para. 38.
*208 *Ibid.*, paras. 39, 40. 3要件の本件への当てはめについて, 第1要件は, 当該「指令」が要求する結果に賃金労働者へ未払賃金債権の支払のための保障に対する権利を付与することが含まれているので充たされている. 第2要件は,「指令」の規定から権利の内容が確定できることで充足されている. 第3要件に関しては, 国内裁判所は, 損害賠償責任に関する国内法に従い,「指令」を国内法に置換しなかったために発生した損害の賠償を受ける労働者の権利を確保しなければならない. *Ibid.*, paras. 44, 45.
*209 Robert Schütze, op. cit. *supra* note 115, p. 400.
*210 Cases C-178, 179, 188 to 190/94 *Dillenkofer* [1996] ECR I-4845, paras. 23-29. Robert Schütze, op. cit. *supra* note 115, p. 400.
*211 Cases C-46 & 48/93 *Brasserie du Pêcheur/Factortame III* [1996] ECR I-1029, paras. 18-23(西連寺隆行評釈『EU法基本判例集』77頁).
*212 Robert Schütze, op. cit. *supra* note 115, p. 400.
*213 Case C-221/89 *Factortame II* [1991] ECR I-3905.
*214 *Brasserie du Pêcheur/Factortame III*, cited *supra* note 211, paras. 9-14.
*215 Case 178/84 *Commission v Germany* [1987] ECR 1227.
*216 *Brasserie du Pêcheur/Factortame III*, cited *supra* note 211, paras. 3-8.
*217 *Ibid.*, para. 39.
*218 *Ibid.*, paras. 44, 47.
*219 *Ibid.*, para. 51.
*220 *Ibid.*, paras. 55-57.
*221 *Ibid.*, paras. 68, 72.
*222 *Dillenkofer*, cited *supra* note 210, para. 24.
*223 *Ibid.*, para. 25 と同意の Case C-118/00 *Larsy* [2001] ECR I-5063, para. 38 を訳出している.
*224 *Dillenkofer*, cited *supra* note 210, para. 25.

*225 *Ibid.*, paras. 26-29.
*226 *Brasserie du Pêcheur/Factortame III*, cited *supra* note 211, para. 55.
*227 Cases 83 & 94/76, 4, 15 & 40/77 *HNL* [1978] ECR 1209, para. 7.
*228 Takis Tridimas, op. cit. *supra* note 35, p. 511, 512; Damaso Ruiz-Jarabo Colomer, "Once Upon a Time—*Francovich*: From Fairy Tale to Cruel Reality?" in Miguel Poiares Maduro and Loïc Azoulai, op. cit. *supra* note 15, pp. 405-412 at 410.
*229 *Brasserie du Pêcheur/Factortame III*, cited *supra* note 211, para. 12.
*230 Case C-224/01 *Köbler* [2003] ECR I-10239, para. 36(西連寺隆行評釈『貿易と関税』第52巻10号(2004年)71頁). 以下、CJCE, 30 septembre 2003, *Köbler*, aff. C-224/01, Rec. 2003, p. I-10239 も適宜参照.
*231 *Ibid.*, para. 39.
*232 *Ibid.*, para. 42.
*233 *Ibid.*, paras. 51-56.
*234 *Ibid.*, paras. 87, 102, 103, 116-124.
*235 Case C-173/03 *Traghetti* [2006] ECR Page I-5177, paras. 24, 30-46(中西優美子評釈『国際商事法務』第34巻9号(2006年)1225頁).
*236 Chalmers, Davies and Monti, op. cit. *supra* note 91, p. 311, 312.
*237 Case C-453/99 *Courage v Crehan* [2001] ECR I-6297, para. 23.
*238 *Ibid.*, paras. 26-28(由布・中村評釈『EU法基本判例集』321頁). CJCE, 20 septembre 2001, *Courage et Crehan*, aff. C-453/99, Rec. 2001, p. I-6297 も適宜参照.
*239 Wyatt and Dashwood's European Union Law, op. cit. *supra* note 18, pp. 840-842.
*240 Assimakis P. Komninos, "Civil Antitrust Remedies Between Community and National Law" in Catherine Barnard and Okeoghene Odudu(eds.), *The Outer Limits of European Union Law*, Hart Publishing, 2009, pp. 363-400 at 383.
*241 Robert Schütze, op. cit. *supra* note 115, pp. 404-406.
*242 *Courage v Crehan*, cited *supra* note 237, para. 29.
*243 *Manfredi*, cited *supra* note 25, paras. 59, 61.
*244 *Courage v Crehan*, cited *supra* note 237, para. 29.
*245 *Manfredi*, cited *supra* note 25, paras. 62, 64.
*246 Wyatt and Dashwood's European Union Law, op. cit. *supra* note 18, p. 842; Richard Whish and David David Bailey, *Competition Law*(7th ed.), Oxford University Press, 2012, p. 299, 300.

第8章　加盟国の手続的自律性

第1節　EU 法の直接効果と加盟国の手続的自律性

1. 加盟国の手続的自律性と Rewe 2 要件

　私人は国内裁判所において EU 法から権利を引き出すために EU 法の直接効果(第7章第1節)を援用することができる．しかし，国内裁判所で EU 法上の権利を実現するための提訴期間を経過していたならば，どうなるのだろうか．

　ドイツの会社 X がフランス産リンゴの輸入についてドイツ当局から植物衛生検査料を徴収されたが，それは EU 司法裁判所により EU 法に基づき禁止される「関税と同等の効果を有する課徴金」(TFEU30)であるとされた．EU 機能条約第 30 条は直接効果を有する．そこで会社 X がドイツ国内裁判所に植物衛生検査料を課した決定の取消および徴収額の還付を求めて訴えを提起したところ，行政裁判所手続法に定める提訴期間を経過しているとして却下された．そのため，X はこれを不服として控訴した．控訴審裁判所はこの問題について司法裁判所に先決付託を行った．

　司法裁判所の Rewe-Zentralfinanz 事件(1976 年)判決によれば，まず，EU 機能条約第 30 条が直接効果を有し，国内裁判所が保護しなければならない権利を私人に付与する．次いで，域内市場の機能のために EU 機能条約第 115 条(および第 114 条(第1章第2節 2))や第 352 条(第1章第2節 6)により各国法の調和が可能である．しかし，そのような調和措置がない場合，EU 法が付与する権利は国内法規範が定める条件に従って国内裁判所において行使されなければならない．合理的な提訴期間の設定は，法的安定性という基本原則の適用である[*1]．

　司法裁判所は，本件で加盟国の「手続的自律性」(procedural autonomy)[*2]という原則を示している．それは，確立された判例法として，Peterbroek 事件(1995 年)判決において次のように提示されている．

「一貫した判例法によれば，[EU 条約第 4 条 3 項]に定める[誠実]協力原則により，訴訟当事者のために，[EU]法の直接効果から生じる法的保護を確保するのは加盟国である．当該事項に関する[EU]の規制が存在しない場合，管轄権を有する裁判所を指定し，及び，訴訟当事者が[EU]法の直接効果から引き出す権利の保護を確保するための訴訟を規律する詳細な手続規則(les modalités procédurales)を定めるのは，各加盟国の国内法秩序である．しかし，そのような規則は，国内における同様の訴訟を規律する規則より不利であってはならず，かつ，[EU]法により付与される権利の行使を実質的に不可能又は過度に困難とするものであってはならない．*3」

加盟国の「手続的自律性」原則とは，誠実協力原則(TFEU4-3)(第 6 章第 2 節 1)に基づき，私人が EU 法の直接効果から引き出す権利を手続的に保護するのは，「当該事項に関する[EU]の規制」すなわち EU 立法が存在しない場合，国内法であるということである．ただし，EU 法上の権利の保護のために，国内手続法に対して「同等性」および「実効性」という 2 つの要件(Rewe 2 要件)が課されている．Rewe 第 1 要件の「同等性」(差別禁止)とは，EU 法上の権利の遵守確保に適用される手続法は，国内における同様の訴訟に適用される手続法より不利であってはならないということを意味する．また，Rewe 第 2 要件の「実効性」とは，国内手続法の適用は，EU 法上の権利の遵守確保を実質的に不可能または過度に困難とするものであってはならないということを意味する．

他方で司法裁判所は，Rewe-Handelsgesellschaft Nord 事件(1981 年)において，基本条約上，「[EU]法の遵守を確保するため国内裁判所において国内法によりすでに定められた以外の新たな救済を創設することは意図されていなかった」*4 ことを指摘している．しかし，EU 法上の権利に対する救済がまったく存在しない場合はどうなるのだろうか．Unibet 事件(2007 年)では，イギリスのブックメーカー会社がインターネット賭博を禁止するスウェーデン法はサービス提供の自由(TFEU56)に違反することを宣言する判決を求めてスウェーデン国内裁判所に訴えを提起したが，同国内法では当事者間に具体的な法律関係がない場合に国内立法の上位法(この場合は EU 法)との適合性を審査することを求める独立の訴訟手続は存在しなかった*5．先決付託を受けた司法裁判所は，

「問題となっている国内法制度の全体的構造から，［EU］法に基づく私人の権利の尊重が間接的にさえ確保されるのを可能とする法的救済手段がまったく存在しないことが明らかな場合に限り」，「新たな救済を創設すること」が求められることになると判示した[*6]．他方，損害賠償請求訴訟や，国内における賭博活動の許可申請を却下する行政処分の司法審査が可能な場合には，「新たな救済」は求められない（ただし，法的救済手段が1つしかない場合には十分ではない）[*7]．

なお，本節では，簡潔に説明するため，直接効果を有するEU法規定に基づく権利の救済に焦点を当てて，加盟国の手続的自律性との関係について述べている．しかし，以下の議論は，直接効果を有しないEU法規定の場合にも基本的に当てはまる[*8]．

2. 国内手続法の調和の欠如

現在においても，国内手続法はほとんど調和されていないため[*9]，加盟国の「手続的自律性」が依然として基本原則となっている．その理由として，第1に，国内手続法の調和のための法的根拠がほとんどないことが挙げられる．たとえば，域内市場のための各国法調和に関するEU機能条約第114条（第1章第2節2）（および第115条）は，EUに対して域内市場における経済活動を規制する一般的権限を付与するものではなく，物の自由移動やサービス提供の自由に対する障壁を撤廃すること，および，競争の歪曲を除去することにより域内市場の確立と機能のための条件を改善することに限定される[*10]．また，基本条約の目的を達成するために必要であるがそのための権限が規定されていない場合に調和立法の根拠となるEU機能条約第352条（第1章第2節6）は，補完性原則（第1章第2節5(1)）に照らして厳格に解釈される．さらに，民事司法協力および刑事司法協力に関する規定（TFEU81～86）においても，EU法上の権利を保護するために国内手続法を調和させることは想定されていない[*11]．第2に，EU条約第19条1項（第2文）には「加盟国は，連合法に含まれる分野において実効的な法的保護を確保するのに十分な救済を備えなければならない」と規定されている．

3. 関連する具体的状況

直接効果を有する EU 法上の権利により特定の救済がもたらされる具体的な状況が 3 つ考えられる[*12]．それは，第 1 に（先述した事案のように）EU 法に違反して徴収された課徴金や税の還付，第 2 に EU 競争法違反に基づく私人間の損害賠償および違法な国家援助の返納，第 3 に暫定的救済（interim relief）の付与である．

第 1 の状況の例として，San Giorgio 事件（1983 年）がある．本件はイタリア財務当局により他の加盟国から輸入した乳製品に衛生検査の手数料の支払を要求された輸入業者が，それは関税と同等の効果を有する課徴金を禁じる EU 機能条約第 30 条に違反しているとして，その還付を求めた事案である[*13]．司法裁判所は，「[EU]法規範に反して加盟国により徴収された課徴金の還付は……[EU]規定により訴訟当事者に付与される権利の帰結及びそれを補完するものである」とした[*14]．その一方，EU 法に違反して徴収された課徴金であっても，その額が実際に他者に転嫁されたことが立証される場合には，EU 法に反するとはみなされないこと（ただし，反証を示す文書がない限り価格転嫁があったと推定することは「実効性」要件に反する），また，その点を国内裁判所は自由に判断することができなければならないことを判示した[*15]．

第 2 の状況の例として，Manfredi 事件（2006 年）判決によれば，いかなる私人も（たとえば消費者や競合他社），禁止される協定（TFEU101(1)）としてのカルテル（たとえば同業者間の価格カルテル）と被った損害との間に因果関係が存在する場合，国内裁判所において当該協定の無効（TFEU101(2)）に依拠することにより，当該損害の賠償を請求することができる[*16]．また，SFEI 事件（1996 年）判決によれば，国内機関が違法な国家援助（TFEU108(3)）を私企業に付与した場合（たとえば国営郵便局が特定の民間宅配業者にのみ業務上の支援を与えるような場合），国内裁判所は違法な国家援助に対する保護を私人（競合他社）に与える義務の下にあり，当該国家援助の返納を命じなければならない[*17]．

第 3 の状況の例として，Factortame I 事件（後掲）判決によれば，EU 法の完全な実効性を確保するため，国内裁判所は国内法上暫定的救済を付与することが禁止されている場合でも，たとえば EU 法上の開業の自由（TFEU49）が関わるときには，その禁止を排除して暫定的救済を与えなければならない[*18]．

第2節　加盟国の手続的自律性の内容および範囲

1. 根拠および定義

　加盟国の「手続的自律性」という場合の「手続」または「手続法」の概念は，EU法に基づく．EU法概念としての手続法は，国内法上の概念よりずっと広範であり，国内法上の実体法も含まれる[*19]．また，すでに述べたとおり，加盟国の「手続的自律性」原則は，誠実協力原則(TFEU4-3)(第6章第2節1)に基づく．これにより，「当該事項に関する[EU]の規制」すなわちEU立法が存在しない場合，国内法がRewe 2要件の下で，私人がEU法の直接効果(第7章第1節)から引き出す権利を手続的に保護するよう求められる．

　加盟国の「手続的自律性」に関して，国内手続法はEU法優越の原則(第6章第3節)によりEU法に従属しており，EU法の直接効果により私人に付与された権利の保護に適合する限りにおいてのみ適用されうるため，必要ならば国内手続法は修正されなければならないとして，「手続的自律性」を狭く解釈する立場(優越性説)が存在する[*20]．

　これに対し，「手続的自律性」をより広く尊重する立場が存在する．それによれば，手続法分野においては基本的にEUの権限がないためEU法優越の余地も存在しない一方，EU法の直接効果の実効性(第6章第2節2)に基づき国内裁判所が適合解釈義務(第7章第2節1)によりRewe 2要件の「同等性」および「実効性」に照らしてEU法上の権利の保護を確保するという説明がなされる(実効性説)．本書は，この実効性説の立場に依拠しながら，加盟国の「手続的自律性」の意義について述べることとする．

　加盟国の「手続的自律性」とは，EU法遵守の確保に向けられた「手段の自律的選択」という意味で使用される[*21]．若干の例外を除き，手続事項におけるEU法を採択するための適正な法的根拠が基本条約には存在しないため，加盟国に「手続的権限」が存在する．そのため，加盟国の「手続的自律性」に対してEU「手続法」の優越性がそもそも存在しないため，それが限界を設定することはない．また，EU法上の(実体的)権利の直接効果そのものが加盟国の「手続的自律性」の限界を定めるものとはならない．しかし，EU法上の権利

の直接効果の実効性(第6章第2節2)が「手続的自律性」に影響を及ぼす[22]．EU法上の実効性とは，とくに，EU法規定に最大限の効果を付与するのを可能とする解釈を行うことを意味する[23]．加盟国の「手続的自律性」は，EU実体法の実効性を保障する必要のために，外部的限界に直面する．それが先述したRewe 2要件である[24]．

2. Rewe 2要件
(1) 同等性

Rewe第1要件の「同等性」に関して，EU司法裁判所は，Levez事件(1998年)において，「同等性原則の尊重は，訴えの目的及び原因が類似している場合，申し立てられているのが[EU]法の違反か国内法の違反かにかかわらず，当該訴訟法規範(la règle litigieuse)が差別なく適用されることを前提とする[25]」と述べている．国内裁判所だけが当該分野における訴訟を規律する手続規則を直接に知っているので，「同等性」が遵守されているか否かを決定するために，国内裁判所は申し立てられている類似の訴訟の目的及び本質的特徴の両方を考慮しなければならない．

さらに，国内裁判所は，国内手続法が類似の国内訴訟を規律するものより不利か否かを決定しなければならない場合，同国の様々な国内裁判所における当該手続の運用および固有の特徴だけでなく，当該手続全体において当該規定が担っている役割を考慮に入れなければならない．

しかしながら，「同等性」要件は，加盟国に対して，最も有利な国内手続法をEU法に基づくすべての訴えに拡張するように義務づけるものではない[26]．たとえば，労働者が男女平等賃金の原則(TFEU 157(1))の違反を理由に，賃金未払金または損害賠償を得る権利を，訴えが提起された日付より前の2年間に制限する国内法を適用することは，他の救済が利用可能であるとしても，それが類似の訴訟に適用されるよりも不利な手続を伴う場合，「同等性」要件に反する[27]．

(2) 実効性

Rewe第2要件の「実効性」は，私人に対する司法的保護の実効性を意味し，加盟国当局に対して「結果を出す義務」を課す．これは，EU法そのものの実

効性(第6章第2節2)とは区別される．EU 司法裁判所の主要目的は私人の実効的保護ではなく，EU 法の実効性である．EU 法の実効性が常にゴールであり，私人の司法的保護に関する「実効性」(Rewe 第2要件)は手段である．加盟国の「手続的自律性」に対して司法裁判所が制約を課す場合，それは主として EU 法の実効性を確保するという動機が支配的である．EU 法そのものの実効性が私人をより良く保護する解決と符合する場合にのみ，実効的な司法的保護が強調される．男女平等待遇に関わる「指令」の判例法に見られるように，EU 法の直接効果の実効性と Rewe 第2要件としての実効的保護に関する EU 基準の保障との間に一致が見られる場合には，後者が強調される*28．

　Emmott 事件(1991年)では，「社会保障事項における男女平等待遇原則の漸進的実施に関する指令」79/7*29 がアイルランドにより的確に国内実施されなかった．この「指令」の国内実施期限が経過した後，(同国の別の事件において)司法裁判所は同「指令」第4条1項(とくに配偶者と扶養家族について支払われる増加分を含む給付の計算に関する性差別の禁止)により認められた権利が直接効果を有することを判決した．この判決の直後に Emmott はアイルランド当局に当該「指令」に基づく給付を申請したところ，同じ「指令」に関してさらに別の事件が同国で係争中のため，その判決が出るまでは原告の請求に関する判断は保留とされた．その約1年後，Emmott は国内裁判所に訴えを提起することが認められたが，直接効果を有する「指令」の規定に基づく権利の保護を目的とする手続を開始するために国内法により設定された期間がすでに終了していた．ただし，国内手続法によれば，提訴期間を延長するためのもっともな理由がある場合はこの限りではないとされていた*30．

　本件において司法裁判所は，第1に当該「指令」の規定により私人に付与された権利を保護するため，「指令」が的確に国内実施されるまで，それを怠った加盟国は，訴訟手続を開始する点で遅延があったことに依拠することはできないこと，また，第2に国内法が定める訴訟手続の期間は「指令」が的確に国内実施される時点までは起算することができないこと，を判示した*31．

　本件で司法裁判所は，国内手続法により定められた提訴期間を問題にしているのではなく，EU 法の実効性原則に従って提訴期間の起算点に関する国内手続法を解釈するよう，国内裁判所に求めたにとどまる*32．司法裁判所は，後

のFantask事件(1997年)において，「Emmott事件において採用された解決策は，当該期限が[EU]指令に基づく平等待遇の権利に依拠する機会を原告からまったく奪う結果となった当該事件の特別の状況により正当化された」*33としている．Steenhorst-Neerings事件(1993年)においては，Emmott事件と同じ「指令」の規定が関係したが，提訴期間を定める国内法とは異なり，「当該給付を得る目的でなされる請求の遡及効果を単に制限する」国内法は，「実効性」原則を含むRewe 2要件を充足しているとされた*34．

3. 適合解釈義務と国内手続法制度の「機能化」
(1) 国内裁判所の適合解釈義務
適合解釈義務(第7章第2節1)は，「指令」と国内法との関係において存在するにとどまらず，EU法と国内法との関係一般において存在する*35．適合解釈義務は，EU条約第4条3段に由来する誠実協力原則(第6章第2節1)の本質的かつ不可避の実現を意味する*36．そのため，国内裁判所はEU実体法の実効性(第6章第2節2)という目的に適合して国内手続法を常に解釈する必要性がある*37．Pfeiffer事件(2004年)において，司法裁判所は次のように判示している．

「国内法は[EU]法に適合して解釈されなければならないという要求は，[基本]条約制度に固有のものである．なぜならば，それにより国内裁判所は，自己の管轄事項のために，当該紛争に関する決定を行う際に[EU]法の完全な実効性(la pleine efficacité)を確保することが可能となるからである．*38」

そのため，適合解釈義務には，国内裁判所がEU実体法の目指す目的を達成できるように，EU法の遵守を確保することに向けられた国内手続法を解釈する義務が含まれる．この場合，加盟国の「手続的自律性」は必然的に従属的機能を有する*39．

(2) 国内手続法制度の「機能化」
EU実体法により確認される目的の達成を一層実効的に可能とするために，国内手続法制度が「機能化」(functionalization)されなければならない*40．「機能化」とは，EU実体法において意図されている目的を追求するのを可能とするような仕方で国内手続法を解釈することをいう*41．「機能化」された手続的

権限は，適合解釈義務に照らしてその都度(再)解釈される Rewe 2 要件から生じる限界により制約を受ける*42.

Van Schijndel 事件(1995年)では，職権による民事訴訟の進行および民事司法の受動性原則が EU 実体法(競争法)との関係で問題となった．オランダで理学療法士として雇用されている者 X は，理学療法士の職域年金制度への強制加入の免除を申請したところ，理学療法士年金基金財団から拒否されたため，オランダ国内裁判所にその決定に対する異議申立を行った．第一審および控訴審で敗訴した後，最高裁判所(Hoge Raad)に上告を行った．そのさいはじめて X は，控訴審裁判所は基金の強制加入が EU 競争法に適合するか否かという問題を「必要ならば職権により」考慮すべきであったと主張した．オランダ法上，原判決破棄の上告は事実の審査を必要としない法律問題でない限り，新たな主張は排除される．また，同国の民事訴訟法によれば，裁判所は必要ならば職権により法律問題を提起しなければならないが，当事者が自由に引き受けた民事上の権利義務が関わる事案における司法の受動性原則に基づき，法律問題の追加的な申立てがあっても裁判所は当事者が自ら定めた紛争の範囲を逸脱することや，請求の基礎となる事実と異なる事実に依拠することはできない*43.

最高裁判所は，EU 法規定がその適用に利益を有する当事者により援用されなかった場合でも，国内裁判所は国内法が EU 法と適合しているか否かを判断するために職権により当該 EU 法規定を適用する必要があるかどうかという問題を，司法裁判所に先決付託した*44.

司法裁判所によれば，第1に，国内裁判所が，当事者により提起されなかった拘束力ある国内法に基づく法律問題を，職権により提起しなければならない場合，そのような義務は拘束力を有する EU 法が関わる場合にも存在する．また，国内法が裁判所に拘束力ある国内法を職権により適用する裁量権を付与している場合も同様である*45. これは Rewe 第1要件すなわち「同等性」原則が適用された結果，EU 法の実効性という目的を達成するために国内法上すでに利用可能な手段を「機能化」したものと言うことができる*46.

しかし第2に，「国内裁判所は，[EU]法規定の違反に関する争点の審査により，当事者が自ら定めた紛争の範囲を逸脱すること，並びに，それらの規定の適用に利益を有する当事者が自己の請求を基礎づける以外の事実及び状況に依

拠することにより，裁判所に与えられた受動的役割を放棄せざるを得ない場合，[EU]法に基づきそのような争点を職権により提起するよう求められることはない*47」．すなわち，国内裁判所が受動的役割を放棄する可能性が例外としても想定されていない結果(「機能化」は国内法上すでに利用可能な手段がある場合にのみ可能であるゆえに)，EU実体法において意図されている目的を追求することを可能にするような仕方で国内手続法を解釈することにより「機能化」することはできない*48．

また，司法裁判所は，Kapferer事件(2006年)において，「[EU]法により国内裁判所は，判決による[EU]法違反を是正することができなくなるとしても，当該判決に終局性を付与する国内手続法規範を適用排除するよう求められてはいない」として，国内手続法における既判力の原則をEU実体法との関係で承認している*49．

しかし，Lucchini事件(2007年)において，企業Xに対する政府補助金が国家援助の禁止に関するEU法(TFEU 107～109)に反し，それを認定するコミッションの「決定」がなされたにもかかわらず，同補助金をXに付与することを認めるイタリア国内裁判所の判決が確定した．コミッションはその国家援助がEU法違反であることに基づき，企業Xに対して返還を命じるよう国内当局に求めた．イタリア国務院(Consiglio di Stato)は，司法裁判所に対し，既判力の原則を定めるイタリア民法の規定の適用は本件のような事案において妨げられるか否かという問題を先決付託した*50．言い換えれば，本件は，コミッションの「決定」を履行する重要性と既判力の原則を尊重する必要性との抵触をどのように解決すべきかということが争点となった*51．

司法裁判所は，まず国内裁判所における既判力の原則の範囲に関する解釈問題について，国内裁判所の適合解釈義務に言及したうえで，国内裁判所は「[EU]法規定に完全な効果を与え，必要ならば職権により，抵触する国内立法規定の適用を拒否する義務の下にある」こと，また，国家援助に関するコミッションの排他的権限は，EU法優越の結果として国内法秩序にも適用されることを指摘した(この場合のEU法の優越性とは，手続法ではなく実体法におけるものである)．その結果，本件のような事案において既判力の原則を定めるイタリア民法の規定の適用はEU法により妨げられると判示された*52．この

ため，国内裁判所は，確定した判決を例外的に取り消すための(イタリア民法上の)理由を拡大解釈することにより，既判力の取消事由に関する国内手続法を「機能化」する必要があった*53．なぜならば，適合解釈義務により国内裁判所は，EU 実体法が完全に実効性を有するよう確保するために「国内法規範の全体を考慮し，自己の管轄内にあるものをすべて行うよう要求される*54」からである*55．

(3) 国内手続法の適用排除

EU 実体法により求められる実効性を，適合解釈義務に基づき国内手続法を「機能化」することによっても達成できない場合，国内裁判所は EU 実体法により求められる結果の達成にまったく不十分な(またはそれに反する)国内手続法を先決付託手続(第4章第3節)の適正な機能を妨げるものとして適用排除するよう要求される*56．すなわち，国内手続法の適用が EU 法の実効性を損なうことに加え，先決付託手続における司法裁判所と国内裁判所の協力が機能するのを妨げる場合，司法裁判所は，国内手続法の「機能化」を超えて，先決付託手続の適正な機能を妨げる国内手続法を適用排除するよう国内裁判所に求める*57．

Factortame I 事件(1990年)では，スペイン人が取締役と株主のほとんどを占めるイギリスの会社を通じ，イギリス船籍として登録された漁船を所有または使用して，共通漁業政策に基づくイギリスの漁獲割当分から水揚げを得ていた．イギリス政府はそのような漁船を排除するため，国内法を改正して取締役と株主の75% にイギリス国籍を求める国籍要件等の新たな条件を課した．本件会社は，それらの条件が EU 法上の開業の権利(TFEU49)に違反しているとして国内裁判所に訴えを提起し，また，暫定的救済(interim relief)を求めた．この問題は(当時の最高裁判所である)貴族院に上告されるに至った．貴族院は，コモンローにより国王に対する暫定的差止命令(interim injunction)は禁じられていること，また，議会制定法は EU 法との適合性に関する決定が下されるまで EU 法に適合しているとの推定により，国内法上は暫定的救済を付与することができないと判断した．そこで，貴族院は司法裁判所に対して，国内法に基づくならば付与することができない救済を，EU 法により与えることが可能となるかどうかという問題を先決付託した．

これについて司法裁判所は,「貴族院は本質的に,[EU]法に関する事件において暫定的救済を付与するのを妨げる唯一の障害が国内法規範であるとみなす国内裁判所は,当該法規範の適用を排除しなければならないか否か,を確定するよう求めている」として問題を再構成し*58,次のように結論づけている.

「[EU]法が規律する紛争を扱う裁判所が,[EU]法に基づき主張される権利の存在に関して与えられるべき判決の完全な実効性(la pleine efficacité)を確保するために暫定的救済を付与するのを国内法規範により妨げられるならば,[EU]法の完全な実効性は同様に損なわれるだろう.すなわち,そのような状況において,国内法規範がなければ暫定的救済を付与する国内裁判所は,その法規範を排除する義務があるということになる.

その解釈は[EU機能条約第267条]により確立された[先決付託]制度により補強される.国内裁判所が先決判決を求めて付託される問題に対する司法裁判所の回答を待って訴訟手続を停止しても,司法裁判所により与えられる回答に従って判決を下すまで暫定的救済を付与することができないとすれば,その制度の実効性(l'effet util)は損なわれるだろう.*59」

このように,暫定的措置を付与するのを妨げる国内法を適用排除する要求は,EU法の実効性確保の要求および先決付託手続における協力メカニズムが損なわれないようにする要求の両方と結びつけられている*60. Factortame I 事件において,議会立法の適用を停止する暫定的措置の採択を妨げるイギリスの国内手続法を適用することは,直接効果を有するEU法に基づき原告により主張された権利の範囲を特定するという先決付託手続の目的を損なうのに等しかった*61.「先決付託手続を求める国内裁判所からの付託に関する情報覚書」には,「欧州連合法の解釈又は効力に関して判断する際,当裁判所は当該紛争を解決する上で有用な回答を与えるためあらゆる努力を行っているが,必要ならば問題となっている国内法規範を適用排除することにより,その回答から適切な結論を引き出すのは,付託を行った裁判所である*62」と述べられている(傍点筆者).

以上の点につき,図表8-1を参照されたい.

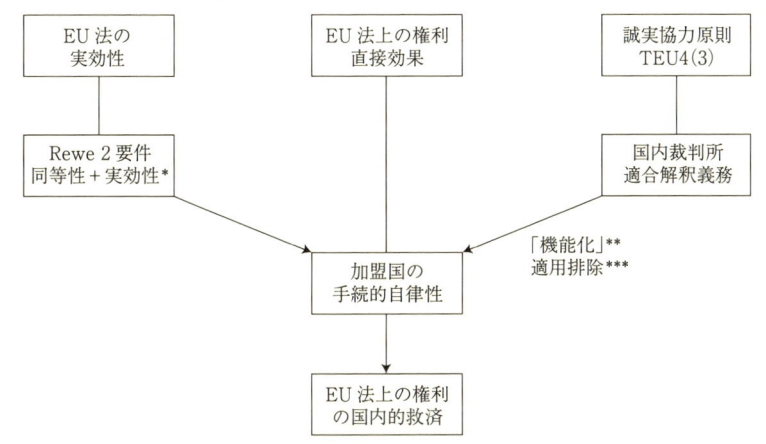

図表 8-1　直接効果を有する EU 法上の権利と加盟国の手続的自律性

```
┌─────────┐      ┌─────────┐      ┌─────────┐
│ EU 法の  │      │EU 法上の権利│    │誠実協力原則│
│  実効性  │      │  直接効果  │    │ TEU4(3) │
└────┬────┘      └─────┬───┘      └────┬────┘
     │                  │                │
┌────┴────┐            │           ┌────┴────┐
│Rewe 2 要件│           │           │ 国内裁判所│
│同等性＋実効性*│         │           │適合解釈義務│
└────┬────┘            │           └────┬────┘
     │                  │                │
     │                  ▼                │
     │           ┌─────────┐   「機能化」**
     └──────────▶│  加盟国の  │◀── 適用排除***
                 │ 手続的自律性│
                 └─────┬───┘
                       │
                       ▼
                 ┌─────────┐
                 │EU 法上の権利│
                 │ の国内的救済│
                 └─────────┘
```

＊　私人に対する司法的保護の実効性
＊＊　EU 実体法において意図されている目的を追求するのを可能とするような仕方で国内手続法を解釈すること
＊＊＊　先決付託手続の適正な機能を妨げる場合

（筆者作成）

第 3 節　加盟国の手続的自律性と損害賠償責任

(1) Comateb 事件

EU 法上の権利が国内手続法上の正当な制約により十分に救済されない場合，加盟国に対する損害賠償請求訴訟が代替的な救済を提供する場合がある*63.

Comateb 事件(1997 年)において，EU 法に違反して不当に徴収された課徴金がすべて第三者に転嫁されたこと，および，課徴金の還付が実際には不当な利得となることが立証される場合にのみ，そのような課徴金は EU 法に反していないとされた．このような結果として，国内法に従って不当に徴収された課徴金の還付を求める(EU 法上の権利の国内的救済)以外に，「取引業者は国内法の適切な手続に従い，かつ，[*Brasserie du Pêcheur/Factortame III* 事件]で定められた条件に服して，当該課徴金が転嫁されたか否かにかかわらず，不当な課徴金の徴収により生じた損失の賠償を，管轄権を有する裁判所に申し立てることを妨げられない」ということ(EU 法上の救済としての加盟国の損害賠償

責任)が示された*64. 課徴金の還付の場合の挙証責任と Brasserie du Pecheur/Factortame III 判決で示された3要件の充足についての立証とは無関係であり，どちらの救済も申し立てることが可能である.

(2) Sutton 事件

また，Sutton 事件(1997年)では，「指令」違反により発生した社会保障給付の遅延についての利息の請求を国内法に基づき却下することは，性差別に基づく解雇に対する損害賠償請求の場合*65 と異なり，許容されるとされた*66. しかし，「加盟国は[EU]法違反の結果として個人に生じた損失及び損害を賠償しなければならない. ……国家責任の要件が充足されている場合，国内裁判所がその原則を適用する」*67. このようにして司法裁判所は，遅延利息としてではなく，当該「指令」の不的確な実施により発生したものとしてすべての損失について加盟国が責任を負う可能性があることを示している.

以上のように，EU 法上の権利に対する国内的救済と EU 法上の国家責任に基づく救済が併存する場合があり，状況次第では加盟国の EU 法違反に対する損害賠償請求訴訟の方が国内法上利用可能な救済よりも効果的である可能性が存在する*68.

(3) Stockholm Lindöpark 事件

他方，Stockholm Lindöpark 事件(2001年)において，司法裁判所は次のように判示している.

「……当裁判所は，[付加価値税]第6次指令第17条1項及び2項が第2条，第6条1項及び第13B条(b)と併せて解釈されるならば，私人に対し，国内裁判所において当該加盟国を相手取って依拠することができる権利を付与するものであると認定している. その結果，Lindöpark 社は，自己に有利な第6次指令の規定に直接基づいて自己の請求を行うことにより，スウェーデン国家が負っていると主張する債務を正当に取り立てることができ，かつ遡及してそうすることができる. それゆえ，一見して，加盟国の[EU]法違反による責任に関し，当裁判所の判例法に基づく損害賠償請求訴訟は必要ないように思われる.*69」

このように，直接効果を有する EU 法規定に依拠できる場合，それは加盟国の EU 法違反による損害賠償責任よりも優先される. 言い換えれば，後者は他の救済が利用できない場合の補完的な性格を有している*70.

リーディング・リスト

伊藤洋一「EC 法における「国内手続法の自律性」の限界について」，北村一郎編集代表『現代ヨーロッパ法の展望』東京大学出版会，1998 年

C. M. Kakouris, "Do the Member States Possess Judicial Procedural 'autonomy'", *Common Market Law Review*, Vol. 34, No. 6, 1997

Sacha Prechal, "Member State Liability and Direct Effect: What's the Difference After All ?", *European Business Law Review*, Vol. 17, No. 2, 2006

Diana-Urania Galetta, *Procedural Autonomy of Eu Member States: Paradise Lost?*, Springer, 2010

注

*1 Case 33/76 *Rewe-Zentralfinanz v Landwirtschaftskammer fur das Saarland* [1976] ECR 1989, paras. 2-5.
*2 本章は，Diana-Urania Galetta, *Procedural Autonomy of Eu Member States: Paradise Lost?*, Springer, 2010 に依拠している．
*3 Case C-312/93 *Peterbroeck* [1995] ECR I-04599, para. 12.
*4 Case 158/80 *Rewe-Handelsgesellschaft Nord v Hauptzollamt Kiel* [1981] ECR 1805, para. 44.
*5 Case C-432/05 *Unibet* [2007] ECR I-2271, paras. 3-30, 36.
*6 *Ibid.*, paras. 40, 41.
*7 *Ibid.*, paras. 46-65. Koen Lenaerts, "The Rule of Law and the Coherence of the Judicial System of the European Union", *Common Market Law Review*, Vol. 44, No. 6, 2007, pp. 1625-1659 at 1646; D. Chalmers, G. Davies and G. Monti, *European Union Law* (2nd ed.), Cambridge University Press, 2010, pp. 280-283.
*8 Diana-Urania Galetta, op. cit. *supra* note 2, p. 17; K. Lenaerts, D. Arts and I. Maselis (Editor: R. Bray), *Procedural Law of the European Union* (2nd ed.), Sweet & Maxwell, 2006, p. 83, footnote 385.
*9 調和措置の例として，EU機能条約第114条に基づく公共調達手続に関する「指令」がある．Directive 2007/66 [2007] OJ L 335/31.
*10 Case C-376/98 *Germany v Parliament and Council* [2000] ECR I-8419, para. 95; Case C-491/01 *British American Tobacco (Investments) and Imperial Tobacco* [2002] ECR I-11453, para. 179.
*11 Alan Dashwood, Michael Dougan, Barry Rodger, Eleanor Spaventa and Derrick Wyatt, *Wyatt & Dashwood's European Union Law* (6th ed.), Sweet & Maxwell, 2011, p. 317.
*12 Chalmers, Davies and Monti, op. cit. *supra* note 7, p. 277.
*13 Case 199/82 *San Giorgio* [1983] ECR 3595, paras. 2-6.
*14 *Ibid.*, para. 12.
*15 *Ibid.*, paras. 13, 14. Chalmers, Davies and Monti, op. cit. *supra* note 7, p. 277, 278.
*16 Cases C-295 to C-298/04 *Manfredi* [2006] ECR I-6619, para. 53. Chalmers, Davies and Monti, op. cit. *supra* note 7, p. 278.
*17 Case C-39/94 *SFEI* [1996] ECR I-3547, paras. 67, 68. Chalmers, Davies and Monti, op. cit. *supra* note 7, p. 278.
*18 Case C-213/89 *Factortame I* [1990] ECR I-2433, paras. 2-15, 17, 21, 22 (中村民雄評釈『EU法基本判例集』70頁). Chalmers, Davies and Monti, op. cit. *supra* note 7, p. 279, 280.

*19 Diana-Urania Galetta, op. cit. *supra* note 2, p. 1, 2.
*20 C. M. Kakouris, "Do the Member States Possess Judicial Procedural 'autonomy'", *Common Market Law Review*, Vol. 34, No. 6, 1997, pp. 1389-1412 at 1396, 1405.
*21 Case 34/67 *Lück* [1968] ECR 245 at p. 251. Diana-Urania Galetta, op. cit. *supra* note 2, p. 29.
*22 *Ibid.*, p. 15, 16.
*23 J.-D. Mouton, "*Effet utile*" in Ami Barav et Christian Philip (comp.), *Dictionnaire juridique des Communautés européennes*, Presses universitaires de France, 1993, pp. 449-454.
*24 Diana-Urania Galetta, op. cit. *supra* note 2, p. 17.
*25 Case C-326/96 *Levez* [1998] ECR I-7835, para. 41.
*26 *Ibid.*, paras. 42-44. Diana-Urania Galetta, op. cit. *supra* note 2, p. 24.
*27 *Levez*, cited *supra* note 25, paras. 45-53.
*28 Diana-Urania Galetta, op. cit. *supra* note 2, pp. 18-21.
*29 Directive 79/7 [1979] OJ L 6/24.
*30 Case C-208/90 *Emmott* [1991] ECR I-4269, paras. 5-13.
*31 *Ibid.*, para. 23.
*32 Diana-Urania Galetta, op. cit. *supra* note 2, p. 44.
*33 Case C-188/95 *Fantask* [1997] ECR I-6783, para. 51.
*34 Case C-338/91 *Steenhorst-Neerings* [1993] ECR I-5475, paras.16, 21, 23.
*35 Diana-Urania Galetta, op. cit. *supra* note 2, p. 23.
*36 *Ibid.*, p. 32.
*37 *Ibid.*, p. 118.
*38 Cases C-397 to 403/01 *Pfeiffer* [2004] ECR I-8835, para. 114. 適合解釈義務は、「指令」を実施するために制定された国内規定に関わる場合であっても、「それらの規定の解釈を伴うだけでなく、国内裁判所に対し、国内法がどの程度当該指令により追求されるものに反する結果を発生しないように適用されうるかを評価するために、国内法を全体として考慮するよう要求する.」(*Ibid.* para. 115.)
*39 Diana-Urania Galetta, op. cit. *supra* note 2, p. 23.
*40 *Ibid.*, p. 118.
*41 *Ibid.*, p. 50.
*42 *Ibid.*, p. 118.
*43 Cases C-430-431/93 *Van Schijndel* [1995] ECR I-4705, paras. 8-11.
*44 Diana-Urania Galetta, op. cit. *supra* note 2, p. 49.
*45 *Van Schijndel*, cited *supra* note 43, paras. 13-15.
*46 Diana-Urania Galetta, op. cit. *supra* note 2, p. 49, 50.
*47 *Van Schijndel*, cited *supra* note 43, para. 22.
*48 Diana-Urania Galetta, op. cit. *supra* note 2, p. 50.
*49 Case C-234/04 *Kapferer* [2006] ECR I-2585, para. 21.

*50   Case C-119/05 *Lucchini* [2007] ECR I-6199, paras. 17-40, 48.
*51   Diana-Urania Galetta, op. cit. *supra* note 2, p. 63.
*52   *Lucchini*, cited *supra* note 50, paras. 59-63.
*53   Diana-Urania Galetta, op. cit. *supra* note 2, p. 65.
*54   *Pfeiffer*, cited *supra* note 38, para. 118.
*55   Diana-Urania Galetta, op. cit. *supra* note 2, p. 65.
*56   *Ibid.*, p. 119.
*57   *Ibid.*, p. 68, 69.
*58   *Factortame I*, cited *supra* note 18, para. 17.
*59   *Ibid.*, paras. 21, 22.
*60   Diana-Urania Galetta, op. cit. *supra* note 2, p. 70.
*61   *Ibid.*, p. 70.
*62   Information note on references from national courts for a preliminary ruling [2011] OJ C 160/1, para. 8.
*63   Paul Craig and Gráinne de Búrca, *EU Law* (5th ed.), Oxford University Press, 2011, p. 252, 253.
*64   Cases C-192 to 218/95 *Comateb* [1997] ECR I-165, paras. 27, 34.
*65   Case C-271/91 *Marshall II* [1993] ECR I-4367, paras. 31, 32.
*66   Case C-66/95 *Sutton* [1997] ECR I-2163, paras. 23-25.
*67   *Ibid.*, paras. 25-28.
*68   Paul Craig and Gráinne de Búrca, op. cit. *supra* note 63, p. 252, 253.
*69   Case C-150/99 *Stockholm Lindöpark* [2001] ECR I-493, para. 35.
*70   Paul Craig and Gráinne de Búrca, op. cit. *supra* note 63, p. 253. Sacha Prechal, "Member State Liability and Direct Effect: What's the Difference After All?", *European Business Law Review*, Vol. 17, No. 2, 2006, pp. 299-316.

第9章　基本的人権の保護

第1節　超国家的統合と基本権保護——歴史的経緯

1. EU法の優越性と基本権保護

　国家ではないEUという統治体における基本的人権(以下,基本権)の保護が問題となった発端は,市場統合を目的とするEU法の国内法に対する優越性と加盟国憲法の基本権規定との関係にあった.それは,EUが超国家的な法秩序を形成しているにもかかわらず,独自の基本権目録を有していなかったことに由来する.すでに1950年代末において,EU司法裁判所は国内憲法規定に基づく基本権侵害の申立に直面した.すなわち,Stork事件(1959年)およびNold(Ⅰ)事件(1960年)において司法裁判所は,ドイツ憲法に基づく基本権の侵害という申立てを受けたが,国内法を適用する権限はないとして退け,実質的審理を行わなかった[*1].これは,EU(当時EEC)がまだその初期段階にあり,また,EU法の国内法に対する優越性の原則が未確立であったため,EUにおける基本権保護の問題を回避したものと考えられる[*2].

　Van Gend事件(1963年)およびCosta v ENEL事件(1964年)において,司法裁判所がEU法の直接効果および国内法に対する優越性の原則を確立したことにより[*3],国内法秩序とは別個の独自の法秩序が判例法上成立した(第6章第1節).一方,その結果,司法裁判所はEUレベルにおける基本権保護という問題に直面することとなった.1967年から85年まで同裁判官を務めたPierre Pescatoreは,国内憲法の概念および規定がEU法に優位するのを防ぐため,EU内において基本権保護の方式を整えることが急務となったと述べている[*4].

　司法裁判所がついにその第一歩を踏み出したのは,Stauder事件(1969年)においてであった.同判決は,基本権が「[EU]法の一般原則に含まれ,かつ,当裁判所により保護される」ことを判示した[*5].「[EU]法の一般原則は憲法的地位を有する」[*6]ため,同判決は基本権に憲法的地位を与えたことを意味する.

次いでInternationale Handelsgesellschaft事件(1970年)において,「[EU]法に固有の[加盟国憲法に]類似する保障」として,「基本権の尊重は司法裁判所により保護される法の一般原則の不可欠の一部を成す」とともに,「かかる権利の保護は,加盟国に共通の憲法的伝統により示唆を受ける一方,[EU]の構造及び目的の枠内で確保されなければならない」[*7]とされた.

しかし,本件を付託したドイツの行政裁判所は,司法裁判所の先決判決を不服とし,EUに「成文憲法がないかぎり,国内の基本原則が遵守されなければならない」として,同事件をドイツ連邦憲法裁判所に付託する決定を行った[*8].

他方,司法裁判所は,判例法に基づく基本権保護の法的安定性をさらに補強するため,Nold事件(1974年)において「加盟国が協力して作成し又は署名国となっている人権保護のための国際条約は,[EU]法の枠内で従われるべき指針を示すことができる」[*9]とした.また,司法裁判所は,Rutili事件(1975年)において,国際人権条約上の指針としてはじめて欧州人権条約の規定(第8～11条,第4議定書第2条)を明示的に引用した[*10].このようにして,国際人権条約[*11]の中で欧州人権条約は「特別な重要性」を帯びるようになった[*12].また,司法裁判所はPvS事件(1996年)において欧州人権裁判所の判例法に直接言及したのを契機として[*13],その後も同判例法を引用するようになった〔図表9-1〕.

図表9-1 EU司法裁判所の判例法における基本権保護(リスボン条約前)

法の一般原則＞加盟国に共通の憲法的伝統＞国際人権条約＞欧州人権条約

(筆者作成)

2. EU司法裁判所の審査権の範囲

司法裁判所はEU諸機関の行為を基本権に照らして審査する.たとえばEU競争法において,事業者(企業等)がコミッションの「決定」の取消を求めてコミッションの調査手続による基本権の侵害について争うような場合である.司法裁判所は,Hüls事件(1999年)において,欧州人権条約第6条2項(無罪の推定)に言及し,そのような場合にも無罪の推定が適用されるとしている[*14].また,総合裁判所は,Schneider Electric事件(2007年)において,「独立かつ公平

な裁判所におけるすべての者の聴聞の権利の遵守は，欧州人権条約第6条1項により保障される」と判示している*15.

他方，加盟国との関係でEU法が適用される範囲に含まれるのは，第1に加盟国がEU立法を実施するとき，第2に司法裁判所がEU要件から適用除外を受ける国内措置の効力を審査するとき，第3にある特定のEU実体法規範が当該状況に適用可能であるとき*16，である*17.

第1の場合に関して，EU法を実施する国内機関の行為には，たとえば共通農業政策分野における「規則」の国内適用措置や，国内法調和のための「指令」を実施する国内立法などがある．司法裁判所は，Wachauf事件(1989年)において，EU法を実施するさいの加盟国の義務について次のように述べている．

「[EU法秩序における基本権保護]の要請は[EU]規制を実施する際に加盟国をも拘束するため，加盟国は可能な限りその要請に合致してそれらの規制を適用しなければならない．*18」

このような場合，司法裁判所は，国内裁判所からの先決付託を受け，先決判決によるEU法の解釈を通じて審査権を行使する．

さらに，司法裁判所は，国内法令がEU法を実施するためのものではないときでも，基本権との適合性の見地から審査を行う場合がある．上述の第2の場合について司法裁判所は，ERT事件(1991年)において，以下のように述べている．

「当裁判所が判示しているとおり，当裁判所は[EU]法の範囲内にない国内規制の[欧州人権条約]との適合性を審査する権限を有しない．他方，そのような規制がまさに[EU]法の範囲内にあり，当裁判所に先決判決を求めて付託がなされる場合，それらの規制は当裁判所が遵守を確保し，また，特に[欧州人権条約]に由来する基本権に適合しているか否かを決定するために国内裁判所が必要とするすべての解釈基準を，当裁判所は提供しなければならない．*19」

上述の第3の場合，すなわち，ある特定のEU実体法規範が当該状況に適用可能であるときについては争いがあり，後述する(本章第2節)．

具体的にEU法の範囲内にあるとされるのは，基本条約により保障される物，労働者，サービス等の自由移動を制限するおそれのある国内措置である．そのような措置を加盟国が公益に基づいて正当化するために明文の適用除外事由

(TFEU 36, 45(3), 52(1), 62)や判例法上の事由を援用する場合，そのような正当化は，司法裁判所が先決判決において示す基本権の解釈に基づき，国内裁判所により審査される[20].

他方，加盟国の国内立法が，EU 法の範囲外すなわち EU 司法裁判所による基本権審査の範囲外にあるとされるのは，Kremzow 事件(1997年)判決によれば，次の2つの条件が充たされる場合である．第1に当該状況が域内市場における自由移動との間に十分な連結素(国境を越えた経済活動であること)を欠くため「まったく国内的な状況」であること(EU 市民権に基づく自由移動の場合には連結素は越境性で足りる)，かつ，第2に当該問題に関する EU 立法が存在しない[21]か，または，当該問題に関する EU 立法が存在するが，加盟国の当該措置が EU 立法の実施を意図したものではないこと[22]である[23]．しかし，本章第2節3(3)で後述するように，この条件は変更され，「指令」の実施を意図したものではない国内措置であっても，同「指令」の規律事項と単に重なるだけで EU 法の範囲内に置かれる．

3. 「同等の保護」理論

(1) ドイツ連邦憲法裁判所

他方，先述したとおり，行政裁判所から付託を受けたドイツ連邦憲法裁判所は，Solange I 判決(1974年)において，ドイツ憲法に規定される基本権が EU 法に優越し，その問題に関する審査権が自らにあると判示した．その理由は，第1に EU には立法権を有し直接選挙された議会が(当時)存在せず，かつ，そのような議会により制定された成文の基本権目録が欠如していること，および，第2に成文の基本権目録によりもたらされる法的安定性は司法裁判所の判例法のみでは達成されないということであった[24]．

その後，ドイツ連邦憲法裁判所は Solange II 判決(1986年)において判例を変更した．すなわち，司法裁判所を「その法律の定める裁判官(gesetzlicher Richter)」(ドイツ憲法第101条1項)と位置づけたうえで，ドイツ憲法の下で保護される基本権が EU レベルにおいても保護されており，その問題に関する審査権が EU 第一次法(基本条約等)だけでなく第二次法(規則，指令等)についても司法裁判所にあるとした．Solange I 判決で指摘された成文の基本権目録とい

う要請は，司法裁判所の判例法の展開において，法の一般原則，加盟国憲法および欧州人権条約に規定される基本権の保障が結合することにより充たされたと判断された．その理由は，第1にEUの当時の全加盟国が欧州人権条約に加入し，各国内議会の承認を得たこと，および，第2にEU諸機関（欧州議会，理事会，コミッション）による1977年4月5日付「基本権共同宣言」[*25]が基本権目録の議会による承認に相当すると判断されたことである．ただし，ドイツ憲法により無条件に要求されている基本権保護と実質的に同等とみなされる基本権の実効的な保護がEU諸機関の権限に対して一般的に確保され，また，基本権の本質的内容が一般的に保護されることが条件とされている[*26]．

このようにして，「同等の保護」理論が提示された．ドイツ連邦憲法裁判所は，ドイツ憲法における基本権保護と同等の水準を一般的に維持しまたは超えることを条件として，EU司法裁判所による基本権保護を承認している．そのため，もしその条件が達成されていないと判断すれば，同憲法裁判所がドイツ憲法に基づいて介入することとなる[*27]．

(2) 欧州人権裁判所

以上において，EUにおける基本権保護という問題の発端に，EU法の国内法に対する優越性と加盟国憲法の基本権規定との関係があることを指摘した．さらに，この問題にはもう1つの側面として，EUの全加盟国が欧州人権条約[*28]の締約国である一方，EU自体が同条約に加入していないにもかかわらず，EUまたは加盟国がEUの行為に対して欧州人権条約上の責任を負うか否かという問題が存在した．

欧州人権委員会（当時）[*29]により確立された判例法によれば，EC（当時）は欧州人権条約の締約当事者ではないため，ECを相手方とする申立は「人に関する理由で」(ratione personae)受理不能である[*30]．この点は現在の（欧州人権条約に加入する前の）EUにも当てはまる．しかし，欧州人権条約締約国たるEU加盟国は，同人権条約に反するとされるEUの行為の実施につき，責任を有するとされる可能性がある．すでにX v Germany事件(1958年)において，「国家は，条約上の義務を引き受け，かつその後に，その条約に基づく義務を遂行することを不可能とする他の国際的合意を締結する場合，先の条約に基づく義務について発生する違反に責任を有する」[*31]とされた．

この先例に依拠し，M v Germany 事件(1990年)において「同等の保護」理論が確立された．本件は，EC司法裁判所(当時)が競争法違反に対して高額の制裁金を科すコミッション決定を(減額のうえ)適法とした判決を下した後，ドイツ国内当局が執行令状を出したことにつき，同当局はそうする前に欧州人権条約第6条(公正な裁判を受ける権利)を尊重する手続の下になされたか否かを審査すべきであるという申立がなされた事案である*32．欧州人権委員会(当時)は，「国際機構への権限委譲は，当該機構内において基本権が同等の保護を受ける限り，[欧州人権条約]に反することはない」*33(傍点筆者)としたうえで，1997年「基本権共同宣言」およびEC司法裁判所(当時)の判例法による実体的保障に加え，同裁判所の司法審査による手続的保障により，EC(当時)に「同等の保護」が存在すると判断した*34．すなわち，EUは固有の実効的な司法的コントロールを有しているため，(欧州人権条約締約国たる)EU加盟国はEUの行為を，加盟国としてさらに審査することなく，実施することが許される．しかし，「同等の保護」がない場合，EUの行為につき同加盟国の責任が問われうる．

その後，Matthews事件(1999年)*35において，欧州人権裁判所はEU法が加盟国の責任として欧州人権条約違反であるとする判決を初めて下した．本件では，1976年欧州議会直接選挙議定書第2附属書が欧州議会選挙の選挙権をイギリス本国に限定した結果，ジブラルタル(イギリス領)が除外されていた．同附属書は，全加盟国により合意され，EU基本条約に準じる地位を有する第一次法であるため，EC司法裁判所(当時)の管轄権に服さなかった．そのため，同地在住のイギリス市民が欧州人権裁判所に対し，欧州人権条約第1議定書第3条(自由選挙に関する権利)の違反を申し立てた*36．人権裁判所は，以下のような判断を示した．

「実際，1976年議定書は，共同体の「通常」の行為ではなく，共同体法秩序内における条約であるというまさにその理由で，欧州司法裁判所において異議申立てを行うことができない．マーストリヒト条約もまた，共同体の行為ではなく，[欧州経済共同体]条約に改正をもたらした条約である．イギリスは，マーストリヒト条約の他のすべての締約国とともに，同条約の諸結果に対して，[欧州人権]条約第1条*37及び特に第1議定書第3条に基づき，「内容に関する理由で」(*ratione materi-*

ae)責任を負う*38.」(共同体は EU に，欧州司法裁判所は EU 司法裁判所に，読み替える.)

　本件判決により，基本条約をはじめとする EU 第一次法は国家が自由に締結した国際条約であるため，「同等の保護」理論の範囲に含まれないことが示された．EU 第一次法は EU 司法裁判所において異議申立をすることができないため，欧州人権裁判所が加盟国の責任として EU 第一次法の欧州人権条約との適合性を審査することとなる．他方，「規則」や「指令」などの EU 第二次法には「同等の保護」理論が適用される*39．この点について，欧州人権裁判所は Bosphorus v Ireland 事件(2005 年)*40 において明確化を行った．

　アイルランドが，旧ユーゴ制裁を目的とする国連安全保障理事会決議を履行するために制定された EU「規則」に基づき，トルコの Bosphorus 航空会社(原告会社)が旧ユーゴ航空会社(JAT)からリースした航空機を差し押さえたところ，原告会社はその決定を不服としてアイルランド国内裁判所で争った．アイルランド最高裁判所は，当該「規則」が本件に適用されるかどうかについて先決付託したところ，司法裁判所はそれを肯定する先決判決を示した．最高裁判所はそれに基づき判決を行った．これに対し，原告会社はアイルランドを相手取り，欧州人権条約第 1 議定書第 1 条(財産権の平和的享有の権利)の違反を欧州人権裁判所へ申し立てた．欧州人権裁判所は，「同等の保護」理論に依拠し，次のように判示した．

　「当裁判所の見解では，そのような法的義務に従ってとられた国家の行動は，提供される実体的保障及びその遵守を監督する仕組みの双方に関して，関連組織が[欧州人権]条約が規定するのと少なくとも同等とみなされうる仕方で基本権を保護しているとみなされる限り，正当化される．……しかし，同等性についてのいかなるそのような認定も最終的なものではなく，基本権保護における関連する変化に照らして審査に服する.*41」

　基本権の実体的および手続的保障の両面で欧州人権条約が付与するのと「同等の保護」が EU に存在するとされる場合，「国家は当該組織への加盟から生じる法的義務を単に実施しているにすぎないとき，[欧州人権]条約の要求から逸脱していないという推定が存在する」．しかし，「同等の保護」の推定が破られる場合があることも示されている．すなわち，「特定の事件の状況により[欧

州人権]条約上の権利の保護に明白な瑕疵がある(manifestly deficient)と考えられる場合，いかなるそのような推定も破られる*42」．

　本件においてアイルランドが原告会社の航空機を差し押さえたことは，直接適用されるEU「規則」上の義務に従った結果であり，同国に裁量の余地はなかったとされたため，第1に本件に関連して「同等の保護」の推定がEUに存在したのか，また，第2にその推定は「明白な瑕疵」により破られたかどうかが，次に検討された．第1点については，基本権保護に関する司法裁判所の判例法，基本条約規定，EU基本権憲章(当時は政治的宣言)等により基本権の実体的保障が存在すること，また，司法裁判所における訴訟制度および先決付託手続に基づく国内裁判所との関係により手続的にも基本権が保障されていることを一般的に確認した結果，欧州人権裁判所は「同等の保護」の推定が生じるとした．また，第2点について欧州人権裁判所は，権利侵害の性格，制裁枠組みおよび差押えにより追求された一般利益ならびに司法裁判所の先決判決を考慮するならば，「[欧州人権]条約上の権利の遵守をコントロールする仕組みに機能不全はなかった」と認定した*43．以上の結果，本件において欧州人権条約の違反はなかったと判決された．

　欧州人権裁判所の判例法に照らし，EU法に関する欧州人権裁判所の管轄について次のようにまとめることができる．第1に，EU諸機関の行為が加盟国の行為が介在しない形で欧州人権条約に違反する場合，「人に関する理由で」(ratione personae)受理不能とされる．たとえば，独立の法人格を有する国際機構の内部法秩序にもっぱら関わる労使紛争において締約国の管轄外にある国際裁判所の判決は締約国の責任に帰すことはできないため*44，EU職員とEU機関の間の労使紛争についても締約国(EU加盟国)の関与がない場合，欧州人権裁判所はそれを扱う権限を有しない*45．

　第2に，EU法を実施する加盟国の行為であって加盟国に裁量権がない場合，「同等の保護」理論が適用される結果，「明白な瑕疵」がない限り欧州人権条約に適合しているとの推定が働く．「明白な瑕疵」があるときは加盟国の責任が問われる(Bosphorus v Ireland事件)．裁量の余地の程度が「同等の保護」理論の適用の可否を決めることになる*46．

　第3に，EU法を実施する加盟国の行為であって加盟国に裁量権がある場合，

図表 9-2　リスボン条約前の EU における基本権保護と「同等の保護」理論

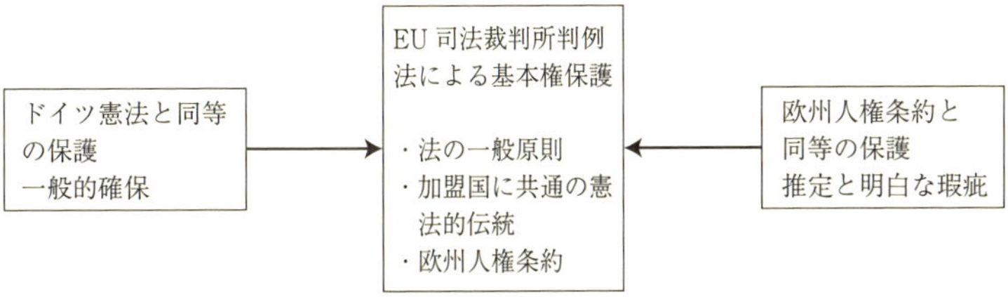

```
┌──────────────┐      ┌──────────────────┐      ┌──────────────┐
│ ドイツ憲法と同等 │      │ EU 司法裁判所判例  │      │ 欧州人権条約と │
│ の保護         │─────▶│ 法による基本権保護 │◀─────│ 同等の保護    │
│ 一般的確保     │      │ ・法の一般原則    │      │ 推定と明白な瑕疵│
└──────────────┘      │ ・加盟国に共通の憲 │      └──────────────┘
                      │  法の伝統         │
                      │ ・欧州人権条約    │
                      └──────────────────┘
```

（筆者作成）

加盟国の責任として審査される[*47].

　第4に，EU 司法裁判所が適法性を審査する権限を有しない EU 基本条約およびその他の第一次法について，欧州人権裁判所は加盟国の責任として審査する（Matthews 事件）[*48].

(3)「同等の保護」の水準

　以上，EU 司法裁判所の判例法に基づく基本権保護，ならびに，それに対してドイツ連邦憲法裁判所および欧州人権裁判所からそれぞれ要求された「同等の保護」について述べた．ドイツ連邦憲法裁判所の「同等の保護」理論は，ドイツ憲法と実質的に同等とみなされる基本権保護が一般的に確保されることを要求する点で，保護水準は高いが，介入の可能性は高くない．一方，欧州人権裁判所の「同等の保護」理論では，「同等の保護」の推定が EU に与えられる一方，その推定が「明白な瑕疵」により破られるかどうかがその都度審査されるという点で介入の可能性が高いものとなっている．これは，欧州人権条約が最低限の保護基準を示しているということに由来するものと思われる〔図表9-2〕．

(4)「同等の保護」理論の拡張

① 国連と「同等の保護」

　Bosphorus v Ireland 事件は EU が欧州人権裁判所により「同等の保護」を要求された事案であるが，逆に Kadi 事件の上訴審判決（2008年）では EU が国際連合の安全保障理事会決議に対して「同等の保護」を要求するというアヴォカジェネラル意見が示された．EU は国連安保理決議の要求によりテロリスト関連人物・団体の資産凍結を行う「規則」を制定したが，その対象者が基本権

の侵害を主張して「規則」の取消を求めて取消訴訟を提起した事案の上訴審において，アヴォカジェネラル Maduro は，つぎのような意見を提示した．

「国連のレベルにおける独立の裁判所による真の実効的な司法統制メカニズムが存在していたならば，それにより[EU]は[EU]法秩序内で適用される措置の実施に対する司法的統制を備える義務を免除されたかもしれない．しかし，そのようなメカニズムは現在のところ存在しない．コミッション及び理事会自身が自己の主張の中で強調しているように，ある者を国連制裁リストから除くか否かの決定は，外交的機関である制裁委員会の完全な裁量の中にとどまっている．そのような状況において，独立の裁判所による司法的統制の権利は国連レベルで確保されていなかったと判断せざるを得ない．結果として，[EU]諸機関は，安全保障理事会の当該決議を[EU]法秩序内で実施する際，適正な司法審査手続なしで済ますことはできない．*49」

このようにして，国連レベルに「同等の保護」がないため，EU が当該「規則」について司法審査を行うべきであるとされた*50．司法裁判所は*51，「同等の保護」理論の適用自体には同調しなかったが*52，「[EU]司法部は，[基本]条約により付与されている権限に従い，[EU]法の一般原則の不可欠な一部を成す基本権に照らし，すべての[EU]の行為の合法性の審査，原則として完全な審査を，確保しなければならない」*53 という立場をとり，基本権違反に基づく当該「規則」の取消を認めた*54．

②EU 法上の要請としての「同等の保護」

EU 法上の基本権は EU 法の範囲外にある加盟国の行動に対しては適用されない．しかし，「連合は，人間の尊厳の尊重，自由，民主主義，平等，法の支配，及び，少数者に属する者の権利を含む人権の尊重という諸価値に基礎を置く」と規定する EU 条約第 2 条に基づき，EU 法上の要請として加盟国に対し，EU 基本権と「同等の保護」を求めることができるという見解がある．EU 条約第 2 条に示される諸価値は，EU 法の法源における「規範の階層」の中で第一次法(EU 条約，EU 機能条約および議定書等)の上位にあるとされる*55 (TEU3(1)，7(2)，49(1))．

この見解によれば，まず，EU 基本権憲章(後述)の適用範囲外において，EU 基本権の本質が当該加盟国で少なくとも同等に保護されていると推定できるか

ぎり，EU 市民は EU 基本権に依拠することはできない*56．国内法および国内裁判所は EU 条約第 2 条から生じる義務に従っていると推定することができる．それは，補完性原則(TEU5(3))(第 1 章第 2 節第 5(1))および国民的一体性尊重の原則(TEU4(2))(第 6 章第 4 節 2)を反映している*57．しかし，基本権の本質について組織的な違反が存在することが示されるならば，この推定は破られ，EU は当該加盟国に「同等の保護」を求めることができる*58．

第 2 節　EU 条約第 6 条と成文法的解決

1. 条文規定

リスボン条約による改正後の EU 条約第 6 条は，EU における基本権保護の問題に対して成文法的解決を与えるものとなっている．それには，次のように規定されている．

「1. 連合は，2007 年 12 月 12 日ストラスブールで修正された 2000 年 12 月 7 日の欧州連合基本権憲章に列挙された権利，自由及び原則を承認する．基本権憲章は両条約［注：EU 条約および EU 機能条約］と同一の法的価値を有する．

憲章の規定は，両条約に定める連合の権限を何ら拡張するものではない．

憲章に列挙された権利，自由及び原則は，憲章の解釈及び適用を規律する憲章第VII編の一般規定に従い，かつ，憲章に引用され，それらの規定の出所を示す註釈を十分に考慮に入れ，解釈される．

2. 連合は，［欧州人権条約］に加入する．この加入は，両条約に定める連合の権限に修正を加えるものではない．

3. ［欧州人権条約］により保障され，及び加盟国に共通の憲法的伝統に由来する基本権は，一般原則として連合法の一部を成す．」

この規定は，EU 基本権憲章，EU としての欧州人権条約加入および法の一般原則という三重の保護制度を示している．

2. 法の一般原則としての基本権と EU 基本権憲章
(1) 法の一般原則における欧州人権条約

EU 条約第 6 条 3 項により，欧州人権条約は法の一般原則の範囲内に実際に

組み入れられ，EU 司法裁判所はその点に関する裁量権を失っている．それゆえ，この規定は EU 法秩序において欧州人権条約の全体に（法の一般原則として）拘束力を有する地位を付与したものと解釈することができる*59．Pupino 事件（2005 年）において司法裁判所は，「EU 条約第 6 条[3]項に従い，連合は，法の一般原則として[欧州人権条約]により保障され，及び加盟国に共通の憲法的伝統に由来する基本権を尊重しなければならない」*60 と述べて，欧州人権条約が EU 法秩序に（法の一般原則として）直接組み入れられていることを示している．また，Elgafaji 事件（2009 年）では，「欧州人権裁判所の判例法は[EU]法秩序における当該権利の範囲を解釈する際に考慮される」*61 と判示されている．以上の点から，欧州人権条約の実体的内容が EU 法に組み入れられたとみなすことが可能である*62．

しかし，EU 条約第 6 条 3 項により，欧州人権条約それ自体が EU 法に組み入れられたことにはならない．その点を司法裁判所は，Kamberaj 事件（2012 年）で次のように判示している．

「しかしながら，EU 条約第 6 条 3 項は欧州人権条約と加盟国の法制度との間の関係を規律するものではなく，また，同条約により保障される権利と国内法規定との間に抵触がある場合に国内裁判所により導かれるべき帰結を定めるものでもない．……EU 条約第 6 条 3 項による欧州人権条約への言及は，国内法規定と欧州人権条約との間に抵触がある場合，国内裁判所に対し，同条約に適合しない国内法規定を適用排除して同条約の規定を直接適用するよう要求するものではない．*63」

(2) 法の一般原則における加盟国に共通の憲法的伝統

EU 司法裁判所が法の一般原則を導出するさいの「加盟国の法に共通の一般原則」(TFEU340(2))にいう「共通」性に関するアヴォカジェネラル Lagrange の「評価的比較法」アプローチ*64 についてはすでに紹介した（第 5 章第 4 節 2）．EU 司法裁判所は法の一般原則としての基本権の源として「加盟国の法に共通の一般原則」に依拠する場合，必ずしも文字通りの「共通」性ではなく，EU 法制度に最も適合したものを選択するというアプローチを採用している．そのため，加盟国の法制度に相違が見られる場合でも，一部の加盟国のみで承認されている法原則を EU 法秩序に組み入れることもありうる．アヴォカジェネラル Kokott は，以下のように説明している．

「そのようにして共通の憲法的伝統又は法原則に依拠することは，当該実行が一様であるか又は明確に大多数の支持を有しているという前提に必ずしも服するわけではない．それはむしろ，法制度の評価的比較に依存しており，特に欧州連合の目的及び任務だけでなくヨーロッパ統合及びEU法の特別な性格をも十分考慮に入れなければならない．

したがって，ほんの少数の国内法制度においてのみ承認され又は樹立されている法原則であっても，欧州連合裁判所によりEU法の一部を成すと識別されることも決して考えられないことではない．これは，特に，EU法の格別な特徴，連合の目的及び任務並びに諸機関の活動のゆえにそのような法原則が特別な意義を有する場合，又は，それが増大傾向を成している場合に妥当する．*65」

(3) 法の一般原則としての基本権とEU基本権憲章

リスボン条約以降，EU司法裁判所は，主としてEU基本権憲章に依拠して基本権保護を確保し，他の一層広範な権利については法の一般原則を用いるものと考えられる*66．それはEUにおける基本権保護に柔軟性を与え，EUにより認められる基本権目録の固定化を避けるものと評価される一方，2つの範疇の基本権が共存し，ついには階層化する可能性もあると指摘される*67．憲章は部分的に判例法よりも制限的な場合があるため，2つの層の基本権の関係が相互に明確化される必要がある．それは，「法治国家として自明な成文法の優越」という意味においてなされることになる．EU司法裁判所は判例を参照して憲章規定を放棄することはできず，また，憲章の外で新たな権利を創出することもできないとされる*68．

法の一般原則および基本権憲章のいずれにおいても，欧州人権条約は(EU条約第6条2項にあるEUの欧州人権条約加入以降はさらに一層)重要な役割を果たす．憲章第53条(憲章が，EU法，欧州人権条約，加盟国憲法等により承認される基本権を制限し，またはそれらの基本権に不利な影響を与えるものと解釈されることを禁止する)により，欧州人権条約はEUにおける基本権保護の下限基準とされ，また，同第52条3項に基づき，憲章に含まれる権利は欧州人権条約により保障される基本権に相応するときには同一の解釈を付与される(ただし，それよりも広範な保護を妨げるものではない)．

一方，加盟国に共通の憲法的伝統と基本権憲章との関係については，憲章第

52条4項には,「本憲章が加盟国に共通の憲法的伝統に由来する基本権を承認している限りにおいて,それらの権利はそのような伝統に調和して解釈されなければならない」と規定されている.また,第52条6項によれば,「本憲章に明確化されている国内法及び実行について十分な配慮を払わなければならない」.これらの規定により,EU司法裁判所は,憲章の「自律的な価値,法典化による成果および実体的な選択」を損なわない範囲で,難しい事案において判断を行う際に評価的比較法の手法を維持することが示されている[*69].

基本権憲章は,「汎ヨーロッパ的コンセンサス」の成果であり,また,基本条約と同等の法的地位を与えられている.そのため,基本権憲章自体も,法の一般原則を確立するための源となりうる[*70].

3. EU基本権憲章とその適用
(1) EU基本権憲章の成立,地位および構成

EU基本権憲章は,EUレベルで基本権の重要性を市民に分かりやすく提示することを目的として,2000年12月に欧州議会,理事会およびコミッションにより政治的宣言として厳粛に公布された[*71].政治的宣言としての憲章は厳密な意味における法的拘束力を有しないが,基本権の存在の推定機能を伴う解釈基準として有用な役割を担った[*72].その後,リスボン条約による改正後のEU条約第6条1項1段(前掲)により,憲章は基本条約と同等の法的拘束力を付与されている(欧州連合基本権憲章に関する宣言第1号).憲章はEU第一次法であり,とくに第二次法に対する「尺度」を構成し,条約改正手続(TEU48(2)～(5))によってのみ改正可能であるとされる[*73].

憲章は前文および本文全54条で構成される〔図表9-3〕.また,憲章には「基本権憲章註釈集」(Explanations relating to the Charter of Fundamental Rights [2007]OJC303/1)が附属されている.EU機能条約第6条1項3段(前掲)によれば,憲章規定は「憲章に引用され,それらの規定の出所を示す註釈を十分に考慮に入れ,解釈される」(傍点筆者).基本権憲章註釈集は,単なる準備作業文書(travaux préparatoires)にとどまらず,EU司法裁判所に対して註釈集に抵触するような憲章規定の解釈を抑制する作用をもつものと位置づけられる[*74].

図表9-3　EU 基本権憲章の構成

	前文	基本権の可視化による保護の強化など
第Ⅰ篇	尊厳	第1条―人間の尊厳, 第2条―生命に対する権利, 第3条―人としての完全性(integrity)に対する権利, 第4条―拷問及び非人道的な又は品位を傷つける取扱い又は刑罰の禁止, 第5条―奴隷及び強制労働の禁止
第Ⅱ篇	自由	第6条―自由及び安全に対する権利, 第7条―私生活及び家族生活の尊重, 第8条―個人情報の保護, 第9条―婚姻の権利及び家族を築く権利, 第10条―思想, 良心及び宗教の自由, 第11条―表現及び情報の自由, 第12条―集会及び結社の自由, 第13条―芸術及び科学の自由, 第14条―教育を受ける権利, 第15条―職業選択の自由及び労働の権利, 第16条―事業を営む自由, 第17条―財産権, 第18条―庇護を受ける権利, 第19条―移動, 追放及び引渡の場合における保護
第Ⅲ篇	平等	第20条―法の下の平等, 第21条―差別禁止, 第22条―文化, 宗教及び言語の多様性, 第23条―男女平等, 第24条―児童の権利, 第25条―高齢者の権利, 第26条―障害者の統合
第Ⅳ篇	連帯	第27条―企業内における労働者の情報及び協議を受ける権利, 第28条―団体交渉及び団体行動の権利, 第29条―職業紹介サービスを受ける権利, 第30条―不当解雇の場合の保護, 第31条―公正かつ公平な労働条件, 第32条―児童労働の禁止及び若年就労者の保護, 第33条―家族生活及び職業生活, 第34条―社会保障及び社会扶助, 第35条―健康保護, 第36条――般的経済利益を有するサービスの享受, 第37条―環境保護, 第38条―消費者保護
第Ⅴ篇	市民の権利	第39条―欧州議会選挙権及び被選挙権, 第40条―地方自治体選挙権及び被選挙権, 第41条―良い行政に対する権利, 第42条―文書閲覧権, 第43条―欧州オンブズマン, 第44条―請願権, 第45条―移動及び居住の自由, 第46条―外交機関及び領事機関による保護
第Ⅵ篇	司法	第47条―実効的救済及び公正な裁判を受ける権利, 第48条―無罪の推定及び防禦の権利, 第49条―罪刑法定主義並びに犯罪及び刑罰の比例性原則, 第50条――事不再理の権利
第Ⅶ篇	憲章の解釈及び適用を規律する一般規定	第51条―適用分野 第52条―権利及び原則の範囲及び解釈 第53条―保護の水準 第54条―権利濫用の禁止

(筆者作成)

(2) EU 基本権憲章の機能

EU 基本権憲章は, 基本条約と「同等の価値」を有するため, EU の第一次法に属する. その結果, 憲章は3重の機能を果たしている*75. 第1に, EU 法の範囲内にある EU 第二次法および国内法は憲章に照らして解釈されなければならないため, 憲章は解釈の補助として用いられる*76. たとえば Hörnfeldt 事件(2012年)では, 「指令 2000/78 に定められている年齢を理由とする差別の禁止は, 欧州連合基本権憲章第15条1項に認められている労働に従事する権

利に照らして解釈されなければならない」とされている*77.

　第2に，憲章は司法審査の根拠を提供するものとして依拠されることができる．すなわち，憲章の基本権規定に違反すると認定されたEU立法は無効とされ，また，EU法の範囲内にあって憲章に反する国内法は排除されなければならない*78．たとえばVolker事件(2010年)では，「規則」がEU基金の受益者の個人情報を公開する義務を課していた点について，EU基本権憲章第7条(私生活及び家族生活の尊重)および第8条(個人情報の保護)に違反するため，当該規定は無効とされた*79.

　第3に，憲章は(リスボン条約前と同じく)法の一般原則を「発見」するための権威ある源として機能する*80．たとえばWilliams事件(2011年)において，「指令」2003/88*81に規定されている年次有給休暇を取る権利を法の一般原則として承認するさいに，EU基本権憲章の規定が次のように参照されている．

　「指令2003/88第7条の文言は，労働者が年次休暇の間に受け取る権利のある報酬に対して特に言及していない．判例法は，しかしながら，[指令2003/88]が適用除外を認めていない規定である第7条1項のまさにその文言から，すべての労働者は少なくとも4週間の年次有給休暇を取る権利を有すること，及び，年次有給休暇に対するその権利は[EU]社会法の特に重要な原則とみなされなければならないことになる，と指摘する．

　そのような年次有給休暇に対する権利は，さらに，EU条約第6条1項が[基本]条約と同一の法的価値を有すると認める欧州連合基本権憲章の第31条2項に明文で定められている．*82」(傍点筆者)

(3) EU基本権憲章の適用範囲

　EU条約第6条1項2段(前掲)によれば，「憲章の規定は，両条約に定める連合の権限を何ら拡張するものではない」．また，同様に，憲章第51条2項*83によれば，「憲章は，連合の権限を越えて連合法の適用分野を拡張するものではなく，連合に新たな権限及び任務を創設するものでもなく，並びに両条約に定める権限及び任務を修正するものでもない」．そのため，EU司法裁判所は，EU条約第5条2項の「限定的個別授権の原則」(第1章第2節2)を尊重して，憲章を解釈適用しなければならない．以上の点は，憲章の適用範囲はどこまでかという問題として現れる*84．

憲章の適用範囲について，第51条1項に「本憲章の規定は，補完性原則を十分尊重して連合の諸機関，団体，事務所及び庁[*85]に対し，並びに，連合法を実施しているときに限り加盟国に対し，宛てられる」と規定されている．この規定で問題となるのは，加盟国に対しては憲章の適用を「連合法を実施している」ときに限定していることである．一般に，加盟国との関係でEU法が適用される範囲に含まれるのは，先述したとおり（本章第1節2），第1に加盟国がEU立法を実施するとき，第2にEU司法裁判所がEU要件から適用除外を受ける国内措置の効力を審査するとき，第3にEUのある特定の実体法規範が当該状況に適用可能であるとき[*86]，である[*87]．基本権憲章第51条1項の文言では，第1の場合のみを想定しているように思われる．しかし，この文言の意味について，基本権憲章註釈集には以下のとおり述べられている．

「加盟国に関しては，司法裁判所の判例法から明白なとおり，連合の脈絡において定義された基本権を尊重するという要件は，加盟国が連合法の範囲において行動するときに限り，加盟国を拘束するということになる(judgment of 13 July 1989, Case 5/88 *Wachauf* [1989] ECR 2609; judgment of 18 June 1991, Case C-260/89 *ERT* [1991] ECR I-2925; judgment of 18 December 1997, Case C-309/96 *Annibaldi* [1997] ECR I-7493). 司法裁判所はこの判例法を次のような言葉で確認した．「加えて，共同体法秩序における基本権保護から生じる要件はまた，加盟国が共同体規制を実施するときに加盟国を拘束するということが想起されるべきである……」(judgment of 13 April 2000, Case C-292/97 [*Karlsson*] [2000] ECR I-2737, paragraph 37 of the grounds). もちろん，この規範は，本憲章に定められているとおり，連合法を実施しているときの中央機関並びに地域又は地方団体及び公共組織に適用される．[*88]」（共同体はEUに読み替える.）

憲章註釈集は，「連合法を実施しているとき」を「加盟国が連合法の範囲において行動するとき」を指すとし，その根拠として前掲第1の場合に当たるWachauf判決，前掲第2の場合に当たるERT判決，および，第3の場合に当たるAnnibaldi判決[*89]を引用している．しかし，これだけでは必ずしも確定的とはいえず，「連合法を実施しているとき」の解釈をめぐり，学説の立場は分かれている．とくに第3の場合を認めるべきか否か，認めるとすればどこまでか，が争われている[*90]．

Bartsch 事件(2008年)事件によれば，(「指令」に表明される)EU法の一般原則(基本権はそれに含まれる)を適用する関係で，関連「指令」*91 のみに基づいて加盟国の行動(国内規制)が基本条約の範囲内に当たるためには，次の2つの要件をともに充たす必要がある．第1に当該国内規制が関連「指令」についての特定の実施措置を構成すること，および，第2に「指令」の国内置換期限がすでに経過していることである*92．とくに第1の要件は「加盟国が連合法の範囲において行動するとき」の基準として，国内措置が特定のEU立法を実施するという性格が決定的な要因であることを示している．そのため，この判決は，前掲第3の場合を否定しているように思われる*93．

　しかし，Kücükdeveci 事件(2010年)では，(Bartsch 事件で問題となったのと同じ)関連「指令」は国内置換期限が経過した後，同「指令」の実施を目的としたものではない国内立法を，「指令」に規律される事項と重なるというだけで，EU法の範囲内に置く効果を有するとした*94．そのため，本判決は前掲第3の場合を肯定したものと受け取ることができる．すなわち，Kücükdeveci 判決により，加盟国がEU第二次法で何らかの形で規制されている分野内において自己の権限を行使するたびに，そのような国内行為はすべて，たとえ基本条約との直接的な結びつきがなくとも，ある分野でEU第二次法上の措置と国内規制権限の行使の間に単に重なりがあるだけで，EU法の一般原則の適用を受けるようになったと解釈することができる*95．

　しかし，憲章第51条1項を狭く解釈した場合でも，たとえば「連合法を実施しているとき」を文字どおりに解して前掲第1の場合に限定するとしても，法の一般原則として第2および第3の場合に憲章が援用可能である．他方，広く解釈した場合，「連合法を実施しているとき」は「加盟国が連合法の範囲において行動するとき」と解釈され，憲章の適用範囲と法の一般原則としての基本権の適用範囲が合致する．ただし，憲章の実体的範囲は法の一般原則のそれよりも広いため，憲章は法の一般原則を「発見」するための源として機能することとなる*96．

　(4) 欧州連合基本権憲章のポーランド及びイギリスへの適用に関する議定書(第30号)

　まず，「欧州連合基本権憲章のポーランド及びイギリスへの適用に関する議

定書第 30 号」*97(以下，議定書第 30 号)の第 1 条 1 項は，「憲章は，ポーランド又はイギリスの法律，規則又は行政的規定，実行若しくは措置が，憲章が再確認する基本的権利，自由及び原則に適合しないことを判示する欧州連合司法裁判所又はポーランド若しくはイギリスの裁判所の能力を拡張するものではない」と規定している．この規定の解釈に関し，司法裁判所は NS and ME 事件 (2011 年)において，次のように判示している．

「当該規定[議定書第 30 号第 1 条 1 項]の文言によれば，……議定書第 30 号はイギリス又はポーランドにおける憲章の適用可能性に疑義を差し挟んでいない．それは，同議定書前文のリサイタルにより確認されている立場である．すなわち，議定書第 30 号前文の第 3 リサイタルによれば，EU 条約第 6 条は憲章が同条に言及されている註釈に厳格に従ってポーランド及びイギリスの裁判所により適用され，かつ解釈されるよう要求している．さらに，同議定書前文の第 6 リサイタルによれば，憲章は連合において承認されている権利，自由及び原則を再確認し，かつそれらを一層可視的にするものであるが，新たな権利又は原則を創設するものではない．

そのような状況において，議定書第 30 号第 1 条 1 項は，憲章の範囲に関して憲章第 51 条を説明するものであり，また，憲章規定を遵守する義務からポーランド共和国若しくはイギリスを免除し，又はそれらの加盟国の 1 つの裁判所が憲章規定の遵守を確保するのを妨げることを意図するものではない．*98」

このように司法裁判所は，議定書第 30 号第 1 条 1 項が憲章の適用範囲を定める憲章第 51 条を説明するにとどまり，憲章からの適用除外を認めるものではないとしている．学説における多数説もこれを支持し，第 1 条 1 項は憲章第 51 条にある憲章の適用範囲に関する基本ルールを単に再確認するものにすぎないとしているとされる*99．

次に，議定書第 30 号第 1 条 2 項には，「特に，及び疑義の余地を残さないため，憲章第Ⅳ編における何ものもポーランド及びイギリスに適用可能である司法判断可能な権利を創設するものではない」こと，また，「但し，ポーランド又はイギリスがかかる権利を国内法上規定している場合はこの限りではない」ことが規定されている．

この規定に関連して，憲章第 52 条 5 項は，「原則を含む本憲章規定は，各々の権限行使において，連合の諸機関，団体，事務所及び庁により行われる立法

及び執行行為により，並びに連合法を実施しているときの加盟国の行為により実施されることができる」こと，また，「裁判官に対するそれらの援用は，そのような行為の解釈及び適法性のコントロールのためにのみ認められる」ことを規定している．「権利」は保護される者の「法的請求権」(Rechtsanspruch)を含む一方，「原則」は「法定立要請」(Rechtsetungsauftrag)を含む「客観的権利」であるとされる[*100]．憲章註釈集によれば，「主観的権利は尊重され(respected)なければならない一方，原則は遵守され(observed)なければならない」[*101]．憲章および註釈集とも，いずれの憲章規定が「権利」か「原則」かを明示していない．註釈集が「原則」の例示として憲章第25，26，37条を挙げるにとどまる．また，たとえば憲章第23，33，34条には，「権利」と「原則」の両方の要素が含まれるとする〔図表9-3〕．つまり，「権利」と「原則」の区別は，具体的事件においてEU司法裁判所の解釈に委ねられている[*102]．しかし，「原則」に当たる憲章規定がEUまたは加盟国当局に積極的義務を課していないとしても，抵触する国内法を適用排除するために援用可能な場合があるとされる[*103]．

　議定書第30号第1条2項に関しては，EU司法裁判所はまだ判断を示していない[*104]．しかし，アヴォカジェネラル意見によれば，第1に，憲章に定める社会権が裁判所において遵守確保可能か否かについて論争があるため[*105]，「議定書第30号第1条2項は，イギリス及びポーランドの法秩序における憲章の個別規定の効力を明確化することを求めているように思われる[*106]」．第2に，「議定書第30号第1条2項は，まず，憲章が私人間に司法判断可能な権利を創り出すものではないという憲章第51条1項に定められた原則を再確認するものである」[*107]．しかし第3に，第1条2項は，イギリスおよびポーランドに対して依拠できる新たなEU法上の権利や受給権が，基本権憲章第27～38条(第Ⅳ篇「連帯」)〔図表9-3〕から引き出されることは排除しているように思われる[*108]．一方，学説における多数説によれば，第1条2項は，憲章第52条5項による「権利」と「原則」の区別を単に確認するものにすぎないとされる[*109]．

　さらに，議定書第30号第2条は，「憲章の規定が国内法及び実行に言及する限りにおいて，憲章はそれに含まれる権利又は原則がポーランド又はイギリス

の法又は実行において承認されている限度においてのみ適用されるものとする」と規定している．この規定について EU 司法裁判所の解釈は示されていないが，アヴォカジェネラル Trstenjak の意見では，同条からイギリスおよびポーランドに対する基本権憲章からの「一般的オプトアウト」を推論することはできないこと，また，同条は国内法および実行に言及する憲章規定にのみ適用されることが指摘されるにとどまる*110．他方，学説上は，第 2 条について立場に相違があるとしても，結果的に憲章第 52 条 6 項（本憲章に特定されている国内法および実行につき，十分な配慮が払われなければならない）の規定を繰り返しているにすぎないという結論に行き着いているように思われる*111．

　以上の点から，議定書第 30 号は，基本的には憲章からのオプトアウトを規定するものではないと解される*112．それは解釈的な機能を果たすにとどまる*113．議定書第 30 号は「憲章の適用の一定側面を明確化」することを目的としているため（前文第 9 リサイタル），憲章第Ⅳ編との関係で当該国にとって適用除外の要素を含みうると解釈することが可能であるとしても，同議定書のほとんどは単なる明確化をしているにすぎない*114．憲章は，その解釈が議定書の文言により一定の影響を受けるとしても，当該国において適用されることに変わりはないと言える*115．

　ただし，第 1 条 2 項については限定的な適用除外を意味すると解することが可能である．すなわち，憲章第 52 条 5 項によれば「原則」を示す憲章の規定は直接効果を有しないが，いずれの規定が「原則」に当たるかについては基本権憲章自体に明らかにされていないため，憲章註釈集を参照したとしても解釈の余地が残りうる．しかし，憲章第Ⅳ編「連帯」に列挙されている規定が直接効果を有する「権利」として解釈されたとしても，第 1 条 2 項により当該国では直接効果を有しないことになる*116．

　なお，チェコは 2009 年 10 月 29，30 日の欧州理事会に会合した首脳間の合意により，「次期[クロアチア]加盟条約の締結時に及び各国の憲法的要件に従い，欧州連合条約及び欧州連合機能条約に，欧州連合基本権憲章のチェコへの適用に関する議定書を附属させる」こととした*117．起草会議を開催しない条約改正手続（EU 条約第 48 条 3 項）（第 10 章第 1 節 1(1)）を使うことになっていたが，進捗はなかった*118．「欧州連合基本権憲章のチェコへの適用に関する議定書」

(チェコ議定書)の草案はすでに作成されていたが、それによれば、「欧州連合基本権憲章のポーランド及びイギリスへの適用に関する議定書は、チェコ共和国に適用される」(第1条)ことになっていた[119]。しかし、2014年にチェコは、基本権憲章からの一般的オプトアウトをチェコ議定書により実現できないことを理由に、同議定書附属の要求を取り下げた(第10章第1節1(1))。

第3節　EU の欧州人権条約加入

1. 司法裁判所意見 2/94

司法裁判所は、欧州人権条約(ECHR)加入意見(1996年)(第1章第2節6)において、EC(当時)の欧州人権条約加入の可能性に関し、次のような判断を示した。

「人権尊重はそれゆえ、共同体の行為の合法性の一条件である。しかし、[欧州人権条約]への加入は、別個の国際的な機関制度に共同体が参加し及び[欧州人権条約]のすべての規定を共同体法秩序に組み入れることを伴うという点で、人権保護のための共同体の現行制度における本質的な変化を伴うであろう。

共同体における人権保護制度のそのような修正は、共同体及び加盟国にとって等しく基本的な制度上の含意を伴い、憲法的意義を有し、また、それゆえに第235条の範囲を超えるものとなろう。それは、条約改正によってのみもたらされうる。

それゆえ、共同体法の現状において、共同体は[欧州人権条約]に加入する権限を有しないと判示せざるを得ない。[120]」(共同体はEUに、第235条はEU機能条約第352条に、読み替える。)

本意見により、条約改正がなされるならば、EU が欧州人権条約に加入し、欧州人権裁判所の監督に服することが可能であることが示された。これは、その後の条約改正における欧州人権条約加入の検討を促進する要因となり、結局リスボン条約による改正で欧州人権条約加入のための法的根拠が明文規定(TEU6(2))として置かれたのである。

しかし他方で、本意見において司法裁判所は、加入により EU が欧州人権裁判所の監督に服することが EU 司法裁判所の管轄権(TEU19-1, TFEU344)に抵触しないかどうかという問題に対しては、十分な情報が必要であるとして受理

不能とし，慎重な姿勢を示した．後述するとおり（本節3），加入協定交渉では，まさにこの点が争点となった．

2. EU条約第6条2項および議定書

EU条約第6条2項に「連合は[欧州人権条約]に加入する」と規定されることにより，EUは欧州人権条約に加入する権限を有するだけでなく，加入する義務も負っている．他方，すでに欧州人権条約においては第14議定書（第17条）により改正がなされ（2004年5月13日署名，10年6月1日発効），国家ではないEUも加入できることが規定されている[121]（欧州人権条約第59条2項）．EUが欧州人権条約に加入することにより，同条約の締約国たるEU加盟国と同様にEU自体も欧州人権裁判所の監督下に置かれることになる[122]．

加入のためには，加入協定が合意されて，すべての締約国およびEUにより署名，批准される必要がある．EUは法人格（国際法人格を含む）を有するため（TEU47）[123]，国際協定を締結することができる（TFEU216(1)）．EU条約第6条2項が定める法的根拠に基づき，EUが欧州審議会（COE）加盟国たる欧州人権条約締約国47カ国（EUの全加盟国が含まれる）との間で欧州人権条約加入協定を締結する場合，欧州議会の同意および理事会の全会一致を要する（TFEU218(6)(8)）．そのようにして締結される加入協定は，（EU司法裁判所を含む）EU諸機関および加盟国に対し，法的拘束力を有する（TFEU216(2)）．加入協定は，司法裁判所の事前の条約適合性審査（第4章第10節）を受ける場合，基本条約との適合性が認められるならば発効する（TFEU218(11)）．

「人権及び基本的自由の保護のための欧州条約への連合の加入に係る欧州連合条約第6条2項に関する議定書第8号」（以下，第6条2項議定書）には，EUの欧州人権条約加入の条件が次のように規定されている．

「第1条　欧州連合条約第6条2項に規定される，人権及び基本的自由の保護のための欧州条約（以下，欧州[人権]条約と称する）への連合の加入に関する協定は，特に以下につき，連合及び連合法に固有の特徴を維持する必要性を反映しなければならない．

（a）連合が欧州人権条約監督機関に参加する可能性がある場合にその特有の方式．

(b) 非加盟国による提訴及び個人の申立が，場合に応じて，正確に加盟国及び／又は連合に対してなされることを保障するために必要な仕組み．

第2条　第1条にいう協定は，連合の加入が連合の権限(competences; compétences; Zuständigkeiten)及び諸機関の職務権限(powers; attributions; Befugnisse)のいずれにも影響を及ぼさないことを保障しなければならない．協定は，その規定のいずれもが欧州人権条約及び特に同条約議定書との関係における加盟国に特有の事情，第15条[*124]に従い欧州人権条約の適用を除外された加盟国によりとられる措置，並びに第57条[*125]に従い加盟国により欧州人権条約に対して付された留保に影響を及ぼすものではないことを保障しなければならない．

第3条　第1条にいう協定のいずれの規定も，欧州連合機能条約第344条[*126]に影響を及ぼしてはならない．」

3. 加入協定（草案）
(1) 加入協定交渉

2010年5月26日，欧州審議会の閣僚委員会は，EUの欧州人権条約加入のために必要な法文書をEUと作成するため，人権運営委員会(Steering Committee for Human Rights: CDDH)に特別マンデートを与えた．また，2010年6月4日，EUの司法内務理事会は，EUの欧州人権条約加入に関する交渉マンデートをコミッションに与える決定を行った．次いで，欧州審議会加盟国出身の14人の専門家(EU加盟国から7人，非加盟国から7人)で構成される非公式作業部会(CDDH Informal Working Group on the Accession of the European Union to the European Convention on Human Rights: CDDH-UE)が設置され，EUのコミッションと協力して，加入のための法文書草案の検討および作成を委託された．2010年7月から2011年6月にかけて，CDDH-UEはコミッションと計8回の会合を行って文書の作成を行い，CDDHに加入協定草案および同説明報告書等(CDDH-UE草案)を提出した[*127]．CDDH-UE草案には，加入の範囲(各議定書への加入，留保などに関する問題を含む)，欧州人権条約に必要とされる技術的調整，欧州人権条約システムに関わる欧州審議会機関へのEUの参加(閣僚委員会での投票権，財政分担を含む)，EUシステムの特殊性に欧州人権条約を合わせるための調整(EUおよび加盟国の双方が関わる

「共同被告」制度の創設を含む)に関する規定が含まれる．

　2011 年 10 月，CDDH は CDDH-UE 草案の検討を行った後，未解決の問題を含めて，それを閣僚委員会に提出した*128．2012 年 6 月 13 日，閣僚委員会は，遅滞なく加入協定草案等を完成させるため，「47+1」特別部会(the ad hoc group "47+1")を設置し，EU との交渉を行うよう CDDH に指示を行った．その特別部会はストラスブールで 2012 年 6 月 21 日以降交渉を行い，2013 年 4 月 5 日最終報告書を採択した*129．

　加入協定草案が最終的に合意されたならば，署名および批准等の手続が終了した後，加入協定として効力が発生する．それにより，EU は欧州人権条約の締約当事者となる．

　(2) EU 法と EU が締結した国際協定としての欧州人権条約との間の抵触問題

　EU が加入する(国際協定としての)欧州人権条約は，EU の第一次法ではないため，EU における「規範の階層」においては，第一次法である EU 条約，EU 機能条約，EU 基本権憲章および法の一般原則の下位に位置することになる*130．EU 法と EU が締結した国際協定としての欧州人権条約との間に抵触が生じる可能性として，次の 2 つの場合が考えられる．いずれの場合においても，EU 法秩序の自律性という問題が背景にある．

　第 1 に，EU 司法裁判所と欧州人権裁判所との間における管轄の境界設定の問題である*131．この問題に関わるのは，先述したとおり(本節 1)，EU 条約第 19 条 1 項と EU 機能条約第 344 条である*132．まず，EU 条約第 19 条 1 項には，EU 司法裁判所が EU 基本条約の「解釈及び適用において法の遵守を確保する」と規定されている．それは，EU 法秩序の自律性を確保するため，EU 司法裁判所が EU 法について究極的な拘束力を有する解釈および適用を行う管轄権を有することを意味する．他方，欧州人権裁判所が欧州人権条約に照らして EU の「法令行為」(Rechtsakte)(第 3 章第 1 節 2, 第 5 章第 6 節 1)を審査することにより，EU 司法裁判所の管轄権が侵害される可能性が指摘される*133．

　しかし，EU 司法裁判所から「最終的な決定権」(das „letzte Wort")が奪われることはない*134．EU 司法裁判所のみが自らに係属する訴訟に対して責任を負う一方，欧州人権裁判所は EU の「法令行為」を「破棄する権限」(Verwerfungskompetenz)を有しない*135．欧州憲法条約起草のさいの諮問会議におけ

る第Ⅱ作業部会最終報告書によれば,「欧州人権裁判所は上級裁判所ではなく,むしろ欧州人権条約加入から生じる連合の国際法的義務に対し外部的コントロールを行使する専門裁判所とみなされうる」*136. それゆえ,「法の遵守」を確保するEU司法裁判所の管轄が侵害されることはない*137.

次に,欧州人権条約第33条によれば,締約当事者は他の締約当事者による欧州人権条約違反を理由に欧州人権裁判所に提訴することができる. 加入協定草案によれば, EUの加入により,すべての締約国がEUに対し,また,EUが締約国に対し,欧州人権裁判所に提訴することが可能となる. 欧州人権条約締約国たるEU加盟国がEUの措置の審査を欧州人権裁判所に申し立てることも可能である*138. 他方,EU機能条約第344条には,「加盟国は,両条約[注─EU条約及びEU機能条約]の解釈又は適用に関する紛争を,両条約に規定される以外の解決方法に委ねないことを約束する」と規定されている. 加入協定説明報告書草案は,とくにEU機能条約第344条を挙げて,「加入協定により規律されていない問題は, EU加盟国間又はEUと加盟国の一つとの間におけるEU法の争点を含む締約当事者間の[欧州人権]裁判所への申立を, EU法が許容するのか否かという点である」と述べている*139.

しかし,前掲第6条2項議定書第3条によれば,加入協定の「いずれの規定も,欧州連合機能条約第344条に影響を及ぼしてはならない」とされている. また, EU加盟国が他の加盟国またはEUを欧州人権裁判所に提訴するためには, EU内の救済を尽くすことが前提となる(欧州人権条約第35条1項)*140. それは, EU基本条約に規定されている手続に基づき,まず加盟国またはコミッションが義務不履行訴訟や取消訴訟(EU機能条約第259, 263条)(第4章第4, 5節)によりEU司法裁判所に訴えを提起しなければならないことを意味する. それにより,加盟国間および加盟国とEUとの間の紛争は解決されるので,欧州人権条約第33条に基づく欧州人権裁判所への提訴は必要ないことになる*141. このようにして, EU機能条約第344条は維持される*142.

ただし,その点は,締約当事者が他の締約当事者を個人の基本権侵害の理由で提訴する場合にのみ適用され*143, 提訴が具体的な個人の状況というよりむしろ特定の立法に関わるような場合には適用されない*144. このような場合には, EU内の救済を尽くすことは前提とされない*145. しかし,いずれにせよ,

EU 機能条約第344条は，EU 法秩序の自律性を確保するための EU 司法裁判所の排他的管轄を確認するものである*146．EU 法秩序において欧州人権条約および加入協定より上位にある EU 第一次法としての EU 条約第344条および前掲第6条2項議定書第3条により，欧州人権条約第33条に基づく提訴はEU 法上想定されない*147．

　第2に，EU 法と EU が締結した国際協定としての欧州人権条約との間に抵触が生じる可能性として，具体的な事案における EU および欧州人権条約の各基本権秩序の相互関係により*148，EU 法秩序内では基本権憲章および法の一般原則が欧州人権条約に優越する一方で*149，欧州人権条約が EU に対して国際法上の義務として拘束力を有するということから，両者が抵触する状況が想定されうる*150．これは，EU 法および欧州人権条約からそれぞれ管轄権行使についての誠実協力原則（TEU4(3)）*151（第6章第2節1）を導き出すことにより回避することができるとする見解がある*152．それは，EU 司法裁判所が EU 法上の基本権の解釈を可能な限り欧州人権裁判所の解釈に合わせる（EU 基本権憲章第52条3項，第53条）一方，欧州人権裁判所も「評価の余地」(the margin of appreciation)理論*153 を通じて EU 法秩序に配慮することを意味する*154．これは，すでに両裁判所が行っていることであると指摘されているところである*155．両裁判所は今後も，階層関係ではなく，協力関係にあるとされる*156．

　(3) 第6条2項議定書と「共同被告」制度

　前掲第6条2項議定書は，加入協定が「連合及び連合法に固有の特徴を維持する」ことを義務づけている（第1条）．また，加入により EU の権限や諸機関の職務権限に影響を及ぼしてはならない（同第2条，EU 条約第6条2項）．この点で問題となるのは，司法裁判所の前掲欧州人権条約（ECHR）加入意見および欧州経済領域（EEA）協定草案意見（1991年）*157（序章第2節2）で示された EU 法秩序の自律性の維持という点である*158．それは，第1に EU と加盟国の間の権限配分は EU 司法裁判所によってのみ評価されうるということ，また，第2に（本節3(2)に関連するが）EU 司法裁判所は EU 法の解釈および適用に関して排他的な管轄を有するということを意味する*159．

　第1の点に対応するため，加入協定草案第3条では，「共同被告」制度（Co-respondent mechanism）が導入されている*160．それは，（イ）申立が EU 加盟

国に対するものであって，EU法規定(第二次法)の欧州人権条約との適合性が争点となっていると思われる場合(とくにEU第二次法に基づく義務を無視すれば欧州人権条約の違反が避けられたような場合であって，たとえば「規則」が国内レベルの実施に関して加盟国に裁量の余地を残していないとき)，EUは共同被告となることができる．これは，前掲 Bosphorus v Ireland 事件(本章第1節3(2))のような状況を想定している．また，(ロ)申立がEUに対するものであって，EU基本条約等の規定(第一次法)の欧州人権条約との適合性が争点となっていると思われる場合(とくにEU第一次法に基づく義務を無視すれば欧州人権条約の違反が避けられたような場合)，EU加盟国は共同被告となることができる．これは，前掲 Matthews 事件(本章第1節3(2))のような状況を想定している．申立がEUおよび加盟国の双方に向けられている場合，上述の2つの基準に応じて，いずれかが共同被告に変更されることができる[*161]．なお，申立の受理可能性は共同被告については審理されない．しかし，共同被告は当該事件の完全な当事者であり，原則として判決に拘束される[*162]．

　加入協定説明報告書草案によれば，EU諸機関により採択された行為は加盟国により実施されること，また，加盟国により合意されたEU基本条約の規定はEU諸機関または補助機関により実施されることが，EU法制度に「固有の特徴」である．そのため，被告および共同被告は欧州人権条約の違反に対して通常は共同で責任を負うものとされる．そのようにすることにより，欧州人権裁判所はEUと加盟国との間の権限配分について判断することを避けることができる(EU司法裁判所がそれを判断する)．他方，欧州人権裁判所は，EU側の被告および共同被告が挙げる理由に照らし，かつ，原告の見解を求めた後，当該違反がそのいずれの責任であるかを宣言することができる[*163]．

　次に，EU法秩序の自律性の維持に関する第2の側面であるEU司法裁判所の排他的管轄の問題については，加入協定説明報告書草案によれば，EU加盟国に対する個人の申立においてEUが共同被告となる事案でEU司法裁判所が先に関与することが必要とされる．個人はまず，国内裁判所において「国内的救済」を尽くさなければならない(欧州人権条約第35条1項)．しかし，EUの行為またはEU法が関わるにもかかわらず，EU法の解釈または効力に関して司法裁判所に常に先決付託(TFEU267)がなされるとは限らない(つまり，司法裁

判所が欧州人権裁判所より先に当該事案に関与することが保障されない). そのため, 先決付託手続を欧州人権条約上の「国内的救済」の一部とみなすことはできないという問題が存在する*164.

先決付託手続では国内裁判所の当事者は司法裁判所への付託を主張することができるにとどまるため, 欧州人権裁判所が司法裁判所の事前の関与なしにEUの行為の欧州人権条約との適合性について判断するよう求められる可能性がある. そのため, 加入協定草案第3条6項において, EUが共同被告となる事件では, EU司法裁判所はEU法規定(第二次法)の欧州人権条約との適合性についてまだ判断を示していない場合, そのような判断を示すために(不当な遅延とならない範囲で)十分な時間を与えられることが規定されている*165. この点に対応して, EU内部の手続が整備される必要がある*166.

なお, 共通外交・安全保障政策(CFSP)におけるEUの行動(たとえば危機管理作戦)はEU司法裁判所の管轄から原則として除外されている(TFEU275). しかし, 欧州人権条約上はCFSPも, EUの責任として欧州人権裁判所のコントロールの下に置かれる*167. その点は, 加入協定草案第1条4項および第3条2項(共同被告)において前提とされている*168. そのため, この分野においては, 通常, EU司法裁判所の事前の関与を確保することはできないように思われる*169.

最後に, EUの欧州人権条約加入により共同被告およびEU司法裁判所の事前の関与が制度化されるならば, EUについては「同等の保護」理論はもはや適用されなくなると考えられる*170.

なお, 2014年12月18日, 司法裁判所は, EUの欧州人権条約加入がEU法の固有の特徴および自律性に反するおそれがあるなどの理由で, 加入協定草案がEU条約第6条2項および同議定書に適合しないとの判断を示した(Opinion 2/13, of 18 December 2014, EU: C: 2014: 2454). その結果, 現在でもEUの欧州人権条約加入は実現されていない. 他方で, 欧州人権条約の第16議定書の2018年8月1日発効により, 締約国の最高裁判所が係争中の事件につき, 人権条約上の権利の解釈適用に関する原則問題で勧告的意見(法的拘束力なし)を欧州人権裁判所に求めることが可能となった. これはEU司法裁判所の先決付託手続と重複するおそれがあるため, 加入問題の解決が一層望まれている*171.

リーディング・リスト

庄司克宏「欧州人権条約をめぐるEC裁判所の「ガイドライン」方式――EC委員会の「加入」方式との比較」『日本EC学会年報』第5号，1985年

庄司克宏「ECにおける基本権保護と欧州人権条約機構」『法学研究』(慶應義塾大学)第60巻6号，1987年

田村悦一著『EC行政法の展開』有斐閣，1987年

庄司克宏「ECにおける人権保護政策の展開」『国際政治』第94号，1990年

庄司克宏「EC裁判所における基本権(人権)保護の展開」『国際法外交雑誌』第92巻3号，1993年

庄司克宏「国連人権システムの現状と役割に関する一考察――欧州人権条約およびECとの関係」『国際政治』第103号，1993年

庄司克宏「欧州共同体における基本権の保護――「人権共同宣言」の採択」，石川明編『EC統合の法的側面』成文堂，1993年所収

鈴木秀美「EU法と欧州人権条約」『比較憲法学研究』第11号，1999年

庄司克宏「欧州人権裁判所とEU法(1)(2)」『横浜国際経済法学』第8巻3号，2000年，第9巻1号，2001年

伊藤洋一「EU基本権憲章の背景と意義」『法律時報』第74巻4号，2002年

庄司克宏「欧州人権裁判所の「同等の保護」理論とEU法」『慶應法学』第6号，2006年

山本直「EU基本権憲章における「解説文」の作成と意義」『公益学研究』第9巻1号，2009年

パトリック・ドラ(井上武史訳)「ヨーロッパにおける基本権の保護――EUの欧州人権条約への加盟」『岡山大学法学会雑誌』第60巻第1号，2010年

福王守「リスボン条約を通じたEUの欧州人権条約加入への課題――国際機構に対する民主的統制と国内公法原則の援用問題を中心に」『駒沢女子大学研究紀要』第17号，2010年

庄司克宏「EU基本権憲章の適用に関する議定書の解釈をめぐる序論的考察――イギリス，ポーランドおよびチェコ」『慶應法学』第19号，2011年

加藤紘捷「EU法の現在――リスボン条約とEU基本権憲章」『法学紀要』(日本大学)第53巻，2011年

庄司克宏「EU条約・EU機能条約コンメンタール第10～12回　EU条約第6条と基本的人権の保護――法の一般原則，欧州人権条約およびEU基本権憲章(上)(中)(下)」『貿易と関税』第60巻11号，2012年，第61巻1，4号，2013年

注

*1　Case 1/58 *Stork* [1959] ECR 17 at 24; Cases 36-38, 40/59 *Nold I* [1960] ECR 423 at 437.
*2　Gerhard Bebr, *Development of Judicial Control of the European Communities*, Martinus Nijhoff Publishers, 1981, p. 649, 650.
*3　Case 26/62 *Van Gend en Loos* [1963] ECR 1; Case 6/64 *Costa v ENEL* [1964] ECR 585.
*4　P. Pescatore, "The Protection of Human Rights in the European Communities", *Common Market Law Review*, Vol. 9, No. 1, 1972, pp. 73-79 at 75.
*5　Case 29/69 *Stauder* [1969] ECR 419, para. 7.
*6　Case C-101/08 *Audiolux* [2009] ECR I-9823, para. 63.
*7　Case 11/70 *Internationale Handelsgesellschaft* [1970] ECR 1125, para. 4（大藤紀子評釈『EU 法基本判例集』131 頁）.
*8　Case II/2 E 228/69 [1972] CMLR, Part 55, p. 181, 182, 185.
*9　Case 4/73 *Nold* [1974] ECR 491, para. 13.
*10　Case 36/75 *Rutili* [1975] ECR 1219, para. 32.
*11　EU 司法裁判所が判決の中で引用した国際人権条約として，欧州社会憲章，自由権規約，児童の権利条約，国際労働機関の関連条約などがある．
*12　Cases 46/87 & 227/88 *Hoechst* [1989] ECR 2859, para. 13.
*13　Case C-13/94 *P v S* [1996] ECR I-2143, para. 16. Bruno De Witte, "The Use of the ECHR and Convention Case Law by the European Court of Justice" in Patricia Popelier, Catherine Van de Heyning and Piet Van Nuffel(eds.), *Human Rights Protection in the European Legal Order*, Intersentia, 2011, pp. 17-34 at 24.
*14　Case C-199/92 P *Hüls* [1999] ECR I-4287, paras. 149, 150.
*15　Case T-351/03 *Schneider Electric* [2007] ECR II-2237, para. 181.
*16　Koen Lenaerts and Jose A. Gutiérrez-Fons, "The Constitutional Allocation of Powers and General Principles of EU law", *Common Market Law Review*, Vol. 47, No. 6, 2010, pp. 1629-1669 at 1639(note 51).
*17　*Ibid.*, p. 1639.
*18　Case 5/88 *Wachauf* [1989] ECR 2609, para. 19; Cases C-20 & 64/00 *Booker Aquaculture* [2003] ECR I-7411, para. 88.
*19　Case C-260/89 *ERT* [1991] ECR I-2925, para. 42.
*20　庄司克宏「EC 裁判所における基本権（人権）保護の展開」『国際法外交雑誌』第 92 巻 3 号，1993 年（33-63）42-52 頁．

*21 Case 12/86 *Demirel* [1987] ECR 3719, para. 28; Case C-144/95 *Maurin* [1996] ECR I-2909, paras. 8-13.
*22 Case C-309/96 *Annibaldi* [1997] ECR I-7493, paras. 13, 21.
*23 Case C-299/95 *Kremzow* [1997] ECR I-2629, paras. 15-18. Allard Knook, The Court, the Charter, and the Vertical Division of Powers in the European Union", *Common Market Law Review*, Vol. 42, No. 2, 2005, pp. 367-398 at 380. 庄司克宏「EU 域内市場における自由移動，基本権保護と加盟国の規制権限」，田中俊郎・小久保康之・鶴岡路人編『EU の国際政治』慶應義塾大学出版会，2007 年所収(163-180 頁) 168-170 頁.
*24 Case 2 BvL 52/71 [1974] 2 CMLR, p. 540 at 551. Rainer Arnold, "Germany: The Federal Constitutional Court of Germany in the Context of the European Integration" in Patricia Popelier, Catherine Van de Heyning and Piet Van Nuffel (eds.), op. cit. *supra* note 13, pp. 237-259 at 248, 249.
*25 Joint Declaration by the European Parliament, the Council and the Commission [1977] OJ C 103/1. 庄司克宏「欧州共同体における基本権の保護──「人権共同宣言」の採択」，石川明編『EC 統合の法的側面』成文堂，1993 年所収(201-229 頁).
*26 Case 2 BvL 197/83 [1987] 3 CMLR, p. 225 at 259-265.
*27 庄司克宏「EC における基本権保護と欧州人権条約機構」『法学研究』(慶應義塾大学)第 60 巻 6 号，1987 年(42-70) 44, 45 頁，注(2)〜(4)，同「EC 裁判所における基本権(人権)保護の展開」前掲注 20, 52-54 頁.
*28 1950 年 11 月 4 日署名開放，1953 年 9 月 3 日発効.
*29 1998 年 11 月 1 日より，欧州人権条約第 11 議定書に基づき，欧州人権委員会(欧州人権裁判所の審理に先立って，個人の申立の受理可能性に関する決定および和解斡旋を行う)と同人権裁判所という二層構造が廃止されて，単一構造の欧州人権裁判所(個人の申立の受理可能性に関する決定および和解斡旋も行う)が設置されている.
*30 Application No. 8030/77, *CFDT v. the European Communities and their Member States*, Decision of 10 July 1978.
*31 Application No. 235/56, *X v. Germany*, Decision of 10 June 1958, 2 Yearbook of European Convention of Human Rights, p. 256 at 300.
*32 Application No. 13258/87, *M. v. Germany*, Decision of 9 February 1990, D. R., Vol. 64, 1990, p. 138 at 144.
*33 *Ibid*., p. 145, 146.
*34 *Ibid*.
*35 庄司克宏「ヨーロッパ議会選挙権とヨーロッパ人権条約：マシューズ判決」，戸波江二・北村泰三・建石真公子・小畑郁・江島晶子編『ヨーロッパ人権裁判所の判例』信山社，2008 年所収(66-72 頁).
*36 Application No. 24833/94, *Matthews v. UK*, Judgment of 18 February 1999 (1999) 28 E. H. R. R. 361, paras. 7-19.
*37 欧州人権条約締約国は，自己の管轄内のすべての者に同条約に定める権利および自由を

確保する義務を負っている.
* 38 *Matthews v. UK*, cited *supra* note 36, paras. 32, 33.
* 39 Paul De Hert and Fisnik Korenica, "The Doctrine of Equivalent Protection: Its Life and Legitimacy Before and After the European Union's Accession to the European Convention on Human Rights", *German Law Journal*, Vol. 13, No. 7, 2012, pp. 874-895 at 883.
* 40 庄司克宏「欧州人権裁判所の「同等の保護」理論とEU法」『慶應法学』第6号, 2006年(285-302頁), 須網隆夫「旧ユーゴ連邦に対する制裁決議を実施するEC規則に基づくユーゴ航空所有機の没収:ボスポラス判決」『ヨーロッパ人権裁判所の判例』前掲注35所収(59-65頁).
* 41 Application No. 45036/98, *Bosphorus v. Ireland*, Judgment of 30 June 2005(2006)42 E. H. R. R. 1, para. 155.
* 42 *Ibid.*, para. 156.
* 43 *Ibid.*, paras. 158-166.
* 44 Application No. 73250/01, *Boivin v. 34 State Members of the Council of Europe Decision*, Decision of 9 September 2008. Application No. 71412/01, *Behrami and Behrami v. France* and Application No. 78166/01, *Saramati v. France, Germany and Norway*, Decision of 2 May 2007.
* 45 Requête no. 73274/01, *Connolly c. 15 Etats Membres de l'Union Européenne*, Décision du 9 Décembre 2008. Catherine Van de Heyning and Rick Lawson, "The EU as a Party to the European Convention of Human Rights" in Patricia Popelier, Catherine Van de Heyning and Piet Van Nuffel(eds.), op. cit. *supra* note 13, pp. 35-64 at p. 53.
* 46 *Ibid.*, p. 54.
* 47 EU法の範囲内にある加盟国の行為については, その性質上加盟国の責任として審査される. また, EU法の範囲外にある加盟国の行為は加盟国の責任として審査される. Application No. 30696/09, *MSS v. Belgium and Greece*, Judgment of 21 January 2011, para. 340.
* 48 庄司克宏「ECにおける基本権保護と欧州人権条約機構」前掲注27, 53-56頁, 同「EC裁判所における基本権(人権)保護の展開」前掲注20, 54-61頁, 同「欧州人権裁判所とEU法(1)(2)」『横浜国際経済法学』第8巻3号(99-114頁), 第9巻1号(49-65頁), 2000年, 同「欧州人権裁判所の「同等の保護」理論とEU法」前掲注40, 285-302頁参照.
* 49 Opinion of AG Maduro delivered on 16 January 2008 in Cases C-402 & 415/05 P *Kadi* [2008] ECR I-6351, para. 54.
* 50 Daniel Halberstam and Eric Stein, "The United Nations, the European Union, and the King of Sweden: Economic sanctions and individual rights in a plural world order", *Common Market Law Review*, Vol. 46, No. 1, 2009, pp. 13-72 at 58-61.
* 51 Cases C-402 & 415/05 P *Kadi* [2008] ECR I-6351, paras. 321-325(中村民雄評釈『EU法基本判例集』367頁).
* 52 Daniel Halberstam and Eric Stein, op. cit. *supra* note 50, p. 60, 63, 64.
* 53 *Kadi*, cited *supra* note 51, para. 326.

*54 *Ibid.*, paras. 370-376.
*55 Allan Rosas and Lorna Armati, *EU Constitutional Law : An Introduction*, Hart Publishing, 2010, p. 42, 43.
*56 Armin Von Bogdandy, Matthias Kottmann, Carlino Antpohler, Johanna Dickschen, Simon Hentrei and Maja Smrkolj, "Reverse Solange-Protecting the essence of fundamental rights against EU Member States", *Common Market Law Review*, Vol. 49. No. 2, 2012, pp. 489-519 at 508.
*57 *Ibid.*, p. 508, 509, 513.
*58 *Ibid.*, p. 509.
*59 Bruno De Witte, op. cit. *supra* note 13, p. 21, 22.
*60 Case C-105/03 *Pupino* [2005] ECR I-5285, para. 58.
*61 Case C-465/07 *Elgafaji* [2009] ECR I-921, para. 28.
*62 Jean Paul Jacqué, "The accession of the European Union to the European Convention on Human Rights and Fundamental Freedoms", *Common Market Law Review*, Vol. 48, No. 4, 2011, pp. 995-1023 at 1000.
*63 Case C-571/10 *Kamberaj*, judgment of 24 April 2012, nyr, paras. 62, 63.
*64 Koen Lenaerts and Jose A. Gutiérrez-Fons, op. cit. *supra* note 16, p. 1654; Clemens Ladenburger, "Institutional Report", Session on "Protection of Fundamental Rights post-Lisbon-The interaction between the Charter of Fundamental Rights, the European Convention of Human Rights and National Constitutions", *FIDE* 2012, p. 26.
*65 Opinion of AG Kokott delivered on 29 April 2010 in Case C-550/07 P *Akzo Nobel Chemicals and Akcros Chemicals v Commission* [2010] ECR I-8301, para. 94, 95.
*66 Bruno De Witte, op. cit. *supra* note 13, p. 33.
*67 François-Xavier Priollaud et David Siritzky, *Le traité de Lisbonne : Texte et commentaires*, La Documentation française, 2008, p. 48.
*68 Christian Calliess und Matthias Ruffert(Hrsg.), *EUV/AEUV: Das Verfassungsrecht der Europäischen Union mit Europäicher Grundrechtecharta Kommentar*(4. Auflage), Verlag C. H. Beck, 2011, S. 148.
*69 Clemens Ladenburger, op. cit. *supra* note 64, p. 28.
*70 Koen Lenaerts and Jose A. Gutiérrez-Fons, op. cit. *supra* note 16, p. 1655. 1656.
*71 庄司克宏「EU基本権憲章(草案)に関する序論的考察」『横浜国際経済法学』第9巻2号, 2000年(1-23頁).
*72 Case C-540/03 *Parliament v Council* [2006] ECR I-5769, para. 38; Opinion of AG Poiares Maduro delivered on 14 December 2006 in Case C-305/05 *Ordre des barreaux* [2007] ECR I-5305, para. 48.
*73 Christian Calliess und Matthias Ruffert(Hrsg.), op. cit. *supra* note 68, S. 146.
*74 Koen Lenaerts, "Exploring the Limits of the EU Charter of Fundamental Rights", *European Constitutional Law Review*, Vol. 8, No. 3, 2012, pp. 375-403 at 401, 402.

*75　Koen Lenaerts and Jose A. Gutiérrez-Fons, op. cit. *supra* note 16, p. 1656.
*76　*Ibid.*
*77　Case C-141/11 *Hörnfeldt*, judgment of 5 July 2012, nyr, para. 37.
*78　Koen Lenaerts and Jose A. Gutiérrez-Fons, op. cit. *supra* note 16, p. 1656.
*79　Cases C-92 and C-93/09 *Volker* [2010] ECR I-11063, paras. 45-92.
*80　Koen Lenaerts and Jose A. Gutiérrez-Fons, op. cit. *supra* note 16, p. 1656.
*81　Directive 2003/88 [2003] OJ L 299/9.
*82　Case C-155/10 *Williams*, judgment 15 September 2011, nyr, paras. 17, 18.
*83　「欧州連合基本権憲章に関する宣言(第1号)」にも同一の文言が繰り返されている．
*84　Koen Lenaerts and Jose A. Gutiérrez-Fons, op. cit. *supra* note 16, p. 1656, 1657.
*85　「諸機関」はEU条約第13条1項に列挙されている．「団体，事務所及び庁」とは，「基本権憲章註釈集」によれば，「諸機関」を除き，条約規定または第二次法(EU立法)により設立された機関の総称である．Explanations relating to the Charter of Fundamental Rights [2007] OJ C 303/17, p. 32.
*86　Koen Lenaerts and Jose A. Gutiérrez-Fons, op. cit. *supra* note 16, p. 1639, foot note 51.
*87　*Ibid.*, p. 1639. Koen Lenaerts, op. cit. *supra* note 74, pp. 376-387.
*88　Explanations relating to CFR, cited *supra* note 85, p. 32. 司法裁判所によれば(Case C-279/09 *DEB* [2010] ECR I-13849, paras. 30, 59-62)，基本権憲章第47条に定める実効的な司法的保護は，EU法の「実効性」を妨げ，そのようにして当該加盟国でのEU法の実施に関わる国内手続法(本書第8章)について適用される(Koen Lenaerts, op. cit. *supra* 74, p. 381, 382)．また，ERT事件判決に照らし，加盟国がEUの実体法から適用除外を受ける場合，そのような適用除外はEU法が課す条件を充たさなければならないため，「EU法を実施している」と言うことができる(*Ibid.*, pp. 383-386)．
*89　「国内立法が[EU]法の範囲内に当たる場合」，司法裁判所は，先決付託手続において，国内裁判所が当該立法の基本権との適合性を評価するのが可能となるために必要な解釈に関するあらゆる指針を与えなければならないとしている(Case C-309/96 *Annibaldi* [1997] ECR I-7493, para. 13)．なお，本件では，国内措置はEU法上の義務を実施するものではないとされ，基本権との適合性については審査されなかった(*Ibid.*, paras. 21-23)．本件につき，Koen Lenaerts, op. cit. *supra* note 74, p. 386, 387 参照．
*90　Koen Lenaerts and Jose A. Gutiérrez-Fons, op. cit. *supra* note 16, p. 1657; Clemens Ladenburger, op. cit. *supra* note 65, pp. 14-21.
*91　Directive 2000/78 [2000] OJ L 303/16.
*92　Case C-427/06 *Bartsch* [2008] ECR I-7245, paras. 14-25.
*93　Editorial Comments, "The scope of application of the general principles of Union law: An ever expanding Union?", *Common Market Law Review*, Vol. 47, No. 6, 2010, pp. 1589-1596 at 1592.
*94　Case C-555/07 *Kücükdeveci* [2010] ECR I-365, paras. 22-27.
*95　Editorial Comments, op. cit. *supra* note 93, pp. 1592-1596.

*96　Koen Lenaerts and Jose A. Gutiérrez-Fons, op. cit. *supra* note 16, pp. 1657-1660; Sara Iglesias Sánchez, "The Court and the Charter: The impact of the entry into force of the Lisbon Treaty on the ECJ's approach to fundamental rights", *Common Market Law Review*, Vol. 49, No. 5, 2012, pp. 1565-1611 at 1597-1599.
*97　庄司克宏「EU基本権憲章の適用に関する議定書の解釈をめぐる序論的考察──イギリス，ポーランドおよびチェコ」『慶應法学』第19号，2011年(317-330頁).
*98　Cases C-411/10 *NS* and C-493/10 *ME*, judgment of 21 December 2011, nyr, paras. 119, 120.
*99　Steve Peers, "The 'Opt-out' that Fell to Earth: The British and Polish Protocol Concerning the EU Charter of Fundamental Rights", *Human Rights Law Review*, Vol. 12, No. 2, 2012, pp. 375-389 at 378-380. Catherine Barnard, "The 'Opt-Out' for the UK and Poland from the Charter of Fundamental Rights: Triumph of Rhetoric over Reality?" in Stefan Griller and Jacques Ziller(eds.), *The Lisbon Treaty: EU Constitutionalism without a Constitutional Treaty?*, Springer-Verlag, 2008, pp. 257-283 at 267.
*100　Rudolf Geiger, Daniel-Erasmus Kahn und Markus Kotzur, *EUV/AEUV Kommentar*, Verlag C. H. Beck, 2010, S. 42.
*101　Explanations relating to CFR, cited *supra* note 85, p. 35. 憲章第51条1項参照.
*102　Clemens Ladenburger, op. cit. *supra* note 64, pp. 31-33.
*103　Koen Lenaerts, op. cit. *supra* note 74, p. 400, 401.
*104　*NS* and *ME*, cited *supra* note 98, para. 121.
*105　Opinion of AG Trstenjak delivered on 22 September 2011 in Case C-411/10 *NS*, judgment of 21 December 2011, nyr, para. 172.
*106　*Ibid.*, para. 171.
*107　*Ibid.*, para. 173.
*108　*Ibid*.
*109　Steve Peers, op. cit. *supra* note 99, p. 380, 381.
*110　Opinion of AG Trstenjak in *NS*, cited *supra* note 105, paras. 175, 176.
*111　Steve Peers, op. cit. *supra* note 99, p. 381, 382; Jean-Claude Piris, *The Lisbon Treaty: A Legal and Political Analysis*, Cambridge University Press, 2010, p. 162; Ingolf Pernice, "The Treaty of Lisbon and Fundamental Rights" in Stefan Griller and Jacques Ziller(eds.), op. cit. *supra* note 99, pp. 235-256 at 248.
*112　Jean-Claude Piris, op. cit. *supra* note 111, p. 162.
*113　Alan Dashwood, "The paper tiger that is no threat to Britain's fundamental rights", *Parliamentary Brief*, 10 March 2008.
*114　Catherine Barnard, op. cit. *supra* note 99, p. 276. 議定書第30号には留保や適用除外はまったくないとする立場も存在する(Ingolf Pernice, op. cit. *supra* note 111, p. 248).
*115　House of Lords European Union Committee, "The Treaty of Lisbon: an impact assessment", 10th Report of Session 2007-08, Volume I, *HL Paper* 62, para. 5.103(b).

*116　*Ibid.*, para. 5. 87.
*117　Presidency Conclusions, European Council, 29/30 October 2009, 15265/1/09 REV1 (1 December 2009), point 2 and Annex 1.
*118　European Parliament, Recommendation on the European Council's proposal not to convene a Convention for the addition of a Protocol on the application of the Charter of Fundamental Rights of the European Union to the Czech Republic, to the Treaty on European Union and the Treaty on the Functioning of the European Union, A7-0282/2012, 24. 9. 2012.
*119　European Council, Draft Protocol on the application of the Charter of Fundamental Rights of the European Union to the Czech Republic, EUCO 91/11, Brussels, 6 October 2011.
*120　Opinion 2/94 *Accession to ECHR* [1996] ECR I-1759, paras. 34-36 (中西優美子評釈『EU 法基本判例集』343 頁). 庄司克宏「EU 政府間会議と欧州人権条約加入問題」『外交時報』第1333号，1996年(80-92頁), 田尻泰之「EC 司法制度を欧州人権裁判所と関連させることを阻む要因——EC 裁判所鑑定 2／94 (共同体の欧州人権条約加盟に関する鑑定) をてがかりとして」『早稲田法学』第72巻4号，1997年(279-314頁).
*121　François-Xavier Priollaud et David Siritzky, op. cit. *supra* note 67, p. 46.
*122　*Ibid.*, p. 46.
*123　*Ibid.*, p. 45.
*124　緊急時における適用除外 (derogation) に関する規定.
*125　留保に関する規定. 一般的性格の留保は許されない.
*126　「加盟国は，両条約の解釈又は適用に関する紛争を，両条約に規定される以外の解決方法に委ねないことを約束する.」
*127　Final version of the draft legal instruments on the Accession of the European Union to the European Convention on Human Rights (19 July 2011), CDDH-UE (2011) 16.
*128　Report to the Committee of Ministers on the elaboration of legal instruments for the accession of the European Union to the European Convention on Human Rights, CDDH (2011) 009.
*129　Final report to the CDDH, 47+1 (2013) 008, Strasbourg, 5 April 2013.
*130　Jürgen Schwarze (Hrsg.), *EU-Kommentar* (3. Auflage), Nomos, 2012, S. 132, 133; Christian Calliess und Matthias Ruffert (Hrsg.), op. cit. *supra* note 68, S. 151.
*131　Jürgen Schwarze (Hrsg.), op. cit. *supra* note 130, S. 133.
*132　Christian Calliess und Matthias Ruffert (Hrsg.), op. cit. *supra* note 68, S. 152.
*133　Jürgen Schwarze (Hrsg.), op. cit. *supra* note 130, S. 133.
*134　*Ibid.*
*135　*Ibid.*; François-Xavier Priollaud et David Siritzky, op. cit. *supra* note 67, p. 47.
*136　"Final Report of Working Group II" in *Preparatory Working Documents for the European Convention*, the European Communities, 2004, pp. 189-2005 at 200.

*137　Jürgen Schwarze(Hrsg.), op. cit. *supra* note 130, S. 133; Christian Calliess und Matthias Ruffert(Hrsg.), op. cit. *supra* note 68, S. 152. なお，EU の欧州人権条約加入は，基本条約に定める「連合の権限に修正を加えるものではない」(EU 条約第 6 条 2 項)．また，第 6 条 2 項議定書第 2 条によれば，EU の欧州人権条約加入協定は「連合の権限及び諸機関の職務権限のいずれにも影響を及ぼさないことを保障しなければならない」が，「連合の権限」および「諸機関の職務権限」には，当然ながら EU 司法裁判所の権限も含まれる．

*138　Article 4, Draft Revised Agreement on the Accession of the European Union to the Convention for the Protection of Human Rights and Fundamental Freedoms, Annex I in Final report to the CDDH, cited *supra* note 129, p. 8. Draft Explanatory report to the Agreement on the Accession of the EU to the ECHR, Annex V in Final report to the CDDH, cited *supra* note 129, paras. 70, 71 at p. 27.

*139　*Ibid.*, para. 72 at p. 27.

*140　Jürgen Schwarze(Hrsg.), op. cit. *supra* note 130, S. 133.

*141　*Ibid.*

*142　*Ibid.*; Christian Calliess und Matthias Ruffert(Hrsg.), op. cit. *supra* note 68, S. 152.

*143　Application no. 5310/71, *Ireland v. the United Kingdom*, Judgment of 18 January 1978, Series A no. 25, para. 159.

*144　Application no. 8007/77, *Cyprus v. Turkey*(dec.), DR 13, p. 85, para. 28.

*145　"Key case-law issues: Exhaustion of Domestic Remedies"(http://www.echr.coe.int/).

*146　Opinion 1/91 *Draft EEA Agreement* [1991] ECR I-6079, para. 35.

*147　Tobias Lock, "EU Accession to the ECHR: Implications for Judicial Review in Strasbourg", *European Law Review*, Vol. 35, No. 6, pp. 777-798 at 795-797.

*148　Jürgen Schwarze(Hrsg.), op. cit. *supra* note 130, S. 133.

*149　ただし，欧州人権条約は，基本権に関する EU 法の一般原則の源であり(EU 条約第 6 条 3 項)，また，EU 基本権憲章では下限基準として参照される(第 52 条 3 項，第 53 条)．

*150　Jürgen Schwarze(Hrsg.), op. cit. *supra* note 130, S. 133.

*151　Jürgen Kühling, "Fundamental Rights" in Armin von Bogdandy and Jürgen Bast (eds.), Principles of European Constitutional Law(2nd ed.), Hart Publishing, 2010, pp. 479-514 at 491. 庄司克宏「EU 条約・EU 機能条約コンメンタール第 6 回　EU 条約第 4 条(上)」『貿易と関税』第 60 巻 2 号，2012 年(34-43)37-39 頁．

*152　Jürgen Schwarze(Hrsg.), op. cit. *supra* note 130, S. 133.

*153　Jürgen Kühling, op. cit. *supra* note 151, pp. 507-509. 門田孝「欧州人権条約と「評価の余地」の理論」，櫻井雅夫編集代表『EU 法・ヨーロッパ法の諸問題』信山社，2002 年所収(251-291 頁)．

*154　Jürgen Schwarze(Hrsg.), op. cit. *supra* note 130, S. 133.

*155　Bruno De Witte, op. cit. *supra* note 13, pp. 17-34; Catherine Van de Heyning and Rick Lawson, op. cit. *supra* note 45, pp. 35-64.

*156　François-Xavier Priollaud et David Siritzky, op. cit. *supra* note 67, p. 47.

* 157　*Draft EEA Agreement*, cited *supra* note 146.
* 158　Jean Paul Jacqué, op. cit. *supra* note 62, p. 1011-1016; Tobias Lock, "Walking on a tightrope: The draft ECHR accession agreement and the autonomy of the EU legal order", *Common Market Law Review*, Vo. 48, No. 4, 2011, pp. 1025-1054 at 1028-1033; Tobias Lock, op. cit. *supra* note 147, pp. 781-783.
* 159　*Draft EEA Agreement*, cited *supra* note 146, paras. 34, 35, 44-46.
* 160　Article 3, Draft Revised Agreement on the Accession of the EU to the ECHR, cited *supra* note 138, pp. 6-9.
* 161　Jean Paul Jacqué, op. cit. *supra* note 62, pp. 1012-1016; Tobias Lock, op. cit. *supra* note 158, pp. 1038-1045; Tobias Lock, op. cit. *supra* note 147, p. 785, 787.
* 162　Article 3 (1) b, Draft Revised Agreement on the Accession of the EU to the ECHR, cited *supra* note 138, p. 6, 7. Draft Explanatory report to the Agreement on the Accession of the EU to the ECHR, cited *supra* note 138, para. 45 at p. 23.
* 163　*Ibid.*, para. 62 at p. 25.
* 164　*Ibid.*, paras. 65-69 at p. 26, 27.
* 165　Article 3 (6), Draft Revised Agreement on the Accession of the EU to the ECHR, cited *supra* note 138, p. 7.
* 166　Jean Paul Jacqué, op. cit. *supra* note 62, pp. 1016-1022; Tobias Lock, op. cit. *supra* note 158, pp. 1045-1053; Tobias Lock, op. cit. *supra* note 147, pp. 787-795.
* 167　Jean Paul Jacqué, op. cit. *supra* note 62, p. 1006, note 35. The European Court of Human Rights (Grand Chamber), 2 May 2007, Decision on Application no. 71412/01, *Agim BEHRAMI and Bekir BEHRAMI v. France* and Application no. 78166/01, *Ruzhdi SARAMATI v. France, Germany and Norway*.
* 168　Article 1 (4) and Article 3 (2), Draft Revised Agreement on the Accession of the EU to the ECHR, cited *supra* note 138, p. 5, 7. Draft Explanatory report to the Agreement on the Accession of the EU to the ECHR, cited *supra* note 138, paras. 23-25 at p. 19.
* 169　Jean Paul Jacqué, op. cit. *supra* note 62, p. 1005, 1006.
* 170　Catherine Van de Heyning and Rick Lawson, op. cit. *supra* note 45, pp. 35-64 at 60; Tobias Lock, op. cit. *supra* note 147, p. 797, 798.
* 171　Andrew Duff, "EU Accession to the ECHR: What to Do Next" (verfassungsblog.de/eu-accession-to-the-echr-what-to-do-next-2/), 13 Mrz 2015.

第10章　条約改正および加盟

第1節　条約改正

1. 条約改正手続
基本条約の改正手続には，通常改正手続と簡易改正手続がある(TEU48(1))．
(1) 通常改正手続
　第1に，基本条約の改正(とくに EU の権限の増減に関するもの)を提案できるのは，加盟国政府，欧州議会またはコミッションである．改正提案の提出先は，理事会である．その改正提案は理事会から欧州理事会に提出される．それはまた各国議会に通告される(TEU48(2))．
　第2に，欧州理事会が，欧州議会およびコミッションに(ならびに通貨・金融分野における機構改革が関わるときは欧州中央銀行(ECB)にも)諮問した後，改正提案の検討に賛成する決定を単純多数決により採択する場合，欧州理事会常任議長は，各国議会，加盟国首脳，欧州議会およびコミッションの各代表で構成される起草会議(a Convention)を招集する．起草会議は改正提案の検討を行い，加盟国政府間会議(a conference of representatives of the governments of the Member States)への勧告をコンセンサスにより採択する．
　なお，起草会議の設置が，提案されている改正の幅により妥当ではないと判断される(改正幅が小さい)場合，欧州理事会は欧州議会の同意を得た後，単純多数決により起草会議を招集しない旨を決定することができる．この場合，欧州理事会は政府間会議への条約改正の付託範囲を定める(TEU48(3))．
　第3に，基本条約に対してなされる改正を共通の合意により決定するため，加盟国政府間会議が理事会議長国により招集される(TEU48(4))．このように，条約改正に関する最終的な決定権は，政府間会議にある．
　第4に，改正は各国の憲法上の要件に従い，すべての加盟国により批准された後，効力を発生する(TEU48(4))．すなわち，すべての加盟国が批准しない

第10章 条約改正および加盟　357

かぎり，改正条約は発効しない．しかし，改正条約の署名から2年後に加盟国の5分の4が批准したが，1またはそれ以上の加盟国が批准の続行において困難に直面している場合，その問題は欧州理事会に付託される(TEU48(5))．欧州理事会がその問題をどのように解決すべきかについては規定されていない．

　マーストリヒト条約(1992年2月7日署名)では，デンマークの国民投票で批准が否決された(92年6月2日)．同年12月11，12日にエディンバラ(イギリス)で開催された欧州理事会はデンマークのみに適用される特別規定を定め*1，マーストリヒト条約と同時に発効させることとした．その結果，1993年5月18日の第2回デンマーク国民投票で批准が承認され，1993年11月1日にマーストリヒト条約が発効した．また，ニース条約(2001年2月26日署名)はアイルランドが国民投票で批准を否決したが，第2回国民投票で承認された後，2003年2月1日に発効した．さらに，欧州憲法条約(2004年10月29日署名)ではフランスおよびオランダの各国民投票(2005年5月29日，6月1日)で批准が否決され，結局発効には至らなかった*2．

　現行の基本条約は，欧州憲法条約とほぼ同内容のリスボン条約(2007年12月13日署名)による改正に基づいているが，同条約の批准も難航した．まず，2008年6月12日のアイルランド国民投票による批准否決の後，同年12月11，12日の欧州理事会でコミッション定員の削減および輪番制導入の廃止が合意された*3．また，2009年6月18，19日の欧州理事会では妊娠中絶禁止，税制，軍事的中立などアイルランド国民の懸念に応えるための加盟国首脳決定が採択され，リスボン条約発効と同時に発効し，次の加盟条約締結時に議定書として基本条約に附属することとされた*4．また，チェコの批准の条件として，次期(クロアチア)加盟条約の締結時に，「欧州連合基本権憲章のポーランド及びイギリスへの適用に関する議定書第30号」がチェコに適用されることを定める議定書を基本条約に附属させることとされた*5．

　2009年10月2日にアイルランドでの再国民投票で批准が承認され，同年12月1日にリスボン条約が発効した．その後，通常改正手続による条約改正がすでに行われている．第1に，リスボン条約の発効が当初の予定より遅れ，旧規定に基づき2009～14年任期の欧州議会選挙が行われたことに対応して，欧州議会の構成に関する新たな経過規定を定めるため，「経過規定に関する議定書

第 36 号」(経過議定書)第 2 条を改正することを目的として条約改正が行われた.すなわち,欧州理事会が起草会議を招集しないことにつき欧州議会の同意を得たうえで,2010 年 6 月 17 日に政府間会議の招集を決定した後,同月 23 日にブリュッセルで常駐代表委員会(COREPER II レベル)(第 2 章第 3 節 2(3))により政府間会議が行われて経過議定書を改正する議定書が合意され,2011 年 12 月 1 日に発効した*6.

第 2 に,上述のアイルランドに関する条約改正においても,欧州理事会が起草会議を招集しないことにつき欧州議会の同意を得たうえで,2012 年 5 月 11 日に政府間会議の招集を決定した後,同月 16 日に政府間会議が開催された結果,「リスボン条約に係るアイルランド国民の懸念に関する議定書」が合意され,署名された.すべての加盟国により批准された後,2013 年 6 月 30 日に発効する予定である*7.なお,上述のチェコに関する条約改正については,2011 年 9 月 5 日チェコ政府から改正提案が提出された以降*8,進展が見られなかったが,2014 年に結局取り下げられた(第 9 章第 2 節 3(4)).

(2) 簡易改正手続

簡易改正手続は,2 種類存在する.

第 1 に,EU 機能条約の第三部にある「連合の政策および対内的行動」に関する規定を改正する場合であり,起草会議および政府間会議の開催を必要としない.ただし,EU の権限を増大させることはできない.加盟国政府,欧州議会またはコミッションが改正を提案することができる.それを受けて欧州理事会は欧州議会およびコミッションに(ならびに通貨・金融分野における機構改革が関わるときは欧州中央銀行(ECB)にも)諮問した後,全会一致により決定を行う.その決定は,全加盟国が各憲法上の要件に従って承認(批准)した後に発効する(TFEU48(6)).

この簡易改正手続は,ユーロ圏加盟国のみに適用される EU 機能条約第 136 条の改正を行うためにすでに使用されている.欧州理事会は,ベルギー政府の提案を受け,欧州議会,コミッションおよび欧州中央銀行の意見を得た後,全会一致により第 136 条に 3 項として,恒久的な金融支援枠組みである欧州安定メカニズム(EMS)の設立を可能とする規定を追加する「決定」を採択した.司法裁判所は Pringle 事件(2013 年)において,欧州理事会の「決定」は 2 つの

要件(EU 機能条約第三部のみに関わり,かつ,EU 権限の増大をもたらさないこと)を充たしていることを確認する先決判決を行った[9]. この「決定」は全加盟国で各憲法上の要件に従って批准され,2013 年 5 月 1 日発効した[10].

第 2 の簡易改正手続として,(イ)EU 条約第 V 編(軍事的含意を有する決定および防衛分野の決定を除く共通外交・安全保障政策(CFSP))および EU 機能条約において理事会の決定を全会一致から特定多数決に変更する場合,ならびに,(ロ)立法手続を特別立法手続から通常立法手続に変更する場合に使用される. これらは「一般的架橋(a general *passerelle*)」条項と呼ばれることがある[11]. この場合,起草会議および政府間会議の開催も各国批准手続も必要とされない. なお,一定の例外が存在する(TFEU353)[12]. 欧州理事会のその旨の発議が事前にすべての加盟国議会に通告され,6 カ月以内に反対がなければ,欧州議会の構成員の過半数による同意を得た後,欧州理事会は全会一致によりその旨の決定を採択することができる(1 カ国でも加盟国議会の反対があれば,欧州理事会は決定を採択することができない)(TFEU48(7)).

(3) その他の条約改正手続

上述の簡易改正手続のほかに,(首脳レベルの欧州理事会ではなく)閣僚レベルの理事会が,政府間会議の招集なしに全会一致により条約改正を行うことができる場合が 5 件存在する[13]. そのうち第 2 の場合(国際協定締結手続)を除き,特別立法手続(第 3 章第 1 節 6)が用いられる. ただし,いずれの場合も,全加盟国が各憲法上の要件に従って承認(批准)することが必要とされる.

第 1 に EU 市民権(TFEU20(2))の強化または追加を行う場合である(TFEU25-2). この場合,コミッションの提案に基づくこと(TEU17(2)),および,欧州議会の同意を要する. 第 2 に EU の欧州人権条約加入(TEU6(2))に関する決定を採択する場合である(TFEU218(8))(第 9 章第 3 節). 欧州議会の同意を要する(TFEU218(6)(a)). 第 3 に統一手続または全加盟国に共通の原則に従った欧州議会の直接普通選挙のための規定を定める場合である. この場合,欧州議会の提案および欧州議会の構成員の過半数による同意を必要とする(TFEU223(1)). 第 4 に欧州知的財産権に関する紛争の管轄権を EU 司法裁判所に付与する規定を採択する場合である. この場合,コミッションの提案に基づくこと(TEU17(2)),および,欧州議会への諮問が必要とされる(TFEU262). 第 5 に EU の固

有財源制度に関する規定を定める場合である．この場合，コミッションの提案に基づくこと(TEU17(2))，および，欧州議会への諮問が必要とされる(TFEU311-3)．

さらに，類似の手続として，EUが共同防衛に至る決定は，欧州理事会の全会一致および全加盟国による各憲法上の要件に従った採択(批准)を必要とする(TEU42-2)．

以上のほかに，(政府間会議の招集がないことに加えて)加盟国の批准なしに欧州理事会または理事会の全会一致により行われる改正もある(TEU31(3)(4)，TFEU81(3), 82(2)(d), 83(1), 86(4), 126(14), 127(6), 129(3), 153(2), 192(2), 252-1, 257-1, 281, 308-3, 333(1)(2), 355(6))[14]．なお，これには政策決定手続を変更する「部門別架橋(a sectoral *passerelle*)」条項と呼ばれるものが含まれている[15]．

2. 条約改正の限界

基本条約の改正について，手続的および実体的な限界が存在するか否かという問題が存在する．第1に，EU法上，基本条約の改正について手続的(改正の方法に関する)限界は存在するのだろうか．国際法上は，条約は一般に締約国間の合意があれば改正することができるとされている(ウィーン条約法条約第39条)．しかし，司法裁判所は，Defrenne事件(1976年)において，「特定の規定は別として，[基本]条約は[EU条約第48条]に従って実行される改正手続によってのみ改正することができる」と判示している[16]．そのため，EU機能条約第352条[17](第1章第2節6)，加盟国の共同決議[18]，第三国との間で加盟国が共同で締結した協定[19]等による基本条約の改正はできないとされている[20]．このように，基本条約の改正について，手続的限界がEU法上存在する．

第2に，EU法上，基本条約の改正について実体的(改正の内容に関する)限界は存在するのだろうか．これについても国際法上は，条約は一般に締約国間の合意があれば，強行規範(国際社会によりいかなる逸脱も許されないとして認められている規範)に反しない限り，どのような内容の改正も行うことができるとされている(ウィーン条約法条約第39, 53条)．しかし，司法裁判所は，欧

州経済領域(EEA)協定草案意見(1991年)(第9章第3節3(3))において,EEA協定(物・人・サービス・資本の自由移動および競争法に関するEU法をノルウェー,アイスランドおよびリヒテンシュタインに適用する協定)に当初規定されていた裁判所組織について,次のように判示した.

「EEC条約第238条は,EEC条約第164条,及び,さらに一般的には共同体のまさに基礎そのものに抵触する裁判所制度を設置するための根拠を提供するものではない.[*21]」(EEC条約第238条はEU条約第48条に,EEC条約第164条はEU条約第19条1項に,共同体はEUに,読み替える.)

このようにして司法裁判所は,EU条約第19条1項(他の裁判所ではなく,EU司法裁判所こそがEU基本条約の解釈および適用について法の遵守を確保する)(第4章第1節1,第2節1)およびEUの基礎そのものと抵触するとして,EEA協定が基本条約に違反するとしたのである.

司法裁判所が第三国との協定に否定的な意見を与えた場合,条約改正手続(TEU48)により基本条約の改正を行うならば,そのような協定は効力を生じることができる(TFEU218(11)).そこでコミッションは,EEA協定を締結する法的根拠であった(連合協定に関する)EEC条約第238条(TFEU217)を改正するならば,EEA協定に当初規定されていた裁判所組織を設置することは可能であるとの見解を明らかにしていた[*22].これに対し,司法裁判所は次のような判断を示した.

「同じ理由で,コミッションにより示されたように第238条を改正しても,当該協定により設置される裁判所制度の共同体法との不適合性を治癒し得ない.[*23]」(第238条はEU機能条約第217条に,共同体法はEU法に,読み替える.)

また,司法裁判所がEU法秩序の基礎そのものを成すEUの規範的価値(TEU2)(第5章第2節)からの逸脱は許容されないとしている点も[*24],EU基本条約の改正の限界を示すものとも言える[*25].さらに,加盟国は誠実協力原則(第6章第2節1)として「連合の目的の達成を危うくするおそれのあるいかなる措置もとってはならない」(TEU4(3)).以上の点から,基本条約の改正について,実体的な限界がEU法上存在すると考えられる.

3. 条約の終了

ECSC 条約は発効より50年を期限として締結された(ECSC 条約第97条)．その結果，ECSC 条約は2002年7月23日をもって失効し，同日以降 ECSC は廃止された．他方，EEC 条約および Euratom 条約は無期限で締結された(EEC 条約第240条，Euratom 条約第208条)．また，EEC 条約の改正を主目的とする単一欧州議定書(SEA)(序章第5節3(2))には期限に関する規定は置かれていない．さらに，欧州連合(EU)条約すなわちマーストリヒト条約，それを改正するアムステルダム条約，ニース条約およびリスボン条約(序章第5節3(3))もそれぞれ無期限で締結されている(マーストリヒト条約第Q条，アムステルダム条約第13条，ニース条約第11条，リスボン条約第3条)．

このように改正条約を含む EU 基本条約は無期限で締結されているため，EU 法として EU の終了は予定されていない．しかし，国際法の問題としては加盟国の全会一致の合意があれば，基本条約を終了させることは可能である[26](ウィーン条約法条約第54，56，59条)．

第2節　加　盟

1. 加盟条件

「第2条に掲げる価値を尊重し，かつ促進することを約束するすべてのヨーロッパ国家は連合の一員となることを申請することができる．」(TEU49-1)

これは EU 加盟の条件を2点示している．まず地理的条件として，ヨーロッパに位置する国家であることが必要である．ただし，ヨーロッパの地理的範囲について明確な基準は存在しない．1987年に理事会はモロッコによる加盟申請を却下したが，その一方でトルコは2005年10月3日より EU との間で加盟交渉を行っている．

また，実質的条件として，EU 条約第2条に示される規範的価値(第5章第2節)の尊重と促進が求められる．同条によれば，「連合は，人間の尊厳の尊重，自由，民主主義，平等，法の支配，及び，少数者に属する者の権利を含む人権の尊重という諸価値に基づいている」．加盟に関わる決定においては，「欧州理事会が合意した加盟適格基準」(TEU49-1)が考慮される．これは，1993年6月

にコペンハーゲンにおいて開催された欧州理事会で決定された「コペンハーゲン基準」を意味する*27. それによれば, 具体的な加盟基準は, 第1に政治的基準として, 民主主義, 法の支配, 人権および少数民族の尊重を保障する安定した制度を有することである. 第2に経済的基準として, 市場経済が機能していることである. 第3に法的基準として, 「既存EU法体系」すなわち「アキ・コミュノテール」(*acquis communautaire*)に則った法整備を行うことである(アキ・コミュノテールは, 現在では「EUアキ」(*Union acquis*)とも呼ばれる). それは, EU内ですべての加盟国を共に拘束する共通の権利および義務の総体をいう. その範囲は絶えず進展し, それからの後退は許されない. 具体的には, 以下の項目が含まれる.

(イ)基本条約に定められた内容, 原則および政治的目標

(ロ)基本条約を適用するさいに採択された立法およびEU司法裁判所の判例法

(ハ)EUにより採択された宣言および決議

(ニ)共通外交・安全保障政策(CFSP)に関連する措置

(ホ)司法・内務に関連する措置

(ヘ)EUにより締結された国際協定およびEUの活動分野で加盟国が相互に締結した国際協定*28

加盟候補国はEU加盟前に既存EU法体系を受諾し, EU法を自国の国内法の一部としなければならない. 既存EU法体系は交渉可能な事項ではなく, 加盟候補国は, いつ, どのようにそれらを採択し, 実施するかに関して合意することが求められる*29. 加盟に際して暫定的適用除外や経過措置が認められることがあるが, 司法裁判所のApostolides事件(2009年)判決によれば, 「新規加盟国の加盟議定書は, [EU]法の規定が最初から全面的に当該国家に適用されるという一般原則に本質的に基づいており, 適用除外は経過規定により明文で定められている限りにおいてのみ認められる」*30.

2. 加盟手続

EUへの加盟手続は以下のとおりである. 第1に, 加盟を希望するヨーロッパの国家から加盟申請が理事会に対してなされる. 欧州議会および各国議会は

その通知を受ける．第2に，理事会はコミッションに諮問を行い，また，欧州議会の構成員の過半数による同意を得た後，全会一致により決定を行う．第3に，そのさいに欧州理事会が合意した加盟適格基準が考慮される．第4に，加盟国と申請国との間で加盟条件および加盟に伴う基本条約の改正について政府間交渉が行われる．加盟条約および加盟議定書が合意されると，すべての加盟国および申請国により署名され，かつ批准されなければならない(TEU49)．

実行においては，加盟交渉はEU諸機関(理事会およびコミッション)と加盟申請国との間で行われる．理事会があらかじめ決定する共通の立場に基づき交渉し，一定の事項についてはコミッションが申請国と交渉する．加盟の条件および必要とされる基本条約上の調整は，EU加盟国と加盟申請国との間で加盟条約および加盟議定書として締結される．これらは締約国すべてによる批准の後，発効する[31]．加盟条約および加盟議定書はEU法の第一次法の一部となる[32]．

第3節　権利停止

1. 紛争解決手続

基本条約に基づき，ある加盟国が条約上の義務を果たしていない場合，コミッションまたは他の加盟国は司法裁判所に義務不履行訴訟を提起することができる．義務不履行を宣言する判決が出されたにもかかわらず，当該加盟国がそれに従わない場合，司法裁判所はコミッションの提訴に基づき制裁金を科すことができる(TFEU258-260)(第4章第4節3)．加盟国は特別協定[33]に基づいて基本条約に関連する問題をめぐる紛争の管轄を司法裁判所に付与することができる(TFEU273)．しかし加盟国は，基本条約の解釈または適用に関する紛争を，基本条約に規定される以外の解決方法に委ねることはできない(TFEU344)．このように司法裁判所は排他的管轄を付与されているので，Commission v Ireland事件(2006年)で判示されているように，加盟国は他の加盟国のEU法違反を国際裁判所に提訴することはできない[34](第9章第3節3(2))．

2. 権利停止手続

(1) 重大な違反の明白なおそれが存在する場合(予防メカニズム)

加盟国がEU条約第2条に掲げる規範的価値(第5章第2節)すなわち「人間の尊厳の尊重,自由,民主主義,平等,法の支配,及び,少数者に属する者の権利を含む人権の尊重」に対して重大な違反を行う明白なおそれが存在する場合,理事会は,当該加盟国に聴聞を行い,勧告を発することができる.その後,理事会は重大な違反の明確なリスクの存在について認定することができる.(当該加盟国を除く)加盟国の3分の1,欧州議会またはコミッションによる理由を付した提案に基づき,欧州議会の(投票数の3分の2以上かつ構成員の過半数による)同意を得た後,理事会は(当該加盟国を除く)構成員の5分の4の多数決により決定を行う.理事会は,そのような認定の根拠が継続しているか否かを定期的に検証する(TEU7(1),TFEU354).なお,367頁〔補足〕参照.

(2) 重大かつ継続的な違反が存在する場合(制裁メカニズム)

① 重大かつ継続的な違反の認定

加盟国によりEU条約第2条に掲げる規範的価値に対する重大かつ継続的な違反が存在する場合,欧州理事会は,当該加盟国に自己の見解を提出するよう求めた後,(当該加盟国を除く)加盟国の3分の1またはコミッションによる提案に基づき,欧州議会の(投票数の3分の2以上かつ構成員の過半数による)同意を得た後,(当該加盟国を除く)全会一致(棄権可)により,そのような違反の存在を認定することができる(TEU7(2),TFEU354).なお,この認定に先立って,重大な違反の明白なおそれの存在に関する認定(TEU7(1))が必要か否かについては,規定上明らかではない*35.

② 権利停止の内容に関する決定

重大かつ継続的な違反の存在が認定された場合,理事会は,当該加盟国への基本条約の適用から生じる一定の権利のうち停止の対象となるものを,(当該加盟国を除く)特定多数決(TFEU238(3)b)により決定することができる.それには,理事会における当該加盟国政府代表の投票権も含まれる(TFEU354-3,238(3)).その場合,理事会は,そのような権利停止が自然人および法人の権利義務にもたらしうる諸結果を考慮に入れる.なお,当該加盟国の基本条約上の義務はそのまま存続する(TEU7(3),TFEU354).

③ 権利停止の解除

権利停止の決定後，理事会は状況の変化に応じて，権利停止の措置の変更または取消を，（当該加盟国を除く）特定多数決(TFEU238(3)b)により決定することができる(TEU7(4)，TFEU354)．

(3) EU 司法裁判所の管轄

EU 司法裁判所は，EU 条約第 7 条に従って欧州理事会または理事会により採択された行為の適法性につき，同条の手続的規定に限り，その対象となった加盟国から 1 カ月以内に要請があれば，審査を行う管轄権を有する(第 7 条のその他の部分については管轄権を有しない)．その要請から 1 カ月以内に判決がなされる(TFEU269)．

第 4 節　除名および脱退

1. 除 名

EU が特定の加盟国を除名するための規定は，基本条約には存在しない．しかし，上述の権利停止が無期限に続く場合は事実上の除名となる可能性がある．なお，国際法上は一加盟国による重大な違反があった場合に，他の加盟国すべての合意があれば当該加盟国を除名する(当該加盟国との関係について条約を終了させる)ことができる(ウィーン条約法条約第 60 条 2 項)．

2. 脱 退

従来，加盟国が自己の意思で EU から脱退することについても，その旨の規定は基本条約には存在しなかった[*36]．他方，国際法上は EU から一方的に脱退することができるという解釈が可能であるとされていた(ウィーン条約法条約第 56 条，第 62 条)[*37]．しかし，リスボン条約による基本条約の改正で，現在では EU からの自発的脱退の規定が置かれている．その結果，加盟国は自国の憲法的要件に従って EU から脱退することを決定することができる(TEU50(1))．

脱退を決めた加盟国は，その意思を欧州理事会に通告する．欧州理事会が定める指針に照らして，EU は当該国と交渉を行う(交渉者は EU 機能条約第 218 条 3 項により決定される)．理事会は，欧州議会の同意を得た後，特定多数決

第10章　条約改正および加盟　367

により，EUを代表して協定を締結する．その協定には，EUとの将来的な関係のための枠組みを考慮に入れて，脱退に関する取り決めが定められる（TEU50(2)）（372頁の図表10-1参照）．たとえば，EU法に由来する権利義務が，どの程度まで脱退国の市民に引き続き適用されるかが合意される必要がある[*38]．

　脱退協定が発効した日に，基本条約は当該国に適用されなくなる．しかし，欧州理事会への通告から2年以内（欧州理事会が当該国との合意のうえ全会一致で延長することができる）に交渉がまとまらない場合には，一方的脱退が可能であり，基本条約の適用は停止される（TEU50(3)）[*39]．しかし，法的，経済的および政治的環境を考慮するならば，一方的脱退は事実上不可能に思われる[*40]．

　なお，以上の欧州理事会および理事会の審議および決定に当該国は参加しない（TEU50(4)）．脱退国がEUへの再加盟を希望する場合は，EU条約第49条の加盟手続（本章第2節2）に従う（TEU50(5)）[*41]．

　脱退協定の法的性格として，加盟条約とは異なり，（脱退希望国を含む）加盟国間で締結されるものではないため，EU第一次法（第5章第1節1）の一部とはならない．脱退協定は，基本条約を含む第一次法を修正することはできず，それ以外（第二次法等）を規律することができるにとどまる．その結果，残留する加盟国は脱退国に関わる関連規定をすべて廃棄するため，脱退協定の締結と同時に基本条約の改正を行う必要がある[*42]．

　2016年6月23日，イギリスでEU残留の是非を問う国民投票が実施された．その結果，EU脱退の方針が決まり，イギリスは2017年3月29日にEUに対して脱退通告を行った．それにより（遅くとも）2019年3月29日のイギリスEU脱退が決まった．脱退通告を受けてEUとイギリスの間で，2020年末までの移行期間を含む脱退協定の交渉が将来関係取り決めの予備協議と併せて行われている．将来関係取り決めの本交渉は2019年3月30日以降に行われる．

〔補足〕　2014年3月，コミッションは権利停止手続（および義務不履行訴訟）を補完するものとして「法の支配枠組」を導入し，加盟国の状況が法の支配に対するシステミックな脅威へと悪化するのを防ぐために当該加盟国と対話を行い，解決策を見出すこととしている．

リーディング・リスト

田中俊郎「欧州共同体加盟問題と英国の世論(1)(2)」『法学研究』(慶應義塾大学)第50巻10,11号, 1977年

吉武信彦「ECとグリーンランド——脱退問題の展開と帰結」『法学政治学論究』(慶應義塾大学)第2号, 1989年

庄司克宏「欧州審議会の拡大とその意義——ロシア加盟を中心に」『国際法外交雑誌』第95巻4号, 1996年

鈴木輝二「中東欧諸国のEU加盟準備過程」『日本EU学会年報』第18号, 1998年

八谷まち子「EUの「加盟基準」とトルコ」, 石川明編集代表『EU法の現状と発展』信山社, 2001年

中西優美子「欧州憲法条約における脱退条項」『国際法外交雑誌』第103巻4号, 2005年

東野篤子「EU統合と拡大」, 田中俊郎・庄司克宏編『EU統合の軌跡とベクトル』慶應義塾大学出版会, 2006年

中内政貴「EU加盟コンディショナリティ効果の旧ユーゴスラヴィア諸国における役割:少数民族保護政策の導入を事例に」『国際公共政策研究』第12巻1号, 2007年

山本直「アムステルダム条約以降のEU人権政策(加盟国に対するEUの早期警戒・制裁制度——EU条約7条をめぐって」, 同著『EU人権政策』成文堂, 2011年

大場佐和子「EU・Conditionality《加盟条件》がチェコの司法制度へ与えた影響」『神戸法学雑誌』第62巻1・2号, 2012年

庄司克宏「イギリス脱退問題とEU改革要求——法制度的考察」『阪南論集社会科学編』第51巻3号, 2016年

庄司克宏「イギリスEU改革合意と欧州統合のゆくえ」, 欧州経済研究会編『欧州の政治・経済リスクとその課題』国際貿易投資研究所, 2016年

庄司克宏著『欧州の危機—Brexitショック』東洋経済新報社, 2016年

Phoebus Athanassiou, "Withdrawal and Expulsion from the EU and EMU: Some Reflections", *Legal Working Paper Series* (ECB), No. 10, 2009

Adam Łazowski, "Withdrawal from the European Union and Alternatives to Membership", *European Law Review*, Vol. 37, No. 5, 2012

Steve Peers, "The Future of EU Treaty Amendments", *Yearbook of European Law*, Vol. 31, No. 1, 2012

加藤紘捷「Brexitとイギリス憲法——2017年ミラー事件の最高裁判決を中心に」『日本法学』第83巻2号, 2017年

庄司克宏「Brexit「ソフト化」への攻防」『外交』第43号, 2017年

庄司克宏「Brexitの諸問題・1〜12」『貿易と関税』第65巻4号〜第66巻5号, 2017年〜2018年

庄司克宏著『欧州ポピュリズム——EU分断は避けられるか』筑摩書房, 2018年

注

*1 Denmark and the Treaty on European Union [1992] OJ C 348/1.
*2 Koen Lenaerts and Piet Van Nuffel, *European Union Law* (3rd ed.), Sweet & Maxwell, 2011, p. 40, 41, 55, 64.
*3 Point 2 of the European Council Presidency Conclusions of 11/12 December 2008 (17271/1/08 REV 1). この合意は，EU条約第17条5項に基づき，2012年10月2日，欧州理事会決定として正式に採択された(European Council Decision concerning the number of members of the European Commission, EUCO176/12, Brussels, 2 October 2012).
*4 Points 2 and 5 of, and Annex 1 to, the European Council Presidency Conclusions of 18/19 June 2009 (11225/2/09 REV 2).
*5 Point 2 of, and Annex 1 to, the European Council Presidency Conclusions of 29/30 October 2009 (15265/1/09 REV 1).
*6 European Council Decision of 17 June 2010 [2010] OJ L 160/5; European Parliament decision of 6 May 2010 [2011] OJ C 81 E/175. Protocol amending the Protocol on Transitional Provisions [2010] OJ C 263/1. "Background: Ratification of Parliament's 18 additional MEPs completed", European Parliament, 29-11-2011, Reference No: 20100223BKG69359.
*7 European Council Decision on the examination by a conference of representatives of the governments of the Member States of the amendment to the Treaties proposed by the Irish Government in the form of a Protocol on the concerns of the Irish people on the Treaty of Lisbon, to be annexed to the Treaty on European Union and to the Treaty on the Functioning of the European Union, and not to convene a Convention [2013] OJ L 60/129. Protocol on the concerns of the Irish people on the Treaty of Lisbon [2013] OJ L 60/131.
*8 Amendment of the Treaties - Protocol on the application of the Charter of Fundamental Rights of the European Union to the Czech Republic, Council of the European Council, 13840/11, Brussels, 6 September 2011.
*9 European Council Decision of 25 March 2011 [2011] OJ L 91/1. Case C-370/12 *Thomas Pringle v Government of Ireland, Ireland and The Attorney General*, judgment of 27 November 2012, nyr, paras. 70, 75. 庄司克宏「EU条約・EU機能条約コンメンタール第13回 EU機能条約第127条6項に基づくECB一元的銀行監督制度と域内市場(1)——欧州安定メカニズム，Pringle判決と銀行同盟」『貿易と関税』第61巻5号，2013年(64-78)70，71頁.
*10 Table on the ratification process of amendment of art. 136 TFEU, ESM Treaty and Fiscal Compact, European Parliament, Brussels, 26/04/2013.
*11 Jean Claude Piris, *The Lisbon Treaty: A Legal and Political Analysis*, Cambridge Uni-

versity Press, 2010, p. 108.
* 12 EU条約第48条7項の簡易改正手続は，固有財源制度に関するEU機能条約第311条3，4段，多年度財政枠組みに関する第312条2項，「柔軟性条項」としての第352条，加盟国の権利停止に関する第354条については適用されない．ただし，第312項2項については，欧州理事会の全会一致により，理事会の全会一致を特定多数決に変更することができる．
* 13 Koen Lenaerts and Piet Van Nuffel, op. cit. *supra* note 2, p. 80, 81.
* 14 Koen Lenaerts and Piet Van Nuffel, op. cit. *supra* note 2, p. 81, 82. Saint-Barthélemy 島のEU最外辺地域(an outermost region)から海外国・領土への地位変更，および，Mayotteの海外国・領土からEU最外辺地域への地位変更(TFEU355(6))に関する欧州理事会の「決定」が，それぞれ2010年10月29日，2012年7月11日になされ，各々2012年1月1日，2014年1月1日から適用される．European Council Decision amending the status with regard to the European Union of the island of Saint-Barthélemy [2010] OJ L 325/4; European Council Decision amending the status of Mayotte with regard to the European Union [2012] OJ L 204/131.
* 15 Jean Claude Piris, op. cit. *supra* note 11, p. 108, 109.
* 16 Case 43/75 *Defrenne* [1976] ECR 455, para. 58.
* 17 Opinion 2/94 *Accession to ECHR* [1996] ECR I-1759, para. 30.
* 18 *Defrenne*, cited *supra* note 16, paras. 57, 58.
* 19 Case 22/70 *Commission v Council* [1971] ECR 263, paras, 22, 23.
* 20 Koen Lenaerts and Piet Van Nuffel, op. cit. *supra* note 2, p. 83.
* 21 Opinion 1/91 *Draft EEA Agreement* [1991] ECR I-6079, para. 71.
* 22 *Ibid.*, para. 69.
* 23 *Ibid.*, para. 72.
* 24 Cases C-402 & 415/05 P *Kadi* [2008] ECR I-6351, para. 304. p. 43.
* 25 Allan Rosas and Lorna Armati, *EU Constitutional Law : An Introduction*, Hart Publishing, 2010, p. 38, 39, 43.
* 26 *Ibid.*, p. 39.
* 27 Koen Lenaerts and Piet Van Nuffel, op. cit. *supra* note 2, p. 93.
* 28 http://europa.eu/legislation_summaries/glossary/community_acquis_en.htm 参照．中西優美子「「共同体既得事項」概念とその機能」『一橋論叢』第124巻1号，2000年(53-67頁)．
* 29 既存EU法体系の各章は次のとおりである．第1章 物の自由移動，第2章 労働者の自由移動，第3章 開業の権利およびサービス提供の自由，第4章 資本の自由移動，第5章 公共調達，第6章 会社法，第7章 知的財産権法，第8章 競争政策，第9章 金融サービス，第10章 情報社会およびメディア，第11章 農業および農村開発，第12章 食品安全および動植物検疫政策，第13章 漁業，第14章 運輸政策，第15章 エネルギー，第16章 税制，第17章 経済および金融政策，第18章 統計，第19章 社会政策および雇用，第20章 企業および産業政策，第21章 欧州横断ネットワーク，第22章 地域政策および構造政策手段の

調整，第 23 章 司法制度および基本権，第 24 章 司法，自由および安全，第 25 章 科学および研究，第 26 章 教育および文化，第 27 章 環境，第 28 章 消費者および健康保護，第 29 章 関税同盟，第 30 章 対外関係，第 31 章 外交，安全保障および防衛政策，第 32 章 財政コントロール，第 33 章 財政および予算規定，第 34 章 諸機関，第 35 章 その他の問題．http://ec.europa.eu/enlargement/policy/conditions-membership/chapters-of-the-acquis/index_en.htm 参照．

*30　Case C-420/07 *Apostolides* [2009] ECR I-3571, para. 33. Koen Lenaerts and Piet Van Nuffel, op. cit. *supra* note 2, pp. 91-94.

*31　Alina Kaczorowska, *European Union Law*(2nd ed.), Routledge, 2011, pp. 61-67.

*32　Koen Lenaerts and Piet Van Nuffel, op. cit. *supra* note 2, pp. 94-96.

*33　「経済通貨同盟における安定，調整及びガバナンスに関する条約」（財政条約）第 8 条 3 項で導入されている．庄司克宏「EU 財政条約とユーロ危機」『貿易と関税』第 60 巻 3 号（26-38 頁）29，34 頁参照．

*34　Case C-459/03 *Commission v Ireland* [2006] ECR I-4635, paras. 121-139, 146-157. Koen Lenaerts and Piet Van Nuffel, op. cit. *supra* note 2, p. 99, 527.

*35　*Ibid.*, p. 100, 101.

*36　なお，デンマークのグリーンランドは 1982 年 2 月 23 日の住民投票で EC（当時）を脱退する意思を表明したため，グリーンランドに関して欧州 3 共同体条約を改正する 1984 年 3 月 13 日付条約により，1985 年 2 月 1 日以降 3 共同体条約は同地について適用されなくなった．これは加盟国自体の脱退の事例ではない．

*37　Adam Łazowski, "Withdrawal from the European Union and Alternatives to Membership", *European Law Review*, Vol. 37, No. 5, 2012, pp. 523-540 at 525.

*38　Koen Lenaerts and Piet Van Nuffel, op. cit. *supra* note 2, p. 99.

*39　*Ibid.*, p. 99.

*40　Adam Łazowski, op. cit. *supra* note 37, p. 527, 528.

*41　Jean Claude Piris, op. cit. *supra* note 11, pp. 109-111.

*42　Adam Łazowski, op. cit. *supra* note 37, p. 529.

図表 10-1　脱退プロセス(EU 条約第 50 条)——イギリスの場合

```
┌──────────┐  交渉[2]    ┌──────────┐  交渉     ┌──────────┐
│ 脱退通告[1]│ ────→    │ 脱退協定  │ ────→   │将来関係協定[4]│
│          │  2 年間[3]  │    ＋    │ 移行期間  │          │
│          │            │将来関係枠組み│         │          │
└──────────┘            └──────────┘          └──────────┘
```

1　いつの時点で通告するかについて制約は存在しない．
2　EU 側は当該国を除く欧州理事会が定める交渉指針に基づく．
3　2 年以内に脱退協定が署名され，発効することにより，当該国は EU から脱退する．EU 側が期限の延長に同意しない場合，交渉がまとまらないまま 2 年間が経過すると，脱退後の取り決めがないまま当該国は加盟国としての地位を失う．
4　貿易・経済関係のほか，外交・安全保障・防衛協力，警察・刑事司法協力も含まれる．

(著者作成)

主要判例索引

(各章末の注も参照されたい)

Air One 事件(2006 年)　174
AKSO v Commission 事件(1986 年)　66
AM & S 事件(1982 年)　203
Apostolides 事件(2009 年)　363
Arcaro 事件(1996 年)　270
Atlanta 事件(1995 年)　145
Azienda Agricola Monte Arcosu 事件(2001 年)　252
Bartsch 事件(2008 年)　334
Bergaderm 事件(2000 年)　176
Bosphorus v Ireland 事件(2005 年)　323
Brasserie du Pêcheur／Factortame III 事件(1996 年)　202, 280
CIA Security 事件(1996 年)　274
CIF 事件(2003 年)　231
CILFIT 事件(1982 年)　145
Coen 事件(1997 年)　169
Cometab 事件(1997 年)　311
Commission v Council 事件(2004 年)　63
Commission v Cresson 事件(2006 年)　59
Commission v Denmark 事件(2003 年)　151
Commission v France 事件(1991 年)　157
Commission v Germany 事件(1985 年)　212
Commission v Greece 事件(2009 年)　157
Commission v Ireland 事件(2006 年)　364
Commission v Italy 事件(1972 年)　156
Commission v Italy 事件(1973 年)　150
Commission v Italy 事件(2001 年)　212
Commission v United Kingdom 事件(1988 年)　150
Cooperativa Agricola Zootecnica S. Antonio 事件(1996 年)　249
Costa v ENEL 事件(1964 年)　221, 249, 317
Costanzo 事件(1989 年)　259
Courage 事件(2001 年)　285
Crispoltoni 事件(1994 年)　168
Da Costa 事件(1963 年)　146
Defrenne 事件(1976 年)　250, 360
Deutscher Handballbund 事件(2003 年)　263
Dillenkofer 事件 (1996 年)　282
Dior 事件(2000 年)　265
Dolianova 事件(2004 年)　170
Dori 事件(1994 年)　258
Elgafaji 事件(2009 年)　328
El-Yassini 事件(1999 年)　263
Emmot 事件(1991 年)　305
ENISA 事件(2006 年)　110
Enka 事件(1977 年)　211
Eridania 事件(1969 年)　170
ERT 事件(1991 年)　319
Estonia v Commission 事件(2009 年)　167
Étoile commerciale 事件(1987 年)　103
European Parliament v Council 事件(1991 年)　47
Factortame I 事件(1990 年)　280, 302, 309, 310

Factortame II 事件(1991 年)　280
Fantask 事件(1997 年)　306
FIAMM 事件(2008 年)　265
Foster 事件(1990 年)　260
Foto-Frost 事件(1987 年)　144
Francovich 事件(1991 年)　277
Front national 事件(2004 年)　163
Gondrand Frères 事件(1981 年)　205
Grad 事件(1970 年)　261
Grimaldi 事件(1989 年)　213
Hermès 事件(1998 年)　267
Hörnfeldt 事件(2012 年)　331
Hüls 事件 (1999 年)　318
IN. CO. GE. '90 事件(1998 年)　233
Inter-Environnement Wallonie 事件
　(1997 年)　253
International Chemical Corporation 事件(1981 年)　142
International Fruit Company (1972 年)　264
Internationale Handelsgesellschaft 事件(1970 年)　229, 318
Inuit 事件(2011 年)　166, 183
Jégo-Quéré 事件(2002 年)　181
Jégo-Quéré 事件上訴審(2004 年)　183
Kadi 事件上訴審(2008 年)　200, 208, 325
Kamberaj 事件(2012 年)　328
Kapferer 事件(2006 年)　308
KFC 事件(2009 年)　164
Köbler 事件(2003 年)　283
Kolpinghuis Nijmegen 事件(1987 年)　270
Kremzow 事件(1997 年)　320
Kücükdeveci 事件(2010 年)　251, 334
Larsy 事件(2001 年)　230
Les Verts 事件(1986 年)　160, 179
Levez 事件(1998 年)　304
Linster 事件(2000 年)　273

Lucchini 事件(2007 年)　308
Lütticke 事件(1971 年)　176
M v Germany 事件(1990 年)　322
Manfredi 事件(2006 年)　286, 302
Mangold 事件(2005 年)　203, 250
Marleasing 事件(1990 年)　269
Marshall I 事件(1986 年)　257, 258
Meroni 事件(1956 年)　109
Matthews 事件(1999 年)　322
Michaniki 事件(2008 年)　236
Microban 事件(2011 年)　167
Mulder 事件(1988 年)　205
Muñoz 事件(2002 年)　253
National Farmers' Union 事件(1998 年)　38
Nold(I)事件(1960 年)　317
Nold 事件(1974 年)　318
Norddeutsches Vieh-und Fleischkontor 事件(1971 年)　104
NS and ME 事件(2011 年)　335
Omega 事件(2004 年)　234
P v S 事件(1996 年)　318
Peterbroeck 事件(1995 年)　299
Pfeiffer 事件(2004 年)　267, 270, 271, 306
Plaumann 事件(1963 年)　163
Politi 事件(1971 年)　252
Portugal v Council 事件(1999 年)　265
Pringle 事件(2013 年)　358
Pupino 事件(2005 年)　328
Ratti 事件(1979 年)　257
Rewe-Handelsgesellschaft Nord 事件(1981 年)　300
Rewe-Zentralfinanz 事件(1976 年)　299
Rheinmühlen 事件(1974 年)　144
Rieser Internationale Transporte (2004 年)　272
Řízení Letového Provozu 事件(2007 年)

判例索引　375

267
Rohrbach 事件(2005 年)　261
Roquette Frères v Council 事件(1980 年)　93
Runevič-Vardyn and Wardyn 事件(2011 年)　236
Rutili 事件(1975 年)　318
San Giorgio 事件(1983 年)　302
Sayn-Wittgenstein 事件(2010 年)　235, 237
Schneider Electric 事件(2007 年)　318
SFEI 事件(1996 年)　302
Simmenthal 事件(1978 年)　230, 272
Sogelma 事件(2008 年)　161
Solange I 判決(1974 年)　320
Solange II 判決(1986 年)　320
Stauder 事件(1969 年)　317
Steenhorst-Neerings 事件(1993 年)　306
Stockholm Lindöpark 事件(2001 年)　312
Stork 事件(1959 年)　317
Sutton 事件(1997 年)　312
T. Port 事件(1996 年)　173
Ten Kate 事件(2005 年)　173
Traghetti 事件(2006 年)　285
TWD Textilwerke Deggendorf 事件 (1994 年)　170
TWD v Commission 事件(1995 年)　169
Unibet 事件(2007 年)　300
Unilever 事件(2000 年)　275
UPA 事件上訴審(2002 年)　181, 182
Van Duyn 事件(1974 年)　228, 255
Van Gend 事件(1963 年)　219, 317
Van Schijndel 事件(1995 年)　307
Variola 事件(1973 年)　249, 252
Vassallo 事件(2006 年)　261
Vodafone 事件(2010 年)　37
Volker 事件(2010 年)　332
Von Colson 事件(1983 年)　268
Wachauf 事件(1989 年)　319
Wells 事件(2004 年)　104, 258, 274, 276
Williams 事件(2011 年)　332
Wöhrmann 事件(1962 年)　171
X v Germany 事件(1958 年)　321
Zerbone 事件(1978 年)　211
Zuckerfabrik 事件(1991 年)　145
タバコ広告規制事件(2000 年)　30, 168
欧州経済領域(EEA)協定草案意見(1991 年)　3, 343, 361
欧州人権条約(ECHR)加入意見(1996 年)　39, 338

庄司克宏

1957 年生まれ
慶應義塾大学大学院法学研究科博士課程単位取得満期退学
二松学舎大学国際政経学部助教授，在ベルギー日本国大使館専門調査員，ケンブリッジ大学客員研究員，欧州大学院大学（フィレンツェ）客員研究員，横浜国立大学大学院国際社会科学研究科教授，慶應義塾大学大学院法務研究科（法科大学院）教授等を経て，現在，中央大学総合政策学部教授，慶應義塾大学名誉教授，日本 EU 学会理事（元理事長）
2002 年よりジャン・モネ・チェア（Jean Monnet Chair ad personam），2010〜21 年ジャン・モネ EU 研究センター所長（慶應義塾大学）
専攻―EU 法
著書―『欧州連合 統治の論理とゆくえ』（岩波新書），『国際機構』（編著，岩波書店），『EU 環境法』（編著，慶應義塾大学出版会），『新 EU 法 政策篇』（岩波書店），『トランスナショナル・ガバナンス―地政学的思考を越えて』（共編著，岩波書店），『はじめての EU 法 第 2 版』（有斐閣），『欧州ポピュリズム―EU 分断は避けられるか』（ちくま新書），『ブリュッセル効果―EU の覇権戦略』（アニュ・ブラッドフォード著，監訳，白水社）ほか

新 EU 法 基礎篇　　　岩波テキストブックス

2013 年 6 月 5 日　第 1 刷発行
2024 年 4 月 24 日　第 8 刷発行

著　者　庄司克宏
　　　　（しょうじかつひろ）

発行者　坂本政謙

発行所　株式会社 岩波書店
　　　　〒101-8002 東京都千代田区一ツ橋 2-5-5
　　　　電話案内　03-5210-4000
　　　　https://www.iwanami.co.jp/

印刷・精興社　カバー・半七印刷　製本・中永製本

© Katsuhiro Shoji 2013
ISBN 978-4-00-028910-8　Printed in Japan

《岩波テキストブックス(政治)》

新EU法 政策篇	庄司克宏	定価 4510 円
国際機構 新版	庄司克宏編	定価 3080 円
国際平和論	福富満久	定価 2750 円
西洋政治思想史 ―視座と論点―	川出良枝 山岡龍一	定価 3520 円
比較政治学	岩崎美紀子	定価 2750 円
日本外交史講義 新版	井上寿一	定価 2970 円

定価は消費税 10% 込です
2024 年 4 月現在